Beck'scheReihe

BsR 1182

Das Verhältnis von Macht und Recht gehört zu den Grundfragen des menschlichen Zusammenlebens. Beide sind aufeinander angewiesen: Recht ohne Macht verliert seinen Sinn, Macht ohne Recht kann auf Dauer nicht bestehen.

Macht kann als staatliche Autorität oder als öffentliche Meinung erscheinen, Recht begegnet uns als gesetzliche Ordnung oder als humanitäres Gewissen. Die darin begründete Spannung hat sich immer wieder in spektakulären Gerichtsprozessen entladen.

Die vierzehn Beiträge dieses Bandes machen das Verhältnis von Macht und Recht in verschiedenen Epochen und unter verschiedenen Aspekten deutlich; die gegenläufigen Kräfte einer Zeit, die sonst im Verborgenen bleiben, werden aufgespürt und Gründe, Absichten und Vorwände der Handelnden zur Sprache gebracht. Große Beachtung wird auch der Wirkungsgeschichte der jeweiligen Prozesse geschenkt, die – wie im Falle Jesu – die Geschichte des Abendlandes über zwei Jahrtausende nachhaltig geprägt haben. Aber auch andere Prozesse hatten Auswirkungen von weltgeschichtlicher Bedeutung: So hat Sokrates den Vorrang des Gewissens vor dem Gesetz vertreten, Johann Hus die Eigenverantwortung des Glaubens, Jeanne d'Arc die Selbstbestimmung der Völker und Galilei die Autonomie der Wissenschaften. Die detailgetreuen, vom neuesten Stand der Wissenschaft ausgehenden Analysen der einzelnen Prozesse sind eine aufregende Lektüre für den historisch interessierten Laien ebenso wie für den Historiker und den Juristen - für jeden, der sich nicht nur über den realen Verlauf der Ereignisse, sondern auch über deren Hintergründe informieren möchte.

Alexander Demandt ist ordentlicher Professor für Alte Geschichte an der Freien Universität Berlin.

Macht und Recht

Große Prozesse in der Geschichte

Herausgegeben von Alexander Demandt

VERLAG C. H. BECK

Die Deutsche Bibliothek – CIP-Einheitsaufnahme

Macht und Recht : Große Prozesse in der Geschichte /
hrsg. von Alexander Demandt. –1. Aufl. –
München : Beck , 1996
    (Beck'sche Reihe ; 1182)
    ISBN 3 406 39282 2
NE: Demandt , Alexander [Hrsg.] ; GT

ISBN 3 406 39282 2

1. Auflage. 1996
Umschlagentwurf: Uwe Göbel, München
Umschlagabbildung: Hus auf dem Scheiterhaufen,
aus: Ulrich Riechenthal, Das concilium so zu constantz
gehalten ist worden etc. 1415
© C. H. Beck'sche Verlagsbuchhandlung (Oscar Beck), München 1990
Satz: Fotosatz Otto Gutfreund GmbH, Darmstadt
Druck und Bindung: C. H. Beck'sche Buchdruckerei, Nördlingen
Gedruckt auf säurefreiem, alterungsbeständigem Papier
(hergestellt aus chlorfrei gebleichtem Zellstoff)
Printed in Germany

Inhalt

Vorwort

Im Sommersemester 1989 veranstaltete die Freie Universität gemeinsam mit der Historischen Gesellschaft zu Berlin eine öffentliche Ringvorlesung zum Thema dieses Bandes. Er enthält die überarbeiteten Vorträge, sowie den für den „Mittelalterabend" verfaßten Beitrag von Sven Ekdahl. František Graus hat seinen Text vom Totenbett nach Berlin geschickt, er wurde von Dietrich Kurze am 24. Mai 1989 verlesen, nachdem Graus am 1. Mai in Basel verstorben war. Seinem Gedenken sei der Band gewidmet.

19. Oktober 1989   Alexander Demandt

Vorwort zur Taschenbuchausgabe

Der Zuspruch, den unser Buch in der gebundenen Form gefunden hat, bewog den Verlag zu der vorliegenden billigeren Ausgabe. Die Gelegenheit wurde genutzt, den Text kritisch durchzusehen und um neuere Literatur zu erweitern. Gleichzeitig erscheinen zwei themenverwandte Sammelbände: Die von Uwe Schultz im Verlag C.H. Beck in München herausgegebenen Rundfunkvorträge „Große Prozesse. Recht und Gerechtigkeit in der Geschichte" und die von mir bei Böhlau in Köln edierte Berliner Ringvorlesung „Das Attentat in der Geschichte".

Das Thema „Macht und Recht" gehört zu jenen Problemen, die uns immer begleiten – ist doch die Geschichte selbst nichts anderes als die Folge der Versuche, diese Frage zu lösen.

Lindheim, Pfingsten 1996   Alexander Demandt

Alexander Demandt

Sokrates vor dem Volksgericht von Athen 399 v. Chr.

Im zweiten Buch seiner ‚Politeia' beschreibt Platon (361 E) den vollendet Gerechten. Wer wirklich gerecht sei, nehme um der Gerechtigkeit willen alles in Kauf, auch den Anschein der höchsten Ungerechtigkeit und den Zustand der tiefsten Ohnmacht. Er werde gegeißelt, gefoltert und gekreuzigt. Platon denkt hier gewiß an Sokrates, obwohl der ein milderes Ende fand. Wir aber denken an Jesus, und diese Parallele ist seit den Kirchenvätern Justin und Origenes immer wieder gezogen worden. Goethe, von dem wir glühende Bekenntnisse zu Sokrates besitzen (Anfang 1772 an Herder), schrieb: „Sokrates galt mir für einen trefflichen weisen Mann, der wohl im Leben und Tod sich mit Christo vergleichen lasse" (Dichtung und Wahrheit II 6). Klopstock verwandte das Motiv in seiner Messiade (VII 399 ff.). Maria hat die Frau des Pilatus aufgesucht, um deren Fürbitte zu erflehen, und Portia erzählt der Mutter Jesu eine Traumerscheinung: „Sokrates – das edelste Leben, das jemals gelebt ward . . . Sokrates, ihn sah ich im Traum." Sokrates verkündet Portia, wenn Pilatus Jesus richte, so habe „niemals lauter der Unschuld Blut gerufen".

Das Leben

Sokrates wurde um 470 geboren. Anders als die meisten damaligen Philosophen war er niederer Herkunft. Sein Vater war Bildhauer, und dieses Handwerk hat auch der Sohn gelernt. Noch in der römischen Kaiserzeit zeigte man den Touristen in Athen am Eingang zur Akropolis eine Grazien-Gruppe, die

Sokrates gemeißelt haben soll (Paus. I 22,8). Seine Mutter war Hebamme. Die nach der Geburtsgöttin Maia benannte „maieutische" Kunst hat der philosophierende Sokrates später in übertragenem Sinne übernommen. Er wollte seinen Gesprächspartnern nichts einreden, sondern ihnen sozusagen bei der Geburt ihrer eigenen Gedanken behilflich sein (Plat. Theaet. 150 B).

Sokrates genoß die damals übliche Erziehung. Er lernte Lesen und Schreiben, trieb Gymnastik und Musik, er studierte die Dichter, namentlich Homer, befaßte sich daneben mit Geometrie und Astronomie. Über den Wert der exakten Wissenschaften hat er sich später indessen abfällig geäußert (Plat. Phaid. 96–100). Unter seinen Lehrern begegnen neben dem Naturphilosophen Anaxagoras und dem Sophisten Prodikos auch zwei Frauen, Aspasia, die freisinnige Gefährtin des Perikles (Plat. Men. 235 E), und vermutlich Diotima (Plat. symp. 201 D). Ihr Name ist durch Hölderlin berühmt geworden.

Verheiratet war Sokrates mit Xanthippe. Sie muß sehr viel jünger gewesen sein, denn zwei der drei Kinder des Philosophen waren bei dessen Tod noch klein (Plat. ap. 34 D). Wenn Xanthippe als zänkisch galt (Diog. II 36 f.), so war das vielleicht eine Folge ihres Schicksals, mit solch einem Sonderling verheiratet zu sein, der den ganzen Tag barfuß auf dem Markt herumging und kein Geld nach Hause brachte. Im Gegensatz zu den Sophisten nahm Sokrates von seinen Schülern keine Honorare (Plat. ap. 19 D), er wurde von seinen Freunden finanziell über Wasser gehalten (Quintil. XII 7,9). Einen weiteren Grund zum Streit hatte Xanthippe, wenn es stimmt, daß Sokrates zugleich mit Myrto verheiratet war (Plut. Ar. 27; Ath. 555 D). Freilich tat Sokrates dies nur aus „Liebe zum Vaterland", denn angeblich hatten die Athener wegen des Männermangels im Peloponnesischen Krieg die Vielweiberei gesetzlich gestattet (Diog. II 26). Als man ihn fragte, warum er denn alle anderen Menschen erziehe, bloß nicht seine Frau, antwortete Sokrates, der Gott habe sie ihm zur Prüfung bestimmt. Wenn er es mit einer solchen Frau aushalte, komme er auch mit allen anderen Menschen zurecht (Xen. symp. 2,10). Ein Beweis a fortiori. Über die Ehe an sich war Sokrates geteilter Meinung.

Auf die Frage eines Jünglings, ob er heiraten solle, antwortete Sokrates: „Tu, was du willst, du wirst es bereuen« (Diog. II 33).

Sokrates hat Athen selten verlassen. Er ist nicht, wie die übrigen Philosophen seiner Zeit, auf Reisen gegangen. Einmal besuchte er die Isthmischen Spiele (Plat. Krit. 52 B), und im Zusammenhang mit dem Peloponnesischen Krieg machte er drei Feldzüge seiner Vaterstadt mit: nach Poteidaia 430 v. Chr. (Thuk. II 70), nach Delion 424 (Thuk. IV 89 ff.) und Amphipolis 422 (Thuk. V 6 ff.). Bei Poteidaia verteidigte er den verwundeten Alkibiades und rettete ihm das Leben (Plut. Alk. 7). Bertolt Brecht hat daraus seine bekannte Kalendergeschichte gemacht. In dichterischer Freiheit verwandelte Brecht die Spartaner in Perser, den schwerbewaffneten Bildhauer Sokrates in einen leichtbewaffneten Schuster, die Niederlage Athens in einen Sieg.

Denselben Mut wie im Feld bewies Sokrates in der Politik. Als die Athener 406 ihre bei den Arginusen siegreichen Feldherren zum Tode verurteilten, weil diese angeblich die Rettung der Schiffbrüchigen versäumt hätten (Xen. hell. I 7), war Sokrates durch das Bohnenlos Vorsteher des geschäftsführenden Ratsausschusses, der Prytanie. Er weigerte sich, das ungesetzliche Sammelverfahren zu leiten, und geriet selbst in Gefahr, angeklagt zu werden. Ähnliches wiederholte sich, als er sich dem Befehl der Dreißig Tyrannen widersetzte, einen zur Hinrichtung vorgesehenen Mitbürger herbeizuschaffen (Plat. ap. 32).

Sokrates ist der einzige unter den frühen griechischen Philosophen, dessen Aussehen verläßlich bezeugt ist. Denn über seine silenhafte Häßlichkeit hat er sich selbst lustig gemacht. Xenophon (symp. 5 f.) berichtet von einer Schönheitskonkurrenz, in der Sokrates Kritobul, den hübschesten Athener Knaben, dialektisch überwunden hat. Hören wir ihn selbst. „Glaubst du, o Kritobul, daß Schönheit nur bei Menschen vorkommt, oder auch bei einem Pferd, einem Schild oder einem Speer?" Kritobul: „Alles, was für seinen Zweck gut gebaut ist, das ist schön." Sokrates: „Also sind meine Glupschaugen schöner als deine, denn sie treten so weit hervor, daß ich nach allen

Seiten sehen kann. Und meine Himmelfahrtsnase ist schöner als deine, denn sie nimmt Gerüche nicht nur von unten auf. Und mein breiter Mund faßt größere Brocken als der deine, und ein Kuß von meinen Wulstlippen...". Darauf Kritobul: „Beim Hunde, der schmatzt wie der Kuß eines Esels."

So wie Zenon, Jesus und Mohammed nach ihm, wie Pythagoras, Buddha und Konfuzius vor ihm, hat Sokrates nichts Schriftliches hinterlassen. Seine im Gefängnis verfaßten Aesop-Gedichte (Plat. Phaid. 60 D) sind verloren. Die Wirkung des Sokrates beruht einzig auf dem Eindruck, den er auf die Zeitgenossen gemacht hat, und auf den Worten, die sie von ihm und über ihn niedergeschrieben haben. Dabei ist nicht die Wirkung auf die Volksmassen entscheidend, sondern auf die besten Köpfe unter den Jüngeren, unter der Jugend, die er verführt haben soll. Mit ihnen hat er in der sogenannten dialektischen Methode, d.h. im philosophischen Gespräch, die moralischen und erkenntnistheoretischen Probleme erörtert. Dies zeigen die Dialoge von Platon, Xenophon und Aischines, in denen Sokrates jeweils als Hauptredner mit seinen Schülern oder anderen Männern diskutiert. Die Philosophie des Sokrates war keine Papierwissenschaft, sondern eine Lebensform. Jacob Burckhardt (GK. III 349) nannte sie die „größte Popularisierung des Denkens über Allgemeines, die je versucht worden ist".

Eine bekannte Figur unter den Freunden des Sokrates war der Schuster Simon. Bei ihm soll Sokrates oft eingekehrt sein. Angeblich hat der Schuster selbst sogar 33 seiner Gespräche mit Sokrates aufgezeichnet und veröffentlicht (Diog. II 122 f.). Diese Überlieferung ist spät, der Name Simon begegnet in den Quellen nur als Dialogtitel eines Sokrates-Schülers (Diog. II 105). Ob es den Schuster gegeben hat, war bis vor kurzem umstritten. Bei den Ausgrabungen auf der Agora ist zwischen dem Prytaneion und der Heliaia ein Haus gefunden worden, in dem eine größere Anzahl von Schuhnägeln und Werkzeugresten lagen (Thompson 1960). Vor dem Hause entdeckten die Amerikaner unter zahlreichen Scherben den schwarz glasierten Fuß eines Bechers (Kylix) mit dem eingeritzten Namen des Besitzers im Genetiv: „Simonos" (F 86). Da das Stück aus dem späten

5. Jh. stammt, liegt die Vermutung nahe, daß es sich hier um den Schuster Simon handelt, der mit Sokrates befreundet war.

Sokrates hat sich mit seinen Gesprächen früh einen Namen gemacht. Das spiegelt sich in der Anfrage seines Schülers Chairephon beim Apollon von Delphi, ob es einen weiseren Menschen gebe als Sokrates. Das Orakel, über dem geschrieben stand: Erkenne dich selbst! (Paus. X 24,1) verneinte dies. Um diesen Spruch zu ergründen, so sagte Sokrates in seiner Apologie, habe er seine Menschenforschung begonnen. Wie kann jemand, der weiß, daß er nichts weiß (Diog. II 32), als der Weiseste bezeichnet werden? Sokrates befragte die Mitbürger, von den Staatsmännern über die Dichter zu den Handwerkern, wie es mit ihrem Wissen bestellt sei; und überall fand er, daß sie genauso unwissend seien wie er, bloß meinten sie, anders als er, etwas zu wissen (Plat. ap. 21).

Die Menschenprüfung des Sokrates war ein Mittelding zwischen philosophischer Inquisition und öffentlicher Hanswurstiade. Wenn Sokrates irgendeinen bekannten Mann zu fassen bekam und ihm mit seiner bohrenden Ironie zusetzte, dann versammelten sich die jungen Leute und freuten sich, wie die Stadtgrößen bloßgestellt wurden. Sokrates pflegte nur Fragen zu stellen, er verführte seine Gesprächsteilnehmer zu unüberlegten Antworten und servierte ihnen sodann ihre Inkonsequenz. So im Platonischen Dialog ‚Laches‘. Die sokratischen Dialoge führen nicht zu einem Ergebnis, sondern in die Aporie, in die Binsen. Das nahmen die ehrbaren Bürger übel.

Im Jahre 423 brachte Aristophanes seine Komödie ‚Die Wolken‘ auf die Bühne, in der Sokrates als Prototyp der neuen Wissenschaft verhöhnt wurde. Aristophanes zeigt einen Athener Bauern, der sich wegen der Pferdeliebe seines Sohnes hoffnungslos verschuldet hat. Da hört er von der neuen Wissenschaft, die alles weiß und alles kann. Damit hofft er, seine Gläubiger aus dem Felde zu schlagen. Um diese neue Kunst zu lernen, begibt er sich zu Sokrates, der gerade in einer Hängematte schwebt und den Himmel beobachtet, während sein Famulus einem Floh Pantoffeln anmißt, um festzustellen, wieviel Flohschuh hoch ein Flohsprung ist. Der Bauer muß seinen Mantel in Zahlung geben und wird wegen erwiesener Dummheit bald wieder weggeschickt. Nun holt er, um von Sokrates Erziehungsberatung zu erhalten, seinen Sohn. Im Zweifel, ob dieser die gute alte Kunst oder die neue schlechte lernen soll, erscheinen beide als Personifikation auf der Bühne. Ihr Wortstreit wird entschieden durch den Chor der Wolken. Das sind die neuen Götter des Sokrates. Die neue Rede gewinnt, der Sohn erlernt sie und vertreibt mit ihrer Hilfe erst die Gläubiger seines Vaters, dann prügelt er diesen selbst aus dem Hause, denn die Pietät gegen die Eltern sei ebenso veraltet wie die gegen die Götter.

414 hat Aristophanes in den ‚Vögeln‘ und 405 in den ‚Fröschen‘ seine Angriffe auf Sokrates wiederholt. Die in diesen und anderen, nur fragmentarisch bekannten Stücken zum Ausdruck kommende Stimmung betrachtete Sokrates als seine eigentlichen Ankläger. Noch Platon und Xenophon haben Sokrates gegen den verärgerten „Volksgeist", wie Hegel sagt, in Schutz nehmen müssen. Und dieser Volks- und Zeitgeist hat unseren Philosophen im Jahre 399 vor Gericht gebracht.

Das Jahr erfahren wir aus der Weltchronik des Kirchenvaters Eusebios, abgefaßt unter Kaiser Constantin. Sie meldet zum 2. Jahr der 95. Olympiade, d. h. zum Jahre 399 v. Chr.: *Socrates venenum bibit.* Wieso es gerade dieses Jahr war, wissen wir nicht. Im Jahre 403 waren die Dreißig Tyrannen vertrieben, die Demokratie erneuert worden. 401 mußte ein von Eleusis ausgehender Versuch, die Oligarchie zu erneuern, niedergeworfen werden (Xen. hell. II 4,43). So war die Stimmung gegen wirkliche und mögliche Verfassungsfeinde gereizt. Ebenfalls 399 wurde Andokides (or. I) wegen Asebie vor Gericht gezogen. Er hatte unter dem Schutz der Amnestie für die Oligarchen an den Mysterien von Eleusis teilgenommen, vielleicht galt er als Spion.

Der Prozeß

Als Ankläger traten drei ehrenwerte Athener auf, Meletos, Anytos und Lykon. Meletos war ein junger Tragödiendichter. Er hatte lange Haare, einen dünnen Bart und eine krumme Nase (Plat. Euth. 2 B). Anytos besaß eine Gerberei, er war als demokratischer Politiker und Gegner der Dreißig Tyrannen hervorgetreten. Lykon war Rhetor und verdiente sein Geld als Lehrer der Jünglinge Athens, die sich allzugern um Sokrates versammelten.

Die Anzeige hatte folgenden Wortlaut: „Dies wurde niedergeschrieben und beschworen von Meletos, dem Sohn des Meletos aus dem Demos Pitthos, gegen Sokrates, den Sohn des Sophroniskos aus dem Demos Alopeke. Sokrates verstößt gegen die Staatsgesetze, indem er nicht an die Götter des Staates glaubt, sondern statt dessen andere und neue Dämonen einführt. Er verstößt gegen die Staatsgesetze, indem er die Jugend verdirbt. Die beantragte Strafe ist der Tod" (Diog. II 40; Plat. ap. 19 B).

Das Sokrates vorgeworfene Delikt war Asebie, Gottlosigkeit. Eine solche Anklage ist in einer Demokratie seltsam. Denn Religionskritik hat es seit der ionischen Aufklärung vielfach gegeben, ihr bedeutendster Vertreter war Xenophanes von Kolophon, der um 545 vor den Persern nach Elea in Unteritalien floh. Gottesleugnung begegnet zur Zeit des Sokrates bei mehreren Sophisten. Kritias (fr. 25, oder Euripides?), der Onkel Platons, erklärte die Götter für eine Erfindung der Priester in volkspädagogischer Absicht. Als einer der dreißig Tyrannen konnte Kritias dies ungestraft aussprechen, während der Demokratie war das nicht mehr möglich.

In der Zeit des Perikles erregten Asebieprozesse gegen drei seiner Freunde Aufsehen: gegen den Naturforscher Anaxagoras, gegen den Bildhauer Phidias und gegen die Hetäre Aspasia (Plut. Per. 32). Auch der Dichter Diagoras (Diod. XIII 6,7), der Politiker Alkibiades (Plut. Alk. 21) und der Sophist Protagoras wurden wegen Gottlosigkeit vor Gericht gezogen (Diog. IX 52). Zuvor traf es den Dichter Aischylos (Ael. VH. V 19), danach den Redner Andokides (s. o.) und den Philosophen Aristoteles (Diog. V 5). Unklar ist der Fall einer auf Antrag des Demosthenes zum Tode verurteilten Priesterin (Theoris?), die fremde Götter gelehrt haben soll und darum von Flavius Josephus (c. Ap. II 37) zu den Schicksalsgenossen des Sokrates gezählt wurde. In der Regel versteckte sich hinter dem Vorwurf der Gottlosigkeit ein politisches Motiv, das aber schwer zu entkräften war, weil es nicht ausgesprochen wurde.

Für den Religionsprozeß gab es in Athen ein bestimmtes Verfahren. Die Anklage wurde eingereicht beim Archon Basileus. Es ist jener der gewählten Jahresbeamten, der den alten Königstitel weiterführte und – ähnlich dem *rex sacrorum* in der römischen Republik – die priesterlichen Aufgaben des erloschenen Königtums wahrnahm.

Der Archon Basileus tagte in der Stoa Basileios, die 1970 am Nordrande der Agora jenseits der Untergrundbahn ausgegraben worden ist (Thompson+Wycherley 1972, 83 ff.). Die Identifizierung ist durch zahlreiche Inschriften gesichert. Hier standen die Steine mit den wichtigsten Volksbeschlüssen, darunter die Gesetze von Drakon und Solon. Die Halle wurde um 550 errichtet und erst durch die Germanen 267 n. Chr. zerstört.

Vor dem Amtslokal des Archon Basileus spielt die Rahmenhandlung von Platons Dialog ‚Euthyphron‘. Als Sokrates hier erschien, um die Klage entgegenzunehmen, begegnete er einem jungen Athener, der seinen Vater angezeigt hatte. Sokrates verwickelte Euthyphron in ein Gespräch über die Frömmigkeit, genauer: über den schuldigen Respekt gegenüber den Eltern. Der Vater des Euthyphron hatte einen gewalttätigen Tagelöhner zu Tode gebracht, und daraufhin hatte der Sohn Anzeige erstattet.

Die schriftlich eingereichten Anklagen wurden am Postament der mythischen Namenspatrone der attischen Phylen auf der Agora öffentlich ausgehängt. Dieses Heroendenkmal erinnerte an die kleisthenische Phylenreform. Seine Überreste wurden 1931 gefunden und mit Hilfe der Beschreibung Athens durch Pausanias (I 5, 1 f.) identifiziert (Wycherley 1957, 85 ff.).

Der Archon Basileus hatte selbst keine Richterfunktion, sondern überwachte nur das Verfahren. Die Entscheidung lag beim Volksgericht, der Heliaia. Diese Einrichtung geht zurück auf Solon und war als Konkurrenz zum alten Adelsgericht und Adelsrat gedacht, der auf dem Areopag tagte. Solons Gerichtsreform galt als die demokratischste seiner Maßnahmen. Aristoteles (Ath. Pol. 9,1) bemerkt: Indem Solon dem Volk den Stimmstein übergab, überließ er ihm die Macht. In gewisser Weise stand das Volksgericht sogar noch über der Volksversammlung, der Ekklesia. Das Gerichtswesen war, ebenso wie die Religion, eine eminent politische Angelegenheit, eine Sache des Demos. Seit der Entmachtung des Areopag 461 gab es keine konkurrierende Institution mehr neben ihm.

Die attische Demokratie kannte keine Berufsrichter, keinen Juristenstand, keine Rechtsgelehrten. Der Bürger machte sich rechtskundig, wie es ihm richtig dünkte. Um Fehlurteilen vorzubeugen, wurden alle Gerichtshöfe mit sehr großen Richterkollegien besetzt. Jahr für Jahr wurde aus der attischen Bürgerschaft eine Richterliste von 6000 über 30 Jahre alten und unbescholtenen Richtern zusammengestellt. Sie leisteten einen Geschworeneneid und erhielten dann ihren Richterausweis, ein Pinakion. Von diesen sind an 200 Stück gefunden worden (Rhodes 1981, 704ff.). Es handelt sich um Bronzebleche mit der athenischen Eule und dem Namen des Richters.

Aus der Gesamtzahl der 6000 Geschworenen wurden dann von Fall zu Fall die einzelnen Gerichtshöfe (Dikasterien, Kammern) zusammengelost. Normalerweise umfaßten sie 501 Richter, so auch im Prozeß gegen Sokrates. Die Auslosung vollzog sich so, daß diejenigen Richter, die in einem Verfahren urteilen wollten, am Abend zuvor ihren Richterausweis beim zuständigen Thesmotheten abgaben. Dieser steckte sie in die Schlitze des Kleroterions, der Losmaschine (Rhodes 1981, 707ff.). Die auf der Agora gefundenen Exemplare stammen vermutlich aus dem späteren 4. Jh., doch sahen sie zur Zeit des Sokrates kaum anders aus. Jeweils eine Kolumne gehörte einer Phyle. Dann wurde eine Röhre mit weißen und schwarzen Kugeln gefüllt und durch einen sinnreichen Mechanismus geöffnet. Fiel eine weiße, so waren alle Namen derselben horizontalen Reihe erlost, fiel eine schwarze, so schieden sie aus. Auf diese Weise wurden die Phylen gleichmäßig berücksichtigt.

Der Tagungsraum, in dem Sokrates verurteilt worden ist, war lange in der Forschung umstritten. Die jüngste, von den amerikanischen Ausgräbern vertretene Ansicht besagt, daß die Heliaia mit einem Peristylbau im Südwesten der Agora zu identifizieren sei (Thompson + Wycherley 1972, 62 ff.). Hier saßen die Richter auf Holzbänken, die mit Schilfmatten belegt waren. Der den Vorsitz führende Archon Basileus saß erhöht auf einem Podest, die Parteien hatten je ein anderes.

Das Gerichtsverfahren begann mit einer Rede der Ankläger und dem Antrag auf die Todesstrafe. Die Rede ist uns nicht erhalten. Wenn man sie im Altertum unter den Reden des Polykrates von Athen zu besitzen glaubte – so noch Quintilian II 17,4 – war das ein Irrtum, den der große englische Philologe Bentley aufgedeckt hat. Es folgte die Verteidigungsrede, bei Platon in ausgearbeiteter, bei Xenophon in kurzer Form überliefert. Welcher der beiden Autoren die wirklichen Worte des Sokrates genauer wiedergibt, ist bis heute umstritten. Bis weit ins 19. Jahrhundert glaubte man, daß die ausführliche Fassung Platons die authentische sei (Zeller 1889, 196). Dann aber fand – im Zuge des historischen Kritizismus – die weniger eindrucksvolle Rede bei Xenophon mehr Glauben. Dagegen wiederum hat der Berliner Althistoriker Eduard Meyer (GdA V 222) darauf verwiesen, daß Platon (ap. 38 B) bei der Verhandlung selbst anwesend war, während Xenophon erheblich später schrieb und uns unbekannte Quellen benutzte. Darum gehe ich davon aus, daß die Apologie bei Platon im wesentlichen authentisch ist.

Sokrates versuchte, den Vorwurf der Gottlosigkeit zu entkräften. Er rechtfertigte seine Menschenprüfung mit dem Auftrag Apollons und berief sich auf sein Daimonion, auf eine göttliche Stimme, die ihn zu warnen pflegte. Dieses Daimonion wurde mythologisch als eine Art Genius (Schutzengel), psychologisch als Gewissen gedeutet. Nietzsche (I 529) bezeichnete es respektlos als ein „Ohrenleiden". Sokrates ließ keinen Zweifel daran, daß diese Stimme ihm mehr bedeute als die Ansicht der

Richter. Das klingt christlich: man muß Gott mehr gehorchen als den Menschen (Apg. 5,29). Sokrates verteidigte sich sodann gegen seine Gleichstellung mit den Sophisten, die aus Weiß Schwarz zu machen verstünden. Er bestritt, die Jugend zu verderben, und erklärte: Würde er freigesprochen, müßte er, dem Gott gehorchend, seine Menschenprüfung fortsetzen.

Damit stieß Sokrates die Richter vor den Kopf. Mit seiner Verteidigungsrede überzeugt Sokrates wohl jeden heutigen Leser, aber die Richter damals hat er nicht überzeugt. Vielleicht haben sie ihm den Respekt vor den Göttern abgenommen, aber seinen Einfluß auf die Jugend kannte man zur Genüge. An der Stimmung gegen ihn änderte sich auch nichts, als Sokrates den Meletos ins Verhör nahm. In der ersten Abstimmung votierten 281 Richter für Schuld, 220 für Unschuld (Diog. II 41).

Gegen Ende seiner Rede hat Sokrates einmal auf die beinahe überschrittene Redezeit hingewiesen. Sie war im attischen Prozeßwesen begrenzt und wurde entweder nach der Tageszeit oder durch die Wasseruhr, die Klepshydra, gemessen (Rhodes 1981, 719 ff.). Fragmente davon sind 1933 in einem Brunnen an der Agora gefunden worden, die rekonstruierte Topfuhr trägt den Namen der zehnten, der letzten Phyle Antiochis. Ihr gehörte Sokrates an (Plat. ap. 32 B). Von Aristoteles (Ath. Pol. 67) wissen wir, daß die Redezeit nach dem Streitwert bemessen wurde, wobei als Zeiteinheit die Zahl der Kannen, d. h. die auslaufende Wassermenge galt. Die wiederhergestellte Uhr lief 6 Minuten. Die Redezeiten für Kapitalprozesse kennen wir nicht.

Die Abstimmungen waren geheim und wurden ursprünglich mit Kieselsteinen, später mit bronzenen Psephoi (Stimmsteinen) durchgeführt. Auch solche sind gefunden worden. Sie tragen die Inschrift *pséphos démosia*. Jeder Richter erhielt zwei von ihnen, eine Ja-Stimme und eine Nein-Stimme. Mit ihnen schritt er zur Urne *(kadiskos)*. Die gültige Psephos warf er in eine bronzene Amphora, die ungültige in eine hölzerne. Der Gerichtsdiener kippte sodann die Amphora mit den gültigen Psephoi auf ein Zählbrett, so daß sofort zu sehen war, wie viele Richter für die erste und wie viele für die zweite Partei gestimmt hatten (Aristot. AP. 69). Stimmengleichheit entschied für den Angeklagten. Hatte der Ankläger nicht wenigstens ein Fünftel der Ja-Stimmen, so mußte er 1000 Drachmen wegen Verleumdung zahlen und durfte hinfort keine Klage mehr erheben. In der Nordwest-Ecke der Agora, da wo heute die Attalos-Stoa steht, ist eine Stimmurne gefunden worden, in der noch mehrere Psephoi lagen. Sie ist allerdings aus Stein und paßt nicht zur Beschreibung des Aristoteles.

Zur Milderung der Strafe standen dem Angeklagten eine zweite Rede und ein Gegenantrag zu. Da die Mehrheit der Verurteilenden knapp war, hätte das Plädoyer für Verbannung oder für eine hohe Geldbuße vermutlich Erfolg gehabt. Das aber lehnte Sokrates ab (Xen. mem. IV 4,4). Schon in seiner Apologie hatte er den üblichen Appell an das Mitleid der Richter verschmäht und ihnen erklärt, sie fügten sich selbst mit dieser Hinrichtung mehr Schaden zu als ihm. Der Tod wäre kein Übel. Entweder sei er ein langer Schlaf oder ein Leben im Jenseits – dann könne er, meinte Sokrates, seine Befragungen in der Unterwelt fortsetzen (Plat. ap. 30 B; 41 A). Darüber hinaus rühmte Sokrates seine Verdienste um die Bürgerschaft (ap. 30 D; 36 B). Er sei überhaupt der einzige Athener, der sich um das Staatswohl bemühe (Plat. Gorg. 521 D), so daß die Stadt ihm eigentlich nicht die schlimmste Strafe, sondern die höchste Ehre schulde, nämlich öffentliche Speisung im Prytaneion auf Lebenszeit, wie einem Olympiasieger.

Die Reaktion der Richter war Empörung. Sokrates lenkte ein, wies auf seine Armut hin und beantragte nun doch eine kleine Geldstrafe, die er mit Hilfe seiner Freunde aufbringen zu können meinte. Dieser Kompromiß widerspricht dem Bild vom standhaften Märtyrer; er wird von Xenophon weggelassen und bestätigt die Historizität der platonischen Apologie. Das Angebot half nichts mehr. Die zweite Abstimmung ergab das Todesurteil mit einer um 80 Stimmen gewachsenen Mehrheit (Diog. II 42). Darin spiegelt sich die Verärgerung der Richter über das selbstbewußte Auftreten des Angeklagten. Sogar Perikles hatte bei seiner Verteidigung der Aspasia sich aufs Bitten verlegt und dem Volk Schmeicheleien gesagt (Plut. Per. 32), während die Rede des Sokrates als Zurechtweisung empfunden wurde. Das

Strafmaß war durch kein Gesetz vorgeschrieben. Es lag im freien Ermessen der Richter, und sie haben davon Gebrauch gemacht.

Die Hinrichtung konnte indes aus kultischen Gründen nicht gleich vollzogen werden. Die Athener hatten das „Schiff des Theseus" mit der alljährlichen Festgesandtschaft nach Delos geschickt, die man gemäß der Tradition dem Apoll geweiht hatte, falls durch Theseus der Blutzoll an Minotauros gelöst würde. Solange das Schiff unterwegs war, durfte niemand getötet werden (Plat. Phaid. 58 A). 30 Tage verbrachte Sokrates im Gefängnis. Dies unterstand den jährlich aus der Bürgerschaft ausgelosten Elf Männern (Aristot. Ath. Pol. 52, 1). Alle derartigen Ämter – bis hin zur Müllabfuhr – wurden ehrenamtlich von Bürgern versehen. Sokrates war angekettet, konnte aber Besuche empfangen. Platon schreibt im Dialog ‚Kriton‘, wie die Freunde die Flucht ihres Meisters vorbereitet hatten. Der aber weigerte sich, indem er erklärte, immer habe er die Gesetze respektiert und ihren Schutz genossen, jetzt wolle er konsequent bleiben und auch die Strafe auf sich nehmen. Selbst ein ungerecht erscheinendes Urteil verdiene Respekt, andernfalls verlören die Gesetze überhaupt ihre Kraft. Seien die Gesetze schlecht, so müsse man sie ändern, nicht aber übertreten. Entweder solle man die Hoheitsträger überzeugen oder sich ihnen unterwerfen, denn schließlich hätte man ja jederzeit seine Sachen packen und auswandern können. Die attische Demokratie gebe jedem die Chance, den Staat durch freie Rede zu verbessern oder ihn durch freien Entschluß zu verlassen. Den Verzicht darauf wertet Sokrates als impliziten Staatsvertrag, den er durch Flucht nach der Verurteilung bräche. Daß Sokrates sein Martyrium gesucht habe, wie Nietzsche (II 956) im Anschluß an Xenophon (ap. 5 f.) meinte, wird man kaum sagen können. Er wollte nur glaubhaft bleiben.

Die Umstände der Hinrichtung schildert Platon in der Rahmenhandlung zu seinem Dialog ‚Phaidon‘. Abends hören die Freunde, daß das Festschiff aus Delos wieder im Peiraieus angekommen ist. Am nächsten Morgen versammeln sie sich besonders früh vor der Gefängnistüre, die noch geschlossen ist.

Der Wächter heißt sie warten. Die Elf Männer lösen Sokrates die Ketten und verkünden ihm, daß er heute sterben müsse. Wenig später dürfen die Freunde eintreten. Sie finden bei Sokrates Xanthippe weinend mit dem jüngsten Sohne. Sokrates läßt sie nach Hause geleiten. Es folgt ein Gespräch über Tod und Unsterblichkeit. Die hier von Sokrates vertretene Zuversicht unterscheidet sich von der Skepsis, die er in Platons ‚Apologie‘ zeigt. Daher wird dies die historische Auffassung des Sokrates gewesen sein, während wir im ‚Phaidon‘ diejenige Platons fassen. Die Rahmenhandlung indessen ist zweifellos geschichtlich. Sobald die Sonne sich dem Untergang neigt, werden noch praktische Dinge besprochen. Auf die Frage, wie er bestattet werden wolle, antwortet Sokrates den Freunden: „Wie es dem Brauch entspricht." Dann nimmt Sokrates ein Bad, um den Weibern das Waschen seiner Leiche zu ersparen. Die Familie kommt nochmals, um Abschied zu nehmen. Der Sklave reibt den Schierling, streut ihn in den Becher und reicht ihn dem Alten mit einem freundlichen Wort, wendet sich dann weinend ab. Auch er hatte Sokrates liebgewonnen.

Die berühmteste bildliche Darstellung dieser Ereignisse ist ein Gemälde von Jacques Louis David (Salmon 1962). Es ist 1787 entstanden und hängt heute im Metropolitan-Museum New York. Sokrates ist wiedergegeben im Typus B der Typologie der Sokratesbildnisse von Margaret Bieber, in Juppiter-Pose. Die Details versuchen, historisch korrekt zu sein, doch ist viel Römisches eingeflossen, so der Bogen, die pompeianischen Möbel und der Sigillata-Becher.

Sokrates nimmt den Becher und trinkt, seine Glieder erkalten von den Füßen herauf. Die Erstarrung erreicht sein Herz. Er stirbt. Seine letzten Worte: Man möge dem Asklepios noch einen Hahn opfern. Asklepios war der Gott der Heilkunst. Sokrates ist vom Leben geheilt, der Tod ist die große Gesundheit.

Das athenische Gefängnis ist 1975 mit guten Gründen durch Eugene Vanderpool identifiziert worden (Lang 1978). Es handelt sich um einen 1940 ausgegrabenen, zunächst ungedeuteten Porosbau aus dem 5. Jh. Er besteht aus einem ummauerten Hof, zwei Gebäuden mit insgesamt acht Zellen, einem zweistöckigen Flachdachbau am Eingang für die Wache und einer Badestube. Da sie nur von einer einzigen Zelle aus Zugang hat, deutet Mabel Lang die zweite rechts vom Eingang als diejenige des Sokrates. Aus diesem Raum stammt eine Sokratesstatuette. Sie unterstützt die Überlieferung, daß die Athener sehr bald die Hinrichtung bereut und die Ankläger verbannt haben. Es wurde eine lebensgroße Statue des Sokrates im Pompeion errichtet (Diog. II 43), von der Kopien erhalten sind. Noch bemerkenswerter sind die im Schutt des Gefängnis-Annexbaus gefundenen 13 kleinen Medizinbecher (4 cm hoch), die nach Ansicht der Archäologin für den Schierlingstrunk bestimmt waren. Den medizinischen Kommentar zum Schierlingstod, der nirgends so genau beschrieben ist wie bei Platon, verdanken wir Louis Lewin (1920, 65 ff.). Schierling galt als schmerzloses Gift, spätere lebensmüde Philosophen tranken es freiwillig (Dio 69,8).

Bald nach seinem Tode wurden die Ankläger des Sokrates – wie es heißt – bestraft, Meletos sogar hingerichtet (Diog. II 43). Die Richter freilich konnte man nicht belangen. Das Volk zog jeweils nur die Anstifter zur Rechenschaft. Es übte seine Souveränität aus nach dem bei (Pseudo-)Demosthenes (59, 1374) formulierten Prinzip: „Das Volk von Athen hat die höchste Verfügungsgewalt über alle Dinge in der Stadt und das Recht, zu tun, was immer es will."

Die Wirkung

Die Bedeutung des Sokrates für die Geistesgeschichte ist schwer zu überschätzen. Cicero (Tusc. V 10) hat von ihm gesagt, er habe die Philosophie vom Himmel auf die Erde geholt. Hatten die ionischen Aufklärer vor allem Naturphilosophie betrieben, so stellte Sokrates den Menschen selbst in den Mittelpunkt seiner Überlegung. Diesen Blickwechsel teilt er freilich mit den Sophisten, doch lehrte er nicht wie jene eine technische Rationalität, mit der man besser durchs Leben kommt, sondern ethische Reflexion, wie man ein besserer Mensch wird. Namhafte Sophisten hatten die überlieferten Werte als Ideologie abgetan und lehrten, wenn Platon (Gorg. 483 ff.) sie treffend kennzeichnet, den konsequenten Egoismus, das Recht des Stärkeren, den ethischen Nihilismus. Gegen Protagoras, der den Menschen zum Maß aller Dinge beförderte (Diog. IX 51), behauptete Sokrates, Gott sei das Maß aller Dinge. Das erleichterte seine Rezeption durch die Christen. Der Kirchenvater Clemens Alexandrinus teilte bereits um 200 die Philosophiegeschichte in eine vorsokratische und eine nachsokratische Periode, indem er die letztere, ähnlich wie die Zeit des Alten Testaments, als Vorübung zum Christentum auffaßte (Harnack 1900, 13).

Daß nicht nur Leben und Lehre, sondern auch Prozeß und Tod den Eindruck bestimmten, den Sokrates hinterließ, bezeugt Platon, der größte Schüler des Sokrates. Platon (ep. VII 325) hat infolge der Hinrichtung seines Lehrers die Absicht aufgegeben, in Athen politisch zu arbeiten, und hat sich statt dessen ganz der Philosophie verschrieben. Seine Akademie war die erfolgreichste Schulgründung der europäischen Geschichte.

Platon war nicht der einzige unter den Sokratesjüngern, der eine Schule begründet hat. Etwas Ähnliches taten auch Phaidon und Pyrrhon von Elis mit den Skeptikern, Eukleides mit den Megarikern, Aristipp mit den Kyrenaikern, Antisthenes und Diogenes mit den Kynikern. Mittelbar hängt von Sokrates auch der Peripatos ab, den Aristoteles begründet hat, Platons bedeutendster Schüler. So kann man die griechische Philosophiegeschichte nach dem Modell eines Stammbaumes darstellen, der von Sokrates ausgehend sich immer weiter verästelt hat.

Ein zu wenig beachteter Strang führt hinüber in die arabische Philosophie, die einen seltsamen Text hinterließ, betitelt: ‚Das Testament des Sokrates‘. Der Text (leicht gekürzt) lautet: „Und ich zitiere Sokrates und sein Vermächtnis bei seinem Tode. Sokrates befahl seinen Schülern neun Dinge: ‚Gewöhnt eure Naturen an Genügsamkeit vom Anfang ihrer Erkenntnisfähig-

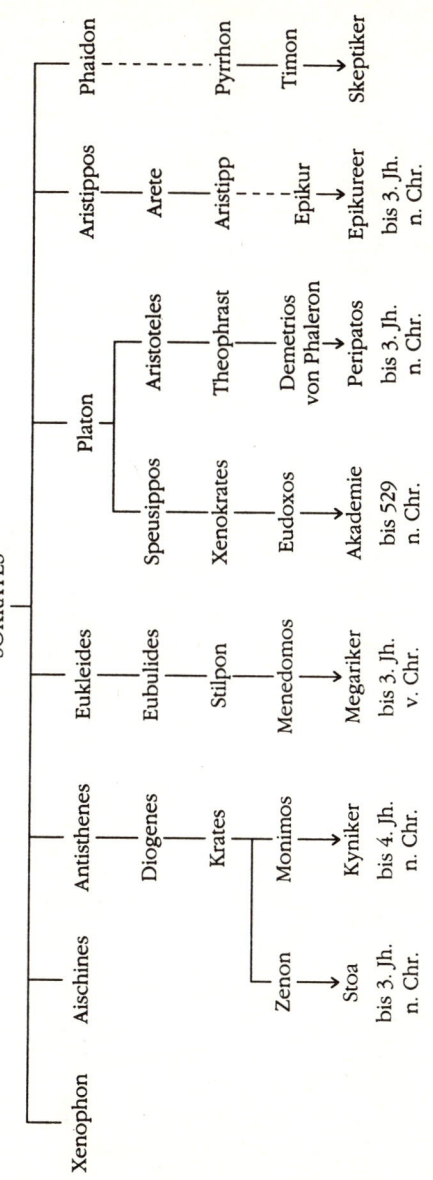

Sokrates und seine Schüler

keit an; dann werdet ihr dankbar, wenn ihr mehr erhaltet, und euer Leben wird angenehm sein.' – Und er sprach: ‚Mach niemanden zum Hüter deines Geheimnisses als dein Herz; denn es gibt keine Sicherheit, daß die Zeit dir nicht einmal ihr ungerechtes Gesicht zeigt, so wie sie dir jetzt ihr gerechtes Gesicht zeigt.' – Und er sprach: ‚Haltet keine Sache für klein, wenn sie klein ist zur Zeit, wo sie an dich herantritt; denn sie kann wachsen und groß werden.' – Und er sprach: ‚Erziehe deinen Freund mit Liebe und Tugend, wie du ein Kind erziehst, und zeige deine Zuneigung von dir aus nicht auf einmal; denn wenn er bei dir einen Stillstand bemerkt, wird er dich mit Feindschaft belohnen.' – Und er sprach: ‚Meidet das Unrecht; denn es führt zum Verlust der Mannesehre und zerreißt Adel und Tugend.' – Und er sprach: ‚Handelt mit Liebe und unterlaßt im Verkehr mit anderen das Abwägen nach dem Grundsatz der Vergeltung; dann wird eure Seele sicher sein vor den bösen Menschen und ihr werdet dem Guten näherkommen.' – Und er sprach: ‚Tadle niemand wegen dessen, was er tut; es sei denn, du vermeidest selbst die Handlung, die du tadelst.' – Und er sprach: ‚Vertreibe den Bittenden nicht. Vielmehr danke Gott für das, was er dir gegeben hat, indem du dem Bittenden Zugang gewährst, und erfülle sein Anliegen, soweit es dir möglich ist; denn wer das Anliegen des Bittenden erfüllt, dankt damit Gott für seine Gnadengaben.' – Und er sprach: ‚Erkenne den Dingen ihren Wert zu, dann wird dein Wert anerkannt werden; wenn du sie wahrhaft liebst, werden sie dich lieben.' – Dies ist das Vermächtnis des Sokrates.“

Dieser Text stammt aus einem arabischen Zauberbuch des mittelalterlichen Spanien. Es trägt den Titel ‚Das Ziel des Weisen', und sein Autor „Picatrix", ist verballhornter Hippokrates. Es handelt sich um ein Pseudonym. Als wahrer Verfasser wird ein um 1000 in Madrid lebender Astrologe vermutet (Ritter + Pleßner 1962). Der Text wurde 1256 für Alfons von Kastilien ins Spanische übersetzt und galt im 15. und 16. Jahrhundert als das gefährlichste aller Teufelsbücher. Kaiser Maximilian besaß es zweimal. Die Quellen sind orientalisch-hellenistische Magietexte, die apokryphe Überlieferungen von

Pythagoras, Platon, Aristoteles und Christus einschließen. Als Vermittler kommt der monophysitische Arzt Sergios aus Theodosiopolis (Resaina) in Betracht, der 536 in Konstantinopel gestorben ist. Seine philosophischen Schriften fürs Volk wurden aus dem Syrischen ins Arabische übersetzt. Hippokrates war bei den Alchimisten geschätzt (Baumstark 169ff.).

Für die neuere europäische Sokrates-Interpretation ist die ambivalente Einschätzung durch Hegel wegweisend geworden (Spranger 1938). Selbst Nietzsche, der Anti-Hegel, stimmte hier zu. Er hat in Sokrates den moralisierenden Mann aus dem Pöbel gesehen, der die aristokratischen Instinkte untergrub. Hegel nannte Sokrates 1825 einen „Hauptwendepunkt des Geistes in sich selbst". Für ihn tritt in Sokrates die frei sich ihrer selbst bewußte Individualität aus der Gebundenheit in die Gemeinschaft heraus und stellt sich dieser als Subjekt gegenüber. Der Angelpunkt für Hegels Sokrates-Interpretation ist das Daimonion. Im Daimonion des Sokrates liegt „der Anfang der sich wissenden und damit wahrhaftigen Freiheit". Es erscheint als Nachfolger des Orakels und damit als höchste Instanz, ironischerweise von der Pythia legitimiert (Plat. ap. 21 A). Das Daimonion wird zur mythischen Ausdrucksform des persönlichen Gewissens, das von Sokrates über die Institutionen des Staates gestellt wird. Sokrates erkennt seine Schuld nicht an, unterwirft sich dennoch den Gesetzen, weil er meint, daß ohne Gesetze kein Zusammenleben möglich sei, daß aber eine Änderung von Gesetzen nicht die Sache des einzelnen, sondern der Gemeinschaft sei. Unrecht leiden sei besser als Unrecht tun (Plat. Gorg. 469 B).

Hegel betont, daß Sokrates durch und durch ein Sohn Athens gewesen sei. Die Athener verurteilten in ihm den Vertreter eines Prinzips, das auf dem geistigen Boden der Stadt gewachsen sei und ihr schließlich den Untergang gebracht hätte. Sokrates wirkte zersetzend auf den Gemeingeist, indem er an den überlieferten Grundwerten rüttelte und das individuelle Urteil über die kollektive Moral stellte. Denn zweifellos ist das Aufkommen individueller und partikularer Interessen eine Voraussetzung für die spätere Niederlage gegen Philipp von Makedonien gewesen. Der Prozeß des Sokrates ist für Hegel ein Konflikt zweier Prinzipien, wobei die Bürger das alte, bewahrende Prinzip vertraten, Sokrates aber das neue, auflösende. Insofern sei der Konflikt tragisch und unausweichlich gewesen. Hegels Urteil ist gespalten. Als Philosoph des Fortschritts steht er auf seiten des Sokrates, als Philosoph des Staates gibt er den Athenern recht, denn eine Berufung auf das Gewissen gegen den Staat zerstöre diesen. Sokrates ist schuldig vor dem Gericht Athens, aber unschuldig vor dem Gericht der Weltgeschichte.

Hegels Interpretation hat viel für sich. So gewiß Sokrates subjektiv den Staat zu bessern suchte, so gewiß hat er objektiv zu seiner Auflösung beigetragen. Die von Sokrates ausgehenden Philosophenschulen sind keine Stützen der Demokratie gewesen, sondern haben diese allenfalls als Gehäuse benutzt, wofür letztlich auch jede andere Staatsform gut gewesen ist. Und die politisch aktiven Schüler des Sokrates haben den Rahmen der Demokratie, ja des Staates überhaupt gesprengt. Die unbedingte Selbstverwirklichung des Individuums führt entweder in die Anarchie oder in den Kosmopolitismus. Das haben Ankläger und Richter des Sokrates geahnt.

Die Rechtsfrage

Betrachten wir den Sokratesprozeß unter dem Aspekt von Macht und Recht, so finden wir allzu rasch die Macht auf seiten der Athener, das Recht auf seiten des Sokrates. Dagegen sind Einschränkungen schon im Altertum gemacht worden. Der Prozeß eröffnet eine Kontroverse, sie beginnt mit der verlorenen Anklage des Sokrates durch Polykrates von Athen um 390 v. Chr. (Diog. II 39) und endet mit der erhaltenen Verteidigung des Sokrates durch Libanios von Antiochia (decl. I) um 390 n. Chr. Aus Rom kennen wir die Stimme des älteren Cato; er nannte Sokrates einen Schwätzer und Aufrührer, der die guten alten Sitten und Gesetze zu zerstören und seine Vaterstadt zu tyrannisieren versucht habe (Plut. Cato maior 23).

In unseren Tagen betrachtet ihn der amerikanische Journalist Isidor Stone umgekehrt als Tyrannenfreund, der die demokratische Grundordnung angegriffen habe. Dies meinte auch das athenische Volksgericht, das in einem korrekten Verfahren Sokrates für untragbar erklärt und seinen Umtrieben ein Ende gesetzt hat. Sokrates wurde nicht das Opfer eines launischen Despoten, sondern unterlag in einem ordentlichen Prozeß vor einem demokratischen Gerichtshof. Daran gibt es formal und prinzipiell nichts zu beanstanden; es sei denn, die Überlieferung träfe zu, daß die Athener selbst später Sokrates rehabilitiert hätten (s. o.). In diesem Falle wäre die *quaestio facti* revidiert worden, nicht aber die *quaestio iuris*. Sonst hätten mit den Anklägern auch die Richter des Sokrates belangt werden müssen. Damit hätte sich die attische Demokratie selbst in Frage gestellt.

So wie es die Aufgabe eines Staates ist, seinen Bürgern einen Freiraum zur Selbstentfaltung zu sichern, ist es um der Allgemeinheit willen nötig, dem Einzelnen bestimmte Grenzen zu setzen. Anderenfalls besteht die Gefahr, daß der tüchtige Einzelne einen solchen Anhang gewinnt, daß die Republik in eine Monarchie, die Demokratie in eine Tyrannis umschlägt. Dagegen suchte man sich in Athen auf zweierlei Art zu schützen. Sobald der politische Einfluß eines großen Mannes die demokratische Gleichheit bedrohte, verfiel er dem Scherbengericht. Wenn bei einem solchen Ostrakismos sechstausend Stimmen die Verbannung eines Mannes forderten, dann hat man sich eine Begründung des Urteils erspart. Auf diese Weise entledigte sich die Demokratie unliebsamer Größen wie Aristides, Themistokles und Kimon. Sofern der geistige Einfluß eines Denkers hingegen die religiöse Grundlagen des Staates in Frage stellte, mußte er mit dem Asebieprozeß rechnen.

Die moderne Demokratie hat man in eine liberale und eine totalitäre Richtung gegliedert (Talmon 1952). Wer will, kann das Scherbengericht und den Asebieprozeß für den totalitären Charakter der attischen Demokratie in Anspruch nehmen und folgern, daß der Staat der Athener eher dem demokratischen Absolutismus zuzurechnen sei. Tatsächlich hat die Verfassung Athens mit der sogenannten Volksdemokratie des realen Sozialismus wenigstens das gemein, daß sie weder eine Trennung der Gewalten kannte, noch dem Einzelnen Grundrechte gewährte. Das Volk von Athen war stolz darauf, zu tun und zu lassen, was immer ihm gut schien; seine Souveränität war ungeteilt und unbegrenzt, seine Herrschaft unanfechtbar und direkt.

Wer den Athenern ihre großen Prozesse zum Vorwurf macht, sollte jedoch bedenken, daß die Athener die von ihnen gestürzten Größen auch hervorgebracht haben. Wenn es in Korinth und Sparta keine Asebieprozesse gab, so gewiß nicht wegen der dort größeren Toleranz. Wen hätte man denn verurteilen sollen? Auch Sokrates konnte bis zu seinem 70. Jahre lehren, ohne je angeklagt zu werden (Plat. ap. 17 D). Dann glaubte das Volksgericht, er ruiniere die Fundamente des Staates und sprach ihn schuldig.

Tatsächlich hat Sokrates die herrschenden Autoritäten, d. h. die Götter, die Eltern und die Demokratie in Frage gestellt. Am wenigsten vielleicht noch das Ansehen der Staatsgötter (Xen. mem. I 1), obschon auch sie für ihn eher Ausdrucksformen eines obersten göttlichen Prinzips waren. Er spricht immer namenlos von „dem" Gott, wie wir von „Gott" reden. In einzelnen Fällen hat Sokrates nachweislich die Ehrfurcht der jungen Männer vor ihren Vätern untergraben, so im Fall des Anytos. Seinem Sohne verdarb er die Lust, die väterliche Gerberei zu übernehmen. Und in wesentlichen Punkten wich Sokrates vom Glauben der Demokraten an die Demokratie ab.

Es gehört zum Wesen der Demokratie, daß der Wille des Volkes unantastbar, die Mündigkeit des Bürgers unbestreitbar ist. An diesen Dogmen hat Sokrates gerüttelt. Er stellte die individuelle Rationalität über die kollektive Tradition und erklärte, zum Regieren geeignet sei nicht, wer die Wählerstimmen besitze oder wen das Bohnenlos träfe, sondern wer über den erforderlichen Sachverstand verfüge. Es wäre ungereimt, einen Steuermann, einen Baumeister, einen Flötenspieler nach dem Können auszuwählen, aber die Staatsführer der Volksgunst oder dem Los zu unterwerfen (Xen. mem. I 2,9; III 5,21). Das Volk sei in seiner leidenschaftlich-kurzsichtigen Interessenpolitik so heruntergekommen, daß ein anständiger Mensch im bestehenden Staatswesen kein Amt ausüben könne. Denn entweder müsse er dem Volk nach dem Munde reden, oder aber er werde zum Opfer des Volkszornes (Plat. ap. 31 C ff.). Zwischen Opportunismus und Opposition sah Sokrates keinen Mittelweg, und es ist kaum ein Zufall, wenn die bedeutendsten Schüler des Sokrates zweifelhafte Demokraten waren, so Alkibiades, Charmides und Kritias, Platon und Xenophon. Vermutlich zu Recht hat man Sokrates das Homerzitat gegen die Vielherrschaft (Ilias II 188 ff.) in den Mund gelegt (Xen. mem. I 2). Durch seine Gewissensprüfung wollte Sokrates nicht die Stadt Athen zu einer besseren Demokratie, sondern die einzelnen Athener zu besseren Menschen machen. Diese aber betrachteten das als Anmaßung. Wäre das heute anders?

Jacob Buckhardt (GK. III 353) hat die Frage gestellt, was wohl geschähe, wenn Sokrates heute wiederkäme. Burckhardt vermutete, daß sich das Schicksal an Sokrates *mutatis mutandis* wiederholen würde. *Mutatis mutandis* wäre dies, so meine ich, auch hundert Jahre nach Burckhardt zu erwarten. Die Reichen würden Sokrates wegen seiner Verachtung des Wohlstandes ablehnen, die Mächtigen würden ihn als subversiven Querulanten empfinden. Die Gebildeten würden ihm den Spott auf die Wissenschaften verübeln, die Arbeitenden würden ihn als asozialen Tagedieb ansehen. Zwischen der Gesellschaft und dem Einzelnen gibt es allzeit ähnliche Spannungen: Wer nicht an unsere Götter glaubt, der ist ein Atheist; wer unsere Herrschaft unterhöhlt, der ist ein Anarchist; wer unseren Werten widerspricht, der ist ein Nihilist. Sokrates beschrieb seine Rolle als die einer Stechfliege, die die Athener am Einschlafen hindern soll (Plat. ap. 30 E). Stechfliegen schlägt man tot.

Sokrates würde heute sicher nicht getötet. Das ist unter anderem darauf zurückzuführen, daß unsere Demokratie eine Reihe von Mißständen überwunden hat, die Sokrates an Athen gegeißelt hat. Heute würde er neue Mißstände geißeln. Daß überhaupt Mißstände behoben werden, ist nicht zuletzt das Verdienst von Menschen wie Sokrates und Jesus, die ihr Rechtsempfinden gegen die bestehende Macht behaupten. So schließe ich mit dem Wort des Erasmus von Rotterdam (I 3, S. 254): „Bewunderung verdient jener Geist, der Christus und die Heilige Schrift noch nicht kannte. Ich kann kaum umhin, zu sagen: *Sancte Socrates, ora pro nobis.*«

Werner Dahlheim

Die Not des Staates und das Recht des Bürgers: Die Verschwörung des Catilina (63/62 v. Chr.)

Die Erhebung Catilinas

Die Geschichte von der Verschwörung des Catilina enthält im Grunde zwei Geschichten: Die eine ist die Geschichte eines Abkömmlings der Hocharistokratie, den sein Ehrgeiz zum höchsten Staatsamt trieb und der – als er dabei scheiterte – im Herbst 63 v. Chr. den offenen Aufruhr gegen den Staat wagte und verlor. Die andere ist die Geschichte seiner Anhänger, die in Rom auf das Signal zum Losschlagen gewartet hatten, als ihr Anführer in Etrurien bereits zum Krieg gegen die Republik rüstete. Sie waren jedoch Anfang Dezember 63 v. Chr. entdeckt und vom amtierenden Konsul verhaftet worden; zwei Tage später wurde ihnen in einem außergewöhnlichen Verfahren vor dem Senat der Prozeß gemacht, und noch am Tage der Senatsentscheidung lieferte sie der Konsul dem Henker aus, der sie in den Verliesen des mamertinischen Kerkers erdrosselte, ebendort, wo der Numidierkönig Jugurtha gestorben war und wo Jahre später das armselig gewordene Leben des Gallierfürsten Vercingetorix enden sollte.

Die Geschichte des Catilina interessiert hier nur am Rande, obwohl sie die Phantasie der Zeitgenossen und der nachfolgenden Generationen bis heute immer neu entzündet hat. Die Historiker des 19. Jhs. sahen in diesem Manne vornehmlich den politischen Abenteurer, der unzufriedene, gestrandete Existenzen und Rechtsbrecher unter seine Fahnen gesammelt und ohne ein klar erkennbares politisches Konzept ganz persönliche Ziele verfolgt hatte. Mommsen notierte zusammenfassend, daß Catilinas „Bubenstücke in die Kriminalakten, nicht in die Geschichte" gehörten, und Ranke sprach lapidar „vom Bramarbas des Aufruhrs". Diese von der Sicht der antiken Quellen deutlich geprägte Einschätzung blieb nicht ohne Widerspruch. Insbesondere die marxistisch beeinflußte Forschung stilisierte Catilina zu einem fähigen und ernst zu nehmenden Politiker oder gar zu einem Sozialrevolutionär, der bereit war, in einer Welt der Mühseligen und Beladenen seine Vision von einer sozial besseren Welt mit politischen und gewalttätigen Mitteln durchzusetzen. Heute erhebt sich kaum noch ernsthafter Widerspruch, wenn klar gesagt wird, daß unser Wissen über die dramatischen letzten Jahrzehnte der untergehenden Republik nicht wesentlich kümmerlicher wäre, wüßten wir von Catilina nichts. Eine detaillierte Beschäftigung mit ihm ist dann vernünftig, wenn sie mit der Frage verknüpft wird, wie viel sich von dem Geist einer aus den Fugen geratenen Welt begreifen läßt, wenn man sich mit dem Schicksal eines Mannes beschäftigt, dessen Name zum Synonym für Aufruhr und Tollkühnheit geworden ist.

Rekonstruieren wir angesichts so unterschiedlicher Positionen zunächst die Fakten. Catilina, aus altem patrizischem Geschlecht stammend, unter Sulla reich geworden und als dessen Scherge berüchtigt, 67/66 v. Chr. Statthalter in Afrika, hatte viermal vergeblich versucht, auf legalem Wege das höchste Staatsamt zu erreichen. Im Sommer 63 im Wahlkampf erneut unterlegen, entschloß er sich zum Aufstand und machte sich zum Fürsprecher zahlreicher verschuldeter Adliger, verarmter Veteranen und von Teilen der städtischen Plebs.

Auf die Nachricht von Truppenanwerbungen, die ein gewisser Manlius – angeblich ein Kumpan des Catilina – in Etrurien durchführte, erließ der Senat am 21. Oktober ein *Senatusconsultum ultimum:* Er machte damit von seiner – nicht unbestrittenen, aber weitgehend anerkannten – Kompetenz Gebrauch, den höchsten Organen des Staates diktatorische Befugnisse zum Schutz des bedrohten Gemeinwesens zu erteilen. Der zum Handeln längst entschlossene Konsul Cicero provozierte am 8. November im Senat durch seine erste Rede gegen Catilina diesen zum Verlassen der Stadt und sorgte am 5. Dezember nach erregter Debatte im Senat für die Hinrichtung der adligen Anhänger Catilinas. Catilina selbst fiel im Januar 62 im aussichtslosen Kampf gegen die Truppen der Republik, und das einzig Positive, was die Quellen von diesem Manne zu berichten wußten, sagten sie jetzt: Er war tapfer und fürchtete den Tod nicht.

Wir wissen über die Hintergründe dieser Ereignisse weniger, als es den Anschein hat. Auf den ersten Blick gehören die Vorgänge der catilinarischen Verschwörung zu den bekanntesten Episoden aus der Geschichte der späten Republik. Die Ausführlichkeit unserer Quellen entpuppt sich jedoch bei näherem Zusehen schnell als Danaergeschenk: Cicero hat seine Reden gegen den verhaßten Aufrührer erst im Jahre 60 publiziert und bei ihrer Bearbeitung manches zu seinen Gunsten zurechtgerückt und gerundet. Sallust, der der Verschwörung eine eigene Monographie widmete, sah in Catilina die Personifizierung der korrupten Moral der Republik schlechthin. Er beschwor in diesem Mann den Erben Sullas und den Verschwörer von Natur, der als solcher von Anfang an entschlossen war, die Alleinherrschaft zu gewinnen. Um dieses Bild glaubwürdig zu machen, mußte die Verzweiflungstat eines gescheiterten und ambitionierten Politikers in die lang geplante Verschwörung eines notorischen Verbrechers umgeschrieben werden. Der historische Catilina blieb bei diesem gewaltsamen Zugriff auf der Strecke. An seine Stelle trat der Archetyp eines Verschwörers, der sinnfällige Repräsentant der Gesellschaft seiner Zeit, das Sinnbild des in ihr übermächtig gewordenen Bösen.

Tatsächlich war Catilina ein Sproß der römischen Aristokratie, er war einer der ihren und ihrem Ethos verpflichtet. Und daß er auf dem Weg zum Aufruhr so viele Anhänger finden und so große Anfangserfolge haben konnte, lag an der prinzipiellen Schwäche der staatlichen Exekutive in Rom, die durch den Druck rivalisierender aristokratischer Gruppen kaum noch handlungsfähig war. Zudem war er für viele ein nützlicher Stein im politischen Spiel und agierte dementsprechend nur so lange, wie er der einen oder anderen mächtigen Gruppierung nützlich sein konnte. Er sah sich und seine Position wohl selbst am richtigsten, als er sich brieflich – bereits als offener Aufrührer gebrandmarkt – in Rom zu Wort meldete:

„Kränkungen und Beschimpfungen habe ich erfahren, um die Früchte meiner Anstrengungen und Mühen wurde ich gebracht und konnte die mir gebührende Stellung nicht erhalten. So habe ich nun meiner Gewohnheit entsprechend und weil es hier um ein allgemeines Anliegen geht, die Sache der Zurückgesetzten, der *miseri* übernommen... ich habe somit durchaus ehrenhafte Ziele verfolgt, in der Hoffnung, dadurch meine mir noch verbliebene Ehre wahren zu können." (Sallust, Catilina 35.)

Der Mann, der Mitte November 63 schon mit der Waffe in der Hand in Rom Gehör suchte, berief sich also vornehmlich auf seine Ehre, die er zu verteidigen habe, nachdem ihm seine Gegner keine andere Wahl gelassen hätten, sprich: ihm den Zugang zum Konsulat endgültig verstellt hatten. Hinter diesen anmaßenden Sätzen steht die uralte Forderung der Aristokratie nach Achtung und Anerkennung ihrer Leistung und Stellung, eine Forderung, die sich in der späten Republik aus ihren staatlichen Fesseln zu lösen begann. Die staatliche Gewalt, so lautete das neue Credo, die verdiente Nobiles entehrt, hat den Anspruch auf Gehorsam verwirkt. So sah es 14 Jahre später auch Caesar, der in der Auseinandersetzung um die Anhänger Catilinas noch für das alleinige Recht des Staates und seiner Organe auf die Definition des Staatswohles eingetreten war (s. unten). Als er im Januar 49 als Prokonsul der gallischen Provinzen den Rubikon überschritt, verteidigte er als Feldherr und römischer Aristokrat seine Ehre, die er von seinen politischen Feinden bedroht sah, als sie ihm den Weg zum zweiten Konsulat verstellten. Er parierte ihre Herausforderung mit der Waffe, nicht um in Rom zu herrschen, sondern um sich zu behaupten. In dem darüber ausbrechenden Kampf ging es um kein Prinzip und keine Idee. Es ging um die Zukunft eines Mannes, der der Erste unter seinesgleichen sein wollte und der sich unter dem Vorwand des Staatswohles um die verdiente Anerkennung seiner Taten schändlich betrogen sah.

Der Vergleich Catilinas mit Caesar macht aber auch zugleich deutlich, was beide trennte und was Catilina zur historischen Randfigur macht. Hier wie dort verdichtete sich der aristokratische Anspruch auf Rang und Ehre zum absoluten Maßstab des Handelns, hier wie dort wird die Autorität des Staates der Autorität aristokratischen Selbstwertgefühls unterworfen. Jedoch: Im Jahre 63, in dem Catilina zum Desperado wurde und das aristokratische Turnier um *gloria* und *dignitas* verließ, dessen Spielregeln immer noch durch das Wohl des Staates bestimmt wurden, ließ sich Caesar zum *pontifex maximus* wählen und unterwarf sich ganz dem Leistungsethos seines Standes. In einer bis dahin unerhörten Anspannung der Kräfte konzentrierte sich dieser Verächter des Senates auf das von diesem abgesteckte politische Feld, wurde der Verbündete des Pompeius, wurde Konsul und schließlich in Gallien ein neuer Baumeister des Weltreiches, den seine Zeit ohne Widerspruch auch als solchen feierte. Der Weg dorthin war die völlige Unterwerfung unter die Ideale seines Standes, der seit Jahrhunderten die Bewährung im Staatsdienst und im Krieg vor alle anderen Tugenden und vor Lohn und Anerkennung gesetzt hatte. Die Welten, die Caesar von Catilina trennten, werden damit ungeachtet ihrer fast uniformen Berufung auf ihre *dignitas* deutlich: Beide leiteten ihren Anspruch aus den Idealen ihres Standes ab, aber nur einer hatte sich in ihnen tatsächlich bewährt – und nur ihn nahm man ernst und nur seine *dignitas* hielten andere für verteidigungswert.

Das Notstandsrecht

Die uns eigentlich interessierende Geschichte der Anhänger Catilinas, ihre Verfolgung und ihre schließliche Verurteilung beginnt rund 250 Jahre vor den Vorgängen des Jahres 63 und führt in die Spätphase der Ständekämpfe. Damals hatten die patrizischen Herren die Amtsgewalt der Oberbeamten mit allumfassenden Kompetenzen ausgestattet und diese gegen die widerspenstigen Plebejer eingesetzt. Das schließliche Ergebnis dieser Machtausweitung der Konsuln und Prätoren sowie des Widerstandes dagegen war im Jahre 300 die Durchsetzung eines Gesetzes, wonach es keinem Magistraten mehr gestattet war, im

Bereich der Stadt Rom Kapitalurteile gegen römische Bürger ohne Zustimmung des Volkes zu fällen und zu vollstrecken. Dieses zunächst nur zur Abwehr von Willkürmaßnahmen der übermächtig gewordenen Magistrate geschaffene sogenannte Provokationsgesetz wurde in den folgenden Jahrzehnten zu einem Grundgesetz der Republik hochstilisiert und galt ihr als das wesentliche Fundament der Freiheit des römischen Bürgers.

Dieses Grundrecht geriet auf den Prüfstand, als 133 Tiberius Gracchus daranging, gegen die geltenden Spielregeln seine Bewerbung um ein zweites Volkstribunat zu betreiben. In dem darüber ausbrechenden heftigen Streit forderte der Senator Scipio Nasica den verantwortlichen Konsul auf, den Staat mit Waffengewalt zu schützen und von dem potentiellen Tyrannen zu befreien. Dieser, der bedeutendste Jurist seiner Zeit, lehnte dies kategorisch mit der Begründung ab, er werde nicht gewaltsam gegen einen römischen Bürger vorgehen, wenn dies die Brechung des Rechts auf einen ordentlichen Prozeß entsprechend des Provokationsgesetzes bedeute. In dem darauf ausbrechenden Tumult im Senat rief Scipio Nasica die Senatoren zur Rettung des Vaterlandes auf, bewaffnete sich und diese mit Latten und Stuhlbeinen und stürmte die Versammlung, in der Tiberius Gracchus gerade seine Wiederwahl betrieb. In der darauf folgenden Straßenschlacht fand der Volkstribun den Tod.

Mit diesem hochdramatischen Ereignis rückten eine Reihe von grundsätzlichen Problemen in den Vordergrund, die mit Hilfe des alten Provokationsgesetzes, das nur der Abwehr magistratischer Willkür gedient hatte, nicht zu lösen waren. Jetzt galt es Antworten auf Fragen wie diese zu finden:

- Was ist ein politisches Verbrechen – im Unterschied etwa zu einem kriminellen Delikt –, und wie sind die einzelnen Straftatbestände zu definieren?
- Wer kann überhaupt ein solches Verbrechen begehen, wie bedeutsam muß der soziale Status eines Täters überhaupt sein?
- Wie ist die staatliche Verfolgung im einzelnen zu regeln? Welche Institution entscheidet darüber?

– Und schließlich: Was ist das Wohl des Staates *(salus rei publicae),* das auf dem Spiele steht, und wer definiert bzw. bestimmt die Verletzung dieses Staatswohles?

Die heftigen Reaktionen auf den gewaltsamen Tod des Tribunen Tiberius Gracchus und ihre langanhaltende Wirkung machten sehr schnell deutlich, daß mehr gefordert war als die Argumente des Scipio Nasica. Dieser hatte gesagt, der Konsul setze durch seine Weigerung, das Recht des römischen Bürgers auf einen ordentlichen Prozeß zu durchbrechen, die Rechtsordnung als Ganzes zugunsten eines Einzelfalles aufs Spiel. Und da der Konsul seiner Pflicht zur Verteidigung des Staates nicht nachgekommen sei, müsse der private Bürger dies an seiner Stelle tun. Auch das der eigenen Frühgeschichte entnommene zusätzliche Argument, daß jeder Bürger das Recht habe, einen potentiellen Tyrannen sofort zu töten, verfing nicht in einer Situation, in der eine präzise Vorstellung von einem Tyrannen, einem potentiellen noch dazu, nicht zu gewinnen war.

Das offenkundige Problem solcher Verteidigungspositionen für ein gewaltsames Vorgehen gegen einen römischen Bürger lag zunächst darin, daß die Initiative dazu auch von amtslosen Bürgern ergriffen werden konnte und sollte. Um ihre Position zu verbessern, drängte es die Gegner des Tiberius Gracchus und seines Bruders dazu, eine Institution zu finden, die ein solches gewalttätiges Vorgehen gegen einen aufrührerischen Bürger beschließen konnte. Diese Institution fand sich nahezu von selbst im Senat, dem nunmehr das Recht zugestanden wurde, durch ein *Senatusconsultum ultimum,* d. h. also durch die Ausrufung des Staatnotstandes, die Magistrate zu einem gewaltsamen Vorgehen gegen einen Rechtsbrecher zu legitimieren.

Gegenüber diesem Legitimierungsversuch der Durchbrechung des Provokationsrechtes blieb der Gegenpartei nur die Berufung auf die unbedingte Integrität des nicht ordnungsgemäß verurteilten Bürgers. Ein Gesetz des Gaius Gracchus aus dem Jahre 123 schärfte dieses Prinzip erneut ein – *lex Sempronia ne de capite civium Romanorum iniussu populi iudicaretur –* und präzisierte die einzige rechtliche Möglichkeit, einen römischen Bürger kapital zu verurteilen: Die Todesstrafe gegen einen *civis Romanus* zu verhängen war demnach alleiniges Recht des Volkes, das dieses ausschließlich durch einen von ihm eingesetzten Gerichtshof ausübte. Der Senat hatte damit auch keine juristische Möglichkeit mehr, von sich aus etwa außerordentliche Kapitalgerichte *(quaestiones extraordinariae)* einzusetzen.

Im Grunde standen sich damit seit dem Ende des 2. Jhs. v. Chr. zwei Rechtspositionen gegenüber: Die eine beharrte darauf, daß das Recht auf einen ordnungsgemäßen Prozeß auch für den schlimmsten politischen Verbrecher Geltung haben müsse, die andere erklärte, dies könne nicht für den Zerstörer der staatlichen Ordnung insgesamt gelten. Unerläßliche Voraussetzung dafür, daß ein solcher Zerstörer der staatlichen Ordnung verfolgt werden könne, sei jedoch ein *Senatus consultum ultimum,* das dem Magistrat das Recht gebe, vorbereitende Maßnahmen zur Niederschlagung eines Aufstandes zu treffen. Vollmacht für ein kapitales Vorgehen gegen römische Bürger sollte aber auch damit nicht pauschal gegeben werden: Dies verlangte die Feststellung des offenen Aufruhrs gegen den Staat. Wie diese Feststellung formal korrekt zu treffen sei, fand sich in den Bürgerkriegswirren der sullanischen Zeit: Durch Senatsbeschluß – und gegebenenfalls ihm folgenden Volksbeschluß – mußte förmlich festgestellt werden, daß es sich bei einem namentlich genau bezeichneten um einen Staatsfeind, um einen *hostis* handelte. Rechtlich floß aus einer solchen Erklärung, daß jedermann straflos zur Tötung des benannten Staatsfeindes berechtigt war.

Das Ende der Catilinarier

Damit war lange vor den Ereignissen der catilinarischen Verschwörung die Bühne aufgebaut, auf der sich die handelnden Personen der zweiten Jahreshälfte des Jahres 63 bewegen mußten. Im Juli 63 war Catilinas erneuter Versuch, sich auf gesetzmäßigem Wege zum Konsul für das Jahr 62 wählen zu lassen, gescheitert. Der in seiner Ehre tief gekränkte, vom Sieger Cicero darüber hinaus noch verhöhnte Mann begann nun, andere, gewalttätige Pläne für die Zukunft zu schmieden.

Am 21. Oktober erhielten die umlaufenden Gerüchte über eine geplante Verschwörung konkretere Gestalt: Cicero konnte dem Senat ihm zugespielte anonyme Briefe vorlegen, die vor Mordanschlägen Catilinas warnten und meldeten, daß ein gewisser Manlius, ehemaliger Centurio des Sulla, in Etrurien den Aufstand vorbereite. Der Senat beschloß daraufhin das *Senatusconsultum ultimum,* um der drohenden, jedoch noch nicht eingetretenen Gefahr gewachsen zu sein. Ende Oktober führten sichere Meldungen von Erhebungen in Etrurien und Apulien zu den ersten militärischen Gegenmaßnahmen: Truppen wurden ausgehoben und bedrohte italische Städte militärisch gesichert. In Rom selber begannen die niedrigen Magistrate mit der Aufstellung von Wachposten, die Brandstiftungen verhüten sollten; für Anzeigen, die zur Aufdeckung der Verschwörung führen konnten, wurden Belohnungen ausgesetzt. Dem Konsul Cicero waren mit dieser Senatsentscheidung allerdings keine Vollmachten für ein kapitales Vorgehen gegen römische Bürger an die Hand gegeben: Nicht der Versuch des Aufruhrs, so lehrten die gemachten Erfahrungen der eigenen Geschichte und das Rechtsverständnis der Zeit, sondern allein sein Vollzug bot ausreichende Gründe für ein gewaltsames Vorgehen.

Am 8. November schlug ein Mordanschlag auf Cicero fehl. Der Konsul nutzte daraufhin entschlossen die Chance, den Senat umfassend von seinen eifrigen Bemühungen um die Enttarnung des Verschwörers zu informieren. Catilina, der die gegen ihn erhobenen heftigen Vorwürfe nicht entkräften konnte und sich dem öffentlichen Haß der politischen Eliten nun unverhohlen ausgesetzt sah, verließ die Stadt. Als Mitte November die Nachricht in Rom eintraf, er habe in Etrurien die Insignien des magistratischen Imperiums angelegt und das Kommando über die Truppe des Manlius übernommen, erklärte ihn der Senat offiziell zum Staatsfeind, zum *hostis.* Allen denen, die sich ihm angeschlossen hatten, wurde zugleich eine Frist gesetzt, binnen derer sie die Staatsfeinde verlassen mußten, wenn sie nicht ebenfalls als Feinde behandelt werden wollten.

Der Senat hatte damit klargestellt, daß er die Handlungsweise des Catilina als Rebellion gegen den Staat betrachte und daß er nun mit Heeresmacht gegen ihn und gegen alle, die nach Ablauf der gesetzten Frist noch bei ihm angetroffen würden, vorgehen werde. So geschah es denn auch, und Catilina fiel im Januar 62 im Kampf gegen die Truppen, die die Republik gegen ihn ausgesandt hatte. Die Frage, ob er und sein Heer zu Recht oder zu Unrecht getötet wurden, hat niemand von den Zeitgenossen und den späteren aufgeworfen. Der römische Bürger, der sich offen mit der Waffe in der Hand gegen den Staat gestellt hatte, hatte alle Rechte eines *civis Romanus* verwirkt, und sein gewaltsamer Tod bezeugte den Sieg des Rechtes und die Verteidigungsfähigkeit der Republik.

Anders beurteilte man das Vorgehen gegen die Mitverschworenen, die in der Stadt geblieben waren. Sie hatte der Konsul rund vierzehn Tage nach dem Senatsbeschluß gegen Catilina unbewaffnet in Rom festnehmen und am 5. Dezember auf Beschluß des Senates hinrichten lassen. Die Rechtmäßigkeit ihrer Tötung ist immer wieder bestritten worden, und dieser Umstand trug Cicero, dem verantwortlichen Konsul, schließlich im Jahre 58 die Verbannung ein.

Zu den Ereignissen im einzelnen: In der Nacht vom 2. auf den 3. September war es den Schutztruppen Ciceros gelungen, Gesandte der Allobroger, mit denen die Verschwörer Kontakt aufgenommen hatten, zusammen mit einem Verbindungsmann des Catilina beim Verlassen der Stadt festzusetzen. Die Briefe, die man den Gefangenen abnahm, enthüllten die Pläne der Anhänger Catilinas in Rom, von denen fünf hochgestellte Persönlichkeiten namentlich genannt wurden. Diese wurden festgenommen, dem Senat vorgeführt und mit dem Beweismaterial konfrontiert. In der Befragung vor dem Senat legten die Beschuldigten zwar keine generellen Geständnisse ab, sie mußten jedoch einzelne Äußerungen zugeben und vor allem die Echtheit der Briefe anerkennen. Als keine Zweifel an ihrer Schuld mehr bestanden, wurden die Überführten je einem Senator zugewiesen, der den Betreffenden in seinem Haus in Haft zu halten hatte. In der Nacht unternahmen Freigelassene und Klienten einen gewaltsamen Befreiungsversuch, der jedoch vereitelt werden konnte. Damit sah sich Cicero bereits am darauffolgenden Tag gezwungen, den Senat erneut vor die Frage zu stellen, was mit den Häftlingen zu geschehen habe.

Die darüber ausbrechende, lange kontrovers geführte Debatte drehte sich um die Rechtsfrage, wieweit der Senat mit seinen Maßnahmen gegen die Häftlinge gehen könne und ob sich insbesondere eine Rechtfertigung für die politisch wirksamste Methode, die Hinrichtung, finden lasse. In dieser Debatte war allen Beteiligten klar, daß eine gültige Verurteilung der Häftlinge vor einem ordentlichen Gericht nicht erfolgt war und auch nicht nachgeholt werden konnte, weil der Senat eben kein Gericht war und seit der Einschärfung des Provokationsrechtes durch Gaius Gracchus auch nicht mehr in der Lage war, aus eigenem Entschluß ein Kapitalgericht einzusetzen; dazu hatte nur noch die Volksversammlung das Recht.

Auf diesen unleugbaren Tatbestand stützte Caesar seinen Widerspruch gegen die vorgeschlagene Hinrichtung der Häftlinge. Es gab auch in der Tat nichts, was das massive Einschreiten des Staates zwingend fordern konnte. Die Beschuldigten waren unbewaffnet in ihren Häusern verhaftet worden, der von ihren Klienten und Freigelassenen inszenierte Befreiungsversuch war kläglich gescheitert, und die Schreckensvision Ciceros von einer Horde von Mordbrennern, die die ganze Stadt anzünden wollten, hatte wenig Beweiskräftiges. Caesars eigener Vorschlag versuchte dennoch derartigen Befürchtungen Rechnung zu tragen: Die Catilinarier sollten außerhalb Roms in italischen Landstädten in Dauerhaft gehalten werden, und ihr Vermögen sollte eingezogen werden. Der in diesem Vorschlag erkennbare Wille, die Häftlinge unschädlich zu machen, ließ jedoch keinen Zweifel an dem festen Willen aufkommen, dem Gesetz des Gaius Gracchus unter allen Umständen Geltung zu verschaffen.

Diese Argumentation Caesars wirkte für viele überzeugend. So wundert es nicht, daß einer der nachfolgenden Redner vorschlug, die Entscheidung über das Schicksal der Häftlinge nochmals, und zwar bis zur Überwindung Catilinas aufzuschieben. Dies war juristisch die korrekteste Lösung: War erst einmal die von Catilina drohende Gefahr beseitigt, so konnte man in Ruhe daran denken, durch Volksbeschluß einen Gerichtshof gegen sie einsetzen zu lassen und damit dem Geist und dem Buchstaben des gracchischen Gesetzes vollauf Genüge tun.

Dies jedoch war keineswegs im Sinne Ciceros, der die Lage in der Stadt als bedrohlich ansah und fürchtete, daß jedes Zögern von den unruhigen Elementen, die mit Catilina in der Stadt sympathisierten, als ein Zeichen der Schwäche aufgefaßt werden mußte. Darüber hinaus trieb ihn der Ehrgeiz des Emporkömmlings dazu, den Aufstand noch vor Ablauf seines Amtsjahres niederzuschlagen und den dafür fälligen Ruhm allein zu ernten.

Seine juristische Argumentation gegen Caesar konzentrierte sich auf die These, daß das Gesetz des Gracchus auf die Catilinarier gar nicht anwendbar sei, weil diese als Staatsfeinde nicht mehr römische Bürger seien und damit auch den Anspruch auf ein ordnungsgemäßes Gerichtsverfahren verwirkt hätten (*qui autem rei publicae est hostis, eum civem esse nullo modo posse; in Catilinam* IV 10). Überzeugend war dies nicht sonderlich, da der Senat die in Rom verbliebenen Anhänger Catilinas bisher nicht in aller Form zu Staatsfeinden erklärt hatte und diese auch nicht, wie Catilina selbst, die Waffen offen gegen den Staat erhoben hatten. Sie waren vielmehr in der Gewalt der staatlichen Behörden, die gerade darum nicht mehr nach Kriegsrecht mit ihnen verfahren konnten, wenn überhaupt das Gesetz des Gracchus noch eine praktische Bedeutung haben sollte. Mit dem Argument Ciceros hätte man jeden Hochverratsprozeß als überflüssig, ja als widersinnig erweisen können.

Grundsätzlich treffender war die Argumentation Catos, die schließlich den Ausschlag für die Hinrichtung der Catilinarier geben sollte. Cato berief sich auf den uralten Rechtsgrundsatz, daß sich ein Prozeß dann erübrige, wenn man es mit geständigen und manifesten Verbrechern zu tun habe. In der Tat war man in Rom immer so verfahren, daß der auf frischer Tat ergriffene bzw. geständige Kapitalverbrecher nach alter Rechtsübung ohne weiteres hingerichtet wurde. Dieser Rechtsgrundsatz hatte nicht nur im Bereich des zivilen Vollstreckungsrechts, sondern auch für die Strafverfolgung Geltung besessen. Im Falle der Catilinarier konnte sich Cato auf ihre Aussagen im Senat am 3. Dezember beziehen. Dort hatten sie zumindest Teilgeständnisse abgelegt, so daß man immerhin mit einem Anflug von Recht von einer rechtswirksamen Anerkenntnis der Schuld sprechen konnte.

Diese Argumentation Catos setzte sich durch. Der Bericht des Appian von den Ereignissen endet mit der Feststellung, daß Cato und Cicero den Senat dazu bestimmt hätten, die Catilinarier als manifeste Verbrecher ohne Gerichtsverhandlung zu verurteilen. Damit war auch zugleich gesagt, daß der Senat sich nicht die Rolle eines Gerichtshofes anmaßte, sondern dem Konsul nur eine rechtliche Grundlage für sein weiteres Vorgehen an die Hand gab.

Justizmord oder Notwehr?

Wie ist nun dieser ganze Fall zu beurteilen? Selbst wenn man anerkennen will, was in Rom nie einheitlich anerkannter Grundsatz war, daß der Senat das Recht hatte, in extremen Ausnahmesituationen römische Bürger ohne ordnungsgemäßes Gerichtsverfahren zu verfolgen, so war rein juristisch gesehen die Hinrichtung der Catilinarier nichts anderes als ein Justizmord. Die Verschwörer waren in die Hand der staatlichen Behörden gefallen, bevor der Senat sie mit hinreichendem Grund zu Staatsfeinden erklärt hatte, und sie trugen keine Waffen, als sie verhaftet wurden. Damit galt für sie uneingeschränkt das Gesetz des Gaius Gracchus, das jeden kapitalen Zugriff auf einen römische Bürger ohne ordnungsgemäßes Gerichtsverfahren ohne Wenn und Aber verbot.

Verständlich wird das Verfahren des Senates nur vor dem Hintergrund politischer Verwicklungen und Ängste, die sich in dem Satz bündelten, daß der Senat als eigentlicher Hort der republikanischen Ordnung und Freiheit aufgerufen war, die Not des Staates zu meistern. Gegen die Catilinarier sollte exemplarisch demonstriert werden, daß die Republik noch handlungsfähig war und daß niemand sie ungestraft in die Schranken fordern konnte. Dieser Beweis von Entschlußkraft und politischem Willen, die republikanische Freiheit zu wahren, erschien den meisten Senatoren um so dringlicher, als sich im Osten der mächtige General Pompeius rüstete, mit seinen Truppen nach Italien zurückzukehren. Von diesem Manne, dessen Karriere aus einer Kette von Rechtsbrüchen bestand, war für die Republik nichts Gutes zu erwarten. Nicht zuletzt ihm gegenüber galt es ein Zeichen zu setzen, ein Zeichen von tödlicher Entschlossenheit, die alte Rechtsordnung gegen jeden potentiellen Aufrührer zu wahren. Dabei blieb das Recht auf der Strecke, hier das Recht jeden Römers, nur vor einem ordentlichen Gericht kapital belangt zu werden. Die unbestreitbare Not der Republik verführte sie zum Justizmord und damit zum Generalangriff gegen die Ordnung, die man als die beste aller staatlichen Ordnungen gerade zu verteidigen gedachte.

Klaus Rosen

Rom und die Juden im Prozeß Jesu (um 30 n. Chr.)

„Wir haben ein Gesetz, und nach dem Gesetz muß er sterben, weil er sich zum Sohn Gottes gemacht hat." Diese Worte schleudern die jüdischen Hohenpriester und ihr Anhang dem *praefectus Judaeae* Pontius Pilatus entgegen, als er vor sein Amtsgebäude tritt und ihnen erklärt, er halte den Jesus, den sie bei ihm angeklagt haben, für unschuldig und wolle ihn freilassen. Nach dem Protest gegen seine Beweisaufnahme tritt Pilatus in den Gerichtsraum zurück, um die Verhandlung fortzusetzen, die für ihn eigentlich entschieden ist. Mehr aus Verlegenheit fragt er Jesus: „Woher bist du?", Schweigen ist die Antwort. Verärgert über den Angeklagten, dem er gegen seine Landsleute helfen will, der ihn aber bisher schon mehr verblüfft als über sich aufgeklärt hat, fährt der Statthalter auf: „Du redest nicht mit mir? Weißt du nicht, daß ich Macht habe, dich freizulassen, und Macht habe, dich zu kreuzigen?" Mit der Drohung bricht Pilatus das Schweigen des Angeklagten. Aber statt ihm entgegenzukommen, hält ihm Jesus schonungslos vor Augen, wie es mit seinem Machtanspruch tatsächlich steht: „Du hättest keine Macht über mich, wenn sie dir nicht von oben gegeben wäre; daher hat derjenige, der mich dir überliefert hat, größere Schuld."

Es gibt in der Weltliteratur wenig Szenen, die so eindrucksvoll das Problem von Macht und Recht darstellen, wie dieser Abschnitt aus dem Johannesevangelium (19,7–11). Wenn die Bilder vom Prozeß Jesu seit fast zweitausend Jahren den Christen lebendig vor Augen stehen, wenn sie immer wieder Schriftsteller, Maler und Musiker anregten, so haben die Denk- und Ausdrucksformen des vierten Evangelisten vielleicht mehr dazu beigetragen als der nüchternere Bericht der drei Synoptiker. Über der bildhaften Wirkung steht die Tatsache, daß sich für unzählige Menschen, die der Macht ausgeliefert waren und denen Recht verweigert wurde, das eigene Schicksal in den archetypischen Szenen vom Prozeß und der Kreuzigung Jesu spiegelte und Trost bot. Ihre weltgeschichtliche Bedeutung aber gewinnen die Passionsberichte der vier Evangelisten dadurch, daß sie gleichsam die Gründungsurkunde einer Religion sind, zu der sich heute ein Drittel der Menschheit bekennt.

Die Quellen

Für den Historiker sind die Evangelien, die von Jesu Verhaftung, Verhör und Kreuzigung berichten, vier erzählende Quellen. Die geschilderten Ereignisse fanden in der römischen Provinz Judäa statt, als der Kaiser Tiberius das Imperium Romanum regierte (14–37 n. Chr.) und sein Statthalter Pontius Pilatus die Provinz verwaltete (26–36 n. Chr.). Nichtchristliche Quellen, vor allem Tacitus' Annalen 15,44,3, bestätigen: Christus wurde von Pontius Pilatus hingerichtet. Dazu paßt die Art der Hinrichtung. Die Kreuzigung war eine römische, keine jüdische Strafe. Dem Historiker hat eine umfangreiche theologische Forschung vorgearbeitet, die sich seit über zweihundert Jahren bemüht, den historischen Jesus über die Berichte der Evangelien hinaus zu verdeutlichen. In der Geschichte des Altertums gibt es kein zweites Ereignis, das so ausgiebig untersucht wurde wie der Prozeß Jesu. Kein Satz der Evangelien, den man nicht verwarf, verteidigte, modifizierte. Keine Position, die nicht vertreten wurde, von der Buchstabengläubigkeit bis zur radikalen Skepsis, ob der Prozeß überhaupt stattgfunden hat. Kaum weniger umstritten ist das Verhältnis der Evangelien zueinander. Markus' Passionsbericht ist der kürzeste, schlichteste und wahrscheinlich der älteste. Der Evangelist dürfte ihn etwa eine Generation nach Jesu Tod verfaßt und sich nicht nur auf mündliche Überlieferung, sondern auch auf schriftliche Vorlagen gestützt haben. Der bei Markus vorhandene Grundstock der Passion findet sich bei den drei anderen Evangelien wieder. Matthäus fügt dem Markustext lediglich episodische Ergänzungen hinzu. Das tut auch der später schreibende Lukas, geht aber noch einen Schritt weiter und ändert Details der markinischen Darstellung. Johannes, der jüngste der Evangelisten, der nach etwa einer weiteren Generation schreibt, gestaltet den Grundbestand der drei Synoptiker am stärksten um.

Der Historiker sieht hier den ihm wohlbekannten Vorgang der *amplificatio:* Ein historisches Ereignis und seine erste schriftliche Fixierung wird von späteren Autoren immer breiter dargestellt. Hinter der *amplificatio* mag lediglich die literarische Absicht stehen, der Schlichtheit des Vorgängers mehr *ornatus* zu geben. Oder dem Nachfolger steht inzwischen weiteres Material zur Verfügung, das er wie Matthäus einarbeitet. Bisweilen muß er dabei den Vorgänger revidieren, wie Lukas es tut. Oder er interpretiert das Geschehen und seine bisherige Darstellung neu, was vor allem für Johannes gilt. Alle drei Absichten können auch zusammentreffen. Bei vielen späteren Erweiterungen ist damit zu rechnen, daß ihnen kein zuverlässiges Material zugrunde liegt, daß sie nur erschlossen oder um des *ornatus* oder der Interpretation willen erfunden sind. Daher ist vom Grundstock auszugehen.

Hier würde mancher Theologe einwenden, daß man die methodischen Regeln, die für pagane antike Geschichtsschreiber gelten, nicht ohne weiteres auf die Evangelien übertragen dürfe. Denn die Evangelisten wollten keine Historiker sein, sondern schrieben in kultisch-kerygmatischer Absicht. Das ist richtig. Nur schließt eine solche Absicht das historische Interesse der Verfasser nicht aus. Noch weniger schließt sie aus, daß die Evangelisten mit dem historischen Interesse ihrer Leser rechneten. Bei den Jüngern und in der Urgemeinde, die Jesus noch erlebt hatten, bedurfte die Vergegenwärtigung seines Todes in Gebet und Gottesdienst keiner historiographischen Hilfe. Das änderte sich mit dem zeitlichen Abstand und mit der Mission, durch die sich das Christentum von seinem ursprünglichen Schauplatz entfernte. Die Evangelien stellen nach verschiedenen Vorformen eine Überlieferungsstufe dar, wo das zeitgenössische Miterleben in historische Erinnerung überging und diese zugleich kanonisiert werden sollte.

Markus und Matthäus verraten, daß das geschichtliche Bewahren zumindest eine Nebenabsicht war. Unmittelbar vor der Passion fügen sie die ursprünglich selbständige Geschichte von der Frau ein, die zum Ärger einiger Jünger ihr kostbares Salböl an Jesus verschwendete. Jesus rechtfertigte sie: „Wahrlich, ich sage euch, wo immer man das Evangelium auf der ganzen Welt verkünden wird, wird man auch davon reden, was sie getan hat, *zur Erinnerung an sie*" (Mk 14,3–9; Mt 26,6–13). Lukas gibt sich im Proömium seines Evangeliums wie ein Historiker. Er spricht von den vielen Vorgängern, die die Geschichte Jesu, „die Dinge, die unter uns vollendet wurden", aufgezeichnet und sich dabei auf Augenzeugen gestützt haben, die von Anfang an „als Diener des Wortes" dabei waren. Ihnen will Lukas folgen und seinem Adressaten Theophilos alles sorgfältig und der Reihe nach aufschreiben, um ihn von der Zuverlässigkeit dessen, was er gehört hat, zu überzeugen (1,1–4). Zur sorgfältigen historischen Darstellung gehört die Chronologie, die Lukas daher bei der Vorgeschichte und der Geburt Jesu und vor seinem öffentlichen Wirken nachdrücklich berücksichtigt (1,5; 2,1–2; 3,1–2). Johannes nähert sich dem historischen Bericht dadurch, daß er Augenzeugen einführt: Nachdem Jesus verhaftet und dem Hohenpriester überstellt worden war, konnte einer der Jünger dessen Hof betreten, da er mit ihm bekannt war (18,15). Der Zeuge bleibt ebenso anonym wie derjenige, der sah, daß aus der Seite des Gekreuzigten nach dem Lanzenstich Blut und Wasser herausfloß und darüber ein Zeugnis ablegte, dessen Wahrheit der Evangelist hervorhebt (19,35). Überhaupt verwendet er häufig die Wörter μαρτυρία = *Zeugnis*, μαρτυρεῖν = *bezeugen*, ἀλήθεια = *Wahrheit*, ἀληθής, ἀληθινος = *wahr*, die bei den Synoptikern kaum oder gar nicht vorkommen. Man würde ihm Gewalt antun, wollte man die Wörter jedesmal nur theologisch verstehen. Auch verfolgt Johannes in seiner Darstellung besonders deutlich die Absicht, die jüdische Öffentlichkeit als Zeugin einzubeziehen: Da bei ihm kein Jude wegen des bevorstehenden Paschafestes das Amtsgebäude des Statthalters betritt, läßt er Pilatus mehrmals herauskommen.

Keiner der Evangelisten wollte „bloß zeigen, wie es eigentlich gewesen". Aber gerade in der Passion, wo Jesus mit der staatlichen Gewalt zusammenstieß, war es weniger als in seinen anderen Lebensabschnitten möglich, die historische Welt zugunsten einer religiösen Botschaft zu verformen. Denn die Evangelisten und ihre Leser lebten noch in derselben Welt. Sie waren wie Jesus und seine Jünger Untertanen des römischen Reiches, dessen Institutionen sie kannten und dessen Vertreter sie tagtäglich erlebten. Zu Einzelheiten des Verfahrens lassen sich daher auch immer wieder Parallelen aus Recht, Verwaltung und Politik in den römischen Provinzen anführen.

Wenn Aussagen der Evangelisten Kritik hervorgerufen haben und auch hier hervorrufen, so sind dafür Widersprüche in der Darstellung des einzelnen Evangeliums wie zwischen den Evangelien verantwortlich. Ein Maßstab der Kritik ist die römische Provinzialverwaltung allgemein, wie im besonderen die Verwaltung der Provinz Judäa, über die uns vor allem Flavius Josephus im ‚Bellum Iudaicum' (BI) und in den ‚Antiquitates Iudaicae' (AI) unterrichtet. Josephus gibt auch ein Bild von der Persönlichkeit und der Amtsführung des Pontius Pilatus, das mit dem Bild, welches die Evangelien von ihm und seiner Prozeßführung entwerfen, zu verrechnen ist.

Bereits Johannes scheint auf eine Diskussion geantwortet zu haben, die den modernen Kritiker noch genauso beschäftigt: Wieweit hatten die Anhänger Jesu von seinen letzten Stunden zuverlässige Kunde? Genügend Beobachter gab es für den bloßen äußeren Rahmen: Die Abgesandten der Hohenpriester und Schriftgelehrten, mit denen Jesus schon mehrmals aneinandergeraten war, nahmen ihn am Abend eines Paschafestes, am 14. Nisan also, im Garten Gethsemane fest; nur Jh 18,28 datiert die Festnahme um einen Tag vor. Am folgenden Morgen überstellten die Hohenpriester Jesus gefesselt dem Statthalter. Noch am gleichen Vormittag ließ Pontius Pilatus ihn von seinen Soldaten nach Golgotha führen und kreuzigen, wobei man sah, daß er gefoltert worden war. Die Entscheidung des Prozesses soll sogar vor einer breiten Öffentlichkeit gefallen sein: Die Evangelien sind sich darüber einig, daß nicht das Recht, das römische oder das jüdische, sondern die Macht den Ausgang des Verfahrens bestimmt hat. Pilatus erkannte, daß die Anklage falsch war, und wollte Jesus freilassen, unterlag aber im folgenden Machtkampf den Hohenpriestern. Sie setzten ihn mit Hilfe der Volksmasse unter Druck, die sich vor seinem Amtsgebäude versammelt hatte, um die übliche Osteramnestie zu fordern. Wieweit dieser Vorgang, der nicht mehr zum Rahmengeschehen gehört, historisch ist, wird noch zu fragen sein. Über die eigentliche Verhandlung im Praetorium hat wohl keiner unter den Jüngern Jesu und im weiteren Kreis der Anhänger unmittelbare Nachrichten erhalten.

Das gleiche gilt vom angeblichen Verhör im Synhedrion, das nachts nach der Verhaftung stattgefunden haben soll. Über diese Vorverhandlung machen daher Mk 14,53–64 (= Mt 26,59–68), Lk 22,54–71 und Jh 18,13–24 unterschiedliche Angaben. Man hat mit guten Gründen angenommen, daß die verschiedenen Darstellungen im Anschluß an das Verhör vor Pilatus ausgemalt wurden, ausgehend von der naheliegenden Vermutung, daß dort nur Jesu Lehre zur Sprache kommen konnte. Ein Verhör in Glaubenssachen war auch deswegen überflüssig, weil die Hohenpriester von Anfang an eine politische Entscheidung suchten. Die gewaltsame Festnahme verriet Jesus sofort ihre Absicht, und er hielt den Häschern vor: „Wie gegen einen Räuber und Aufrührer" – λᾳστής meint beides – „seid ihr ausgezogen mit Messern und Knütteln, um mich zu ergreifen. Täglich saß ich lehrend bei euch im Tempel, und ihr habt euch meiner nicht bemächtigt" (Mk 14,48–49; Mt 26,55; Lk 22,52–53). Die beiden Sätze, eine naheliegende und daher glaubwürdige Reaktion, waren die letzten Worte, die die Jünger aus Jesu Mund hörten. Dann flohen sie. Nach den Umständen der Festnahme konnten sie voraussehen, daß die Hohenpriester ihn vor dem Statthalter des Majestätsverbrechens *(crimen laesae maiestatis)* anklagen würden. Darunter fielen in den Provinzen die verschiedensten Formen antirömischen Verhaltens, und leicht ließ sich auffälliges öffentliches Auftreten von Privatleuten so interpretieren. Für die Hohenpriester war das der bequemste Weg, sich eines lästigen Gegners zu entledigen. Sie nutzten das Osterfest, als der Statthalter von seiner Residenz

Caesarea am Meer nach Jerusalem gekommen war, um wie
üblich in der Hauptstadt Gericht zu halten. Im Synhedrion
waren Bedenken wegen des Zeitpunktes laut geworden. Denn
Pilger und Fremde überschwemmten zu Ostern die Stadt, und
es kam immer wieder zu Krawallen (Mk 14,2). Die Statthalter ließen deshalb während der Festtage bei den Tempelhallen
Wachen aufziehen (Josephus, AI 20, 106–107). Aber der amtierende Hohepriester Kaiaphas, der in den Evangelien als
Wortführer erscheint, setzte sich durch (vgl. Jh 11,49–53). Eine
Anklage gegen den Wanderprediger Jesus aus Galiläa, der mit
seinen Lehren Unruhe unter dem Volk verbreitete und eine
wachsende Zahl von Anhängern um sich scharte, würde der
Statthalter sofort aufgreifen. Das entsprach der bekannten
Strenge, mit der die Römer gegen jeden vorgingen, der den
inneren Frieden einer Provinz störte. Mögliche Reaktionen von
Jesu Gesinnungsgenossen würde Pilatus mit Gewalt ersticken.
Wie man die Anklage im einzelnen auch begründen mochte
(vgl. Lk 23,2), sie würde in der Beschuldigung gipfeln, Jesus
beanspruche, der König der Juden zu sein. Die bisherige Geschichte der römischen Provinz Judäa gab dafür den aktuellen,
Pilatus geläufigen Hintergrund ab:

Rom und Judäa

Als der römische Vasallenkönig Herodes d. Gr. 4 v. Chr. starb,
folgte Augustus seiner letztwilligen Verfügung und teilte seine
Herrschaft unter drei seiner Söhne. Den Hauptteil, Judäa,
Samaria und Idumäa, erhielt Archelaos, allerdings nicht als
König, sondern nur als Ethnarch. Herodes hatte es in seiner
dreiunddreißigjährigen Regierung trotz politischer und wirt-
schaftlicher Erfolge nicht verstanden, alle Juden mit seiner Dynastie zu versöhnen. Daher brachen sofort nach seinem Tode
und noch ehe Augustus das Testament bestätigt hatte, in Judäa
und Samaria Aufstände aus. Vor allem in der bedeutendsten
Bewegung, die Judas Galilaeus anführte und die im einfachen
Volk Anhang fand, verbanden sich der Widerstand gegen die

Herodessöhne und gegen Rom mit religiös-messianischen und sozialrevolutionären Zielen. In den Augen der Oberschicht, die die herodianische Dynastie großenteils ebenfalls ablehnte, trieben er und andere Führer mit ihren weitergehenden Absichten ein gefährliches Spiel, das den Frieden der Region gefährdete. Das beste Gegenmittel wäre gewesen, wenn die Römer das Land ihrer Provinzialverwaltung unterstellt hätten. Vergeblich machte eine jüdische Gesandtschaft Augustus den Vorschlag, als er mit den Herodessöhnen verhandelte. Er erfüllte den Wunsch erst einer zweiten Gesandtschaft zehn Jahre später, nachdem es Archelaos nicht gelungen war, sein Herrschaftsgebiet zu befrieden. Der Kaiser setzte ihn 6 n. Chr. ab und unterstellte Judäa und Samaria einem *praefectus Judaeae*. Rom hatte sich bei der Einrichtung und Beherrschung der Provinzen stets mit Vorliebe der einheimischen Aristokratien bedient. Dieser Politik kam das Angebot der jüdischen Oberschicht entgegen, die sich aus dem Priesteradel und den großen Grundbesitzern zusammensetzte und die der sadduzäischen Richtung des Judentums zuneigte.

Der Widerstand im Volk erhielt neuen Auftrieb, als der syrische Statthalter Publius Sulpicius Quirinius noch im gleichen Jahr den ersten Provinzialcensus durchführte und zur Bodensteuer, dem *tributum soli,* das die Juden bereits unter Herodes an Rom zu zahlen hatten, das *tributum capitis,* die Kopfsteuer, hinzukam. Für die Strenggläubigen, unter ihnen auch Pharisäer, verstieß die jährliche Kopfsteuer von einem Denar gegen das Gebot, keinen fremden Herrn neben dem eigenen Gott anzuerkennen. Der prorömische Hohepriester Joazar verlor bei dem Bemühen, die Widerspenstigen mit dem Census zu versöhnen, alles Ansehen, so daß er für die Römer wertlos wurde und Quirinius ihn absetzte. Joazars Nachfolger Annas hatte das Amt 10 Jahre inne (6–15 n. Chr.), sein Schwiegersohn Kaiaphas sogar 20 Jahre (17–37 n. Chr.). Beide kamen offensichtlich mit den Statthaltern zurecht, die sich nicht scheuten, auch einmal Jahr um Jahr Hohepriester ein- und abzusetzen.

Die Kopfsteuer blieb ein Stein des Anstoßes, und sie drückte bei Mißernten vor allem die ärmere Bevölkerung. Im Jahre 17 suchten Syrien und Judäa in Rom um Steuererleichterung nach, wir wissen nicht, ob mit Erfolg (Tacitus, Annales 2,42,5). Die Spannungen setzten sich fort, und immer wieder traten Männer auf, die mit messianischen, sozialrevolutionären und antirömischen Parolen Anhänger gewannen, wobei sich die Grenzen zum Bandentum leicht verwischten. Sie selbst bezeichneten sich gerne als Könige, aber für die Römer und viele Juden waren sie nichts anderes als Räuber, λῃσταί. Flavius Josephus urteilt zusammenfassend über solche Bewegungen: „Judäa war voll von Räubereien, und man scharte sich aufs Geratewohl um jemanden, der als König auftrat und zum Verderben des Gemeinwesens loszog; nur wenigen Römern fügten sie geringen Schaden zu, unter ihren Landsleuten aber mordeten sie in größtem Ausmaß" (AI 17,285). Der „Räuber" Barabbas, der in Jerusalem einen Aufstand angezettelt und einen Mord begangen hatte und deswegen von Pilatus in Gewahrsam gehalten wurde (Lk 23,19), könnte ein solcher „König" gewesen sein.

Als einige Pharisäer einmal Jesus eine Falle zu stellen versuchten, um ihn den Römern auszuliefern, ließen sie ihn aushorchen, ob man dem Kaiser Steuern zahlen dürfe (Mk 12,13–17; Mt 22,15–22; Lk 20,20–26). Sie hofften, er werde sich als einer der Könige verraten, die sich die verbreitete Mißstimmung über das *tributum capitis* zunutze machten. Lukas präzisiert denn auch die Anklage, die die Hohenpriester vor Pilatus gegen den „König" Jesus vorbrachten: „Wir haben herausgefunden, daß dieser unser Volk verführt und es hindert, dem Kaiser Steuern zu zahlen, und von sich behauptet, ein gesalbter König zu sein" (23,2). Weder Lukas noch seine Gewährsleute lasen die Anklageschrift wegen politischer Umtriebe, die die Hohenpriester zusammen mit der mündlichen Anklage überreicht haben dürften. Um den Hauptvorwurf zu erfahren, bedurfte es auch nicht der nachträglichen Kreuzesinschrift. Wer den gefesselten Jesus auf dem Weg ins Praetorium sah und die politischen Verhältnisse in Judäa kannte, wer zudem wußte, daß sich kein römischer Statthalter um Religionsstreitigkeiten in seiner Provinz kümmerte, solange sie nicht die öffentliche Ordnung bedrohten, konnte sich denken, mit welchem Vorwurf das Verfahren eröffnet wurde.

Ebenso sicher war, daß Pilatus der Beschuldigung des Hochverrates sofort nachgehen werde, schon um zu erfahren, welche Kreise Jesu Volksverführung gezogen hatte. Die Sicherheit der Provinz und seine eigene Sicherheit hingen davon ab. Keiner der Evangelisten zweifelt, daß sich Pilatus alle Mühe gab herauszufinden, was es mit der Beschuldigung der Hohenpriester auf sich hatte. Bei den Synoptikern nimmt er zweimal, bei Johannes sogar dreimal das Verhör auf. Sein Insistieren paßt, wie wir noch sehen werden, zu dem Bild, das seine übrige Amtsführung bietet. In den Evangelien klingt die Hochachtung vor dem römischen Rechtssystem an, das auch griechische Provinziale wie Plutarch (De fortuna Romanorum 318 A) und Dio Chrysostomus (Oratio 41,9) lobten, die wenig jüngere Zeitgenossen der Evangelisten waren. Ein sorgfältiger Gerichtsherr mußte allerdings rasch einsehen, wie haltlos der politische Vorwurf gegen Jesus war. Die Räuberkönige und Aufrührer, mit denen Pilatus bisher zu tun hatte, waren von anderer Statur. Darüber war sich auch sein rechtskundiges Consilium einig, das ihm wie üblich zur Seite stand (vgl. Apostelgeschichte 25,12). Die Evangelien erwähnen es nicht, aber Lukas ersetzt es in gewisser Weise durch die später erfundene Geschichte, Pilatus habe von Herodes Antipas, der als Tetrarch von Galiläa Jesu Landesherr war, die Bestätigung erhalten, daß der Angeklagte unschuldig sei (23,6–15). Bei Matthäus ist es die fiktive Bitte seiner Frau, die Pilatus in seiner Auffassung bestärkte (27,19). Hätte der *praefectus Judaeae* einen seiner Steuereinnehmer befragt, mit denen sich Jesus öfter freundschaftlich getroffen hatte und derentwegen er von seinen strenggläubigen Landsleuten beschimpft worden war (Mk 2,15–17; Mt 11,19; Lk 15,1–2), so hätten sie ihm ebenfalls versichert, der Rabbi sei ein loyaler Untertan des Kaisers, lehne nicht einmal die Kopfsteuer ab und habe sich sogar einer großen Menschenmenge entzogen, die ihn nach einer Speisung unbedingt zum König machen wollte (Jh 6,13–15).

Aber der Statthalter durchschaute selbst die Taktik der Hohenpriester und war schwerlich überrascht, daß hinter ihren Vorwürfen gegen Jesus lediglich eine der notorischen jüdischen

Religionsstreitigkeiten stand. Nach Mk 15,10; Mt 27,18 „erkannte er, daß ihn die Hohenpriester aus Neid übergeben hatten". Man brauchte nicht an Sokrates und den tödlichen Neid seiner Mitbürger denken (Platon, Apologia 18d; Xenophon, Apologia 14), was weder die Evangelisten noch Pilatus getan haben. Aber daß Neid zu so manchem Prozeß führte, lehrte die menschliche Erfahrung und versicherten bekannte griechische und lateinische Gerichtsreden (Lysias, Oratio 24,1–2; Cicero, pro Cluentio 1; 3; 5; 8 u. ö.; pro Sulla 1; 9; 80; 81). In Jerusalem war es nicht anders als in Rom und Athen. Josephus zielte gegen ein Laster seiner Landsleute, als er von sich schrieb: „Ich war etwa im dreißigsten Lebensjahr, in einem Alter, in dem es selbst für den, der sich schlechter Absichten enthält, schwer ist, den aus Neid geborenen Verleumdungen zu entgehen..." (Vita 80). Auch Jesus stand zur Zeit des Prozesses etwa im dreißigsten Lebensjahr.

Die Verurteilung Jesu

Mit Pilatus' Wunsch, den unschuldigen Jesus freizulassen, hätte der Prozeß zu Ende sein können. Seine Fortsetzung bot ein Bild, das jedem antiken Leser vertraut war und an dessen Historizität er nicht zweifelte. Auch die meisten modernen Forscher taten es nicht, sofern sie nicht die Gesamtdarstellung verwarfen. Daß eine Prozeßpartei das Publikum gegen die Richter oder die Gegenpartei einnahm, wie das die Hohenpriester mit dem Volk taten, das inzwischen vor dem Praetorium die traditionelle Osteramnestie forderte, kam immer wieder vor. Die Kaiser mußten ihren Statthaltern mehrfach einschärfen, solchen Pressionen, die auch aus späteren Christenprozessen bekannt sind, nicht nachzugeben. Ausdrücklich bezeugt sind Verordnungen, ein Statthalter dürfe keine Klagen auf bloßen Zuruf hin annehmen und dürfe dem *favor populi* zuliebe niemanden freilassen, der zum Tod in der Arena verurteilt sei (Eusebius, Historia ecclesiastica 9,2; Digesta 48,19,31). Für den Juden Philo von Alexandria ist der biblische Joseph, der Potiphars Weib widersteht und dafür ins Gefängnis geht, ein Sinnbild des Politikers, der es ablehnt, der Masse zu gefallen (de Iosepho 58–79). In Rom war es geradezu ein Topos, daß bei Prozessen, an denen Juden beteiligt waren, ein geschlossenes jüdisches Publikum erschien, das die Richter unter Druck setzte. Cicero (pro Flacco 66; 69) und Horaz (Sermones 1,4,142) persiflieren diese Seite der bekannten jüdischen *concordia* (Tacitus, Historiae 5,5,1). Beide sprechen von der jüdischen *turba*, dem ὄχλος der Synoptiker, der den Prozeß Jesu entschieden haben soll. Aber gerade die historische und literarische Topik mahnt auch zur Vorsicht, ob beim individuellen Verfahren gegen Jesus tatsächlich die Demonstration einer Masse den Ausschlag gegeben hat. Es ist die zentrale Frage, an der sich das Verständnis des ganzen Prozesses entscheidet.

Einen ersten Einwand liefern die drei Leidensweissagungen Jesu. Sie sind aus einer älteren einzelnen Prophezeiung abgeleitet, die einem frühen vormarkinischen Überlieferungsstand angehört. In der ersten Prophezeiung sind es die Ältesten, die Hohenpriester und Schriftgelehrten, die Jesus quälen und töten werden (Mk 8,31; Mt 16,21; Lk 9,22). Die zweite Prophezeiung spricht allgemein in einem Wortspiel davon, daß der Menschensohn in die Hände der Menschen ausgeliefert wird, die ihn töten werden (Mk 9,31; Mt 17,22–23; Lk 9,44). In der dritten Prophezeiung kurz vor der Passion wird Jesus den Hohenpriestern und Schriftgelehrten übergeben, die ihn zum Tode verurteilen und den Heiden zu Folter und Hinrichtung weitergeben (Mk 10,33–34; Mt 20,18–19; Lk 18,31–33). Die Heiden sind hier nur das Werkzeug der Hohenpriester und Schriftgelehrten, die wie in der ersten Prophezeiung die Alleinschuld am Tode Jesu tragen. Wer eine solche eindeutige Ankündigung erstmals *ex eventu* niederschrieb, wußte nichts von einer Beteiligung des Volkes, das er unschwer hätte mitanklagen können.

Ein zweiter Einwand kommt hinzu: Seit langem hat man gesehen, daß die Evangelisten mit der Schuldzuweisung an das Volk eine aktuelle Absicht verbinden. Noch bevor Markus schrieb, bildete sich unter dem Eindruck der Schwierigkeiten, die die Jerusalemer Urgemeinde mit ihren ehemaligen Glaubensgenossen hatte und die in der Apostelgeschichte bezeugt sind, die Tradition, das Jerusalemer Stadtvolk sei mit für Jesu Tod verantwortlich. Hatte doch Jesus selbst die Stadt angeklagt: „Jerusalem, Jerusalem, die du die Propheten tötest und diejenigen steinigst, die zu dir gesandt sind" (Mt 23,37; Lk 13,34). In dem Maße, wie sich die Christengemeinden ausbreiteten, breitete sich auch der Vorwurf aus, mit dem man sich bei der Heidenmission von einer erbitterten jüdischen Umwelt absetzte. Er beschränkte sich nun nicht mehr auf die Juden in Jerusalem. Der sich wandelnde Sprachgebrauch der Evangelien spiegelt den Vorgang. Markus benutzt nur den Singular ὄχλος = „Masse" (15,8; 11; 15), und man denkt naheliegend an die Stadtbevölkerung. Matthäus wechselt vom Singular, der zum Praetorium ziehenden Masse (27,15), in den Plural ὄχλοι: Die Hohenpriester und Ältesten wiegelten die Massen auf (27,20). Auch Lukas hat einmal den Plural (23,4) und variiert ihn wie Mt 27,25 mit λαός = „Volk" (23,13). Johannes, bei dem sich ὄχλος im Passionsbericht überhaupt nicht findet, verwendet statt λαός (18,14) von Anfang an und in auffälliger Häufung das Ethnikon Ἰουδαῖοι (18,12; 14; 31; 36; 38; 19,7; 12; 14; 31; 38). Dementsprechend hält bei ihm Pilatus dem Angeklagten vor: „Dein Volk (ἔθνος) und die Hohenpriester haben dich mir überliefert" (18,35). Absichtlich stellt Johannes das Volk den Hohenpriestern voran.

Tendenz muß eine Darstellung nicht von vornherein unglaubwürdig machen. Aber es gibt weitere Argumente, die gegen die Teilnahme einer wie immer zusammengesetzten Masse sprechen. Die synoptische Tradition enthält eine Ungereimtheit, die schon Johannes zu überspielen suchte, ohne sie ganz zu beseitigen. Fand die Verhandlung überhaupt in der Öffentlichkeit statt, so daß das Volk mit Pilatus konfrontiert war? Markus erweckt den Eindruck einer öffentlichen Verhandlung, ohne es ausdrücklich zu sagen, und er folgt damit der Tatsache, daß ein Statthalter in der Regel öffentlich Recht sprach. Matthäus geht einen Schritt weiter. Bei ihm sitzt Pilatus auf einem Tribunal (27,19: βῆμα), als er die Bitte seiner Frau erhält, sich nicht länger mit Jesus abzugeben, und vor der Öffentlichkeit wäscht er seine Hände in Unschuld (27,24; vgl. Ps. 73,13). Doch beide Episoden sind spätere Ausschmückung. Johannes betont zu Beginn, daß keiner der Ankläger in das Praetorium geht, um nicht unrein zu werden und das Osterlamm essen zu können (18,28). Pilatus muß zu ihnen herauskommen, und während der Verhandlung wechselt er mehrmals zwischen Gerichtssaal und Öffentlichkeit hin und her. Am Ende des Prozesses führt er selbst Jesus hinaus und setzt sich auf sein Tribunal (19,13). Hier schließt sich Johannes wieder den Synoptikern an, nennt sogar den griechischen und hebräischen Namen des Platzes, wo das Tribunal stand, was aber nicht mehr als eine antiquarische Notiz ist. Tatsächlich lautete die älteste Überlieferung, daß der Prozeß von Anfang bis Ende im Praetorium stattgefunden hat. Markus verrät es mit der Angabe, daß Jesus zur Folter hineingeführt wurde (15,16; Mt 27,27). Ob die Folter begleitende Strafe zur Hinrichtung war, wie er annimmt, oder inquisitorische Folter, wie Jh 19,1 andeutet, beide Male wäre sie öffentlich vollzogen worden, wenn der Prozeß öffentlich gewesen wäre (vgl. Tacitus, Annales 4,45). Gerade weil bereits der vormarkinischen Überlieferung und dann den Evangelisten so sehr daran liegt, die Öffentlichkeit teilnehmen zu lassen, ist es ausgeschlossen, daß sie entgegen dieser Absicht eine nichtöffentliche Folterung Jesu erfunden haben. Sie ist vielmehr der Teil des historischen Bestandes, den sie bewahrt haben. Lukas, der besser als seine Vorgänger mit der römischen Welt vertraut war, ließ die Folter ganz weg und vermied so den Widerspruch, es habe ein zweigeteiltes Verfahren gegeben, bei Markus und Matthäus erst das Verhör *coram publico,* dann die Folter *in cubiculo,* bei Johannes in umgekehrter Reihenfolge. Eine solche Mischung kannte das römische Prozeßrecht nicht. Pilatus' Verfahren war keine öffentliche *cognitio pro tribunali,* sondern eine *cognitio de plano,* bei der er entscheiden konnte, wo sie stattfand.

Den Hohenpriestern, die schon bei der nächtlichen Verhaftung Jesu und seiner morgendlichen Überführung alles Aufsehen vermieden hatten (Mk 14,2; Mt 26,5), war es recht, daß im Praetorium verhandelt wurde. Waren sie sich doch sicher, mit ihrer politischen Anklage zum Ziel zu kommen. Deren Inhalt und die explosive Stimmung im österlichen Jerusalem ließen es Pilatus ebenfalls geraten erscheinen, die Öffentlichkeit fernzuhalten. Auch in Rom wurden *crimina laesae maiestatis* unter Ausschluß der Öffentlichkeit vor einem Kaisergericht oder vor dem Senat verhandelt. Die politische Zweckmäßigkeit hatte hier wie in der Provinz Vorrang. Ähnlich hatte Herodes d. Gr. Verschwörer in der Königsburg verhören, foltern und töten lassen (Josephus, AI 15,286–289). Dagegen fand der Prozeß und der Feuertod der Männer, die seinen goldenen Adler vom Jerusalemer Tempeltor heruntergeschlagen hatten, im Amphitheater von Jericho statt (Josephus, BI 1,654–655; AI 17,161). Herodes wollte in dem Fall ein Exempel statuieren, für das Jerusalem ein zu gefährlicher Ort gewesen wäre.

Die Argumente, die man gegen Einzelheiten der Volksszene vorgebracht hat, sind weniger stichhaltig und haben stets Gegenkritik hervorgerufen. In der Frage, ob es eine Osteramnestie gegeben habe, die laut Markus, Matthäus und Johannes sogar eine Tradition gehabt habe, verwies man auf römische und jüdische Parallelen. Ein Statthalter verzichtete auch schon einmal einer Volksmasse zuliebe auf eine Geißelung (Papyrus Florentinus 61). Doch man hat dabei übersehen, daß die Amnestierten stets rechtskräftig verurteilt waren. Kein Fall ist bekannt, daß ein Statthalter einem Angeklagten eine hypothetische Strafe erließ, von dessen Unschuld er überzeugt war, den er als souveräner Gerichtsherr hätte gehenlassen müssen und um dessen Freiheit er schacherte. Das soll Pilatus getan haben, der Jesus für die Amnestie anbot, während das Volk Barabbas verlangte. Einmal mehr ist es Lukas, dem das sonderbar vorkam. Er spricht daher überhaupt nicht von Amnestie, was eine spätere Redaktion zu verbessern müssen glaubte (23,17). Statt dessen verkündete Pilatus zweimal, er wolle Jesus lediglich eine handfeste Lehre erteilen (παιδεύσας) und ihn dann freilassen (23,16; 22). Allerdings erwähnt Lukas nicht, daß die angedrohte körperliche Züchtigung ausgeführt wurde, während alle anderen Evangelisten die Folter beschreiben. Da bei ihm Pilatus mehrmals betont, er halte Jesus im Sinne der Anklage für unschuldig und könne sich dafür zusätzlich auf dessen Landesherrn Herodes Antipas berufen (23,14; 15; 23), kommt die Ankündigung einer Körperstrafe überraschend. Man hat den Verdacht, Lukas hätte über ihren Anlaß mehr sagen können, wollte sich aber nicht zu weit von der Darstellung seiner Vorgänger entfernen. Auch er schließt sich deren Auffassung vom schwächlichen Statthalter an, der sich der Forderung der lautstarken Masse beugte (23,23–24).

Der Präfekt Pilatus

Doch stimmt das Bild, das die Evangelien von Pilatus entwerfen, mit dem Bild überein, das die außerbiblische Überlieferung von ihm bietet, und das durch das gut bekannte Karrieremuster solcher Statthalter zur Zeit des Tiberius ergänzt werden kann? Judäa gehörte als verhältnismäßig kleines, neuerworbenes Gebiet zur dritten Gruppe kaiserlicher Provinzen, die nicht von ehemaligen Konsuln oder Prätoren aus dem Senatorenstand verwaltet wurden, sondern von *praefecti* aus dem Ritterstand. Eine Inschrift, die 1961 in Caesarea, dem Sitz des Statthalters, gefunden wurde, bestätigt die alte Vermutung, daß der Titel des ‚Landpflegers‘ Pontius Pilatus nicht *procurator* war, wie ihn Tacitus anachronistisch nennt, sondern *praefectus*. Erst seit Kaiser Claudius wurde Judäa von Prokuratoren aus dem Ritterstand verwaltet. Präfekten hatten wie senatorische Statthalter Gerichtshoheit, eingeschlossen das *ius gladii,* das Recht, Kapitalstrafen zu verhängen. Sie kommandierten keine Legionen mit römischen Bürgern, sondern einheimische Hilfstruppen. In Judäa bestanden sie vor allem aus Griechen und Samaritanern, da sich Juden auf ein Privileg Caesars berufen konnten, das ihnen mit Rücksicht auf ihre Religion die Dienstverpflichtung der Provinzialen erließ. Präfekturen waren unter Augustus und Tiberius noch die Alpes maritimae, Sardinien und Corsica, die Balearen, Asturia und Gallaecia, Gebiete, die wegen ihrer Lage und ihrer aufmüpfigen Bewohner schwer zu verwalten waren und wo die Voraussetzungen für den Unterhalt einer Legion fehlten.

Wie der Alltag der Provinzverwaltung ablief, hing über alle rechtlichen Regelungen hinaus immer auch von der Person des Statthalters ab. Für die Provinzen des Ostens konnte es von Vorteil sein, wenn sie senatorische Statthalter hatten, die phil-hellenisch gesinnt waren, griechisch sprachen und aus Familien kamen, mit denen die einheimische Aristokratie schon seit langem in Verbindung stand. Persönliche Beziehungen zum Statthalter milderten manche Härten der römischen Verwaltung und waren in lokalen Auseinandersetzungen von Nutzen. Aber selbst Cicero, der wie kein anderer Römer griechisch gebildet war, empfahl seinem Bruder, er solle als Statthalter der Provinz Asia in seinen Beziehungen zur einheimischen griechischen Oberschicht größte Vorsicht walten lassen (Epistulae ad Quintum 1,1,18).

In Judäa, wo jede Politik zur Religionspolitik geriet, war das Verhältnis zwischen Statthalter und jüdischer Bevölkerung, Adel wie Volk, noch schwieriger. Pilatus und seine vier oder fünf Vorgänger hatten sich im Heer hochgedient, in der für Ritter vorgesehenen Laufbahn, die sich seit Augustus herauszu-bilden begann. Die Präfektur war der Endpunkt ihrer Karriere. Die begüterte Oberschicht der italischen Städte bildete das große Reservoir, aus dem die Anwärter kamen, die einen Min-destcensus von 400000 Sesterzen haben mußten. Oft verraten schon die Namen, daß ihre Träger nicht zum stadtrömischen senatorischen Adel gehörten. Der oskische Familienname *Pontius* war ursprünglich in Samnium zu Hause. Der ungewöhnli-che Beiname Pilatus ist nur noch auf zwei sizilischen Inschriften belegt (Corpus Inscriptionum Latinarum 10,7130,18: Syracus; 11,4396: Amerina).

Die jüdische Religion stieß weitgehend auf Unverständnis. Zwar hatte der Ritter Marcus Agrippa, der wichtigste Helfer des Augustus, hohe Achtung vor ihr. Aber er war eine Aus-nahme in der römischen Oberschicht, wo Distanz, Spott oder Verachtung gegenüber den Juden vorherrschten. Augustus lobte seinen Enkel Gaius, weil er an Judäa vorbeigesegelt war und dem Tempel in Jerusalem, anders als Agrippa, keine Reve-renz erwiesen hatte (Sueton, Augustus 93). Unter Tiberius kam die Furcht hinzu, daß sich die jüdische Religion auf Kosten der römischen zu stark ausbreiten und damit auch gesellschaftliche Veränderungen auslösen könne. Der konservative Kaiser, ein Kenner und Verteidiger des alten römischen Sakralrechts, veranlaßte im Jahre 19 einen Senatsbeschluß, daß alle Isisanhänger und Juden aus Italien zu vertreiben seien, falls sie ihr Bekenntnis nicht aufgäben. Mehrere zehntausend Juden müssen betroffen gewesen sein, da allein viertausend waffenfähige Freigelassene jüdischen Glaubens nach Sardinien beordert wurden, um dort das Räuberunwesen zu bekämpfen. Offen gab man zu, daß es sich um ein Todeskommando handle (Tacitus, Annales 2,85,4).

Von dieser Einstellung war auch Pilatus' Verhältnis zum Judentum geprägt. Tiberius schickte keinen Antisemiten nach Judäa, nur einen Militär, der immer zuerst an die römischen Interessen dachte und gewillt war, sie selbst gegen jüdische Empfindlichkeiten durchzusetzen. Noch sein Abgang im Jahre 36 bewies, daß er nicht zu den Statthaltern gehörte, auf die der Kaiser große Hoffnungen setzte, die dann aber in ihrer Provinz erschlafften (Tacitus, Annales 3,69,2). Andernfalls hätte ihn Tiberius keine zehn Jahre im Amt belassen, auch wenn lange Amtszeiten unter ihm üblich waren. Nicht halten läßt sich die Auffassung, er sei der verlängerte Arm des angeblich besonders judenfeindlichen Prätorianerpräfekten Sejan gewesen. Es scheint, daß Pilatus' Vorgänger diplomatischer als er waren und sich so manche Schwierigkeiten ersparten. Philo und Josephus haben wenigstens bei keinem von ihnen über Zusammenstöße zu berichten, wie sie unter Pilatus vorkamen. Auch hätte seine Starrheit in anderen Provinzen weniger Anstoß erregt als im empfindlichen Judäa.

Schon bei seinem ersten Besuch in Jerusalem gab es einen Aufruhr, als er seine Kohorten mit den Feldzeichen in die Stadt einziehen ließ und damit tat, was im übrigen Reich selbstverständliche Tradition war: Die *signa* der einzelnen Truppenteile, zu denen seit Augustus die *imagines* der Kaiser und ihrer Familienangehörigen zählten, demonstrierten die römische Oberhoheit und genossen bei den Soldaten kultische Verehrung. Seiner Auffassung nach nahm Pilatus genügend Rücksicht auf das jüdische Bilderverbot, indem er den Einzug in die Nacht verlegte und die Feldzeichen verhüllen ließ. Weiteres Entgegenkommen war unangebracht nach der alten Erfahrung, ein Statthalter tue gut daran, wenn er gerade am Anfang seiner Amtszeit energisch auftrete (Tacitus, Agricola 18,3; Annales 12,31,2). Seine griechischen und samaritanischen Soldaten dürften sich gefreut haben, es den verhaßten Juden zeigen zu können. Als sich die Empörung über den Religionsfrevel von Jerusalem aus über das ganze Land ausbreitete, blieb Pilatus zunächst unbeeindruckt. Er gab erst nach, als er vor der Entscheidung stand, den Widerstand durch eine Massenschlächterei unter den todesbereiten Juden zu ersticken, die sich vor seiner Residenz in Caesarea versammelt hatten (Josephus, BI 2,169–174; AI 18,55–59). Ein solcher Preis war zu hoch und zu gefährlich, da er das oberste Ziel römischer Reichsverwaltung, die Ruhe in der Provinz und damit Pilatus' eigene Stellung gefährdet hätte.

Philo äußert sich darüber ausdrücklich bei einem zweiten Zwischenfall, der keine Dublette des ersten ist, wie man geglaubt hat: Pilatus ließ im Jerusalemer Palast des Herodes goldene Schilde aufstellen, die Weihinschriften für Tiberius zeigten. Wieder gab es Protest, und wieder wollte er hart bleiben. Aber jüdische Führer warnten ihn, er provoziere einen Aufstand. Der konnte leicht auf die Judäa benachbarten Tetrarchien übergreifen, weshalb deren Tetrarchen, Antipas und Philippus, Pilatus ebenfalls drängten, den Konflikt beizulegen. Nach Philo habe er erst nachgegeben, als die Juden an Tiberius schrieben und der Kaiser ihm den Rückzug befahl (Legatio ad Gaium 299–305). Man erinnert sich an die Drohung der Juden bei Johannes 19,12: „Wenn du diesen freiläßt, bist du kein Freund des Kaisers." Doch Philo und der Evangelist schmücken aus. Der Wahrheit näher kommt Josephus: Kein Kaiser sei so saumselig gewesen wie Tiberius, habe Gesandtschaften hingehalten, Statthalter nicht abberufen und Prozesse verschleppt (AI 18, 169–170). Die Kritik traf eher auf die zweite Regierungshälfte des Tiberius zu, seit er in Capri residierte und die Reichsverwaltung, wenn nicht nachlässiger, wie Sueton behauptet (Tiberius 41), so doch schwerfälliger wurde. Der Kaiser zog sich 26

n. Chr. nach Capri zurück, im gleichen Jahr, als Pilatus Judäa übernahm.

Religiöse Konflikte belasteten stets das Verhältnis zu allen Teilen des jüdischen Volkes. Schon beim Protest gegen die Feldzeichen waren Priesteradel und Volk zusammengegangen, was Josephus absichtlich verschweigt. Er schweigt darüber auch bei einem weiteren Zusammenstoß, der die Jerusalemer Priesterschaft unmittelbar betraf. Sie verwaltete die Tempelkasse und wehrte sich, als Pilatus daraus Geld zum Bau einer Wasserleitung verlangte (BI 2,175–177; AI 18,60–62). Mit der sinnvollen Absicht konnte sich der Statthalter dieses Mal wohl durchsetzen, weil die Front der Gegner weniger geschlossen war als bei den religiösen Auseinandersetzungen. Philo wirft Pilatus weiterhin vor, daß er sich persönlich bereichert habe; eine Geldquelle wird noch zur Sprache kommen. Aber er tat nur, was fast alle Statthalter taten, die ihr Jahresgehalt – bei ihm wahrscheinlich 200000 Sesterzen – kräftig aufbesserten. Tiberius hielt das nicht für verwerflich. Nur gegen Exzesse, die die Provinz zu ruinieren drohten, ging er mit Repetundenprozessen vor. Seinen Statthaltern empfahl er, ein guter Hirte schere seine Schafe, ziehe ihnen nicht das Fell ab (Sueton, Tiberius 32,2). Das Tiberieum, das Pilatus in Caesarea errichtete und das die obige, 1961 gefundene Inschrift bezeugt, war der Stein gewordene Beweis, daß er seinem Kaiser in allen Dingen Treue bewahrte.

Nicht Verstöße gegen geheiligte jüdische Traditionen, nicht Eingriffe in die Rechte der Hohenpriester und korrupte Steuerpraktiken wurden Pilatus zum Verhängnis; auch nicht ein Lk 13,1 angedeuteter blutiger Zwischenfall, der sich in Galiläa abspielte. Erst als er im Jahre 36 eine messianische Volksbewegung in Samaria niederschlug und – vielleicht zum ersten Mal in seiner Amtszeit – eine größere Anzahl von Gefangenen hinrichten ließ, zwang ihn der syrische Statthalter Vitellius, zurückzutreten und sich in Rom vor Tiberius zu verantworten (Josephus, AI 18,85–89). Philos allgemeiner Vorwurf, er habe viele Gefangene ohne Gerichtsurteil getötet (Legatio ad Gaium 302), könnte sich auf sein Vorgehen in Samaria beziehen. Damit brachte er dort ebenfalls Adel und Volk gegen sich auf, und

Vitellius gab dem Protest samaritanischer Führer nach. Aus Roms Sicht waren alle solche Ereignisse nur lokale Zwischenfälle, die den Frieden des Reiches nicht störten. Daher lautete das hauptstädtische Resümee, in Judäa habe unter Tiberius Ruhe geherrscht (Tacitus, Historiae 5,9,2).

Die Wende im Prozeß Jesu scheint auf den ersten Blick zu Pilatus' Niederlagen im Streit um die Feldzeichen und die goldenen Schilde sowie zum Grund für seine Absetzung zu passen: Ein weiteres Mal mußte der Statthalter vor einer Koalition zwischen Priesteradel und Volk kapitulieren. Oder muß man nach den obigen Einwänden nicht eher annehmen, daß eine bereits Markus vorliegende Überlieferung sich an derartigen Vorfällen ausgerichtet und so dem Ausgang des Prozesses eine ebenso erwünschte wie plausible Erklärung gegeben hat? Denn tatsächlich hielt der Fall Jesu für Pilatus keinen Vergleich aus mit dem Streit um die Symbole römischer und kaiserlicher *maiestas,* mit angedrohter Massenexekution und möglichem Volksaufstand. Er tat das um so weniger, als sich Pilatus von Jesu politischer Harmlosigkeit überzeugt hatte und darin nach der Kreuzigung von einem Häuflein verängstigter Anhänger des Galiläers bestätigt wurde. Sein unvergleichliches Gewicht erhielt der Prozeß erst in den Augen der Jünger und der ersten Christengemeinden. Pilatus war mit der Forderung „Barabbas statt Jesus" gar nicht erpreßbar. Das jüdische Volk verliert endgültig seinen Platz im geschichtlichen Ablauf des Prozesses. Die eingangs zitierte Begegnung zwischen Pilatus und dem Volk ist ebenso unhistorisch wie der nachfolgende Dialog zwischen ihm und dem Angeklagten, was der Szene nichts von ihrer angedeuteten Wirkung durch die Jahrhunderte nimmt.

Man könnte nun vermuten, Pilatus habe schon von vornherein den Hohenpriestern nachgegeben, weil es sich für ihn nicht lohnte, sich mit ihnen wegen eines galiläischen Peregrinen zu überwerfen. Aber die Evangelisten räumen den Verdacht mit ihrer Darstellung nachdrücklich aus, und die Überlieferung über Pilatus gibt ihnen recht, wenn man sie ihrer jüdischen Sicht entkleidet. Der Statthalter erscheint als ein Mann, der eher römische *iustitia* bis zum blutigen Exzeß praktizierte, als daß er zu billigen Kompromissen neigte. Auch dem kleinen Untertanen sein Recht zukommen zu lassen, war das Ideal der Provinzialverwaltung, das Cicero pries (Epistulae ad Quintum 1,1,25) und Augustus zu verwirklichen suchte; man vergleiche sein 5. Kyreneedikt. Auch die Evangelien zweifeln nicht an Pilatus' richterlicher Sorgfalt. Damit werden wir auf den ersten Teil des Prozesses zurückverwiesen, auf den Dialog zwischen Pilatus und Jesus.

Der Hinrichtungsgrund

Es ist ein einseitiger Dialog, denn bei den Synoptikern sagt der Angeklagte nur zwei Worte. Pilatus eröffnet die Verhandlung, indem er wie üblich die Anklage als Frage formuliert: „Bist du der König der Juden?". Jesus antwortet: „Du sagst es". Die knappe Antwort ist mehrdeutig. Sie kann ein kurzes Ja umschreiben oder die Antwort offenlassen: Du bist es, der Vermutungen über mein Königtum anstellt, nicht ich. Johannes komponiert später um die auch von ihm zitierten zwei Worte und ihre zwei Deutungsmöglichkeiten eine Erklärung Jesu über sein überirdisches Königtum. Zutreffender sagen die Synoptiker, Jesus habe fortan geschwiegen. Ihr Pilatus versucht vergeblich, ihm weitere Äußerungen zu der Anklage zu entlocken, die so offenkundig falsch ist. Denn sie widerspricht nicht nur dem Eindruck, den der Angeklagte macht, sondern auch allem, was Pilatus über revolutionäre jüdische ‚Könige' weiß. Damit reduziert sich das Verhör auf das Grundmuster von Streitgesprächen, wie sie die Jünger Jesu oft genug erlebt haben. Der Frager, der ihn im Gespräch zu fangen suchte, erhielt überraschende Antworten, die ihn verwirrten, verunsicherten oder verärgerten. Auch ohne Ohrenzeuge zu sein, konnte sich jeder, der Jesus erlebt hatte, ausrechnen, daß ein Verhör vor dem Statthalter nicht anders ausgehen werde. Wohlwollende Beurteilung mochte sagen, Pilatus habe sich verwundert, und so schreiben Mk 15,5 und Mt 27,14. Tatsächlich aber war ein derartiges Verhalten gegenüber einem Statthalter Widersetzlichkeit, *contuma-*

cia. Zur *contumacia* zählte ausdrücklich, wenn ein Angeklagter auf Fragen des Gerichtsherrn schwieg (Digesta 11,1; 4). Gegen solche Widersetzlichkeit konnte der Statthalter bei Provinzialen, die nicht das römische Bürgerrecht und somit das Appellationsrecht hatten, die Todesstrafe verhängen. Das tat sogar der aus weicherem Holz geschnitzte Plinius, der um 112 als Statthalter von Bithynien Provinziale verhörte, die von ihren Mitbürgern als Christen angeklagt worden waren. Er fordert sie mehrmals auf, ihr Christentum zu verleugnen, drohte ihnen sogar die Todesstrafe an, falls sie ihre Torheit nicht aufgaben. Im Grunde hätte er sie gerne laufenlassen, wie er es mit denen tat, die seiner Aufforderung nachkamen. Doch eine Gruppe blieb standhaft, und da er sie nicht zum Widerruf bewegen konnte, sah er sich gezwungen, sie wegen *contumacia* hinzurichten, wahrscheinlich durch das Kreuz. Die ursprüngliche Anklage, ihr Christentum, interessierte ihn dabei gar nicht mehr. Er schreibt darüber an Kaiser Trajan: „Denn ich hatte keine Bedenken, was immer es auch war, was sie bekannten, unbedingt müsse ihre Hartnäckigkeit und ihre unbeugsame Widerspenstigkeit bestraft werden" (Epistulae 10,96,3). Trajan bestätigt ihm ausdrücklich, daß er richtig gehandelt habe (10,97,1). Denn als Statthalter vertrat er den Kaiser, und *contumacia* gegen den einen war *contumacia* gegen den anderen. Der Briefwechsel zwischen Plinius und Trajan bietet die Lösung für den Prozeß Jesu.

Auch die Evangelien sind sich einig, daß Pilatus Jesus am liebsten freigelassen häte. Der Angeklagte hätte sich nur auf die mehrmalige Frage des Richters von dem so sichtbar erlogenen Vorwurf distanzieren müssen, König der Juden zu sein. Jesus aber kam Pilatus nicht entgegen. Er verharrte in seinem Schweigen und erfüllte damit den Tatbestand der *contumacia*. Körperliche Züchtigung wäre für sie die mildere Strafe gewesen; das war die Lehre, die ihm Pilatus erteilen wollte, wie Lk 23,16; 22 überliefert, ohne den Anlaß zu nennen. Jesus verscherzte sich die Milde, weil er selbst unter der Folter schwieg, während ihn die Soldaten des Pilatus als König der Juden verhöhnten. Jesu Schweigen ist die eigentliche Mitte des Prozesses. Sie wird auch durch alttestamentliche Vorbilder nicht erklärlich. Johannes sucht das Schweigen zu füllen, aber wir müssen uns mit der zutreffenden Auskunft der Synoptiker begnügen.

Es gibt noch drei äußere Argumente, die dafür sprechen, daß Pilatus Jesus wegen *contumacia* hinrichten ließ:

a) Man hat sich verschiedentlich gewundert, daß die Evangelien nichts von einem ordentlichen Todesurteil des Pilatus schreiben. Sie haben recht. Es gab kein Urteil, nachdem aus dem Kriminalprozeß ein Disziplinarverfahren wurde, das der über Jesu Schweigen empörte Pilatus mit einem simplen „Abführen" *(ducite eum)* beendet haben dürfte (vgl. Plinius 10,96,3).

b) Noch erstaunter war man, daß das ganze Verfahren sehr rasch ablief und kaum Zeit für die angebliche Auseinandersetzung mit der Volksmasse ließ. Nach Mk 15,1 wurde Jesus in der Frühe, also etwa um sechs Uhr, an Pilatus ausgeliefert, und zur dritten Stunde, um neun Uhr, gekreuzigt. Die früheste Verbesserung findet sich bereits bei Jh 19,14: Pilatus habe um die sechste Stunde sein Tribunal für den Abschluß des Prozesses bestiegen. Tatsächlich standen sich Pilatus und Jesus nur verhältnismäßig kurz gegenüber, wobei man bei den drei Stunden noch begleitende Umstände wie das Dolmetschen, die Unterbrechung durch die Folter und den Weg nach Golgotha in Rechnung stellen muß.

c) Noch am gleichen Tag gab Pilatus Joseph von Arimathäa, einem adligen Mitglied des Synhedrion, die Leiche des Gekreuzigten zum Begräbnis frei, nachdem er sich vergewissert hatte, daß Jesus tot war (Mk 15,43–45). Hätte der Statthalter ihn wegen Majestätsverbrechen verurteilt, so hätte er mit der Freigabe eher gezögert oder sie verweigert, wie es bei *crimina laesae maiestatis* häufig vorkam. Widerspenstigkeit über den Tod hinaus zu verfolgen, war dagegen sinnlos.

Jesu Hinrichtung wegen *contumacia* muß noch gegen die umstrittene Annahme verteidigt werden, über seinem Kopf am Kreuz habe eine Aufschrift „der König der Juden" den Grund der Hinrichtung offiziell und für jedermann sichtbar verkündet. Mk 15,26 zitiert die Worte, die scheinbar das einzige urkundliche Zeugnis im Passionsbericht sind und die mit kleinen Abweichungen von den anderen Evangelisten wiederholt werden. Strenggenommen sagt Markus von dem Text nur: „Und es war die Aufschrift der Beschuldigung gegen ihn aufgeschrieben" (καὶ ἦ͂ν ἡ ἐπιγραφὴ τῆς αἰτίας αὐτοῦ ἐπιγεγραμμένη). Das im Markusevangelium nicht mehr vorkommende αἰτία, das auch Mt 27,37 benutzt, wird seit Luther gewöhnlich mit *Schuld* übersetzt (vgl. Mt 19,3; Lk 8,47; Jh 18,38; 19,4; 6). Doch αἰτία = *Beschuldigung* verweist auf die Anklage zurück und läßt, getreu dem Verlauf des Prozesses, auch jetzt noch offen, inwieweit diese zutraf. Wo die Aufschrift angebracht war, sagt Markus nicht, so daß der Satz merkwürdig isoliert steht. Da der gesamte Abschnitt aus parataktisch gereihten, meist mit καὶ = *und* eingeleiteten Sätzen besteht, ist auch nicht notwendig σταυρός = *Kreuz* aus dem vorherigen καὶ ἐσταύρωσαν = *und sie kreuzigten ihn* (15,25) zu ergänzen, das seinerseits eine wörtliche und daher vielleicht nicht originale Dublette von 15,24 ist. Erst Matthäus, Lukas und Johannes folgerten aus der markinischen Überlieferung, daß die Aufschrift am Kreuz über Jesu Kopf angebracht war. Bei ihrem Schluß könnten sie Kreuzigungen vor Augen gehabt haben, wo man so verfuhr, was bei der Verbreitung der Hinrichtungsart leicht vorkommen mochte. Belegt sind solche Fälle nicht.

Wohl aber gab es den Brauch, daß bei öffentlichen Bestrafungen oder Exekutionen ein *titulus,* offensichtlich auf einer Stange, mitgeführt wurde, der das Vergehen nannte (Cassius Dio 54,3,7; Sueton, Caligula 32,2; Domitian 10,1). Daran scheint Markus gedacht zu haben. Es war ein willkürliches Mittel, um die Schande des Delinquenten zu vergrößern. Bei Jesus verfielen die Soldaten auf diese zusätzliche Schmach und setzten mit ihr den Spott während der Folter fort, wo sie ihn als König der Juden verhöhnt hatten (Mk 15,18). Zum Verfahren des Pilatus gehörte der *titulus* nicht mehr. Er traf aber insofern zu, als Jesus sich eben nicht von der gleichlautenden Anklage distanziert hatte. Die Hohenpriester und Schriftgelehrten nahmen den Spott der Soldaten auf (Mk 15,31–32). Solche Begleiterscheinungen besagten nichts für die juristische Grundlage, auf der Pilatus' Entscheidung ruhte. Erst Johannes gibt dem τίτλος

= *titulus,* wie er statt ἐπιγραφή sagt, einen offiziellen Anstrich: Pilatus habe ihn geschrieben und auf hebräisch, lateinisch und griechisch am Kreuz befestigen lassen. Zusätzlich erweitert Johannes die neutrale Notiz bei Markus um eine Diskussion, die die Hohenpriester mit Pilatus um den Inhalt der Aufschrift geführt haben sollen (19,19–22). Dessen Bescheid: „Was ich geschrieben habe, habe ich geschrieben", leitet der Evangelist aus seiner Kenntnis ab, daß die Verlautbarung, die der Statthalter auf einem Tribunal verkündet, „ein Urteilsspruch ist, der, einmal verlesen, weder um einen Buchstaben vermehrt noch vermindert werden darf, sondern so, wie er vorgetragen worden ist, in das Archiv der Provinz aufgenommen wird" (Apuleius, Florida 9,12).

Zum Schluß bleibt noch, nach der Geschichtlichkeit des Barabbas zu fragen, der ohne sein Zutun eine entscheidende Rolle in der Passion erhielt. Daß „der Sohn des Abbas" gelebt hat, vielleicht sogar den Namen Jesus getragen hat, wie ein Überlieferungszweig besagt, braucht man nicht zu bezweifeln. Nach Mk 15,7 und Lk 23,19 war er wegen eines Aufstandes in Jerusalem und wegen eines Mordes zusammen mit anderen Aufständischen in römischem Gewahrsam; Jh 18,40 nennt ihn einfach einen Räuber. Beide Überlieferungen zusammen legen die Vermutung nahe, daß er einer der „Räuberkönige" war, die Josephus beschreibt (S. 45). Barabbas kam an eben dem Osterfest frei, als Pilatus in Jerusalem Gericht hielt und über Jesus verhandelte. Es wäre nicht ungewöhnlich, wenn bei seiner Amnestie Bestechung im Spiel gewesen wäre. Strenge Justiz auf der einen Seite und eine offene Hand auf der anderen schlossen einander nicht aus. In der verhältnismäßig armen Provinz Judäa hatten Statthalter Lösegelder als eine Einnahmequelle entdeckt. In der Apostelgeschichte bedeutete der Statthalter Antonius Felix dem verhafteten Paulus, daß er sich freikaufen könne (24,26). Ein Nachfolger, Albinus, ließ sogar Scharen von Gefangenen gegen Lösegeld frei und hielt diejenigen fest, die kein Geld hatten (Josephus, BI 2,273; vgl. AI 20,215).

Von Anfang an lag nahe, die unterschiedlichen Schicksale von Jesus und Barabbas, die sich im Praetorium des Pilatus gekreuzt hatten, einander gegenüberzustellen. Der Räuber und Mörder kam frei, während der wahre Messias zur gleichen Zeit leiden und sterben mußte. Von da war es nur noch ein kleiner Schritt, die Freilassung des einen und die Hinrichtung des anderen, die beide in der Hand des Statthalters lagen, in einen ursächlichen Zusammenhang zu bringen.

Der Historiker, der den Zusammenhang wieder löst und den tatsächlichen Verlauf des Prozesses nachzeichnet, hilft mit, Unrecht am jüdischen Volk wiedergutzumachen, für das man sich oft genug auf dessen angebliche Schuld am Tode Jesu berufen hat. Andererseits leidet die religiöse Bedeutung der Passion nicht, wenn der Historiker feststellt, daß Jesu *contumacia* der unmittelbare Anlaß für seine Kreuzigung war. Warum er so hartnäckig schwieg, war sein Geheimnis, das er mit ins Grab nahm. Die Antwort gab er drei Tage später mit der Auferstehung.

Karl Heinemeyer

Kaiser und Reichsfürst.
Die Absetzung Heinrichs des Löwen durch Friedrich Barbarossa (1180)

Die ‚Gelnhäuser Urkunde‘

So „möge die Gesamtheit der gegenwärtigen wie der zukünftigen Getreuen des Reiches wissen, daß Heinrich, ehemals Herzog von Bayern und Westfalen, darum weil er der Kirchen Gottes und der Edlen des Reiches Freiheit dadurch, daß er sich ihrer Besitzungen bemächtigte und ihre Rechte minderte, schwer unterdrückt hatte, auf drängende Klage der Fürsten und sehr vieler Edler, weil er, obwohl durch Ladung aufgerufen, sich unserer Majestät zu stellen verschmäht habe und für diese Widerspenstigkeit dem Spruch der Fürsten und Schwaben seines Standes auf unsere Acht verfallen sei, sodann, weil er gegen die Kirchen Gottes und der Fürsten wie der Edlen Rechte und Freiheit zu wüten nicht abgelassen hat, wegen des jenen zugefügten Unrechtes, wegen vielfältiger uns erwiesener Mißachtung und besonders wegen offenkundigen Majestätsverbrechens unter Lehnrecht mit gesetzmäßiger dreimaliger Verordnung vor unseren Richterstuhl geladen, deshalb, weil er sich ferngehalten und auch niemanden an seiner Stelle als verantwortlichen Vertreter gesandt hatte, als widerspenstig verurteilt worden ist und daß demgemäß die Herzogtümer Bayern sowie Westfalen und Engern als auch sämtliche Lehen, die er vom Reiche besaß, durch einmütigen Spruch der Fürsten auf dem feierlichen Hoftag in Würzburg ihm aberkannt und unserem Recht und unserer Herrschaftsgewalt zugesprochen worden sind.“

Dies sind die – hier aus dem Lateinischen übertragenen – umständlichen Formulierungen, mit denen die berühmte ‚Gelnhäuser Urkunde' Kaiser Friedrichs I. Barbarossa vom 13. April 1180 über den Prozeß und die Absetzung Heinrichs des Löwen, des bisherigen Herzogs von Bayern und Sachsen, berichtet. Der „Sturz Heinrichs des Löwen" gehört zu den herausragenden Ereignissen der deutschen Geschichte, nicht nur des Mittelalters. War schon die Absetzung eines Herzogs im mittelalterlichen Reich nicht gerade ein häufiger Vorgang, so handelte es sich hier um die dramatische Entscheidung zwischen zwei außergewöhnlichen Persönlichkeiten: dem staufischen Kaiser Friedrich I. und seinem Vetter, dem welfischen Doppelherzog Heinrich. Zugleich konnte der Kaiser den seit Jahrzehnten währenden Kampf ihrer beiden Geschlechter für sich entscheiden. Doch nicht nur in der politischen Geschichte des alten Deutschen Reiches stellt der Sturz des Löwen einen Höhepunkt dar, sondern ebenso bezeichnet er in der Verfassungsgeschichte einen deutlichen Einschnitt.

Wir befinden uns in der günstigen Lage, über dieses bedeutsame Ereignis mit den eingangs zitierte Worten einen zeitgenössischen und darüber hinaus sogar amtlichen Bericht zu besitzen. Die sorgfältig durchdachte, kunstvoll formulierte Periode galt lange Zeit als eines der schwierigsten, wenn nicht als das schwierigste Satzgefüge überhaupt der mittelalterlichen Urkundenüberlieferung. Seit Generationen beschäftigten daher das rechte Verständnis dieses Berichtes und damit die Aufhellung vor allem des Prozeßverlaufes Historiker wie Rechtshistoriker. Erschwert wurden ihre Bemühungen durch den Umstand, daß das Diplom schon seit Jahrhunderten schlecht erhalten war, so daß sich seine Schriftzüge nur noch schwer und nicht überall zweifelsfrei entziffern ließen. Auch wenn die Urkunde selbst seit dem Ende des Zweiten Weltkrieges verschollen ist, kann ihr Wortlaut doch nach den letzten, noch unmittelbar vor ihrem Verschwinden angestellten Untersuchungen heute als gesichert gelten. Ebenso dürfen die Fragen um die sprachliche und inhaltliche Interpretation des Textes seit den neuen Forschungen, die die 800. Wiederkehr des Reichstages von Gelnhausen im Jahre 1980 hervorbrachte, weithin als gelöst angesehen werden. So können wir uns heute auf festerem Boden als früher bewegen.

Aber die Urkunde, die auch in ihrem übrigen Text durch eine besonders sorgsame sprachlich-stilistische Gestaltung aus der Fülle der hochmittelalterlichen Kaiser- und Königsurkunden herausragt, wurde nicht zu dem Zweck ausgestellt, den Verlauf des Prozesses der Nachwelt zu überliefern, und sie enthält auch nicht den schriftlich niedergelegten Urteilsspruch des Gerichtes. Ihr Rechtsinhalt lautet vielmehr: Der Kaiser hat mit Zustimmung der Fürsten das Herzogtum Westfalen, das er soeben aus der Teilung des bisherigen Herzogtums Westfalen und Engern, d. h. Sachsen, geschaffen hatte, der Kölner Kirche durch Schenkung übergeben und ihren Erzbischof Philipp mit der kaiserlichen Fahne investiert, mit dem Einverständnis Herzog Bernhards, der den übrigen Teil Sachsens erhalten hatte. Zum Nachweis, daß der Kaiser zu diesem Zeitpunkt – auf dem Reichstag in Gelnhausen im April 1180 – über das Herzogtum Sachsen verfügen konnte, wurde als Vorgeschichte (im Sinne der Narratio der mittelalterlichen Urkunde) der Bericht über das Gerichtsverfahren gegen Heinrich den Löwen vorausgeschickt. Um die in Gelnhausen getroffene Rechtsverfügung zu beurkunden, stellte der Kaiser das feierliche, mit seinem Monogramm versehene und mit seiner Goldbulle beglaubigte Privileg für die Kölner Kirche aus. Es ist das entscheidende, das amtliche Dokument über den Sturz Heinrichs des Löwen.

Die Vorgeschichte

Doch bevor wir uns den Ereignissen zuwenden, scheint es angezeigt, einen Blick auf die Vorgeschichte zu werfen. In der Gestalt des Kaisers wie in der des Herzogs standen sich die beiden herausragenden Vertreter von zwei der mächtigsten Dynastien des mittelalterlichen Reiches gegenüber.

Auf der einen Seite der glänzende, herrschafts- und machtbewußte staufische Kaiser Friedrich I., wegen seines roten Bartes von den Italienern „Barbarossa" genannt. Er entstammte einem edelfreien Geschlecht aus Schwaben, das sich nach seinem Stammsitz, der Burg Staufen bei Göppingen, nannte. Es hatte im Dienste der salischen Könige seit der Mitte des 11. Jahrhunderts in wenigen Jahrzehnten einen steilen Aufstieg genommen. Seit 1079, als König Heinrich IV. Friedrich Barbarossas Großvater Friedrich mit dem Amt des Herzogs von Schwaben belehnt hatte, waren die Staufer Herzöge in Schwaben. Durch seine Heirat mit der Tochter Heinrichs IV. hatte Herzog Friedrich I. zudem sein Geschlecht so eng mit dem salischen Königshaus verknüpft, daß sich seine Nachkommen nach dem Aussterben der Salier im Mannesstamme als deren rechtmäßige Erben betrachten konnten.

Zwar hatte nach dem söhnelosen Tode des letzten Saliers, Kaiser Heinrichs V., 1125 Herzog Friedrichs I. ältester Sohn Friedrich II. seinen auf das Geblütsrecht gegründeten Anspruch auf die Nachfolge in der Königsherrschaft noch nicht durchsetzen können. Aber im Jahre 1138 erreichte sein jüngerer Bruder Konrad als erster Staufer den Königsthron. Ihm war sein Neffe Friedrich, um 1122 geboren und seit 1147 Herzog von Schwaben, im Jahre 1152 als König nachgefolgt. 1155 schließlich hatte König Friedrich I. als erster seines Hauses das Kaisertum erlangen können.

Auf der anderen Seite der übermächtige, nicht minder machtbewußte welfische Herzog Heinrich mit dem Beinamen „der Löwe", nach dem Wappentier, das schon sein Vater aus dem Geschlechtsnamen „Welfen" abgeleitet hatte und das er selbst zum dauernden Symbol seines Hauses erhob. Rund zehn Jahre jünger als der Kaiser und ihm als Vetter verwandtschaftlich verbunden, entstammte auch er einem schwäbischen Geschlecht. Es hatte seinen Stammsitz nördlich des Bodensees in Altdorf und Ravensburg, war freilich um Jahrhunderte älter als die im Vergleich zu ihm eben erst emporgestiegenen Staufer.

Lassen sich doch die Anfänge der Welfen in die Mitte des 8. Jahrhunderts, in die Zeit des ersten karolingischen Königs Pippin, zurückverfolgen. Sie gehörten längst zu den führenden Hochadelsgeschlechtern Süddeutschlands, als König Heinrich IV. im Jahre 1070 Welf IV., den Urgroßvater Heinrichs des Löwen, mit dem Herzogtum Bayern belehnte. Die Heirat seines Sohnes Heinrich „des Schwarzen" mit einer der beiden Erbtöchter des sächsischen Herzogs Magnus Billung hatte erstmals den Blick des süddeutschen Geschlechtes in dieses nördliche Herzogtum gelenkt. So hatten die Welfen nach dem söhnelosen Tod des Sachsenherzogs 1106 zu ihren reichen Besitzungen in Schwaben und Bayern wie auch in Norditalien einen erheblichen Teil des billungischen Erbes in Sachsen mit dem Stammsitz Lüneburg gewinnen können. Gleichzeitig hatten sich Welfen und Staufer durch die Ehe von Heinrichs des Schwarzen Tochter Judith mit Herzog Friedrich II. von Schwaben verwandtschaftlich verbunden.

Als bei den Verhandlungen um die Nachfolge Kaiser Heinrichs V. im Jahre 1125, wie erwähnt, die geblütsrechtlichen Ansprüche Herzog Friedrichs II. von Schwaben übergangen wurden, spielte eine entscheidende Rolle, daß sich der Welfe Heinrich der Schwarze von seinem staufischen Schwiegersohn abwandte und sich für Herzog Lothar von Sachsen aus dem Hause Süpplingenburg, den Kandidaten Erzbischof Adalberts I. von Mainz als des Leiters der Königswahl, aussprach. Veranlaßt hatte ihn dazu zweifellos die verabredete Eheverbindung seines Sohnes Heinrich mit der einzigen Tochter des Süpplingenburgers, die den Welfen die Aussicht auf das gewaltige Erbe des söhnelosen Sachsenherzogs und künftigen Königs eröffnete. Die Wendung seines welfischen Schwiegervaters nahm dem Staufer das schon greifbar nahe Königtum; Friedrich wurde zum erbitterten Gegner sowohl des Königs als auch seiner welfischen Verwandten. So begann mit der Königserhebung Lothars III. 1125 der staufisch-welfische Gegensatz, der seitdem für mehr als einhundert Jahre die deutsche Geschichte weithin prägte.

Heinrichs des Schwarzen Sohn Heinrich „der Stolze", der Vater Heinrichs des Löwen, hatte zu dem seit 1070 welfischen Herzogtum Bayern 1138 von Kaiser Lothar III. auch das Herzogtum Sachsen erhalten. Doch als nach dem Tode des Kaisers nicht er, sondern der Staufer Konrad 1139 zum König erhoben wurde, suchte dieser den Gefahren, die von der welfischen Übermacht für König und Reich ausgingen, sogleich zu begegnen; in den Auseinandersetzungen mit König Konrad III. büßte

Heinrich der Stolze beide Herzogtümer ein. Um die anschließenden, vielfach militärisch ausgetragenen Streitigkeiten beizulegen, gab der König 1142 den welfischen Ansprüchen auf Sachsen nach und belehnte den jungen Heinrich den Löwen mit dem Herzogtum.

Bayern, dessen Rückgabe er seit 1147 ebenfalls verlangte, erhielt Heinrich der Löwe erst von Friedrich Barbarossa 1156, freilich verkleinert um die Markgrafschaft Österreich. Friedrich hatte sich seit langem um einen Ausgleich mit den Welfen nachhaltig bemüht und ihn 1156 auch erreicht. In der Folgezeit gehörte denn auch Heinrich der Löwe zu den treuen und verläßlichen Stützen des Königs; zwischen den Vettern entwickelte sich zudem ein enges persönliches Verhältnis.

Herrschaft in Bayern und Sachsen

Der Sturz Heinrichs des Löwen gehört auch in verfassungsgeschichtlicher Hinsicht zu den tiefen Einschnitten in der Entwicklung des alten Deutschen Reiches. Seit dem 10. Jahrhundert bildeten die Stämme gleichsam die innere Gliederung des Reiches; ihre Herzöge trugen mit den übrigen weltlichen und geistlichen Reichsfürsten gemeinsam das Königtum. Zugleich erwuchs diesem aber auch von Anfang an in den Stammesherzogtümern seine größte Gefährdung. Immer neu stellte sich daher den Königen die Aufgabe, sie ihrer Herrschaft unterzuordnen. Das Verhältnis zwischen König und Herzögen bildete so seit der Entstehung des Deutschen Reiches eine der Grundfragen seiner hochmittelalterlichen Geschichte; mehr noch: das Spannungsverhältnis zwischen Zentralgewalt und Partikulargewalten blieb seit Beginn des Reiches stets ein Grundelement der deutschen Geschichte – bis in unsere Zeit.

Aus dem großen und offenen Kreis der älteren Reichsfürsten bildete sich im Laufe des 12. Jahrhunderts als engerer, nun nach außen klar abgegrenzter Kreis der Reichsfürstenstand. Die Entwicklung ging von den geistlichen Reichsfürsten aus, für die das Wormser Konkordat 1122 den entscheidenden Einschnitt darstellte, und erfaßte bald auch die weltlichen Fürsten. Zu dem neuen Reichsfürstenstand rechneten, wie sich versteht, auch die Herzöge von Bayern und Sachsen. Wie die anderen Reichsfürsten waren sie dem König durch das Lehnsband als Vasallen in Pflichten und Rechten unmittelbar verbunden. Dies war die Stellung Heinrichs des Löwen, der beide Herzogtümer seit 1156 in seiner Hand vereinigte.

Doch dies war nur eine Seite der Veränderungen des 12. Jahrhunderts. Eine andere bestand in der schon früher anhebenden, jetzt aber deutlich hervortretenden Entwicklung zum modernen Staat, d. h. in der Bildung der Landesherrschaften, der Territorien. Es kam für jeden Fürsten darauf an, beim Ausbau der eigenen Herrschaft die unterschiedlichsten älteren Rechte in seiner Hand zu vereinigen und zu einer einheitlichen Herrschaft in einem nun klar umrissenen Gebiet auszugestalten, ohne dort künftig noch andere Herren neben sich zu dulden. Auch hierin waren schon seit dem 11. Jahrhundert die geistlichen Fürsten vorangegangen.

Die Entwicklung zur Territorialisierung, die überall im Reich zu beobachten ist, wurde keineswegs durch den König gehindert. Dafür gibt es ein in diesem Zusammenhang bisher wenig beachtetes Zeugnis, nämlich die Rechtsverleihungen für den Herzog von Österreich im Jahre 1156, gerade als Heinrich der Löwe mit dem Herzogtum Bayern belehnt und die bisherige Mark Österreich von Bayern getrennt und zum selbständigen Herzogtum erhoben wurde. Damals verlieh Kaiser Friedrich Barbarossa dem neuen Herzog von Österreich solche umfassenden Rechte, daß jede andere Herrschaftsgewalt in seinem Herzogtum ausgeschlossen blieb.

Für Heinrichs des Löwen Herrschaftsbildung in Bayern und Sachsen war die Ausgangslage insofern günstig, als die Grafen, die noch im 11. Jahrhundert allgemein zu den Reichsfürsten gezählt worden waren, zwar den Königsbann, also das Recht, Gericht zu halten, weiterhin vom König erhielten, im übrigen aber in ihrer Mehrzahl vom Herzog lehnsabhängig waren. Anders stand es mit den Bischöfen, die ihrerseits wie der Herzog zu den Reichsfürsten gehörten, aber auch hier schon früher und erfolgreich um die Ausbildung ihrer eigenen geistlichen Territorialfürstentümer bemüht waren, so in Sachsen etwa die Erzbischöfe von Bremen und von Magdeburg, die Bischöfe von Halberstadt und von Hildesheim, aber auch im Südwesten Sachsens, in Westfalen, der Erzbischof von Köln.

Im Vergleich zu Bayern, das er fast wie ein Nebenland ansah, waren die Voraussetzungen und die Möglichkeiten für Heinrich den Löwen in Sachsen weit günstiger. Schon 14 Jahre vor dem Herzogtum Bayern war er 1142 mit Sachsen belehnt worden, und dort lag ein inzwischen gewaltig ausgedehntes Hausgut aus der Erbschaft seiner Vorfahren mit vielfältigen Rechts- und Herrschaftsansprüchen. Dazu bot sich hier mit der Möglichkeit zu einer planmäßigen Ost- und Nordpolitik die Aussicht, den Herrschaftsbereich über weitere Gebiete auszudehnen.

Aber in Sachsen wurde Heinrich der Löwe in vielfältige Auseinandersetzungen mit geistlichen und weltlichen Herren verstrickt, die sich seinen territorialpolitischen Absichten energisch widersetzten, da sie teilweise dieselben Ziele wie der Herzog verfolgten, zumindest aber nicht bereit waren, sich seiner Herrschaft einzugliedern und unterzuordnen. Doch erhebt sich die Frage, ob der Versuch Heinrichs zur Territorialbildung in Sachsen insgesamt nicht bereits zu spät kam. Denn schon vor ihm hatte der Askanier Markgraf Albrecht der Bär, seit 1139 als Nachfolger des Welfen Heinrichs des Stolzen Herzog von Sachsen, abgesehen von dem welfischen Widerstand gegen seine Herzogsherrschaft, mit denselben Schwierigkeiten zu kämpfen und nach ihm ebenso seine Nachfolger im Herzogtum, Erzbischof Philipp von Köln und mehr noch der Askanier Bernhard, der letztlich daran gescheitert ist.

Seit 1142 vermochte der Herzog gegen starke Widerstände einen gewaltigen Machtbereich im östlichen Sachsen zwischen Weser und Elbe und von der Werra bis zur unteren Elbe, aber auch westlich der mittleren und oberen Weser in den Diözesen Minden und Paderborn aufzubauen. Gleichwohl beanspruchte er auch in den übrigen Teilen, zumal im Westen, des alten Stammesherzogtums, seine Herzogsherrschaft zur Geltung zu bringen. Zudem gelang es ihm durch eine weitausgreifende Politik und durch militärische Feldzüge, seinen Herrschaftsbereich nördlich der unteren Elbe und weit in das slawische Gebiet entlang der Ostsee, nach Mecklenburg, auszudehnen. Planmäßig öffnete er das gewonnene Land der deutschen Besiedlung und förderte die Christianisierung der slawischen Bewohner. Schon 1154 hatte ihm König Friedrich Barbarossa mit der Investitur der Bischöfe für die hier errichteten Bistümer ein sonst ausschließlich dem König zustehendes Recht überlassen; so konnte der Herzog hier auch die Bistümer seiner Herrschaft völlig eingliedern.

Bis zum Beginn der 60er Jahre leisteten die betroffenen Fürsten und Herren der Territorialpolitik des Herzogs mehr oder weniger jeder für sich zumeist erfolglosen Widerstand; nur gelegentlich verbanden sich sächsische und sogar bayerische Große für kurze Zeit, aber ebenso erfolglos, gegen ihn. Doch im Jahre 1166 vereinigten sich nahezu alle Gegner des Löwen, an ihrer Spitze die maßgebenden geistlichen und weltlichen Fürsten vor allem des östlichen Sachsens und seiner Randgebiete – wie Erzbischof Wichmann von Magdeburg, Bischof Hermann von Hildesheim, Markgraf Albrecht der Bär und seine Söhne, Landgraf Ludwig II. von Thüringen, Markgraf Otto von Meißen und der sächsische Pfalzgraf Adalbert von Sommerschenburg sowie die Grafen von Assel, Oldenburg und Schwalenberg – zum energischen Widerstand gegen Heinrichs Territorialpolitik.

Schwere Kämpfe erschütterten darauf für mehrere Jahre besonders das östliche Sachsen. Daß beide Seiten den Landfrieden gebrochen hatten, lag offen zutage. Der Kaiser, zunächst durch seine Italienpolitik gebunden, entzog sich seinen königlichen Pflichten nicht, den Landfrieden wiederherzustellen und zu sichern. Nach mehreren Anläufen zur Vermittlung und zum Ausgleich zwischen Heinrich und seinen Gegnern konnte er 1170 in Erfurt den Frieden – wiederum auf dem Vermittlungswege – herbeiführen.

Nach den Quellen besteht der Eindruck, daß über die politischen Ziele und Gegensätze hinaus auch über Heinrichs des Löwen außerordentliche Rücksichtslosigkeit, mit der er sich über die Rechte anderer hinwegsetzte, und über seinen Hang, durch Gewaltmaßnahmen vollendete Tatsachen zu schaffen, verbunden mit persönlicher Härte und Starrsinn, geklagt wurde. Erinnert sei hier nur an den Gewaltstreich, mit dem er 1157/58 die Gründung Münchens gegen den Bischof von Freising durchsetzte. Dagegen zeigte Friedrich Barbarossa nun schon seit zwei Jahrzehnten und auch wieder 1170 in Erfurt dem Vetter gegenüber eine weit über das übliche Maß hinausgehende Nachsicht, die den Herzog immer wieder eindeutig begünstigte.

So hatte um die Mitte der 70er Jahre Heinrich der Löwe eine Stellung errungen wie keiner seiner herzoglichen Vorfahren je zuvor und keiner der zeitgenössischen Reichsfürsten neben ihm. Schon als Doppelherzog die anderen Fürsten überragend, hatte sich der Schwiegersohn des englischen Königs einen Machtbereich aufgebaut, der ihm eine nahezu königsgleiche Stellung, ein königsgleiches Ansehen bis nach Byzanz hin verlieh. Als sichtbaren Ausdruck seines Ranges gestaltete er seine Residenz, die Burg Dankwarderode in Braunschweig, mit dem Blasiusstift nach Art einer königlichen Pfalz, die etwa der benachbarten Pfalz in Goslar nicht nachstand.

Gleichwohl blieb seine Stellung auch weiterhin gefährdet, vor allem durch die nach wie vor starke Opposition seiner fürstlichen und nichtfürstlichen Nachbarn wie der ihm untergeordneten Kräfte. Doch ausgestattet mit einem außergewöhnlich starken Selbstbewußtsein, das sich bis zum Hochmut steigerte, hat er diese stets vorhandene Gefährdung offensichtlich nicht erkannt.

Der Tag von Chiavenna

Jetzt freilich trat die entscheidende Wende ein. Sie hat die Zeitgenossen tief beeindruckt und wirkte noch im 13. Jahrhundert in der Chronistik nach. Sie ist geknüpft an die Vorgänge des Tages von Chiavenna Ende Januar oder Anfang Februar 1176. Gegen Ende des Vorjahres war Friedrich Barbarossas Lage auf seinem fünften Italienzug im Kampf gegen den lombardischen Städtebund in eine schwere Krise geraten. Während von Erzbischof Philipp von Köln in Deutschland angeworbene Truppen noch nicht in Italien eingetroffen waren, bat der Kaiser in seiner Notlage Heinrich den Löwen, der in Bayern weilte, um Hilfe. Beide trafen in der Reichsburg Chiavenna nördlich des Comer Sees zusammen. Die dramatische Szene der Zusammenkunft wird von den zeitgenössischen Chronisten zwar unterschiedlich berichtet – u. a. ist von einem Fußfall des Kaisers vor dem herzoglichen Vetter die Rede –, aber es besteht kein Zweifel, daß Heinrich die erbetene Hilfe versagte.

Die Forschung ist überzeugt, daß Heinrich zur militärischen Hilfeleistung rechtlich nicht verpflichtet war, da der Kaiser den Italienzug nicht als Reichsheerfahrt angesagt hatte, verweist aber auf die moralische Pflicht des Herzogs zur Hilfe für den Kaiser, der sich immer wieder in den Auseinandersetzungen Heinrichs mit seinen Gegnern vor den Herzog gestellt habe. Doch dies genügt nicht: Der Lehnsmann war seinem Lehnseid gemäß verpflichtet, dem Lehnsherrn in einer solchen Notlage an die Seite zu treten. Schlimmer noch: Heinrich der Löwe machte eine etwaige Hilfe von der Überlassung der vor allem durch den Bergbau am Rammelsberg äußerst ertragreichen Reichsvogtei Goslar – des wirtschaftlich bedeutendsten Stützpunktes des Königtums im Norden des Reiches – abhängig – ein Ansinnen, das der Kaiser schlicht als Erpressung zurückwies.

Die Weigerung Heinrichs des Löwen zur militärischen Hilfe trug entscheidend zur Niederlage des Kaisers gegen die Lombarden in der Schlacht von Legnano Ende Mai 1176 bei. In den folgenden Verhandlungen gelang es Friedrich jedoch, sowohl mit den Lombarden einen mehrjährigen Waffenstillstand zu schließen als auch durch die Anerkennung des seit 1160 von ihm bekämpften Papstes Alexander III. das Schisma in der Kirche zu beenden.

Die Forschung hat auch bisher schon bemerkt, daß bereits wenige Monate nach der Niederlage von Legnano im Vorvertrag von Anagni im November 1176 und entsprechend im Frieden von Venedig im Juli 1177 eine neue Haltung des Kaisers gegenüber Heinrich dem Löwen sichtbar wird. Nicht nur wurde der vom Kaiser erhobene Erzbischof Philipp von Köln nun auch vom Papst anerkannt, sondern der von Heinrich dem Löwen in Halberstadt eingesetzte Bischof Gero sollte abgesetzt, der seinerzeit vom Herzog vertriebene Bischof Ulrich wiedereingesetzt und die Bremer Bischofswahl des Jahres 1168 sollte erneut überprüft und gegebenenfalls der unter dem Druck des Herzogs unterlegene Askanier jetzt dort eingesetzt werden; außerdem wurde bestimmt, daß alle von den bisherigen Bischöfen von Bremen und Halberstadt entfremdeten oder zu Lehen – und das hieß vor allem an Heinrich den Löwen – ausgegebenen Besitzungen beiden Kirchen zurückerstattet werden sollten.

Doch zeigt sich hier, wie ich meine, mehr als eine „entscheidende Änderung der Haltung des Kaisers". Werden doch in der Bestimmung über den Halberstädter Bischof ausdrücklich auch die Entfremdungen „durch alle Eindringlinge" *(ab omnibus intrusis)* erwähnt – damit war unzweideutig in erster Linie Heinrich der Löwe gemeint –, und sollte doch die Rückgabe der Besitzungen ausdrücklich „mit der Autorität des Herrn Papstes und des Herrn Kaisers" erfolgen. Diese Bestimmung richtete sich klar gegen die von Heinrich dem Löwen bisher nicht zuletzt auf Kosten der Kirchen in Sachsen betriebene Territorialpolitik, gegen die nun mit der vereinten Unterstützung von Kaiser und Papst vorgegangen werden sollte; und eindeutig wurden mit Erzbischof Philipp und Bischof Ulrich zwei der entschiedensten Gegner des Herzogs in Sachsen gestärkt. Der Kaiser griff, so darf gefolgert werden, damit jetzt erstmals in die inneren Verhältnisse Sachsens auf seiten der Gegner Heinrichs des Löwen ein. Nicht nur seine Haltung hatte sich geändert, sondern er hatte bereits wenige Monate nach Chiavenna eine neue Politik in Sachsen eingeleitet.

Als mit dem Abschluß des Friedens von Venedig zwischen Kaiser und Papst im Juli 1177 auch die erwähnten Vereinbarungen über das Bistum Halberstadt Rechtskraft erhalten hatten, kehrte Bischof Ulrich nach Halberstadt zurück und ergriff wieder Besitz von seinem Bistum. Der von Ulrich sogleich verlangten Rückgabe der Kirchenlehen widersetzte sich Heinrich der Löwe entschieden, worauf der Bischof über den Herzog den Bann aussprach, ihn also aus der Gemeinschaft der Kirche ausschloß. Heinrich begann sogleich, militärisch gegen den Bischof vorzugehen. Gleichzeitig brachen auch in Westfalen, wo der Erzbischof von Köln seit langem am Aufbau einer eigenen Territorialherrschaft arbeitete, neue Kämpfe zwischen den Kölnern und den Anhängern des Herzogs aus.

Sogleich nach seiner Rückkehr aus Italien im Frühjahr 1178 nahm auch Erzbischof Philipp von Köln persönlich die Auseinandersetzung mit dem Herzog auf; er erhob Rechtsansprüche auf das Erbe verstorbener, ihm verwandter Grafen, das sich Heinrich der Löwe anscheinend widerrechtlich angeeignet hatte. Gleichzeitig schlossen er und Bischof Ulrich von Halberstadt einen Beistandspakt zur Abwehr der ständig wiederholten und gewaltsamen Angriffe des Herzogs gegen ihre Kirchen und insbesondere gegen die Halberstädter Kirche. Ausdrücklich nahmen beide Bischöfe darin den „Herrn Kaiser" aus und betonten ihre besondere Treue und stete Dienstbereitschaft ihm gegenüber. Anschließend fiel der Erzbischof in Westfalen ein und zerstörte Burgen und Städte des Löwen bis zur Weser. Bischof Ulrich wurde bei seinen Kämpfen mit dem Herzog im östlichen Sachsen zudem nachdrücklich von Graf Bernhard von Anhalt unterstützt, dem jüngeren Sohn des verstorbenen Markgrafen Albrecht des Bären, des zu seinen Lebzeiten entschiedensten Gegners des Herzogs in Ostsachsen.

Der Prozeß nach „Landrecht"

Nach dem erfolgreichen Abschluß seines Italienzuges kehrte auch der Kaiser im Oktober 1178 nach Deutschland zurück. In der ersten Hälfte des Novembers hielt er in Speyer seinen ersten Hoftag ab. Hier erschien Heinrich der Löwe und erhob vor dem Kaiser in Gegenwart des Kölners Klage über Rechtsbrüche *(iniuriae),* die ihm der Erzbischof zugefügt habe. Arnold von Lübeck, über die Vorgänge und über Heinrichs Handlungen gut unterrichtet, berichtet dazu, der Kaiser habe freilich damals für den Augenblick zu der Klage geschwiegen, vielmehr beiden den Hoftag in Worms – für Mitte Januar 1179 – angesagt.

Aus den zeitgenössischen Quellen ergibt sich weiter, daß sogleich in Speyer Erzbischof Philipp die Klage des Herzogs mit einer eigenen Gegenklage beantwortete und daß sich weitere, vor allem ostsächsische Fürsten anschlossen. Auch Bischof Ulrich von Halberstadt trat – entsprechend ihrem Beistandspakt – der Klage des Kölners gegen den Herzog bei.

Aus der eingangs zitierten ‚Gelnhäuser Urkunde‘ nun erfahren wir, daß sich der Herzog die Besitzungen der Kirchen Gottes sowie der *nobiles imperii,* also nicht nur von Fürsten, sondern auch von Grafen und Herren, aneignete und ihre Rechte minderte. Dadurch bedrückte er ihre *libertas,* ihre Freiheit im Sinne der Unabhängigkeit von jeder anderen Herrschaft mit Ausnahme von der des Königs.

Das Vorgehen Heinrichs gegen *libertas, possessiones* und *iura* der Kirchen und Edlen des Reiches, wie die ‚Gelnhäuser Urkunde‘ formuliert, griff die innere, durch das Recht gesicherte Ordnung des Reiches an und forderte den König als ihren Bewahrer unmittelbar heraus. Zu seiner Pflicht, diese Ordnung zu schützen, hat sich Friedrich Barbarossa seit Beginn seiner Regierung wiederholt nachdrücklich bekannt. So hatte er schon wenige Monate nach seiner Königserhebung die Verkündung eines allgemeinen Landfriedens mit dem Bestreben begründet, Kirchen und kirchliche Personen gegen alle Angriffe zu schützen und jedermann im Reich sein jeweiliges Recht *(ius suum)* zu bewahren.

So wie bei den zurückliegenden Auseinandersetzungen Heinrichs des Löwen mit seinen Gegnern hätte auch jetzt wieder der Kaiser zwischen den streitenden Parteien vermitteln können. Doch die Verhältnisse hatten sich seit Chiavenna und der Niederlage von Legnano grundlegend geändert. Dies hatte sich bereits im Vertrag von Anagni und im Frieden von Venedig deutlich gezeigt. Und den damals eingeschlagenen Weg setzte der Kaiser nun konsequent fort, indem er die Klagen entgegennahm, den Termin für den Beginn der Verhandlung vor seinem Gericht bestimmte und beide Parteien dazu vorlud.

Die Klage Heinrichs des Löwen und die im Gegenzug erhobene Klage seiner Gegner leiteten einen Rechtsstreit zwischen Fürsten ein, die sich gegenseitig Rechtsbrüche vorwarfen; die Verhandlung sollte auf dem nächsten Hoftag eröffnet werden. Das war nichts Ungewöhnliches. So hatten etwa im Jahre 1155 der Erzbischof von Mainz und der Pfalzgraf bei Rhein wegen der Verwüstung der Lande am Mittelrhein während des ersten Italienzuges Friedrich Barbarossas nach dessen Rückkehr vor dem Kaiser gegeneinander Klage erhoben. Auf dem nächsten Hoftag fand die Verhandlung statt: Sowohl der Erzbischof als auch der Pfalzgraf wurden für schuldig befunden – jeder im Sinne der Anklage des anderen.

Wäre also Heinrich der Löwe im Januar 1179 in Worms erschienen, so hätte dort der Prozeß gegen Erzbischof Philipp von Köln und gegen ihn selbst begonnen. Aber der Herzog erschien nicht. Als er nämlich erkannte, daß vor allem er sich gegen die Klage der Fürsten verantworten sollte, habe er es, wie berichtet wird, abgelehnt, nach Worms zu gehen. In den Wochen nach dem Tag von Speyer gewann demnach Heinrich der Löwe die Einsicht, daß er aus der Rolle des Klägers und Beklagten in einem Streit unter Fürsten zunehmend in diejenige des in erster Linie Beklagten hinüberglitt. Keine Quelle wirft dem Kaiser in diesem Punkte ein unkorrektes oder gar parteiisches Verhalten vor; wohl aber wird die Überzeugung Heinrichs zum Ausdruck gebracht, daß sich die Lage zu seinen Ungunsten entwickelte. Hieraus zog er die Konsequenz und erschien zu dem Termin in Worms nicht.

Durch sein Fernbleiben war die Klage Heinrich des Löwen gegen Erzbischof Philipp von Köln, die alles Weitere ausgelöst hatte, ohne Verhandlung erledigt, war seine Rolle als Kläger zu Ende. Das ursprünglich von ihm angestrengte Verfahren hatte sich damit in einen Prozeß gegen ihn allein gewandelt. Der Herzog befand sich nunmehr in der Lage des für den Beginn der Verhandlung geladenen, aber nicht erschienenen Beklagten.

Zur Verhandlung in der Sache ist es nicht gekommen, da der Herzog der Ladung nicht gefolgt ist; vielmehr verfiel er nach den Worten der ‚Gelnhäuser Urkunde‘ dem Spruch des Gerichtes auf Ächtung durch den Kaiser. Weder ist aus den Quellen zu ersehen, wohin – mit Ausnahme des ersten Termines in Worms – die Ladung erfolgt, noch ob sie ein- oder mehrfach erfolgt war, und auch nicht, wann und wo der Achtspruch des Gerichtes und die förmliche Achterklärung durch den Kaiser ergangen sind. Diese Fragen sind daher in der Forschung seit langem heftig umstritten. Da Ende Juni 1180 die Aberacht eingetreten ist, die allgemein nach der Frist von Jahr und Tag auf die Achterklärung folgte, ist anzunehmen, daß der Kaiser den Achtspruch der Fürsten Ende Juni 1179 auf dem Hoftag in Magdeburg verkündet und ihm damit Rechtskraft verliehen hat. Manches spricht dafür, daß der Spruch des Gerichtes bereits auf dem Hoftag in Worms im Januar ergangen war, daß der Kaiser aber die Verkündung bis zu dem Magdeburger Tag verschoben hat, wie es ihm als Richter durchaus möglich war, sei es, um dem Beklagten zunächst noch weitere Termine zu setzen, sei es, weil das Urteil selbst die Ächtung erst für den Fall des erneuten Ausbleibens bestimmte.

Über den Grund der Ächtung *(proscriptio)* Heinrichs des Löwen aber besteht kein Zweifel. Sie erfolgte, weil der ordnungsgemäß geladene Beklagte vor dem Gericht nicht erschienen war, also wegen Ladungsungehorsams – *pro hac contumacia,* wie die ‚Gelnhäuser Urkunde‘ mit dem dafür üblichen Rechtsbegriff sagt. Seit fränkischer Zeit schon führte er bei Klagen wegen schwerer Vergehen, in Verfahren vor dem Königsgericht aber in jedem Falle zur Ächtung des Säumigen. Die Acht diente dabei als prozessuales Mittel, um den Beklagten zu zwingen, sich dem Gericht zu stellen und so den Fortgang des Prozesses zu bewirken – sie war noch keine Strafe in der Sache.

Aus dem Zweck der Acht folgt, daß sich jeder Ächter, d. h. Geächtete, und so auch Heinrich der Löwe, nach Verhandlungen mit dem Gericht oder der Gegenseite und mit einer Buße für seinen Ungehorsam jederzeit aus der Acht lösen konnte; hierauf wird zurückzukommen sein. Denn Acht bzw. Reichsacht – die vom König oder Kaiser verkündete und im ganzen Reich geltende Acht – bewirkten eben noch nicht die volle Friedlosigkeit des Ächters mit dem unbedingten Verlust seiner

Eigengüter und Lehen. Diese Folgen traten etwa seit der Mitte des 12. Jahrhunderts erst, wenn eine Lösung aus der Acht inzwischen nicht erfolgt war, nach Jahr und Tag mit der Aberacht ein; übrigens wurde diese Abfolge in dem rheinfränkischen Landfrieden, den Friedrich Barbarossa während des Prozesses gegen Heinrich den Löwen rund einen Monat nach dem Wormser Termin erließ, erstmals gesetzlich festgelegt. Freilich konnte der Ächter letztlich auch aus der Aberacht gelöst werden, wie es ebenfalls der rheinfränkische Landfrieden bestimmte und im Falle Heinrichs des Löwen schließlich geschehen ist.

Ein Blick ist auch auf das Gericht zu werfen, vor dem das Verfahren gegen den Herzog stattfand. Der Kaiser hatte es für Heinrich nach den Worten der ‚Gelnhäuser Urkunde‘ aus Fürsten und Schwaben seines Standes *(principes et sue condicionis Sueui)* gebildet. Die Beteiligung von Fürsten erklärt sich aus dem fürstlichen Rang Heinrichs des Löwen als Herzog von Bayern und Sachsen; er gab seit alters allen Fürsten des Reiches den Anspruch, von Fürsten abgeurteilt zu werden. Bei den „Schwaben seines Standes" handelte es sich um Edelfreie, deren Geburtsstand auch die Fürsten angehörten und aus dem sie sich nur durch ihre besondere Stellung heraushoben. Mit dieser Zusammensetzung des Gerichtes folgte der Kaiser dem im mittelalterlichen Recht wesentlichen Grundsatz der Ebenbürtigkeit, der jedem Beklagten den Rechtsanspruch auf Urteil durch Standesgenossen sicherte.

Mit der Beteiligung von Schwaben an dem Gericht aber entsprach der Kaiser einem weiteren wichtigen Grundsatz des früh- und hochmittelalterlichen Rechtes, nach dem jeder Beklagte einen Rechtsanspruch auf Verhandlungsführung und Urteil nach seinem persönlichen Recht besaß. Heinrich der Löwe lebte wegen des im schwäbischen Altdorf gelegenen Stammsitzes der Welfen nach schwäbischem Stammesrecht, so wie auch noch seine Nachkommen im 13. Jahrhundert. So zeigt die Teilnahme von Schwaben an dem Gericht, daß das Verfahren gegen den Herzog nach schwäbischem, also alemannischem Recht durchgeführt werden sollte.

Bei der Zusammensetzung des Gerichtes folgte somit Friedrich Barbarossa in jeder Hinsicht den allgemein im Reich geltenden Rechtsgewohnheiten. Ebenso entsprach es dem geltenden Recht, daß das Urteil nicht vom Richter, sondern vom Gericht gefällt wurde. In seiner Eigenschaft als König der oberste Richter im Reich, hatte der Kaiser die Klage der fürstlichen Genossen gegen den Herzog angenommen und das Verfahren eröffnet. Wie in jedem anderen Gericht, so leitete auch im Königsgericht der Richter die Verhandlung, urteilte aber nicht selbst, sondern erfragte den Urteilsspruch vom Gericht, prüfte und verkündete ihn und sorgte für die Vollstreckung.

Nun berichtet aber Arnold von Lübeck, der Herzog habe versichert, über ihn sei entgegen dem Recht *(iniuste)* geurteilt worden, indem er sagte, er stamme aus Schwaben und niemand könne geächtet werden, er sei denn in dem Land seiner Geburt *(in terra nativitatis sue)* überführt worden. In der Tat scheint diese Frage in den Verhandlungen des Gerichtes von Anhängern des Herzogs aufgeworfen, aber von der Mehrheit mit dem Hinweis auf die im Reich räumlich unbegrenzte Gerichtsgewalt des Königs gegenüber den Reichsfürsten zurückgewiesen worden zu sein.

Die rechtshistorische Forschung ist sich weitgehend einig in der Ansicht, die Reichsacht habe im frühen und hohen Mittelalter im Stammesgebiet des Ächters verhängt werden müssen, und zahlreiche Beispiele scheinen bis in das 13. Jahrhundert hinein diese Auffassung zu bestätigen. Ein abschließendes Urteil ist hier noch nicht möglich. Immerhin scheint aber u. a. bemerkenswert, daß die Landfriedensgesetze dieser Jahrzehnte, in denen die Reichsacht eine besondere Rolle spielt, keinen Hinweis auf einen derartigen Grundsatz enthalten. Und über Heinrichs Vater Heinrich den Stolzen hatte schon König Konrad III. 1138 nicht in seinem Stammesgebiet Schwaben oder in seinem Herzogtum Bayern, sondern im fränkischen Würzburg die Reichsacht verhängt.

In diesem Punkte zeigen sich vielleicht Ansätze zur Ausbildung eines vom König ausgehenden, das angestammte Recht des einzelnen übergreifenden gleichsam „Reichsrechtes"; auch mag sich hierin in den vergangenen Jahrzehnten des 12. Jahrhunderts eine besondere Regelung für die Reichsfürsten angebahnt haben, möglicherweise nach dem Vorbild des Lehnrechtes, aufgrund dessen der Lehnsmann von seinem Herrn an jedem Ort vor das Lehnsgericht geladen und verurteilt werden konnte. – Soviel scheint jedenfalls sicher zu sein: Auch bei der Verkündung der Reichsacht über Heinrich den Löwen hielt sich Friedrich Barbarossa an die Möglichkeiten, die das zeitgenössische Recht dem Kaiser bot.

Wie gesagt, nachdem wohl schon im Januar 1179 in Worms der Achtspruch gegen Heinrich den Löwen ergangen war, hatte der Kaiser die Verkündung wahrscheinlich bis zu dem Hoftag in Magdeburg Ende Juni aufgeschoben. Hier wurde der Prozeß gegen den Herzog fortgesetzt. Es ist sicher, daß Heinrich der Löwe, der sich während des Magdeburger Tages in dem benachbarten Haldensleben aufhielt, entschlossen war, sich unter für ihn annehmbaren Bedingungen hier dem Gericht zu stellen. Doch zwei Ereignisse bestimmten nun den Fortgang des Verfahrens in unerwarteter Weise.

In Magdeburg erhob nach dem Bericht Arnolds von Lübeck Heinrichs alter Gegner Dietrich von Landsberg, Markgraf der Lausitz, gegen den Herzog die neue Klage von Verrätereien gegen das Reich und forderte ihn zum gerichtlichen Zweikampf. Was dieser Klage zugrunde lag – etwa Heinrichs Zusammenarbeit mit den Slawen gegen den Markgrafen, die aber erst nach dem Magdeburger Tag zu einem Einfall in der Lausitz führte, oder die im Frühjahr von Heinrich ausgelöste Verschwörung schwäbischer Grafen gegen den Kaiser – läßt sich nicht mehr ermitteln. Daher muß auch die Frage offenbleiben, ob der Markgraf dem Herzog – modern gesprochen – mehr Hoch- oder mehr Landesverrat vorwarf. Jedenfalls wurde, wie auch die Kölner Königschronik betont, in Magdeburg die Klage der Untreue gegenüber dem Kaiser erhoben. Angesichts dieser neuen Verschärfung seiner Lage sah Heinrich, wie der Chronist sagt, davon ab, sich in Magdeburg dem Gericht zu stellen.

Auch das zweite Ereignis überliefert Arnold von Lübeck: Von Haldensleben aus habe Heinrich den Kaiser um eine Unterredung gebeten. Dieser sei der Bitte gefolgt, und die Unterredung habe außerhalb von Magdeburg stattgefunden. Dabei habe der Herzog den Kaiser zu beschwichtigen versucht; Friedrich aber habe 5000 Mark verlangt und Heinrich geraten, die Summe der kaiserlichen Majestät zu zahlen und so – unter der Vermittlung des Kaisers – die Huld der Fürsten, die er angegriffen hatte, wiederzugewinnen. Der Herzog aber habe den Vorschlag abgelehnt.

Dieser Schritt Heinrichs des Löwen, der gern als „letzter Verständigungsversuch" bezeichnet wird, muß im Rahmen des Gerichtsverfahrens gesehen werden. Der Beklagte bzw. Geächtete bemühte sich, den Kaiser als Richter zur Vermittlung eines Ausgleichs mit den Klägern zu gewinnen, und hatte für den ihm und dem Gericht erwiesenen Ungehorsam eine Buße zu zahlen, die nach dem Stande und den Möglichkeiten des Beklagten festgesetzt wurde. An der nicht ungewöhnlichen, auch für einen der wohlhabendsten Fürsten des Abendlandes nicht unerschwinglichen, doch für Heinich – dessen besonders ausgeprägtes Verhältnis zu Geld und Reichtum gut bezeugt ist – unerträglichen Höhe der vom Kaiser geforderten Buße scheiterte die Verhandlung.

Die Verkündung der Reichsacht durch den Kaiser beendete vorläufig den Prozeß gegen Heinrich den Löwen, den seine eigene und seiner Gegner Klagen in Speyer eingeleitet hatten, ohne daß es – dies sei noch einmal betont – zu einer Verhandlung in der Sache selbst gekommen wäre. Bis hierher wird das Verfahren im allgemeinen als ein Prozeß nach „Landrecht" bezeichnet. Trotz gewisser Bedenken sei dieser Begriff auch hier beibehalten.

Das lehnrechtliche Verfahren

Nach dem Magdeburger Hoftag ging Heinrich der Löwe sogleich wieder gegen Erzbischof Philipp von Köln und gegen Bischof Ulrich von Halberstadt vor. In die neuen schweren Kämpfe, bei denen Halberstadt mitsamt dem Dom und anderen

Kirchen verbrannt wurde und Bischof Ulrich in die Gefangenschaft des Herzogs geriet, griffen nun auch Erzbischof Wichmann von Magdeburg und die übrigen Fürsten Ostsachsens, besonders Markgraf Otto von Meißen und Landgraf Ludwig III. von Thüringen, auf der Seite der Gegner des Herzogs ein. Dennoch konnte sich Heinrich behaupten.

Während dieser Kämpfe aber begann bereits ein zweites Gerichtsverfahren gegen den Herzog, nunmehr nach Lehnrecht. Es bildet den eigentlichen Inhalt der Narratio der ‚Gelnhäuser Urkunde'. Eingeleitet wurde es durch die Klage der Fürsten und sehr vieler Edler vor dem Kaiser, Herzog Heinrich sei wegen Kontumaz dem Achtspruch des Gerichtes der Fürsten und schwäbischen Standesgenossen verfallen. Der Kaiser stellt fest, der Herzog habe auch danach seine Rechtsbrüche gegen Kirchen, Fürsten und Edle fortgesetzt – ein deutlicher Hinweis auf die neuen Kämpfe. Daraufhin lud der Kaiser den Herzog sowohl wegen der Rechtsverletzungen gegen jene als auch wegen vielfältiger Mißachtung ihm selbst gegenüber und besonders wegen eindeutiger Majestätsverletzung nach Lehnrecht mit dreimaliger gesetzmäßiger Ladung vor sein Gericht.

Nunmehr handelte es sich um die Klage von Kronvasallen gegen einen Lehnsgenossen vor dem Kaiser als ihrem gemeinsamen Lehnsherrn; jedoch ist nicht an eine Klage im eigentlichen Rechtssinne zu denken, sondern eher an dringende Vorstellungen mit dem Ziel, den Lehnsherrn zu veranlassen, gegen seinen Lehnsmann vorzugehen. Entgegen der verbreiteten Ansicht, Friedrich Barbarossa habe das lehnrechtliche Verfahren gegen Heinrich den Löwen allein von sich aus angestrengt, ergibt sich jedenfalls aus dem Wortlaut der ‚Gelnhäuser Urkunde', daß wiederum nicht der Kaiser, sondern die Gegner des Herzogs den Anstoß für das Verfahren gaben.

Von den drei Gründen für die Ladung des Vasallen vor das kaiserliche Lehngericht, die die ‚Gelnhäuser Urkunde' klar unterscheidet, entsprach der erste, die *iniuriae* gegen Kirchen, Fürsten und Edle, dem Ladungsgrund im „landrechtlichen" Verfahren, jetzt aber verschärft durch das Verhalten Heinrichs seit dem Magdeburger Tag. Der zweite und dritte Grund wurden in der Forschung häufig untersucht. Soviel ist klar: Bei der „vielfältigen Mißachtung des Kaisers" *(pro multiplici contemptu nobis exhibito)* handelte es sich um wiederholte und unterschiedliche Vorfälle, in denen sich Heinrich der Löwe seinem Lehnsherrn gegenüber ungehorsam oder widerspenstig verhalten hatte; keinesfalls kann – wie es auch versucht wurde – dieser Vorwurf auf einen bestimmten Einzelfall – etwa die Weigerung von Chiavenna – eingegrenzt werden.

Der dritte Ladungsgrund, die „eindeutige Majestätsverletzung" *(pro evidenti reatu maiestatis),* wird gegenüber den beiden anderen als deutliche Steigerung hervorgehoben *(ac precipue).* Mit seinem Ungehorsam gegenüber dem Gebot des Kaisers als Richter im „landrechtlichen" Verfahren, die dort zur Reichsacht geführt hatte, war Heinrich der Löwe wie jeder, der einer Anordnung des Königs bzw. Kaisers zuwider handelte, zum *reus maiestatis* geworden. Zugleich hatte er mit dieser Kontumaz aber auch seine Gehorsamspflicht gegen den Lehnsherrn verletzt. Damit hatte er gegen seinen Lehnseid verstoßen, der von ihm verlangte, auf jedes Gebot des Kaisers als seines Lehnsherrn zu erscheinen. Der *reatus maiestatis,* Anlaß für die Reichsacht im „landrechtlichen" Verfahren, wurde somit als Treubruch des Herzogs gegenüber dem kaiserlichen Lehnsherrn zum entscheidenden Grund für die Ladung vor das Lehnsgericht; er stellt sozusagen das Gelenk dar, das die beiden Verfahren nach „Land-" und nach Lehnrecht verband.

Hatten im ersten Prozeß allein Fürsten und Edle vor dem Hofgericht gegen den Herzog geklagt, so erhob nunmehr der Kaiser selbst als Lehnsherr und „Staatsoberhaupt" Klage gegen seinen Lehnsmann und Fürsten; der Kaiser war also jetzt selbst Partei. Gegenstände des Prozesses sollten die als Ladungsgründe mitgeteilten Vergehen sein; über sie sollte nunmehr nach Lehnrecht verhandelt werden; deshalb wurde der Herzog „nach Lehnrecht" *(sub feodali iure)* vorgeladen.

Das Recht, nach dem der Prozeß stattfinden sollte, bestimmte wiederum die Zusammensetzung des Gerichtes. Es wurde nunmehr ausschließlich von Reichsfürsten als den

Lehnsgenossen des beklagten Reichsfürsten gebildet. Dagegen waren seine stammesmäßige Herkunft und sein persönliches Recht hier unerheblich, denn für alle Vasallen desselben Herrn galt, soweit es um Fragen des Lehnsverhältnisses ging, als einheitliches Recht das Lehnrecht.

Allgemein mußte vor jedes Lehnsgericht, auch das des Kaisers, dreimal geladen werden. Auch wenn die einzelnen Termine des Verfahrens sich nicht mehr ermitteln lassen, so ist sicher, daß Heinrich der Löwe „gesetzmäßig" *(legitime),* also dem Rechtsbrauch entsprechend, dreimal geladen wurde. Ebenso sicher ist, daß die erste Ladung zum Lehnsprozeß erst nach dem Hoftag in Magdeburg Ende Juni 1179 und nach Ausbruch der anschließenden Kämpfe in Sachsen ergangen ist, und schließlich, daß auf dem Hoftag in Würzburg im Januar 1180 das Verfahren beendet wurde.

Der beklagte Herzog erschien auch zu den Terminen des Lehnsprozesses nicht. Erneut machte er sich dadurch der Kontumaz, nunmehr nach Lehnrecht, schuldig. Als er auch der dritten Ladung nicht gefolgt war und auch nicht, wie es im Verhinderungsfall erforderlich war, einen bevollmächtigten Vertreter gesandt hatte, fällte das Lehnsgericht das Urteil, er sei *contumax* (widerspenstig).

Hatte die Kontumaz im „landrechtlichen" Prozeß die Reichsacht zur Folge, so erging jetzt im Lehnsprozeß – vielleicht sogleich nach dem ersten Urteil, jedenfalls als seine unmittelbare Folge – ein weiteres, einhelliges Urteil des Fürstengerichtes auf Aberkennung der beiden Herzogtümer und sämtlicher anderen Reichslehen und ihre Rückstellung in die Verfügungsgewalt des Kaisers. Während die Reichsacht und die – noch nicht eingetretene – Aberacht die Person und die Eigengüter des Ächters betrafen, blieben diese vom Spruch des Lehnsgerichtes unberührt. Er betraf allein die Reichslehen des Verurteilten. Er hatte aber noch eine weitere Folge: Mit seinen beiden Herzogtümern und den übrigen Reichslehen verlor Heinrich der Löwe zugleich seine Stellung als Reichsfürst; künftig verblieb er im Stand eines Edelherrn *(nobilis)* als seinem Geburtsstand.

Mit diesem zweiten Urteil, das das Lehnsgericht auf dem Hoftag zu Würzburg am 13. Januar 1180 fällte, war der Lehnsprozeß gegen Heinrich den Löwen beendet. Seine sächsischen Gegner schlossen danach mit ihm einen Waffenstillstand bis zum 27. April, ohne daß wir den Grund aus den Quellen erführen. Jedenfalls erhielt der Geächtete ausreichend Zeit, sich, sollte er nun dazu bereit sein, ungestört aus der Reichsacht zu lösen und die Verfügung über seine Eigengüter wiederzugewinnen. Möglicherweise besteht aber auch ein Zusammenhang mit dem vom Kaiser noch innerhalb dieser Frist für die erste April-Hälfte nach Gelnhausen einberufenen Reichstag, auf dem über Heinrichs bisherige Reichslehen verfügt werden sollte.

Die Unterwerfung Heinrichs des Löwen

Nunmehr war mit dem Würzburger Urteil die Rechtslage eingetreten, die den Kaiser zu den von der ‚Gelnhäuser Urkunde‘ beurkundeten Verfügungen ermächtigte: Auf dem Reichstag zu Gelnhausen am 13. April 1180 teilte er – mit Zustimmung der Fürsten – das Herzogtum Sachsen; den westlichen Teil erhob er zu einem eigenen Herzogtum Westfalen, übergab es der Kölner Kirche und investierte Erzbischof Philipp durch Übergabe der kaiserlichen Fahne. Mit dem Ostteil belehnte er den Grafen Bernhard von Anhalt.

Über das Herzogtum Bayern verfügte der Kaiser erst nach längeren Verhandlungen mit den bayerischen Großen auf dem Hoftag in Altenburg Mitte September 1180. Er gab es dem bisherigen bayerischen Pfalzgrafen Otto von Wittelsbach zu Lehen. Doch zuvor war auch dieses Herzogtum – zum zweiten Male seit 1156 – verkleinert worden, indem die bisher vom bayerischen Herzog lehnsabhängige Markgrafschaft Steiermark davon gelöst und zu einem eigenen Herzogtum erhoben wurde, das der bisherige Markgraf Otakar erhielt. Zugleich wurde der Graf von Andechs aus seinem Lehnsverhältnis zum bayerischen Herzog gelöst und künftig als Herzog von Meranien, Kroatien und Dalmatien bezeichnet.

Hinsichtlich der beiden Fürstentümer Heinrichs des Löwen hatte der Kaiser die durch das Lehnsurteil ihm zustehenden Verfügungen getroffen. Freilich handelte es sich sowohl bei dem Urteil auf Lehnsverlust wie bei den anschließenden Neubelehnungen um Maßnahmen, die sozusagen bisher nur auf dem Pergament standen. Eine andere Sache war es, sowohl das Urteil als auch seine Rechtsfolgen gegen den Verurteilten tatsächlich durchzusetzen. Diese Aufgabe stellte sich dem Kaiser als Richter ebenso wie den neubelehnten Fürsten. Hierin unterschied sich die Lage aber grundsätzlich nicht von jedem anderen Verfahren. Um das Urteil und die weiteren Rechtsverfügungen auszuführen, wurde daher schon in Gelnhausen die Reichsheerfahrt gegen Heinrich den Löwen auf den 25. Juli 1180 angesagt; auch dies insoweit ein rechtlich begründeter Termin, als nicht mehr zu erwarten war, daß Heinrich sich um eine Lösung aus der Acht bemühen werde, so daß Ende Juni die Aberacht mit der vollen Friedlosigkeit des Ächters eingetreten sein würde. Der Kaiser verkündete sie denn auch Ende Juni 1180 auf dem Hoftag zu Regensburg.

Die Kämpfe gegen Heinrich den Löwen brachen aber sogleich nach dem Auslaufen des Waffenstillstandes Ende April in Sachsen aus. Sie dauerten mehr als ein Jahr. Nach der Verkündung der Aberacht und erneut im Sommer des folgenden Jahres beteiligte sich der Kaiser persönlich für längere Zeit an den Feldzügen. Heinrich gab erst auf, als Friedrich Barbarossa im August 1181 Lübeck hatte einnehmen können.

Die anschließenden Bemühungen Heinrichs des Löwen um eine persönliche Zusammenkunft mit dem Kaiser beantwortete dieser mit der Forderung nach Unterwerfung unter einen Fürstenspruch. Am 11. November 1181 auf dem Reichstag zu Erfurt erschien Heinrich der Löwe vor dem Kaiser und unterwarf sich seiner Gnade. Ein neuer Fürstenspruch bestätigte die Aberkennung der Herzogtümer und aller Grafschaften, somit das Urteil des Lehnsprozesses. Acht und Aberacht jedoch – also die Folge des „landrechtlichen" Prozesses – wurden aufgehoben. Damit erhielt Heinrich die Verfügung über seine Eigengüter zurück. Doch mußte er für drei Jahre das Reich verlassen und sich nach England zu seinem Schwiegervater, König Heinrich II., ins Exil begeben; die Möglichkeit zur Rückkehr wurde an die ausdrückliche Zustimmung des Kaisers geknüpft. – Heinrichs des Löwen weiteres Schicksal und seine späteren Bemühungen, in die alten Rechte als Reichsfürst wiedereingesetzt zu werden, die er bis zu seinem Tode im Jahre 1195 verfolgte, können hier unerörtert bleiben.

Ausblick

Der Prozeß gegen Heinrich den Löwen war im eigentlichen Sinne ein politischer Prozeß, insofern als es um Fragen der Politik und der Macht im Reiche ging, die mit prozessualen Mitteln entschieden wurden. Das Verhalten Kaiser Friedrichs I. erfüllt die damit verbundene Erwartung: Er hielt sich während des gesamten komplizierten Rechtsverfahrens streng an die geltenden Rechtsnormen. Damit fügt sich der Prozeß gegen Heinrich den Löwen in das Bild ein, das wir von Friedrich Barbarossa kennen: Auch in schwierigen politischen Situationen pflegte er sich stets streng in den Bahnen des Rechts zu bewegen.

Die Absetzung Heinrichs des Löwen hinterließ auf die Dauer unübersehbare Spuren in der verfassungsrechtlichen Struktur des Reiches. Seit der Entstehung des Deutschen Reiches bildete, wie gesagt, das Verhältnis zwischen Königen und Stammesherzögen eine der Grundfragen seiner hochmittelalterlichen Geschichte. Schon seit dem 10. Jahrhundert griffen die Könige daher auch zu dem Mittel, große Stammesherzogtümer zu teilen und zu verkleinern. So hatte Friedrich Barbarossa selbst 1156, als er Heinrich dem Löwen das Herzogtum Bayern zurückgab, die Markgrafschaft Österreich als selbständiges Herzogtum abgetrennt; 1180 nun wurden Bayern durch die Abtrennung der Markgrafschaft Steiermark und der Grafschaft Andechs erneut verkleinert und das Herzogtum Sachsen in zwei selbständige Herzogtümer geteilt.

Für („Rest-")Sachsen und den neuen Herzog aus askanischem Hause bedeutete das übergroße Hausgut Heinrichs des Löwen ein unüberwindliches Hindernis beim Aufbau seiner Herzogsherrschaft. Aus diesen welfischen Besitzungen schuf Kaiser Friedrich II. im Jahre 1235 das Herzogtum Braunschweig und Lüneburg, und indem der Enkel Friedrich Barbarossas den Enkel Heinrichs des Löwen, Otto „das Kind", damit als Herzog belehnte, führte er den endgültigen Ausgleich zwischen den Staufern und den Welfen herbei. Damit wurde der Edelherr Otto das Kind in den Reichsfürstenstand aufgenommen und so dem Großvater gleichgestellt.

Heinrich der Löwe war in seinem politischen Ziel, seine Stammesherzogtümer in Territorialfürstentümer umzuwandeln, gescheitert. Aber die Entwicklung zur Territorialisierung des Reiches ließ sich nicht aufhalten, und ihr hat sich auch Friedrich Barbarossa nicht verschlossen. Jedoch hat er die Herrschaftsbereiche der künftigen *domini terrae,* wie sie seit dem 13. Jahrhundert genannt wurden, auf kleinere territoriale Einheiten begrenzt, die für den Bestand des Reiches insgesamt und für das Königtum als seine zentrale Macht weniger gefährlich erschienen.

Kaspar Elm

Der Templerprozeß
(1307–1312)

In den Morgenstunden des 13. Oktober 1307 drangen Beamte
des Königs von Frankreich in die Templerhäuser des Königreiches ein, um sich ihrer Bewohner mit Gewalt zu bemächti-
gen. Die von dieser schlagartig durchgeführten Aktion trotz
warnender Vorzeichen überraschten Brüder ließen sich ohne
Widerstand gefangennehmen und abführen. Nur wenige von
ihnen entkamen. In Paris waren es insgesamt 138 Ordensleute,
die festgenommen und ins Gefängnis geworfen wurden, unter
ihnen Jacques de Molay, der Großmeister des Ordens, der noch
am Tag zuvor am Begräbnis Katharinas von Courtenay, der
Gattin Karls von Valois, eines Bruders des Königs, teilgenommen hatte.

Einen Monat zuvor waren die Vorbereitungen für diese
Nacht- und Nebelaktion angelaufen. In einer am 14. September
von Pontoise aus ergangenen Instruktion hatte der König seinen Baillis und Sénéchaux befohlen, die Templer ohne Ausnahme zu ergreifen, der kirchlichen Inquisition zuzuführen und
ihren Besitz zu beschlagnahmen. Er habe begründeten Verdacht
– *vehemens suspicio* –, daß aus dem Templerorden ein Hort der
Gotteslästerei, der Häresie und der Unzucht, eine *gens perfida,
gens insana et dedita cultibus ydolorum* geworden sei. Die geistlichen Ritter leugneten, wie ihm berichtet worden sei, die Gott-
heit Christi, bespien und besudelten das Kreuz und verehrten
statt seiner ein Idol. Sie forderten diejenigen, die in den Orden
aufgenommen werden wollten, zu widernatürlicher Unzucht
auf und zwängen sie, Nabel und Hinterteil des Rezeptors zu
küssen: eine *res amara, res flebilis, res quidem cogitatu horibi-
lis... et penitus inhumana*, die Himmel und Erde erbeben ließe

und die Elemente in Verwirrung stürze, wie es in der pretentiö-
sen, an den Stil der Staatsschriften des Stauferkaisers Friedrich II. anknüpfenden Rhetorik der königlichen Kanzlei heißt.
Er, der König von Frankreich, dem Gott aufgetragen habe, die
Kirche und den Glauben zu schützen, müsse daher gegen diese
Feinde Gottes, des Glaubens und der Natur einschreiten und sie
vor die Inquisition bringen, damit von ihr die Schuldigen von
den Unschuldigen geschieden würden.

Was am 13. Oktober 1307 begonnen hatte, endete am 3. April
1312 in der damals im Umbau befindlichen Kathedrale Saint-
Maurice zu Vienne. In ihr waren die Teilnehmer an dem seit
dem 16. Oktober 1311 tagenden 15. Ökumenischen Konzil zu
ihrer zweiten öffentlichen Session zusammengekommen. Der
Papst, Clemens V., hatte in der Apsis unter einem Thalamus,
einem zeltartigen Gestell, Platz genommen. Der König von
Frankreich, Philipp IV., saß zu seiner Rechten, dessen Sohn
Ludwig, der König von Navarra, zu seiner Linken. Vor der
schweigenden Versammlung, ein Kleriker hatte auf Befehl des
Papstes jeden Zwischenruf, jedes Zeichen des Mißfallens oder
gar der Kritik unter Androhung der Exkommunikation untersagt – ließ der Papst die am 22. März in einer Sitzung des großen Konzilsausschusses getroffene Entscheidung verkünden.
Nach der Aufzählung der gegen die Templer erhobenen Vorwürfe, einer knappen Darstellung des Prozeßverlaufes und dem
Bedauern über den in der ganzen Christenheit erregten Skandal
fallen die entscheidenden Worte. Nicht *de iure, sed per viam
provisionis et ordinationis,* also nicht aufgrund eines Gerichtsurteils, sondern aufgrund seiner eigenen Entscheidung habe er
cum gravi cordis amaritudine ac dolore, mit Bitternis und
Schmerz, die Aufhebung des Templerordens verfügt: *Templi
ordinem ac eius statum, habitum atque nomen subtulimus, re-
movimus et cassavimus,* so heißt es in der mit Bedacht die Worte
wählenden Sprache der päpstlichen Kanzlei.

Die Aufhebung eines religiösen Ordens war 1312 kein außergewöhnliches Ereignis. 1274 hatte das II. Konzil von Lyon die Revokation aller nach dem IV. Laterankonzil entstandenen Bettelorden verfügt und lediglich die Dominikaner und Franziskaner, später auch die Augustiner-Eremiten und Karmeliten, deren Nutzen für die Kirche evident sei, ausgenommen. Dieser Beschluß war aufgrund zahlreicher Gutachten, ohne äußeren Druck und mit Billigung des Konzils zustande gekommen. Die von ihm betroffenen Ordensleute konnten bis zum Tode in ihren Konventen bleiben, lediglich die Aufnahme von Novizen wurde ihnen untersagt. Ihr Besitz sollte dem Hl. Land dienen oder anderen Orden übertragen werden. Die Namen der aufgehobenen Orden sind längst vergessen. Weder die Zeitgenossen noch die Nachfahren haben den Bettelmönchen, die im Schatten der mächtigen Barfüßer und Prediger ein mehr oder minder unbeachtetes Dasein führten, nachgetrauert oder gar Kränze gewunden.

Bei dem auf eine mit diesem Verfahren nicht vergleichbare Weise aufgehobenen Templerorden handelte es sich um eine Institution von ganz anderem Gewicht und weit größerer Bedeutung. Das kleine Häuflein adeliger Kreuzfahrer, das sich 1118/19 bei der al-Aqsa-Moschee in Jerusalem, dem Templum Salomonis der Kreuzfahrer, unter Hugo von Payns und Gottfried von Saint-Omer zu einer geistlichen Bruderschaft zusammengeschlossen hatte, um die nach Jerusalem ziehenden Pilger mit dem Schwert gegen marodierende Muslime zu verteidigen, war schon nach wenigen Jahren zu einer der schärfsten Waffen gegen die islamischen Heere und zu einer der stärksten Stützen der Kreuzfahrerstaaten Palästinas und Syriens geworden. Kein geringerer als Bernhard von Clairvaux hatte ihre Verbindung von Ordensleben und Kriegsdienst theologisch begründet und 1129 (1128) auf dem Konzil von Troyes an der Ausarbeitung ihrer Regel mitgewirkt. Papst Innozenz II. pries sie am 29. März 1139 als die wahren Israeliten, die Gott selbst zu Verteidigern der Kirche und zu Kämpfern gegen die Heiden berufen habe. Er befreite sie von der Jurisdiktion des Patriarchen von Jerusalem und der Diözesanbischöfe, unterstellte sie dem Hl. Stuhl und verlieh ihnen zahlreiche weitere Privilegien.

Herrscher, Adel und gläubiges Volk, die es als eine Ehre ansahen, wenn sich ihre Söhne dem Orden anschlossen, erwiesen ihm ihr Wohlwollen. Mit ihrer Hilfe entstand diesseits und jenseits des Mittelmeeres ein dichtes Netz von Häusern, Komtureien und Hospizen als logistische Basis für die militärischen Operationen in *Outremer,* gleichzeitig vermehrte sich der Besitz, der durch vorteilhafte Bankgeschäfte und kluge Investitionspolitik so anwuchs, daß der Reichtum der Templer sprichwörtlich zu werden begann. Kaiser und Könige wußten, daß sich ohne ihre Mitwirkung, vor allem aber ohne ihr Geld, weder neue Kreuzzüge durchführen noch die im Hl. Land errungenen Positionen behaupten ließen. Das verschaffte ihnen Ansehen und Einfluß, nicht zuletzt bei den Königen von Frankreich. Wie schon Ludwig VII. bediente sich Ludwig der Heilige ihrer Hilfe bei seinem Zug ins Hl. Land. Wie sein Vater Philipp III., der einen Templer zum *Grand maître d'hôtel,* also zu einem seiner höchsten Hofbeamten, gemacht hatte, vertraute auch Philipp der Schöne den Rittern so sehr, daß er ihnen 1303 den 1295 in den Louvre verlegten Kronschatz erneut zur Verwaltung anvertraute und 1306 selbst in ihrem im *Marais* gelegenen *Temple* Schutz vor den aufrührerischen Parisern suchte.

Die Erschütterung über den Fall der wahren Israeliten und neuen Makkabäer war weit verbreitet, auch wenn sie sich nicht überall so beredt äußerte wie in der ‚Lamentatio quedam pro Templariis‘, deren anonymer Verfasser das Menschengeschlecht anklagt, daß es solche Schande und Grausamkeit hingenommen habe. Wie es nicht anders sein konnte, wurden schon während des Prozesses Vermutungen über Schuld und Unschuld, über die eigentlichen Motive und den wahren Hintergrund der Affäre geäußert. In England, Deutschland und auf der Iberischen Halbinsel hielt man sich im allgemeinen zurück, gab man weniger durch Worte als vielmehr durch beredtes Schweigen zu verstehen, was man von den Aktionen des französischen Königs hielt. Im kapetingischen Frankreich wurden die nicht wenigen kritischen Stimmen von denjenigen übertönt, die dem König den *zelus fidei*, den Glaubenseifer, bescheinigten und ihn wie Wilhelm Le Maire, der Bischof von Angers, dafür priesen, daß er dem Rat des Herrn gefolgt sei: „Wenn dir dein Auge Ärgernis schafft, reiß es aus und wirf es von dir." In Italien wiesen nüchterne Beobachter wie Giovanni Villani, Dino Compagni und Giovanni Boccaccio, dessen Vater auf einer Geschäftsreise Augenzeuge der Verbrennung Jakobs von Molay gewesen war, auf die politischen Motive und finanziellen Interessen des Königs hin. Als *il novo Pilato* klagt ihn Dante im 20. Gesang des *Purgatorio* an. Er gibt damit zu verstehen, daß die Ritter weniger schuldige Angeklagte als vielmehr unschuldige Märtyrer waren: ein Gedanke, den schon vor ihm sein Landsmann Agnolo di Tura del Grasso und der Autor der ‚Lamentatio‘ geäußert hatten, als sie von ihnen als den *athlete Christi* sprachen, die *per palmam martirii migrantes ad dominum regna celestia sunt adepti,* die Templer also als Streiter Gottes priesen, die nach ihrem Martyrium in das himmlische Reich aufgenommen worden seien.

Der Streit über Schuld oder Unschuld der Templer, an dem sich, wie A. K. Wildermann und P. Partner gezeigt haben, von Dante über Lessing bis Raynouard, von Quidort über Bodin bis Hegel, von Giovanni Villani über Dietrich Engelhus bis Leopold von Ranke zahlreiche Philosophen, Theologen, Dichter und Historiker beteiligt haben, wird heute als mehr oder minder entschieden angesehen. Konrad Schottmüller, Hans Prutz und Heinrich Finke haben durch ihre Editionen und Studien die Sache zugunsten der Templer entschieden. Der gelehrte ‚Traittez concernant l'histoire de France: sçavoir la condamnation des Templiers‘ (1654) und die mit zahlreichen *preuves* belegte ‚Histoire du differend d'entre le pape Boniface VIII et Philippe le Bel, roi de France‘ (1654) des königlichen Bibliothekars und *Garde des Chartes* Pierre Dupuy (1582–1651) sowie die ‚Vitae paparum Avenionensium‘ seines einige Jahrzehnte jüngeren Landsmanns Etienne Baluze (1630–1718) werden nur noch wegen ihres Quellenwertes geschätzt. Ihr von Richelieu bzw. Colbert inspirierter Versuch, in Philipp IV. *un des grands*

Rois qui aiet gouverné nôtre Monarchie zu verteidigen, wird genausowenig ernst genommen wie die Rechtfertigungsversuche, die dem napoleonischen Empire, der bourbonischen Restauration, dem Bonapartismus und Royalismus oder, in jüngster Zeit, dem Gaullismus und Rechtskatholizismus ihr Entstehen verdanken.

Die Mystifikationen um die verborgenen Schätze und Verliese der Templer, vor allem aber um ihre Geheimlehren, ihre okkulten Riten und Idole, die nicht minder lang die Gemüter bewegt haben, konnten durch das Urteil der Wissenschaft keineswegs aus der Welt geschaffen werden. Die Vorstellung, in der Zitadelle der Kirche, im Schutz und Schatten des Papsttums, habe sich *sub specie sanctitatis et religionis* ein Geheimbund konstituiert, der den christlichen Glauben als Ideologie, um nicht zu sagen als Humbug, abgetan und seine Repräsentanten, den Klerus und die Ordensleute, als ignorante, aber nichtsdestoweniger machtbewußte Scharlatane entlarvte, hat ihre Anziehungskraft nicht verloren. Die bereits in der frühen Neuzeit, ja schon im späten Mittelalter aufgestellte These, wonach in den im Prozeß häufig genannten *Secreta ordinis* Elemente der Gnosis und der Kabbala, magische Praktiken des Orients und der Dualismus der Katharer zu einem Arkanwissen zusammengeschmolzen seien, das den Schlüssel zu allen Welträtseln liefere, wird gegenwärtig nicht nur in der okkultistischen Literatur propagiert, sie wird auch in pseudogelehrten Abhandlungen verteidigt und von einem Publikum für bare Münze genommen, das überall Verschwörungen, Geheimbünde und Machenschaften wittert oder Erleuchtung in exotischen Regionen, fernen Vergangenheiten und geheimen Zirkeln sucht. Erst recht gilt dies von der „historischen" Literatur, die im Anschluß an das Genre der *Gothic Novel* Templer und Templertum zum Inventar von Groschenromanen, Gruselkabinetten und Abstrusitätensammlungen hat verkommen lassen. Daß es nicht bei Spekulationen und Deformationen dieser Art geblieben ist und wohl auch nicht bleiben wird, weiß jeder, der sich auch nur einen flüchtigen Überblick über die sich mit dem Schleier des Geheimnisses umgebenden Gesellschaften, Logen und Orden verschaffen konnte. Was 1736 mit dem aus Schottland stammenden Andrew Ramsay begann, der als Anhänger König Jakobs und Freund Fénelons am Hofe des Kardinals de Fleury sein Auskommen gefunden hatte, lebt dank Horace Walpole, Lawrence Sterne, Christoph Bode, Karl Gotthelf von Hund und vieler anderer Autoren in den Gesellschaften fort, die meinen, in der Tradition der Templer zu stehen, und sich als Bewahrer ihrer Geheimlehre verstehen: nicht mehr jener magischen Praktiken und esoterischen Weisheiten, von denen noch Agrippa von Nettesheim gesprochen hatte, sondern einer philosophischen Aufklärung und einer der eigenen Zeit vorauseilenden liberal-kosmopolitischen Gesinnung – um nur die seriösesten der Vielen zu nennen, die sich heute innerhalb und außerhalb des Christentums als die wahren Erben und eigentlichen Sachwalter der *Fratres de Militia Templi* ausgeben.

Wenn die Frage nach Schuld und Unschuld angesichts des Urteils der Wissenschaft obsolet geworden ist und Entmystifizierungsversuche als vergebliche Liebesmühe erscheinen müssen, was bleibt dann noch zu tun? Die Antwort gibt das Thema dieser Vorlesungsreihe. Der älteste Kriminalfall, von dem detaillierte Akten erhalten sind, so hat der Historiker und Publizist Jules Michelet 1841 den Templerprozeß genannt, soll als politischer Prozeß analysiert werden – und das nicht ohne Kenntnis jener Schau- und Säuberungsprozesse, die in den totalitären Systemen unseres Jahrhunderts bis zur Perfektion gebracht und in ihrer Beklemmung von Franz Kafka antizipatorisch dargestellt wurden. Die Voraussetzungen dafür sind alles andere als gut. „Fehlt doch", so stellt J. Fried in einem der jüngsten Beiträge zu unserem Thema fest, „bislang trotz aller Popularität, die dieser Prozeß seit je genießt, eine moderne rechtshistorische Untersuchung, die seinen juristischen Charakter genau definierte." Ob es nach dem beabsichtigten Versuch einer Analyse bei der Charakterisierung des Templerprozesses als einer Angelegenheit bloßer religiöser Intoleranz und materieller Bereicherung oder, wie es der entsprechende Artikel im ‚Handwörterbuch zur deutschen Rechtsgeschichte' formuliert, als eines Versuches, politische Widersacher zu kriminalisieren und dadurch kaltzustellen, bleiben kann, mögen diejenigen entscheiden, die nicht die Mühe scheuen, sich die schwer durchschaubare, ja gelegentlich verwirrende Ereigniskette, die die *Affaire des Templiers* ausmacht, zu vergegenwärtigen.

Das Verfahren

Der zitierten Feststellung Michelets ist insoweit zuzustimmen, als es sich um die Quellen zum Templerprozeß handelt. Sie sind in der Tat zahlreich und konnten in den letzten Jahren durch neue Funde noch vermehrt werden. Einer Berichtigung bedarf hingegen die Definition des Verfahrens. Es handelte sich bei dem Templerprozeß nämlich nicht, wie Michelet sagt, um einen gewöhnlichen Kriminalfall, sondern – zunächst wenigstens – um eine *inquisitio haereticae pravitatis,* um einen Ketzerprozeß also. Seine Eigenart muß man sich vor Augen halten, wenn man seine Manipulierung im Sinne eines politischen Prozesses erkennen will. Bei der Inquisition, die im 12. und 13. Jahrhundert im Anschluß an Praktiken des römischen Reiches und des frühen Christentums unter dem Druck massenhaft auftretender Häresien durch das Zusammenwirken von geistlicher und weltlicher Gewalt zustande kam, handelt es sich um ein kirchliches, *auctoritate apostolica,* durchgeführtes Verfahren mit genau geregelten Prozeduren und präzise formulierten Zweckbestimmungen. Es geht bei ihm nicht um die Verfolgung und Verurteilung von Vergehen und Verbrechen wie Mord und Totschlag, Diebstahl oder Beleidigung. Die Inquisition hat den Auftrag, Ketzer, also solche Gläubigen, die wissentlich und hartnäckig an einer vom kirchlichen Dogma abweichenden Lehre festhalten, aufzuspüren, zu überführen, abzuurteilen und dem weltlichen Arm zur Bestrafung zu übergeben. Sie wird auf Denunziation, aber auch auf Verdacht hin tätig, will durch Befragung und Überredung, seit der Mitte des 13. Jahrhunderts auch offiziell unter Zuhilfenahme der Folter, Geständnisse herbeiführen oder durch mindestens zwei glaubwürdige Zeugen zu einem Schuldbeweis kommen, wobei für den Angeklagten so gut wie keine

Möglichkeit zur Verteidigung besteht. Einen Freispruch im eigentlichen Sinne läßt das Verfahren nicht zu, bestenfalls ein Absolutionsurteil, eine Art Freispruch wegen Mangels an Beweisen. Dem Angeklagten, der bereit ist, abzuschwören und Buße zu tun, werden Pönitenzen wie das diskriminierende Tragen des Ketzerkreuzes auferlegt. Der hartnäckig die Abschwörung ablehnende Häretiker wird hingegen dem weltlichen Arm zur Vollstreckung des Todesurteils übergeben, eine Strafe, die auch den rückfällig gewordenen, sein ursprüngliches Geständnis widerrufenden Angeklagten trifft: eine bittere Erfahrung, die viele der in den Templerprozeß verwickelten Ritter und Sergents mit dem Leben bezahlen mußten.

Der Prozeß gegen die Templer verlief, zumindest in seiner ersten Phase, entsprechend dem geschilderten Verfahren. Gegen die Templer lag der Verdacht auf Häresie vor, der darüber entsetzte König unterrichtete den Papst, wurde von dem zuständigen Pariser Inquisitor mit der Festnahme der Verdächtigen beauftragt und ließ sie durch seine Beamten ergreifen, um sie dem zuständigen Gericht, eben der Inquisition, zuführen zu können. So steht es wenigstens in den Akten und so sollte es nach dem Willen des Königs und seiner Berater das Volk von Frankreich, ja die ganze Christenheit sehen. Daß sich der Verdacht auf das Zeugnis von *agents provocateurs* und die Anzeige eines *homo parvae conditionis*, Esquieu de Floyran aus Béziers, stützt, der seine Geschichte von der Bespeiung des Kreuzes, den unsittlichen Küssen und der angeblich vom Orden angeratenen Homosexualität schon 1305 König Jakob II. von Aragon gegen eine Jahresrente von 1000 Pfund und eine einmalige Zahlung von 3000 Pfund zur entsprechenden Verwendung angeboten hatte, wird nicht gesagt. Es wird auch nicht erwähnt, daß der für das *Regnum Francie* zuständige Pariser Inquisitor, der Dominikaner Guillaume Imbert, als Hofkaplan und Beichtvater vom König abhängig war. Wenn es schließlich heißt, der König habe den Papst *colloquio et diligente tractatu* über sein Vorhaben unterrichtet und sich so von höchster Stelle zur Verfolgung der Templer autorisieren lassen, dann war das nur die halbe Wahrheit, denn der König hatte den Papst zwar schon früh und mehrfach auf Mißstände im Orden aufmerksam gemacht, eine offizielle Unterichtung über die am 14. September 1307 angelaufene Aktion jedoch aus naheliegenden Gründen nicht für nötig gehalten. Sollte Philipp in der Tat die Absicht gehabt haben, die gefangenen Templer ordnungsgemäß von der Inquisition verhören und aburteilen zu lassen, dann blieb es bei der bloßen Absicht.

Zwischen dem 13. Oktober und dem 24. November 1307 legten in Paris von den 138 verhörten Templern nicht weniger als 134, unter ihnen der Großmeister Jacques de Molay, das Geständnis ab, sie hätten, wenn auch nur widerwillig, *inviti*, und nur zum Schein, *ore, sed non corde,* bei ihrer Aufnahme in den Orden die Praktiken vorgenommen, die ihnen und der *Militia* vorgeworfen würden. Sie erklärten unter Eid, dieses Geständnis weder aufgrund von Gewalt noch aus Furcht vor der Tortur abgelegt zu haben, sagten aber nicht, daß sie vor diesem am richtigen Ort abgelegten Schuldbekenntnis fast zwei Wochen lang am falschen Ort, nämlich in den Kerkern des Königs, und von den falschen Leuten, nämlich von königlichen Beamten, vernommen und für die offizielle Inquisition unter Zuhilfenahme der in diesem Prozeßstadium unerlaubten Tortur präpariert worden waren. Erst recht ist mit keinem Wort die Rede davon, daß sich einige ihrer Mitbrüder erhängt oder zu Tode gestürzt hatten. Das in Paris und in den Provinzen von so gut wie allen Angeklagten abgelegte Schuldbekenntnis, das Jacques de Molay am 25. Oktober öffentlich vor dem Pariser Klerus sowie den Magistern und Baccalaren der Universität noch einmal wiederholt hatte, ließ den König annehmen, die ganze Angelegenheit könne Ende des Jahres in seinem Sinne erledigt sein. Wie aus einer Anfang 1308 an die Pariser Theologische Fakultät gerichteten Anfrage hervorgeht, war er damals der Meinung, angesichts der Schwere des Falles und der für Kirche und Glauben bestehenden Gefahr den Prozeß gegen den Orden ohne Einschaltung der Kirche, *sine alia requisicione ecclesie,* weiterführen und den beschlagnahmten Ordensbesitz für die Krone konfiszieren zu können.

Die Reaktion der von ihm unterrichteten europäischen Herrscher, des Papstes und der Pariser Theologen belehrten ihn jedoch eines anderen. Clemens V. warnte ihn bereits am 27. Oktober mit heftigen, gereizten Worten vor einem unüberlegten und die Rechte der römischen Kirche mißachtenden Vorgehen gegen den exemten Orden. Eduard II. von England erklärte am 30. Oktober, wie seine Prälaten und Barone halte auch er nicht viel von der Anklage. Jakob II. von Aragon stellte sich am 17. November ausdrücklich vor die Templer, die ihm und seinem Reich im Kampf gegen die Sarazenen große Dienste geleistet hätten. Die Pariser Theologenfakultät schließlich erstellte im März 1308 ein Gutachten, wonach es auch dem König von Frankreich nicht erlaubt sei, *se intromittere de crimine supradicto*, sich also in diese, allein der kirchlichen Gerichtsbarkeit vorbehaltenen Angelegenheit einzumischen.

Der König gab sich deswegen nicht geschlagen. Nachdem sein Versuch, das Inquisitionsverfahren in die eigene Hand zu bekommen, gescheitert war, versuchte er, auf einem anderen Weg sein Ziel zu erreichen: nämlich ein rechtlich unanfechtbares kirchliches Verfahren in Gang zu bringen und dieses mit allen ihm zur Verfügung stehenden Mitteln von außen her zu steuern. Der Papst selbst lieferte dazu schon bald die Gelegenheit, indem er die Templerangelegenheit der Inquisition entzog und zu seiner eigenen Sache machte. Am 22. November 1307 forderte er alle christlichen Fürsten auf, die Templer zu arretieren und ihren Besitz unter den Schutz der Kirche zu stellen.

Im Sommer des folgenden Jahres begab er sich nach Poitiers, wo er nicht weniger als 54 Templer befragen konnte, von denen nur einer die Aussage verweigerte, alle anderen jedoch ein Schuldbekenntnis ablegten, was ihn veranlaßte, am 12. August 1308 das Verfahren an sich zu ziehen und auf eine andere Weise als bisher fortzusetzen. Örtliche, unter der Leitung der Bischöfe stehende Kommissionen sollten mit Hilfe von kompetenten Ordensleuten gegen die in ihrem Sprengel lebenden einzelnen Templer vorgehen und ihre Verurteilung durch die zuständige Provinzialsynode vorbereiten; die Untersuchung gegen den Orden als Institution wurde vom Papst für die einzelnen Länder bestellten Gremien übertragen, das Urteil über den

Großmeister und die übrigen hohen Würdenträger behielt er sich selbst vor. Clemens V. mochte glauben, dadurch die Initiative zurückgewonnen und das Ansehen der Kirche, die *praeeminentia pastoralis,* wiederhergestellt zu haben. Möglicherweise beabsichtigte er auch, wie der weitere Gang des Verfahrens vermuten läßt, die unangenehme Angelegenheit im Sande verlaufen zu lassen. Seine Hoffnungen waren jedoch vergeblich. Er hatte, wie sich bald herausstellen sollte, einen fundamentalen, nicht mehr zu korrigierenden Fehler gemacht. Spätestens mit dem Beschluß vom 12. August 1308 hatte er die Verketzerung der Templer durch den König als rechtsrelevant anerkannt und damit die Ordensleute und im Grunde genommen auch sich selbst einer Mechanik unterworfen, die trotz aller prozessualen Modifikationen für diejenigen tödlich sein konnte, die ihr einmal abgelegtes Geständnis widerriefen. Nachdem sein Plan geglückt und die von ihm aufgestellten Spielregeln akzeptiert worden waren, brauchte der König nur noch auf ihre prompte und konsequente Einhaltung zu dringen. Das tat er, wie sich in der zweiten, 1308 beginnenden Prozeßphase zeigen sollte, mit allen ihm zur Verfügung stehenden Mitteln.

Ungeachtet der Exkommunikationsdrohung gegen alle, die unberechtigterweise Einfluß auf die Kommissionen zu nehmen versuchten, gelang es Philipp, die in seinem Reich tätigen Gremien so gut wie ganz nach seinem Willen zu besetzen und auf die Zusammensetzung auswärtiger Kommissionen wie z. B. derjenigen von Ungarn entscheidenden Einfluß auszuüben. Das war verhältnismäßig leicht bei den lokalen Kommissionen; bestand der französische Episkopat am Beginn des 14. Jahrhunderts doch weitgehend aus Bischöfen, die ihr Amt dem König verdankten: die für Paris zuständige Kommission der Erzdiözese Sens stand seit 1310 unter dem Vorsitz des dortigen Erzbischofs Philipp von Marigny, Bruder des Kämmerers und wohl einflußreichsten Beraters des Königs, Enguerran von Marigny. Selbst die für Frankreich bestellte päpstliche Kommission, die anders als es der Papst gewollt hatte, ihre Tätigkeit in Paris, genauer in Sainte-Geneviève, aufnahm, bestand überwiegend aus Kreaturen des Königs. Ihren Vorsitz hatte der Erzbischof von Narbonne, Gilles Aycelin, der bis zur Ernennung Wilhelms von Nogaret Großsiegelbewahrer des Königs gewesen war. Die Dinge verliefen auch ohne direkte Einwirkung des Königs und seiner Beamten nach seinem Willen.

Die trotz aller Bitten und Aufforderungen des Papstes bis zum Beginn der Untersuchungen in den Kerkern des Königs zurückbehaltenen Templer, die systematisch voneinander isoliert und so an einer wirkungsvollen Verteidigung gehindert wurden, zwang man zu immer neuen Geständnissen, am Ende erklärten sie sich in nicht weniger als 127 Punkten für schuldig: eine Liste, die neben konkreten Anschuldigungen ein Sammelsurium häretischer Abweichungen, Superstitionen, magischen Künsten und sittlichen Vergehen enthielt, wie man sie schon im 13. Jahrhundert den Stedingern und den sogenannten Luziferanern in ähnlicher Form vorgehalten hatte. Während es den angeklagten Rittern in England, Deutschland, Italien, Spanien und auf Zypern mit wenigen Ausnahmen gelang, sich dem Gericht zu entziehen, mit einer Buße davonzukommen oder doch wenigstens großzügig behandelt zu werden, erlebten die französischen Templer, die geglaubt haben mochten, es mit einer objektiven Untersuchung zu tun zu haben, eine grausame Enttäuschung. So gut wie niemand fand sich bereit, sie oder den Orden vor den vom König besoldeten Mitgliedern der päpstlichen, erst recht aber der bischöflichen Kommissionen zu verteidigen. Wenn sie nicht schon aufgrund von Drohungen vor einer Aussage zurückgeschreckt waren, hatten die Verteidiger zu befürchten, bei allzu nachdrücklichem Eintreten für die Angeklagten selbst als *fautores haereticae pravitatis,* als Mittäter also, beschuldigt zu werden. Diejenigen unter den bereits Geständigen, die meinten, endlich die Wahrheit sagen und die von ihnen erpreßten Geständnisse widerrufen zu können, mußten erfahren, daß sie sich damit in immer schwerere Schuld verstrickten.

Die Ergebnisse der in Frankreich durchgeführten Verfahren waren, wie es unter diesen Bedingungen nicht anders sein konnte, für diejenigen, die an die Unschuld der Templer glaubten, deprimierend. Die Angeklagten suchten nach drei- oder gar vierjährigem psychischen und physischen Terror nur noch ihr Leben zu retten. Sie blieben bei ihren Selbstbezichtigungen, zumal ihnen die königlichen Beamten bei genehmer Aussage Straffreiheit und lebenslängliche Versorgung versprochen hatten. Die wenigen zur Verteidigung bereiten Templer, die ihre früheren Aussagen widerrufen hatten, mußten dafür mit ihrem Leben büßen. Die am 14. Mai 1310 unter dem Vorsitz Erzbischof Philipps von Marigny tagende Provinzialsynode von Sens verurteilte 54 von ihnen als rückfällige Ketzer zum Tode, einen Tag danach wurden sie in Saint-Antoine vor den Toren von Paris verbrannt. Die päpstliche Kommission, vor der Jacques de Molay am 26. November 1309 in einer bewegenden Szene die Kleider von seinem mit Narben und Spuren der abgezogenen Haut bedeckten Leib gerissen haben soll, um zu zeigen, weshalb er gegen sich und seinen Orden ausgesagt hatte, beendete ihre Arbeit nach über 160 Sitzungen, indem sie am 5. Juni 1311, nicht etwa am Hofe des Papstes, sondern in der königlichen Residenz, der Abtei Pontoise, einen Untersuchungsbericht vorlegte, der überwiegend für die Templer negative Zeugenaussagen enthielt, die wenige Tage später an den Papst weitergeleitet wurden.

Das alles waren freilich nur Voraussetzungen für die Verwirklichung der eigentlichen Absichten des Königs. Was er anstrebte, war die vom Papst vor den Kardinälen, Bischöfen und Prälaten aus der ganzen Christenheit ausgesprochene Verurteilung der Templer als Ketzer, die Aufhebung ihres Ordens, die Hinrichtung seiner Würdenträger und die Enteignung ihres französischen Besitzes. Er erreichte dieses Ziel am 3. April 1312, als der Papst trotz massiver Bedenken der Majorität der Konzilsväter und der zuvor befragten Konzilsausschüsse in der Bulle ‚Vox in excelso‘ die Templer mit Worten aus dem Buch der Könige beschuldigte, aus dem heiligen Tempel Salomons ausgezogen, dem Gott Baal gefolgt und zu Götzendienern geworden zu sein: eine Demütigung des Papsttums, der Kirche und des um sie verdienten Ritterordens, die dadurch nicht geringer wurde, daß der Papst erklärte, die Verurteilung der Templer und die Aufhebung ihres Ordens aus eigenem Entschluß und nicht aufgrund eines Gerichtsurteils oder gar auf Druck des Königs von Frankreich vorgenommen zu haben.

Tatsächlich waren es nicht allein die geschilderten mehr oder minder durchsichtigen Manipulationen und Pressionen, die Philipp diesen Triumph erleben ließen. Er hatte seit Ende 1307 auf eine bis dahin selbst im Investiturstreit und den darauf folgenden Auseinandersetzungen nicht erreichte Weise die öffentliche Meinung gegen den römischen Pontifex und den Orden mobilisiert. Das begann, um nur die spektakulärsten Aktionen zu nennen, damit, daß der König am 5. Mai 1308 die Stände nach Tours berief, wo *le pueble du royaume de France* nach entsprechender Vorbereitung seinen Empfindungen freien Lauf ließ und seine Empörung darüber zum Ausdruck brachte, daß der Papst immer noch zögere, die Ketzer, Geldschacherer und Sodomiten zu verurteilen und einer gerechten Strafe zuzuführen, und so den Eindruck erwecke, er nehme seine Amtspflichten weniger genau als der König, ja mache mit Leuten gemeinsame Sache, die sich am Glauben und der Natur vergingen. Bald darauf, am 25. Mai 1308, forderte Wilhelm von Plaisians den Papst in Poitiers in aller Öffentlichkeit auf, endlich so nachdrücklich zu handeln, wie der König und das französische Volk: *alias oportet nos vobis loqui de alio lenguagio,* was man wohl nicht anders verstehen kann, als daß man sonst ihm gegenüber andere Saiten aufziehen würde.

Der Propagandakrieg erreichte seinen Höhepunkt im Frühjahr 1312. Nachdem das vom König immer wieder geforderte und schließlich am 1. Oktober 1311 in Vienne eröffnete Konzil schon ein halbes Jahr mit seiner Arbeit, mit der Kirchenreform, der Vorbereitung eines neuen Kreuzzuges, dem Armutsstreit im Franziskanerorden und der Prüfung der Beginen beschäftigt war, berief der König die Stände ins benachbarte Lyon, und zwar mit der offensichtlichen Absicht, an die Spitze seiner Truppen nach Vienne zu kommen, wenn der Papst weiterhin mit der Lösung des Templerproblems zögere. Das geschah am 20. März 1312. Als der Papst zwei Tage später, am 22. März, im großen Konzilsausschuß die Frage stellte, ob man dem Orden eine Verteidigung zugestehen und den Prozeß fortführen solle oder ihn ohne weitere Umstände *per viam provisionis* aufheben sollte, stimmte der den Templern bis dahin eher wohlwollend gesonnene Ausschuß mit wenigen Ausnahmen, zu denen der Erzbischof von Tarragona sowie die Bischöfe von Valencia und Zaragoza gehörten, für die am 3. April 1312 auf makabre Weise verkündete Auflösung.

Die Antagonisten

Wir haben stark vereinfacht und in groben Zügen das subtile Ränkespiel beschrieben, das zwischen 1307 und 1312 gespielt wurde. Eine genauere Darstellung hätte deutlich machen können, mit welcher Meisterschaft das Drama inszeniert wurde, das wir den Templerprozeß nennen. Sie war so groß, daß 1905 der wohl beste Kenner der Quellen, Heinrich Finke, sie als grandios meinte bezeichnen zu müssen. Was uns jetzt noch zu tun bleibt, sind zwei Dinge: die Vorstellung der *dramatis personae* und ihrer Motive sowie die Antwort auf die Frage nach den Ursachen und dem Hintergrund dieses Ereignisses. Beginnen wir mit den Antagonisten.

Philipp IV., der König von Frankreich, *la bête noire* des Dramas, befand sich 1307 in seinem 39. Lebensjahr, im 20. Jahr seiner Herrschaft. Groß und schlank, mit blondem wie eine Haube geschnittenem Haar über einem Gesicht mit ebenmäßigen Zügen und heller Haut, war er zweifellos eine faszinierende Erscheinung. Er wird nicht umsonst Philippe le Bel, Philip the Fair, Philipp der Schöne genannt. Seine äußere Schönheit war mit einer eigentümlichen Starre verbunden. Bernard Saisset, der scharfzüngige, dem König alles andere als ergebene Bischof von Pamiers, verglich ihn mit einer Statue, die nicht spricht und ihr Gegenüber durch ihren Anblick zum Schweigen bringt. In der Tat, nach allem, was wir von ihm wissen, war Philipp IV. wortkarg bis zur Schweigsamkeit und distanziert bis zur Selbstisolation. Er war als Halbwaise aufgewachsen und hatte als Kind Mord, Tod und Betrug in seiner eigenen Familie erleben müssen. Nach glücklicher Ehe mit Johanna von Navarra wurde er mit 32 Jahren Witwer. Durch niemanden ließ er sich dazu bewegen, eine zweite Ehe einzugehen. Mit der *religion royale,* der standesgemäßen *pietas* eines Angehörigen der *stirps beata* der Kapetinger, in dessen Adern das Blut von 12 Königen und noch mehr Heiligen floß, verband er eine hochgespannte, persönliche Frömmigkeit, die sich eher an seinem zum Franziskanerspiritualen gewordenen Verwandten Ludwig, dem heiligen Bischof von Toulouse, als an seinem in der Tradition hergebrachter Königsheiligkeit stehenden Großvater, dem 1297 heiliggesprochen König Ludwig IX., orientierte. Der asketisch lebende König, der von einem Wallfahrtsort zum anderen zog, Hospitäler und Klöster reich beschenkte, ging mit grausamer Härte gegen die des Ehebruchs verdächtigten Frauen seiner Söhne vor; er ließ ihre Liebhaber vor aller Welt hängen und vierteilen. Wie sollte er, wenn es um seine höchste Aufgabe ging, nämlich *maintenir l'Eglise dans un état de pureté,* gegenüber den der Häresie und Unzucht verdächtigten Templern Milde walten lassen, so fragt nicht zu Unrecht R.-H. Bautier.

Man hat Philipp als eine Art Vorwegnahme des von Machiavelli aufgestellten Herrscherideals bezeichnet und in ihm die Spinne im Netz der am Ende des 13. und zu Beginn des 14. Jahrhunderts ganz Europa einbeziehenden Politik Frankreichs gesehen; andere vertraten und vertreten hingegen die Ansicht, daß er, zu einer solchen Leistung unfähig, für die französische Politik nicht mehr als seinen Namen hergegeben habe. Heute darf man wohl davon ausgehen, daß er ihr Anreger und Inspirator, nicht aber ihr mit allen Details beschäftigter Vollstrecker war. Das waren seine Räte, die *Conseillers.* Damit sind nicht die Vertreter des hohen Adels gemeint, die den König von Frankreich wie andere europäische Herrscher in traditioneller, um nicht zu sagen zeremoniöser Weise umgaben. Man versteht unter ihnen Räte, Richter und Minister wie Pierre Flotte, Guillaume de Nogaret, Enguerran de Marigny und Guillaume de Plaisians, die aus unteren Schichten stammend und an den Universitäten juristisch geschult, eine fast professionell zu nennende Beamtenschaft bildeten, die die Politik des Königs mit der intellektuellen Brillanz, diplomatischen Geschmeidigkeit und, wenn nötig, rücksichtslosen Konsequenz betrieben, die die Deutschen seit dieser Zeit in einer Mischung von Bewunderung und Verachtung als französische Schläue und welschen Hochmut zu bezeichnen pflegten. Im gleichen Monat, im September 1307, als der König von Pontoise aus die Ordre gab, die Templer gefangenzunehmen, übernahm der bedeutendste unter ihnen, Wilhelm von Nogaret, als *Cancellarius domini regis* das große Staatssiegel und damit die Regie in dem Drama, dessen Verlauf er und die übrigen Räte in den Einzelheiten bestimmten.

Auf der anderen Seite Clemens V.! Bertrand de Got, der in Orleans und Bologna die Rechte studiert und als Prokurator Eduards I. von England im Pariser Parlament seine öffentliche Karriere begonnen hatte, war 1305, zwei Jahre vor dem Beginn des Prozesses, nach elfmonatiger Sedisvakanz als Kompromißkandidat auf den Stuhl Petri gekommen. Der nicht mehr junge, eher rundliche als schlanke Herr fühlte sich in seinem hohen Amt nicht wohl. Von einer Mehrheit französischer Kardinäle gewählt, am 14. November 1305 in Lyon in Gegenwart Philipps IV. gekrönt, war er gleich diesseits der Alpen geblieben, nach Rom hatte es den *pastor senza legge,* den Dante ins Inferno versetzt, gar nicht erst gezogen. Provinziell wie es nur ein Franzose sein kann, zog es ihn mehr in seine unter englischer Herrschaft stehende Heimat, in das Herzogtum Gascogne. Er ließ sich von dort nicht nur seine Weine kommen, sondern holte auch zahlreiche Nepoten an die Kurie, um sie zu Kardinälen und Prälaten zu machen.

Von Schwächeanfällen und Schmerzen gepeinigt, die auf Darmkrebs schließen lassen, neigte er dazu, politisch lediglich zu reagieren, sich zu verteidigen, Kompromisse zu schließen und die Dinge auf sich zukommen zu lassen. Die vielfältigen Anforderungen seines Amtes, der ständige Druck Philipps des Schönen und seiner Räte, die Probleme mit Italien und dem Kirchenstaat, die Beziehungen zum Reich, zu Aragon, England und Flandern und nicht zuletzt das Bemühen, einen neuen Kreuzzug zustande zu bringen, überforderten ihn bei weitem. Die Angst vor dem König, der ihm schon zu Beginn seines

Pontifikates das anzutun drohte, was Wilhelm von Nogaret, jetzt Kanzler des Königs, seinem Vorvorgänger, dem am 11. Oktober 1303, rund einen Monat nach dem Attentat von Anagni, vor Schreck und Erschütterung verstorbenen Bonifaz VIII., zugefügt hatte, lähmte seine Widerstandskraft und machte ihn zu einem nur schlechten Verteidiger der Templer, zumal ihm angesichts der zum Extrem neigenden Strömungen im Franziskanerorden und der kirchenfeindlichen Gesinnung der südfranzösischen Beginen die Vorstellung, aus Lämmern könnten Wölfe und aus Ordensleuten Ketzer werden, weder fremd noch absurd erscheinen mußte: Die meisten der neueren Forscher sind denn auch der Meinung, der Papst sei am Ende von der Schuld der Templer und ihres Großmeisters überzeugt gewesen.

Zwischen diesem König und diesem Papst die Templer! An ihrer Spitze Jacques de Molay. Zu Beginn des Prozesses war er ein Siebziger, über vierzig Jahre im Dienste des Ordens, bis 1291 in Palästina, dann auf Zypern, seit 1293 der 23. Großmeister. Der Magister, Sohn eines Landedelmanns aus der Franche-Comté, war kein Intellektueller, er nannte sich selbst einen *miles illiteratus,* was der Stil seiner schriftlichen Äußerungen nur bestätigt. Er war auch keine weitschauende Führerpersönlichkeit, das läßt seine bisherige Amtsführung erkennen. Erst recht aber war er kein Held. Daß er jedoch ein Schwächling, ein Feigling oder gar der gewissenlose Verräter der ihm anvertrauten *milites* und *servientes* gewesen sei, können ihm nur diejenigen vorwerfen, die nicht bedenken, welchem äußeren und inneren Druck dieser Mann in fast sieben Kerkerjahren ausgesetzt war. Aus vermeintlicher Klugheit, leichtgläubig, überredet oder durch die Tortur dazu gezwungen, hatte er am 25. Oktober 1307 vor den Pariser Klerikern und Magistern ein öffentliches Schuldbekenntnis abgelegt und danach die ihm untergebenen Brüder schriftlich aufgefordert, das gleiche zu tun. Die Hoffnung, in Papst und Kardinälen, zumindest aber in den auf Veranlassung des Papstes einberufenen Kommissionen gerechte Richter zu finden, denen er die Wahrheit sagen könne, war vergeblich. Alle Versuche, seine Fehler zu korrigieren, scheiterten. Bitten, Selbstbezichtigungen und Klagen blieben unerhört. Das naive Vertrauen auf die ritterliche Solidarität Wilhelms von Plaisians, erst recht aber die Forderung, auf die einzige ihm angemessen erscheinende Weise, nämlich durch einen Zweikampf, seine Unschuld beweisen zu können, wirkten wie Anachronismen auf Richter und Beisitzende, konnten sie, um es mit einem gängigen Ausdruck zu sagen, nur zu einem müden Lächeln veranlassen. Wie Herr K. in Kafkas ‚Prozeß‘ hat Molay nie richtig begriffen, mit wem er es zu tun hatte und worauf es in dem jeweiligen Verfahren ankam. Er war ein Angeklagter *with an air of bewilderment... and did not really grasp the political circumstances,* wie es M. Barber formuliert.

Zum äußeren Druck kamen die inneren Zweifel. Jacques de Molay konnte sicher sein, daß die meisten gegen seinen Orden erhobenen Vorwürfe lediglich Verleumdungen waren. Er mußte aber auch wissen, daß unter den 127 Punkten der Anklage einige waren, die sich nicht abstreiten ließen, derentwegen man sich schuldig bekennen konnte. Die Templer waren zu Beginn des 14. Jahrhunderts nicht mehr die *Pauperes milites de Templo Salomonis,* man machte ihnen nicht zu Unrecht den Vorwurf der *opulentia* und *superbia.* Sie waren auch nicht mehr die zuchtvollen Mönchskrieger der *Nova militia,* die Bernhard in seinem berühmten Traktat gepriesen hatte. „Spätabends kommen sie an verborgenen Stätten zusammen, bei Tag machen sie viel Worte von den Tugenden, bei Nacht schwärmen sie in Saus und Braus", hatte ihnen Johann von Salisbury lange vor Esquieŭ de Floyran vorgeworfen. Ihre Würdenträger hatten in der Tat, um einen weiteren der nicht unberechtigten Vorwürfe zu nennen, nicht immer präzis die Unterscheidung zwischen Sünde und Vergehen gegen die Regel vorgenommen, was scharfäugige Theologen als häretische Anmaßung der allein dem Klerus vorbehaltenen Binde- und Lösegewalt auslegen konnten. Hatte Jacques nicht selbst schon 1291 erklärt, es gäbe einiges im Orden auszurotten, wovon er annähme, es könne den Brüdern noch gefährlich werden, wenn es an die Öffentlichkeit käme? Wobei er sicherlich nicht nur an die von J. R. Strayer als *barrack-room obscenities,* als Kasernenstubenobszönitäten, charakterisierten sittlichen Verfehlungen, sondern auch an die sich im Orden zunehmend bemerkbar machende Selbstgenügsamkeit, ja Erstarrung, denken mochte.

Die drei Hauptfiguren der Templeraffäre starben im selben Jahr, nämlich 1314. Nachdem die am 22. Dezember 1313 vom Papst mit der Aburteilung der hohen Würdenträger des Ordens beauftragten Kardinäle am 18. März 1314 auf dem Platz vor dem Portal von Notre-Dame ihr Urteil gefällt hatten, wurde Jacques de Molay auf Druck des Königs noch am gleichen Tag auf der Ile-des-Javiaux, einer heute verschwundenen Seineinsel, verbrannt, da er es abgelehnt hatte, sich und seinen Orden noch einmal zu beschuldigen. Wenige Wochen nach der Hinrichtung Molays, am 20. April 1314, erlag Clemens V. auf dem Weg in die heimatliche Gascogne in Rocquemaure (Gard) seiner tödlichen Krankheit. Am 29. November 1314 starb Philipp der Schöne in Fontainebleau an den Folgen eines Gehirnschlages, den er rund drei Wochen zuvor auf der Jagd im Forst von Saint-Maxence erlitten hatte. Wir wissen nicht mit Sicherheit, wie Papst und König, deren fast gleichzeitiger Tod von vielen Zeitgenossen als Strafe des Himmels angesehen wurde, in der Todesstunde ihr Verhalten gegenüber den Templern beurteilt haben. Der König soll vor seinem Ende dem Dauphin, seinem Sohn Ludwig, die Würde des französischen Königtums vor Augen geführt: *Pensez ce qu'est d'être roi de France* – und ihm die Liebe zu Gott und die Sorge für seine Kirche anempfohlen haben: *Aimez Dieu en toute chose. Sainte Eglise ayez toujours en grande révérenz.* Von Papst Clemens V. weiß die Sächsische Weltchronik hingegen zu berichten, daß er auf seinem Sterbebett die *Geitichet,* die Habsucht also, die ihn dazu gebracht hatte, den Templerorden zugrunde zu richten, bereute und jämmerlich starb. Der Großmeister, der am Ende des Prozesses die Hoffnung zum Ausdruck gebracht hatte, daß, „wenn die Seele sich vom Leibe scheide, offenbar werde, wer gut und wer schlecht war", äußerte, wie die Pariser Reimchronik zu berichten weiß, vor dem Holzstoß die Bitte, man möge ihn so an den Pfahl binden, daß er im Tode über die königlichen Gärten und die Sainte-Chapelle hinweg die Türme von Notre-Dame sehen und so, mit dem Antlitz zur Mutter Gottes gekehrt, sterben könne.

Ursachen und Hintergründe

Wenn man für die Täter ein gewisses Verständnis aufzubringen beginnt und glaubt, den Opfern nicht mehr die reinste Unschuld zubilligen zu können, ist auch nicht mehr zu erwarten, daß sich die Frage nach den Ursachen und Hintergründen des Prozesses ohne Einschränkungen beantworten läßt. Es gilt als ausgemacht, dem König sei es bei der ganzen Angelegenheit um nichts anderes als um das Geld und den Besitz der Templer gegangen. Manches spricht dafür. Die ehrgeizige Politik, die häufige Kriegsführung und nicht weniger die Modernisierung der Verwaltung kosteten viel Geld. Der König hatte 1306 die Juden und drei Jahre später wie schon 1301 die italienischen Geldverleiher, die Lombarden, aus seinem Reich vertrieben und sich ihres Geldes bemächtigt. Es ist daher verständlich, daß man damit die Gefangennahme der Templer und die Beschlagnahme ihres Besitzes in Zusammenhang brachte. Die Aufhebung des Ordens, so wie sie sich der König und seine Räte 1307 vorstellten, hätte für die Krone nicht nur die Tilgung einer Schuldenlast von geschätzt 400000 Livres, sondern auch den Hinzugewinn erheblicher flüssiger Mittel, wertvoller Mobilien und ertragreicher Immobilien bedeutet. Französische und amerikanische Forscher wie A. Demurger und J. R. Strayer, haben dem entgegengehalten, die Aufhebung eines Ordens wie dem der Templer sei ein zu hoher Preis gewesen für einen Gewinn, der trotz seiner Höhe für den tief in die roten Zahlen geratenen Haushalt der Krone wenig ausgemacht habe, zumal der König einen bequemeren Zugriff auf die Finanzen der Templer gehabt hätte als die mit so vielen Konsequenzen verbundene Aufhebung.

Es wird ebenso häufig damit argumentiert, es sei ein Erfordernis der Staatsräson gewesen, den Ritterorden um der seit Beginn des 13. Jahrhunderts mit Nachdruck angestrebten Einheit des Reiches willen zu liquidieren. Auch das klingt überzeugend. Andererseits wissen wir, daß Herrscher wie die Könige von Aragón, León, Navarra und Portugal mit den in ihren Territorien heimischen Ritterorden fertig wurden, ohne gleich bis zum Äußersten zu gehen. Sie machten sich selbst oder ihre Angehörigen zu Magistern und stellten die so an die Krone gebundenen Orden in den Dienst der *Reconquista,* später auch der Eroberung und Missionierung Afrikas und Amerikas; warum sollte der König von Frankreich beim Umgang mit dem relativ kleinen Templerorden – man schätzt die Zahl seiner Mitglieder in Frankreich auf ca. 2000 – an politischer Phantasie hinter den spanischen Herrschern zurückgeblieben sein?

Wenn behauptet wird, Philipp habe den Orden aufheben wollen, um damit die Voraussetzung für einen neuen Kreuzzug zu schaffen, besitzt das einen höheren Grad an Wahrscheinlichkeit. Philipp IV. hat 1305, nach dem Tod der Königin, die Absicht geäußert, die Krone zugunsten seines Sohnes, Karl von Valois, niederzulegen, wie sein Großvater Ludwig der Heilige einen Kreuzzug anzutreten und sich in der Hl. Stadt zum König von Jerusalem krönen zu lassen. Die Aufhebung aller Ritterorden und ihre Zusammenfassung in einer einzigen, seiner Leitung unterstehenden *Militia*, also die Verwirklichung eines im 13. Jahrhundert immer wieder diskutierten Planes, sollte dazu der erste Schritt sein. Auch dazu bedurfte es aber nicht der Aufhebung des Templerordens. Der Plan konnte mit weitgehender Zustimmung der Öffentlichkeit rechnen. Vor allem deswegen, weil er mit den Templern den Anfang zur Neuordnung der Ritterorden machen wollte. Die *Militia Templi* hatte nämlich zu Beginn des 14. Jahrhunderts erheblich an Prestige verloren. Zu den schon früher erhobenen Anschuldigungen, sie habe durch falschen Ehrgeiz, Gewinnsucht, Egoismus und Konkurrenzneid den Verlust des Hl. Landes herbeigeführt, war der Vorwurf getreten, es sei ihr anders als den auf Rhodos und in Preußen gegen die Heiden kämpfenden Johannitern und Deutschordensrittern nicht gelungen, eine neue, ihrem Charakter entsprechende Aufgabe zu finden, was in der Tat nicht zuletzt an den mangelnden Qualitäten Jacques' de Molay lag, dessen Versuche, auf Zypern bzw. der kleinen, der syrischen Küste vorgelagerten Insel Ruad einen Stützpunkt für die Rückeroberung des Hl. Landes zu finden, gescheitert waren. Auch der Papst hätte einer durch Verhandlungen und Kompromisse zustande gekommenen Integration der Templer in einen neuen Orden nichts entgegenhalten können, war er doch selbst immer wieder für eine Union der Ritterorden eingetreten, um so der Erfüllung seines eigenen Lebenstraums, der Befreiung des Hl. Landes, näher zu kommen.

Wenn aus der mißtrauischen Sorge eines sich *ad defensionem fidei et ecclesiasticae libertatis* von Gott berufen fühlenden Herrschers, geschürt und manipuliert von seinen Räten, seit Ende 1307 eine öffentliche, die ganze Christenheit bestürzende Affäre wurde, dann hat das noch andere Gründe als die hier vorgetragenen. Napoleon hat sie 1805 in einem Brief an seinen Polizeiminister Fouché angesprochen. „Die Politik", so schreibt er, „führte, ohne eigentliche Verbrechen, zu dieser Katastrophe". Man braucht freilich nicht erst Bonaparte zu zitieren, um zu beweisen, daß es bei dem *factum Templariorum* nicht in erster Linie um religiöse Intoleranz, materielle Bereicherung oder um die kriminelle Brandmarkung eines als gefährlich oder obsolet angesehenen Ritterordens ging. Schon ein flüchtiger Blick auf die Geschichte Frankreichs im ausgehenden 13. und beginnenden 14. Jahrhundert genügt, um den weltpolitischen Hintergrund der Templerangelegenheit zu erkennen. Spätestens seit dem Beginn des 13. Jahrhunderts war es die Maxime des kapetingischen Hauses, das *Regnum Francie* zu konsolidieren, seine Grenzen nach Norden, Osten und Süden auszuweiten und seine Autonomie gegenüber fremden Ansprüchen zu sichern, ja, wenn nötig, selbst die Kirche seinem Interesse zu unterwerfen. Die Exkommunikation und der Tod Friedrichs II., des *Stupor mundi,* der Untergang des staufischen Hauses und das im Reich herrschende *Interregnum* ließen den naheliegenden Gedanken aufkommen, die Rolle zu übernehmen, die bisher die deutschen Kaiser gespielt hatten. Das wurde mit einer Konsequenz und Härte angestrebt, wie sie in den Auseinandersetzungen des 11. und 12. Jahrhunderts nur selten zu beobachten gewesen waren. Es begann mit dem von Karl von Anjou, dem Bruder Ludwigs des Heiligen, unternommenen Versuch, von Sizilien aus ein angevinisches Mittelmeerreich zu errichten, und erreichte in dem Bemühen Karls von Valois, nach der Ermordung Albrechts I. von Habsburg die deutsche Königskrone und damit die Anwartschaft auf das römische Kaisertum zu erlangen, einen ersten Abschluß. Begleitet wurde diese Politik von einer bewußten Abwertung des immer mehr unter französischen Einfluß geratenen Papsttums. Sie manifestierte sich in dem oft beschriebenen Schlagabtausch zwischen Bonifaz VIII. und Philipp dem Schönen, erreichte am 7. September 1303 im Attentat von Anagni, in der physischen Bedrohung Papst Bonifaz' VIII. durch Wilhelm von Nogaret und die mit ihm verbündeten italienischen Gegner des Papstes, einen Höhepunkt und gipfelte schließlich in der von 1308 bis 1378 dauernden „Babylonischen Gefangenschaft" der Päpste.

Man kann Clemens V. vorwerfen, er sei ein Schwächling, ein Hirte ohne Gesetz und Simonist gewesen, man kann mit seinen Zeitgenossen von ihm sagen, *non agit, sed agitur*, und sich darüber wundern, wie schnell er bereit war, die von Bonifaz VIII. gegenüber der französischen Krone eingenommenen Positionen zu räumen. Man kann ihm aber nicht unterstellen, er habe die politische Dimension der Templeraffäre verkannt und am 3. April 1312 nicht gewußt, was er tat. Er stand seit Jahren vor der Alternative, die Templerangelegenheit im Sinne des Königs zu Ende zu führen und sich durch die Beendigung der leidigen Affäre eine gewisse Erweiterung seines politischen Spielraumes zu verschaffen oder in dem seit 1303 von Wilhelm von Nogaret und Wilhelm von Plaisians gegen das Andenken Bonifaz VIII. angestrengten Prozeß ein Urteil zu fällen. Er entschied sich, den Orden zu opfern, um nicht gegen seinen schon fast zehn Jahre toten Vorgänger so vorgehen zu müssen, wie es der König und seine Beamten erwarteten. Nicht um das Ansehen des machtbesessenen, schroffen und ehrgeizigen Benedetto Gaetani aus Anagni zu schützen, sondern um des Papstes Bonifatius willen. Bei einem anderen Entschluß hätte er den Nachfolger Petri, der sich selbst in der Bulle *Unam sanctam* als das Haupt der alleinseligmachenden Kirche und den höchsten Richter auf Erden bezeichnet hatte, der Illegitimität, der Ketzerei, des Unglaubens, ja der Gottesleugnung anklagen und damit die theologische und moralische Autorität des Papsttums erschüttern und gänzlich vor der Allgewalt des Herrschers kapitulieren müssen.

Der Prozeß als Krisensymptom

Es läßt sich nicht übersehen, daß es bereits in den Anfängen der europäischen Geschichte politische Prozesse gegeben hat, in unserer Zeit gibt und, so sehr das zu bedauern ist, wohl auch in Zukunft geben wird. Die mißbräuchliche Verwendung juristischer Argumente und Verfahren zur Erreichung politischer Ziele ist offenbar charakteristisch für Zeiten des politischen Machtwechsels, des sozialen Wandels, der Ablösung von Wertordnungen und der Veränderungen im allgemeinen Rechtsempfinden: Man kann politische Prozesse daher als Begleiterscheinungen von Wandel, Reform und Revolution, ja geradezu als Krisensymptome bezeichnen.

Der Templerprozeß ist nicht nur der erste in allen Details rekonstruierbare Prozeß der europäischen Geschichte. Er war auch der erste Prozeß, der so gut wie alle Elemente enthält, die man als konstitutiv für das bezeichnen kann, was man seit dem 19. Jahrhundert einen politischen Prozeß zu nennen pflegt: die Manipulation der Behörden und Verfahren, die physische und psychische Einschüchterung der Angeklagten, die propagandistische Beeinflussung der Öffentlichkeit und, als offenbar unerläßliche Voraussetzung, das sowohl für die Beteiligten als auch die Außenstehenden nicht eindeutig zu durchschauende Nebeneinander von Recht und Unrecht, Schuld und Unschuld, Überzeugung und Täuschung, das Symptom eben für den Wandel, die Ablösung alter durch neue Normen oder zumindest des die Konkurrenz divergierender geistiger, politischer und sozialer Kräfte. Der paradigmatische Charakter des Templerprozesses ist kein Zufall. Die Jahrzehnte um die Wende vom 13. zum 14. Jahrhundert, das Zeitalter Bonifaz' VIII. und Philipps des Schönen von Frankreich, waren eine Übergangszeit, die, wie es Ranke in einem oft zitierten Satz ausgedrückt hat, zum ersten Male den kalten Lufthauch der neueren Geschichte spüren ließ. Das gilt für das Verhältnis der geistlichen und weltlichen Gewalten, für Staatslehre und Ekklesiologie, für das politische Denken und Handeln, aber auch für Recht und Justiz, Wirtschaft, Verwaltung und Finanzwesen, die im Frankreich des ausgehenden 13. und des beginnenden 14. Jahrhunderts einen „Modernisierungsschub" erfuhren, wie er sich in diesem Ausmaß erst später, nach der politischen, ökonomischen und sozialen Krise Frankreichs, die der Hundertjährige Krieg bedeutete, wiederholte. Wie das Licht vom Schatten, so wurde dieser Fortschritt in Staat und Gesellschaft, Recht und Verwaltung von einem vergleichbaren Mißbrauch von Recht und Gerechtigkeit begleitet. Die ständigen Widersacherinnen der *Pax* und *Justitia*, die *Potestas inordinata* und die *Superbia* legten die groben Waffen, die nackte Gewalt und brutale Nötigung, ab und bedienten sich des Wortes und der Feder, der Reden und Traktate, der Paragraphen und Prozeßordnungen, um ihre Ziele zu erreichen. Sie paßten sich so an die sich seit der Mitte des 13. Jahrhunderts einstellenden neuen Bedingungen und Verhältnisse an und leiteten damit auch in der Geschichte der politischen Prozesse eine neue Epoche ein.

František Graus

Der Ketzerprozeß gegen Magister Johannes Hus (1415)

Der Prozeß des Johannes Hus wurde am 6. Juli 1415 in Konstanz beendet, der Prager Magister als verstockter Ketzer – genauso wie seine Bücher – auf dem Scheiterhaufen verbrannt. In einem Verfahren, das nach den Regeln des kanonischen Rechtes abrollte und sich vordergründig um manchmal recht subtile theologische Fragen drehte, waren Hus und seine Anhänger verurteilt worden. Die Kirche vermeinte einen Schlußstrich gezogen, mit der ganzen Autorität des Konzils ein deutliches Zeichen gesetzt zu haben, was rechtgläubig sei und was nicht; und tatsächlich hat die katholische Kirche bis zum heutigen Tag an diesem Anspruch festgehalten und das Urteil als gültig anerkannt. Nicht so die Geschichte. Noch im selben Jahr protestierten Teile des böhmischen und mährischen Adels, formierten sich die Anhänger von Hus zu einer „Partei", die mehr und mehr erstarkte, 1419 große Teile des Königreichs Böhmen beherrschte, schließlich sogar das Basler Konzil zu Verhandlungen mit verurteilten Ketzern zwang (eine bisher unerhörte Tatsache) und zu einem Mahnmal für Europa wurde. Auch in der Folgezeit ist der Prozeß des verurteilten „Ketzers" immer wieder neu aufgerollt worden, seit dem 19. Jahrhundert auch von der gelehrten Geschichtsschreibung, und ein Ende des „Ringens um Hus" ist nicht abzusehen, denn seine Tätigkeit und seine Verurteilung sind ein Stück einer lebendigen Geschichtstradition geworden, und jede Generation der Gelehrten ist bemüht, „ihren" Hus zu finden und zu schildern.

Dem Historiker, der sich dieser Tatsachen bewußt ist, verbietet es sich, einfach „Stellung zu nehmen" und als Nachlebender ein subjektives Urteil zu fällen. Er muß vielmehr versuchen, zunächst die Ereignisgeschichte in ihren Zusammenhängen zu skizzieren, die letztlich die Grundlage einer jeden historischen Stellungnahme bildet. Da die strittigen Punkte zwischen Hus und seinen Widersachern dem Betrachter im 20. Jahrhundert sowohl in ihrer Form als auch ihrem Inhalt nach bereits völlig fremd sind, muß er weiter versuchen, die gegensätzlichen Standpunkte klar herauszuarbeiten und verständlich zu machen. Schließlich muß er sowohl die unmittelbaren Reaktionen der Zeitgenossen als auch das vielgestaltige Nachleben der Ereignisse charakterisieren und erst in diesem Zusammenhang seine Wertung zur Geltung bringen. Damit ist das Vorgehen dieses Vortrages gegeben.

Die Vorgeschichte

Am Anfang des 15. Jahrhunderts, mit dem die eigentliche Vorgeschichte des Prozesses beginnt, befindet sich die Kirche in einer der akutesten Krisen ihrer langen Geschichte: Das Schisma, das 1378 zur Wahl zweier Päpste führte (seit 1409 gab es ihrer sogar drei), dokumentierte augenscheinlich die Schwächen des päpstlichen Kirchensystems; und die waren schon den Zeitgenossen offenbar. Eine überaus scharfe, ja ätzende Kritik der Kirche beherrschte das Feld, und allgemein erscholl der Ruf nach einer Reform der Kirche an „Haupt und Gliedern". Die Ansicht, daß sie gründlich erneuert werden müsse, war Allgemeingut aller Gebildeten, und Stellungnahmen zu Definitionsversuchen der Kirche erlangten im Zusammenhang mit den konziliaristischen Strömungen der Zeit, die eine Erneuerung der Kirche von einem allgemeinen Konzil erhofften, geradezu tagespolitische Bedeutung. Hoffnungen auf ein wirklich allgemeines Konzil, das (nach dem Scheitern eines Versuches in Pisa) 1414 nach Konstanz einberufen wurde, stützten sich auf die Zusammenarbeit mit der weltlichen Macht, vor allem mit dem römischen König Sigismund. Im Spannungsfeld des päpstlichen Schismas und der konziliaren Versuche beherrschten kirchenpolitische Kombinationen wiederholt das Geschehen, ermöglichte den Fürsten und Universitäten, Politik zu treiben, Ambitionen anzumelden.

Im Königreich Böhmen war noch dazu die innere politische Lage gespannt, geradezu konfliktträchtig. Die Absetzung König Wenzels IV. im Reich im Jahre 1400 erbitterte nicht nur viele Gemüter; sie brachte den böhmischen Ländern und besonders der Stadt Prag auch eine Einbuße an Einfluß und Prestige, die erregt vermerkt wurde. In Böhmen rangen die königliche Partei und die Adelspartei (deren Verbündeter Wenzels Bruder Sigismund war) um die Macht, und dieser Kampf führte zur zweimaligen Gefangennahme des Königs durch seine Gegner (1394 und 1402). Wenzel anerkannte seine Absetzung im Reich nie und versuchte in wiederholten Aktionen, seine Macht in Böhmen zu konsolidieren, was ihm teilweise auch glückte; aber ständige Intrigen und Gegenintrigen beherrschten weiterhin das Feld. Dazu kam, daß eine gewisse Nationalisierung des Lebens fortschritt und Sprachgegensätze begannen, das Bewußtsein der Menschen nachhaltig zu beeinflussen. Der sprachliche Gegensatz zwischen Tschechen und Deutschen hatte eine gewisse soziale Basis; er erhielt Virulenz bei den Auseinandersetzungen an der Prager Universität im Zusammenhang mit theologischen und vor allem kirchenpolitischen Fragen. Böhmen, ein Land, das erst verhältnismäßig spät in den Strudel der hohen Politik gesamteuropäischer Auseinandersetzungen hereingezogen wurde, erlebte nun mit neuer Intensität und wachsender Erregung die großen Fragen, die sich mit den lokalen Antagonismen und den kirchenpolitischen Streitigkeiten vermengten, gegenseitig potenzierten, schließlich zu einer geradezu explosiven Lage führten.

Magister Hus

Vor diesem Hintergrund spielte sich das Leben und Wirken von Johannes Hus ab, der um 1371 im südböhmischen Husinec geboren, seine Studien- und Lehrzeit in der Hauptstadt Prag verbrachte. Von seiner Jugend wissen wir nur das, was er in seinen Schriften selbst offenbarte: Geringer Herkunft, sah er in der geistlichen Laufbahn – so wie die meisten seiner Zeitgenossen – eine Möglichkeit der guten Versorgung und einer bescheidenen Karriere. Zunächst sah auch alles danach aus; 1396 erlangte Hus die Würde eines Magisters der Philosophie, 1400 wurde er zum Priester geweiht und begann unverzüglich sein Theologiestudium. Aus der anscheinend so konventionell vorgezeichneten Bahn warfen Hus zwei Ereignisse, deren Tragweite zunächst noch nicht abzuschätzen war: Die Bekanntschaft mit den Schriften des Engländers John Wyclef und 1402 seine Ernennung zum Prediger der Bethlehem-Kapelle, einer Gründung (1391) zur Pflege der tschechischsprachigen Volkspredigt. Die Kenntnis der Lehren Wyclefs zwang zur Stellungnahme im Ideenstreit der Zeit; die Notwendigkeit, regelmäßig dem Volk zu predigen, verhinderte eine rein theoretische Positionsbestimmung, drängte zur Stellungnahme in aller Öffentlichkeit. Der Volksprediger war in den mittelalterlichen Städten ein bekannter und einflußreicher Mann, aber er war auch der Kontrolle seiner Zuhörer ausgesetzt; er war im gewissen Sinn ihr Sprecher, und oft fühlte er sich auch als solcher. Noch in Konstanz wird Hus immer wieder auf seine Prager Zuhörer verweisen und seine Verantwortung ihnen gegenüber betonen.

Ein Kreis ergebener Anhänger begleitete nun Hus bei seiner weiteren Tätigkeit, aber die Predigten in Bethlehem riefen auch viel Feindschaft hervor, denn ganz in dem üblichen Stil der Volksprediger geißelte Hus die Mißstände in der Kirche, nannte die Sünden der Geistlichen mit Namen, und viele Angehörige des Prager Kapitels und des Pfarrklerus fühlten sich unmittelbar angesprochen – und angegriffen. Dazu kam der Neid, den der Erfolg hervorrief – kurz, Hus hatte bald eine stattliche Anzahl von Neidern und Feinden in der Geistlichkeit der Prager Städte, und ihr Haß sollte ihn künftig ständig begleiten bis hin zum Scheiterhaufen von Konstanz.

Aber Hus wurde nicht wegen seiner Kritik am Kirchenleben verurteilt; nicht das Anprangern von Mißständen wurde ihm letztlich angelastet. In dieser Hinsicht war man in der Zeit des Schismas nicht gerade zimperlich; die Kritik steigerte sich zunehmend, und wer etwa die Angriffe eines Matthäus von Krakau oder eines Nicolas de Clémanges (beide wurden nie behelligt) liest, wird schnell merken, daß Hus keineswegs vereinzelt dasteht. Hatte nicht Pierre d'Ailly, der als Kardinal und Richter von Hus in Konstanz fungierte, selbst in seiner Jugend einen satyrischen Brief Satans an die Geistlichkeit verfaßt, in dem er die Zustände in der Kirche schonungslos geißelte? Höchstens der Umstand, daß Hus die Kritik vor Laien breit ausführte, konnte ihm angelastet werden, aber allzu große Bedeutung hatte das alles nicht.

Der Kernpunkt der Anklagen betraf vielmehr den Wyclefismus von Hus. Schon der erste offene Zusammenstoß des Magisters mit dem Prager Erzbischof Zbyněk Zajíc z Hazmburka (von Hasenburg) hing damit direkt zusammen. Denn Wyclef war nach Ansichten der Kirche ein gelehrter Ketzer, der in vielerlei Hinsicht den offiziellen Ansichten widersprach. Sein Grundsatz *sola lex* (nur das Gesetz, die Bibel entscheidet) mußte die Autorität der Kirche in Frage stellen, um so mehr die Schlußfolgerungen, die er aus diesem Postulat zog. Es waren Konsequenzen rein theologischer Art, auf die hier nicht näher eingegangen werden kann, neben Folgen kirchenpolitischer Art (er unterwarf den Klerus faktisch der Aufsicht der „weltlichen Macht"). Seine Konzeption der Kirche als Gemeinschaft der Prädestinierten mußte die Grundlagen der Amtskirche erschüttern; und die Lehre, daß niemand, der sich im Zustand der Todsünde befinde, rechtmäßig Herr oder Priester sei, griff auf eine alte These zurück, die die Eignung zum Priesteramt nicht aus der Autorität und Nachfolge der Kirche ableitete, sondern aus den persönlichen Eigenschaften. In ihrer Konsequenz mußte diese Ansicht sogar das System auch der gesamten weltlichen Herrschaft erschüttern, und die Zeitgenossen waren sich dieser Tatsache nur allzu gut bewußt: 1414 wird der gelehrte Kanzler der Pariser Sorbonne, Jean Gerson, mit aller nur wünschenswerten Deutlichkeit auf diesen Aspekt der Lehren von Wyclef und Hus hinweisen, daraus die Erkenntnis ableiten, daß sich gegen diese Ketzerei jede weltliche und geistliche Herrschaft wenden müsse. Es ist dann kein Zufall, daß bei der Anhörung von Hus in Konstanz gerade zu diesem Punkt ausdrücklich auch König Sigismund gerufen wurde, der auch aus einer zwar abgeschwächten aber immer noch „gefährlichen" Verteidigung der wyclefschen Thesen die entsprechenden Schlußfolgerungen zog.

Eine Verteidigung auch nur von Teilen der wyclefschen Thesen war ein gewagtes Unternehmen, und Hus war der Überzeugung, daß Wyclef – wenigstens in manchen seiner Ansichten – völlig recht hatte, und er war bereit, diese Thesen öffentlich zu verteidigen. (Dieser Ansicht waren übrigens zunächst die meisten tschechischen Magister der Universität, auch die späteren erbitterten Gegner von Hus, im Unterschied zu ihren deutschen Kollegen.) Hus hat sich immer zu Wyclef bekannt, ihn als seinen geistigen Lehrer anerkannt und ihn mit gewissen Vorbehalten verteidigt. Er ist daher oft als einfacher Wyclefist verschrien worden: Schon bei der dritten öffentlichen Anhörung in Konstanz warf der Engländer John Stokes dem Prager Magister vor, er schmücke sich mit fremden Federn, seine Thesen seien ja in Wahrheit die Wyclefs; ebenso betonte die Verurteilung des Prager Ketzers in Konstanz diese Tatsache, und die neue Geschichtsforschung hat diese Ansicht mehrfach ausgeführt, durch den vielfältigen Nachweis von Entlehnungen aus Wyclefs Werken gestützt. Gegenüber Versuchen, eine besondere theologisch-philosophische Originalität von Hus nachzuweisen, wird man diesen Hinweisen zustimmen müssen – und doch sind sie nur ein Teil der Wahrheit: Sie übersehen die zeitgenössischen Gewohnheiten des Schaffens, das gängigerweise Ansichten, die als richtig empfunden wurden, einfach übernahmen. Auch Wyclef verfuhr seinen Vorgängern gegenüber nicht anders. Nicht das Streben nach Originalität dominierte, sondern das Suchen der göttlichen Wahrheit, der alles untergeordnet werden mußte.

Die Verteidigung Wyclefs führte zum ersten Kampf um den englischen Theologen in Prag, beginnend mit der ersten Disputation über die Thesen Wyclefs am 28. Mai 1403 an der Prager Universität. Die Diskussion steigerte sich zunehmend und führte schließlich dazu, daß nach manchen Peripetien der Prager Erzbischof 1409 Wyclefs Schriften konfiszieren und 1410 verbrennen ließ und mit der Verfolgung seiner Anhänger begann. Damit setzte das erste kirchenrechtliche Verfahren gegen Hus ein, und als auf einer Prager Synode 1410 die Lehren Wyclefs feierlich verdammt wurden, verbot in der Konsequenz der Erzbischof Hus zu predigen. Der aber lehnte es ab, sich zu fügen, und erklärte von der Kanzel der Bethlehem-Kapelle aus, er werde nun an den Papst appellieren, forderte zugleich seine Zuhörer auf, sich seiner Appellation anzuschließen, was diese auch mit Begeisterung gelobten. Dies war nun eine offene Kampfansage an den Erzbischof: Die Appellation an und für sich war legitim, entsprach den Regeln des kanonischen Rechts. Daß er aber aus dieser Appellation eine Demonstration machte, sie zur Kampfansage und zur Verteidigung Wyclefs „umfunktionierte", war ein offener Angriff. Demgemäß reagierte auch der Erzbischof; er verschärfte den Bann gegen Hus und seine Anhänger, versuchte, sie völlig zu isolieren. Husens Prager Gegner trieben in der Folgezeit in Rom den Appellationsprozeß unter dem Pontifikat Johannes XXIII. (er war am 5. Mai 1410 zum Papst gewählt worden) mit allen nur möglichen Mitteln voran. Hus wurde vor die Kurie geladen, um sich zu verantworten; und als er es wohlweislich vermied, an der Kurie zu erscheinen (er wäre zweifellos sofort eingekerkert worden), wurde er nun auch von der Kurie als Ketzer gebannt, kirchenrechtlich endgültig verurteilt. Das Urteil wurde am 15. März 1411 in Prag von den Gegnern in den Kirchen verkündet. Und als sich Hus und seine Anhänger nicht fügten, sprach am 20. Juni der Erzbischof über Prag das Interdikt aus, das das Einstellen aller kirchlichen Amtshandlungen bedeutete, das Verbot von Taufen, Eheschließungen und kirchlichen Begräbnissen inbegriffen. Allerdings konnte das Interdikt, vor allem wegen des Widerstandes Wenzels IV. und des Hofes, nicht wirklich durchgesetzt werden.

Hus reagierte auf seine Verurteilung durch die Kurie mit einem neuen Akt der Rebellion, diesmal gegen die ganze Amtskirche: Feierlich appellierte er in der Bethlehem-Kapelle an Jesus Christus als höchsten Richter. Nicht die Kiche sollte in letzter Instanz entscheiden, sondern Gott selbst. Dadurch waren aber die Grundlagen der Amtskirche angegriffen: Wenn die Maßnahmen der Kirche in dieser Welt jederzeit durch eine Appellation an Christus in Frage gestellt werden konnten, war es aus mit der Autorität der Kirche. Die Zeitgenossen waren sich der Konsequenzen des Vorgehens auch bewußt; in der zweiten Anhörung von Hus in Konstanz wurde das Problem erörtert, und auch hier beharrte Hus auf seinem Standpunkt: „Ich bekenne hier öffentlich, daß es keine gerechtere und wirksamere *appellatio* gibt als an Christus." Hus war nun kirchenrechtlich endgültig als Ketzer verurteilt, und er hatte auf diese Verurteilung mit einem offenen, mit einem demonstrativen Akt der Rebellion geantwortet.

Inzwischen aber war der Prediger schon längst kein Einzelgänger mehr; aber er war auch noch nicht Anführer einer Partei. Er war der inoffizielle Sprecher oppositioneller Gruppen in Prag wie im Königreich Böhmen und auf dem besten Weg, zu ihrer Symbolfigur zu werden. Denn sein zunächst rein kircheninterner Prozeß hatte sich inzwischen politisiert und im mittelalterlichen Sinn nationalisiert. Schon dadurch, daß Hus das Amt eines tschechischen Volkspredigers hatte, war im sprachlich sensibilisierten Prager Milieu die Gefahr einer „Nationalisierung" gegeben, und diese Gefahr steigerte sich noch dadurch, daß auch an der Universität sich nun deutsche und böhmische Magister offen gegenüberstanden. Der Antagonismus gipfelte 1409, als König Wenzel IV. das sog. Kuttenberger Dekret erließ, nach dem die böhmische „Nation" an der Universität drei Stimmen erhielt (bisher hatte sie bloß eine einzige), die drei deutschen „Nationen" erhielten nur eine Stimme. Als Wenzel auf dem Dekret beharrte, verließen die deutschen Magister und Studenten demonstrativ Prag. Der Anlaß zu diesem spektakulären Ereignis war kirchenpolitischer Art gewesen: Die deutschen Magister hatten sich geweigert, sich den „pisanischen Rebellen" anzuschließen, und blieben weiterhin Papst Gregor XII. treu, wogegen der König, aus politischen Erwägungen, das Konzil in Pisa unterstützte. Selbst wenn die Änderung des Stimmenverhältnisses primär kirchenpolitisch bestimmt war, wirkte sie in dem erregten Prag dieser Zeit „nationalisierend", und Hus – der bei der Erlangung des Dekrets eine gewisse Rolle spielte – wurde dadurch unwillkürlich zum Vorkämpfer „nationaler Belange". Als in der Folgezeit ein bewaffneter Auflauf gegen die Bethlehem-Kapelle entstand, wurde er als ein Werk der Deutschen gegen den Böhmen Hus angesehen und dieser von der anderen Seite zum Deutschenfeind stilisiert. Auch in Konstanz ist Hus das Kuttenberger Dekret als eine aus Haß gegen die Deutschen entstandene Maßnahme angekreidet worden. Die „Nationalisierung" steigerte sich noch nach 1415 – dies aber liegt bereits außerhalb des Rahmens dieses Vortrages.

Hus war 1409 ein Protegé des Königs und der Hofkreise. Diese Position erleichterte es ihm ungemein, den Angriffen des Erzbischofs und der Klerikerpartei zu trotzen. Er verlor sie jedoch 1412 – und wiederum war die Kirchenpolitik daran schuld. Johannes XXIII. hatte im Kampf gegen Gregor XII. die Möglichkeit, Ablässe für Geld zu erteilen, weidlich genutzt; als die Ablaßkrämer 1412 in Prag auftauchten, hatten sie die volle Unterstützung Wenzels IV., der am Ertrag partizipierte. Bei der Reformpartei stieß aber der Ablaßhandel sofort auf erbitterte Kritik, der sich – nach anfänglichem Zögern – auch Hus anschloß. Als er am 17. Juni 1412 öffentlich gegen den Handel auftrat, bedeutete dies den Bruch mit dem König. Der Logik der innerböhmischen Machtkämpfe entsprechend gewann er damit jedoch die Unterstützung mächtiger Adelskreise; diese förderten nun Hus und waren lange eine der Stützen der Reformpartei. Noch in Konstanz erklärte Hus mit einem gewissen Stolz, in Böhmen wären die Herren bereit gewesen, ihn notfalls auch gegen die Könige Wenzel und Sigismund in offener Aktion zu verteidigen. In Prag konnte er sich allerdings nicht mehr behaupten; er verließ im Herbst des Jahres 1412 die Stadt und wirkte nun in Südböhmen, vor allem als Verfasser tschechischer Schriften. Die Schrift ersetzte die Predigt, hatte dabei noch weitere Verbreitung, stärkte den Einfluß von Hus und seine symbolische Bedeutung als Sprecher der Reformbewegung.

Eine neue Situation entstand sowohl für Hus als auch für seine Gegner, als – auf Drängen Sigismunds – sich Johannes XXIII. im Dezember des Jahres 1413 entschloß, auf den 1. November 1414 ein allgemeines Konzil nach Konstanz einzuberufen, das auch in Glaubenssachen *(causa fidei)* Klarheit schaffen sollte. Für die Reformer verschiedenster Art schien Konstanz eine Chance für die Kirchenreform zu bieten, für die Gegner gefährlicher Ketzereien eine Möglichkeit, ein Exempel zu statuieren. Die Initiative ergriffen in dieser Situation Husens Gegner mit Sendschreiben, in denen sie die Verurteilung des Ketzers forderten; auch Wenzel IV. wurde aufgefordert, endlich offen einzugreifen. In der Stille warben um Hus Diplomaten des römischen Königs, dem es sowohl in seiner Funktion als Schirmherr des Konzils als auch als künftigem Erben des kinderlosen Bruders, des Königs von Böhmen, daran gelegen war, die „causa Hus" irgendwie zu bereinigen. Hus selbst war in Böhmen in einer reichlich verfahrenen Lage; die Reformpartei konnte nicht hoffen, ohne Unterstützung des Königs siegen zu können, sogar ihre Existenz schien bedroht. Hus selbst mußte es verlocken, auf einem internationalen Forum seine Thesen vorbringen und verteidigen zu können, um so mehr, als er subjektiv zutiefst überzeugt war, nicht nur recht zu haben, sondern auch völlig katholisch-rechtgläubig zu sein; er meinte, seine vorangehenden Verurteilungen durch den Prager Erzbischof und die Kurie seien bloß auf falsche Zeugen und Verdrehungen seiner Ansichten zurückzuführen.

So willigte denn Hus schließlich in einem Schreiben an Sigismund vom 1. September 1414 ein, das Konzil aufzusuchen, forderte aber *öffentliche* Anhörung, was ihm vom römischen König auch zugestanden wurde. Zwischen Hoffnung und Furcht schwankend, machte er sich auf den Weg nach Konstanz, ohne erst das Eintreffen des versprochenen Geleitbriefes Sigismunds abzuwarten. Am 19. Oktober 1414 war Hus in Nürnberg, auf seinem Weg predigte er und wurde als eine „Sensation" angestaunt. Am 3. November traf er in Konstanz ein, wohin auch

Václav von Dubé den Geleitbrief Sigismunds (vom 18. Oktober) brachte. Von Konstanz aus hieß er schriftlich die Einführung des Laienkelchs gut – sein Nachfolger in der Bethlehem-Kapelle, Jacobellus von Mies (Jakoubek ze Stříbra) hatte ihn in der Abwesenheit von Hus eingeführt und damit das zündende Symbol der oppositionellen Bewegung geschaffen. In Konstanz ruhten inzwischen die Gegner von Hus nicht, namentlich sein ehemaliger Freund und jetzt erbitterter Widersacher Magister Stefan Paleč und der Vertreter des Prager Klerus Michael de Causis, begannen unverzüglich mit ihren Angriffen. Beide wiesen darauf hin, daß Hus bereits rechtskräftig als Ketzer verurteilt sei, mit ihm daher gar nicht verhandelt werden dürfe. Sie erreichten es denn auch, daß Hus (nach einem angeblichen Fluchtversuch) am 28. November verhaftet und in den Kerker des Dominikanerklosters überführt wurde. Am 6. Dezember begannen hier die Verhöre des Eingekerkerten, der Konstanzer Prozeß hatte damit begonnen. Bevor ich seine Peripetien skizziere, sollen jedoch kurz die Grundpositionen von Hus und seiner Gegner charakterisiert werden.

Für das Konzil stand (wie in der gesamten Amtskirche) die Frage der kirchlichen Autorität im Zentrum des Interesses, ja ihre Bedeutung wurde noch dadurch unterstrichen, daß die Konziliaristen gezwungen waren, sich auch bei Erörterung der Papstwahl auf dieses Problem einzulassen. Von da aus gesehen war Hus zweifellos ein Ketzer, denn er hatte nicht nur dem Machtanspruch des Papsttums getrotzt, er weigerte sich gleichfalls, sich der Autorität des Konzils zu unterwerfen. Die Verneinung der vorbehaltlosen Autorität der Kirche war für das Konzil der Kernpunkt der Ketzerei des Prager Magisters. Aber man wollte (wie bei Ketzerverurteilungen üblich) Hus nicht nur wegen der Inoboedienz verurteilen; man versuchte vielmehr, auch mit Hilfe von Zitaten aus seinen Schriften und Aussage von Zeugen den Nachweis zu erbringen, daß Hus ein „vollendeter" Wyclefist und damit ein Ketzer sei: In den Vordergrund rückte damit die Lehre von der Kirche, in der Hus tatsächlich weitgehend von Wyclef abhängig war; wiederholt wurde aber auch Hus – zu Unrecht – beschuldigt, die Remanenzlehre seines Vorbilds ebenfalls übernommen zu haben. Um diese Punkte drehten sich dann die meisten Fragen und Argumentationen der Konzilsväter, sie stehen auch im Zentrum der feierlichen Verurteilung von Hus durch das Konzil. Letztlich war aber die ganze Angelegenheit für die Konzilsväter eine Frage der Autorität und Macht der Kirche.

Hus hatte sich dagegen schon durch seine Appellation an Christus, die er auch in Konstanz ausdrücklich verteidigte und wiederholte, auf die Ansicht festgelegt, daß Christus allein das wahre Haupt der Kiche sei; auch im Konkretfall seien die Folgen anzuerkennen, und danach müsse man handeln. Zwar lehnte er die Autorität der Kirche nicht pauschal ab, setzte ihr aber durch seine Schrift Schranken: Die Autorität der Kirche und des Papstes sei völlig legitim, sofern sie im Einklang mit dem Gesetz Gottes stehe. Spektakulär äußerte sich diese Einschränkung bei der Anhörung. Als man Hus fragte, ob er denn gescheiter sein wolle als das gesamte Konzil, antwortete er: Gebt mir jemanden, sei es auch der minderste der Konzilsväter, der mich aus der Heiligen Schrift eines Besseren belehrt – worauf die Zuhörer zwangsläufig antworteten: „Wie starrköpfig ist er in seiner Häresie." Neben dem Rekurs auf die Bibel berief sich Hus wiederholt auf sein Gewissen und auf seine Verantwortung seinen Anhängern und Schülern in Böhmen gegenüber; Einwände, die den Prälaten als bloße Ausflüchte erschienen. Kurz, es standen sich, hinter dem Disput um theologische Quisquilien, zwei unterschiedliche Kirchenauffassungen gegenüber, wobei wohl das Konzil die kirchenpolitischen und sozialen Konsequenzen der verdammten Lehre klarer sah als Hus selbst, der immer wieder – zuletzt noch vor dem Scheiterhaufen – beteuerte, katholisch-rechtgläubig zu sein, und für seine Verurteilung das willkürliche Herausreißen von Zitaten und die Aussagen falscher Zeugen verantwortlich machte.

Fragen der Autorität der Kirche waren in dieser Zeit, infolge der engen Verflechtungen mit der weltlichen Macht, auch ein Politikum, und sie mußten es ganz besonders in Konstanz sein. Neben dem Konzil und Hus spielte nämlich auch König Sigismund, der Hus einen Geleitbrief ausgestellt hatte und der in dieser Phase der faktische Schirmherr des Konzils war, bei den Ereignissen eine Rolle. Dabei befand sich der römische König in einer heiklen Lage: Einerseits war er gezwungen, die Autorität des Konzils weitgehend zu stützen (ganz besonders in Glaubensangelegenheiten), andererseits mußte er auf die Zustände im Königreich Böhmen, seinem künftigen Erbe, Rücksicht nehmen. Er wählte daher auf Drängen böhmischer Adeliger den Weg einer formalen Genugtuung für Hus, d. h. er erzwang, daß der Prager Magister nicht einfach verurteilt wurde, sondern daß ihn das Konzilsplenum zuvor anhören solle. Die Konsequenzen der „ketzerischen" Lehre wurden ihm aber bald klargemacht, denn die Ankläger trieben Hus dazu, vor Sigismund zu behaupten, daß auch ein König, der in der Todsünde sei, kein wahrer König sei. Die machtpolitischen Konsequenzen waren damit klar. Im Plenum begnügte sich Sigismund mit der Replik: „Johannes Hus, niemand lebt ohne Verbrechen *(sine crimine).*" Insgeheim aber riet der römische König nun den Konzilsvätern, Hus schleunigst zu verbrennen, ein Rat, der zufälligerweise von Böhmen mitgehört wurde und der dann ausgiebig dazu beitrug, Sigismund als Verräter des Johannes Hus abzustempeln.

Die weiteren Ereignisse nahmen den Verlauf, der der inneren Logik der Dinge entsprach. Neben den Verhören kam es, nach der Absetzung und Verurteilung Johannes XXIII. und der Verdammung von 260 Thesen des Engländers Wyclef, zu drei öffentlichen Anhörungen von Hus (5., 7., 8. Juni), in denen Hus allein dem gesamten Konzil trotzte, während die Konzilsväter ausschließlich daran interessiert waren zu hören, ob sich Hus der Autorität des Konzils unterwerfe oder ob der Magister seine Thesen verteidigen wollte. Eine Diskussion war auf dieser Basis unmöglich, und Peter von Mladoňovic, ein Anhänger und Begleiter von Hus, der über die drei Sessionen berichtete, gab seinem Bericht die Überschrift: „Es folgen die sog. Anhörungen, die in Wahrheit nicht Anhörungen, sondern Verspottungen und Blasphemien waren."

Diese Auftritte endeten, wie nicht anders zu erwarten war, mit einer feierlichen Verurteilung des Hus, seiner Thesen und seiner Werke am 20. Juni. Noch bemühte man sich wiederholt,

Hus zum Widerruf zu bewegen, da man sich der Gefahr bewußt war, durch eine Verurteilung Hus für seine Anhänger zum Märtyrer zu machen. Als er allen Versuchen, ihn zum Widerruf zu bewegen, widerstand, folgte der letzte Akt. Am 6. Juli 1415 fand im Münster zu Konstanz die 15. feierliche Session des Konzils mit der Verurteilung von Hus statt mit allem Prunk, den die Kirche üblicherweise bei der Verurteilung von Ketzern entfaltete: feierliche Predigt, symbolische Tilgung der Priesterwürde, die Übergabe an die weltliche Macht. Als ihr Repräsentant amtete Ludwig, Pfalzgraf bei Rhein, der den Ketzer den Bütteln übergab. Mit einer hohen Papierkrone, auf der drei Teufel und die Bezeichnung „Heresiarcha" aufgemalt waren, ging Hus, ein Marienlied singend, durch das gaffende Volk. Nochmals unmittelbar vor dem Scheiterhaufen, der am Rheinufer errichtet war, wurde Hus zum Widerruf aufgefordert, nochmals beteuerte er seine Rechtgläubigkeit. An einen Pfahl gefesselt, stand er auf dem Scheiterhaufen und, als die Flammen schon züngelten, betete er das Responsorium „Christe, Sohn des lebendigen Gottes, erbarme dich unser." Den zweiten Vers „Der du aus der Jungfrau Maria geboren bist..." konnte er nicht mehr beenden. Sorgfältig achtete man darauf, daß vom verbrannten Ketzer und seiner Kleidung nichts übrigblieb, was die Böhmen als Reliquien verehren könnten. Selbst die Erde, auf der der Scheiterhaufen gestanden, wurde ausgehoben und in den Rhein geworfen. Keine Spur sollte von dem Ketzer übrigbleiben.

Die Folgen

Fast ein Jahr später, am 30. Mai 1416, erlitt ebendort auch der Freund und Genosse von Hus, Hieronymus von Prag, den Feuertod, ein Mann, der von der Tradition und der Historiographie zu Unrecht stiefmütterlich behandelt wird. Für das Konzil und auch für die Kirche der Folgezeit war damit ein Schlußstrich unter die Ketzerei des Hus und seiner Anhänger gezogen – und noch gab man sich der Illusion hin, daß damit die ganze böhmische Ketzerei beendet sei. Die Anhänger des verurteilten Ketzers sollten sie aber bald eines Besseren belehren.

Für sie war nämlich die Angelegenheit keineswegs abgeschlossen; sie nahmen den Prozeß auf ihre Art und Weise neuerlich auf und verwandelten ihn in einen Prozeß des Konzils und der gesamten Kirche. Sie taten dann den entscheidenden Schritt zum endgültigen und formalen Bruch mit der katholischen Kirche, einen Schritt, den Hus selbst noch nicht getan hat. Als erste meldeten sich die adeligen Anhänger des „verbrannten Ketzers" zu Wort, die auf dem böhmischen Landtag vom 2. September 1415 einen feierlichen Protest gegen die Verurteilung von Hus beschlossen, der nach Konstanz gesandt wurde; das Schreiben besiegelten nicht weniger als 452 Herren, Angehörige des Hoch- (58–60) und niederen Adels. In dem Protestschreiben wird ausdrücklich die Ehrenhaftigkeit und Rechtgläubigkeit des Verurteilten bezeugt; das Hauptgewicht liegt jedoch auf politischem Gebiet: Die Verurteilung wird als eine Verleumdung des Königreichs Böhmen und der Markgrafschaft Mähren, als ihre Verketzerung abgelehnt. Jeder (nur Sigismund wurde noch ausgeklammert), der diese Länder in üble Nachrede bringe, sei ein Verräter und Bösewicht. Die Adeligen behielten sich die Appellation zum künftigen Papst vor und erklärten sich bereit, das göttliche Gebot zu verteidigen. Hus war damit endgültig zur Symbolfigur des böhmischen Widerstandes gegen das Konzil geworden.

Eine ähnliche Entwicklung ist im kirchlich-reformatorischen und bürgerlichen Lager zu verfolgen: Die erste Reaktion war hier, Hus und Hieronymus als Märtyrer des wahren Glaubens zu verehren mit all den Formen, die für diese Verehrung typisch waren. Zunächst wurden beide Märtyrer gleichgestellt; in wenigen Jahren verdrängte jedoch Hus Hieronymus weitgehend als Symbolfigur. Die Anhänger von Hus erbitterte besonders die Tatsache, daß der Prager Magister, dem selbst seine Gegner einen untadeligen Lebenswandel bescheinigten, von einem Papst (Johannes XXIII.) verurteilt worden war, den nun das Konzil seinerseits absetzte, den es zahlloser Verbrechen und Untaten beschuldigte, der aber viel glimpflicher als Hus davonkam – und dessen Verurteilung des „Ketzers" Hus letztlich sogar als rechtmäßig bestätigt wurde. In den Augen der Reformpartei konnte es keinen schlagenderen Beweis für die Verderbtheit der Kirche geben als diesen Vergleich. Innerhalb von vier Jahren bereitete sich die hussitische Bewegung vor, schon mit einer anderen Sozialstruktur als die ältere Reformpartei. 1419 kam es zur offenen Rebellion, die Hussiten als Gottesstreiter nahmen nun Rache für Hus und Hieronymus. Es begann die Zeit des Hussitentums und der Hussitenkriege.

Für die Hussiten und in ihrer Nachfolge die Utraquisten blieb Hus Märtyrer. Aber als Blutzeuge der Wahrheit des göttlichen Wortes war er letztlich geschichtslos. Wie bei allen Märtyrern waren die konkreten Umstände seiner Zeugenschaft Nebensache; entscheidend war das Martyrium selbst, das seinen zeitlosen Wert bewahrte. Der Symbolcharakter von Hus wurde dadurch zwar noch verstärkt, aber ein historisch zutreffendes Bild konnte auf dieser Grundlage nicht entstehen. Die böhmische utraquistische Historiographie beschäftigte sich mit den Geschicken der Anhänger von Hus, den „Kämpfern Gottes", die die Lehre verteidigten und durchsetzten, nicht mit der Symbolfigur, die – zunächst bei den Gegnern, dann auch bei den Streitern selbst – der ganzen Bewegung den Namen gegeben hatte. Anders war die Situation im Lager der Katholiken, die gewohnt waren, sog. Ketzereien in einen historischen Kontext einzureihen. In der Böhmischen Chronik des Eneas Silvio (später Papst Pius II.) aus dem Jahre 1458 fanden sie eine literarisch hochstehende Schilderung, die die Historiographie alsbald beherrschte. In tschechischen Übersetzungen fand sie sogar unter den Utraquisten Verbreitung. Einer systematischen kirchlichen Propaganda gelang es, im Laufe des 15. Jahrhunderts die „ketzerischen Böhmen" zu isolieren – Böhme und Ketzer wurden zu Synonymen. Noch Luther distanzierte sich in seiner Anfangszeit voll Entrüstung von Hus und seiner Lehre; erst die wiederholten Beschuldigungen seiner Gegner, er sei ein Hussit, bewogen ihn dazu, sich mit Hus zu beschäftigen und seine Bedeutung ausdrücklich anzuerkennen.

Die deutsche Reformation bewirkte im reformierten Lager

eine Neubewertung des Hussitentums und eine Aufwertung von Johannes Hus als Reformator. Ulrich von Hutten, Johannes Agricola, Zacharias Theobald befaßten sich mit diesem Thema, und Flaccius Illyricus (Matyas Vlasić) gab 1558 in Nürnberg eine Edition der Werke von Hus und Hieronymus heraus. Hus und Hieronymus hatten nun ihren festen Platz unter den Zeugen der Wahrheit des reformierten Lagers und behielten ihn bis in das 19. Jahrhundert hinein. Anders war die Lage in Böhmen selbst, wo 1620 die Gegenreformation gesiegt hatte. Im Kampf mit den Resten hussitischer Ketzerei wurden Hus und der Anführer der radikalen Hussiten, Jan Žižka, zu Negativfiguren schlechthin; sogar die Böhmische Chronik des Aeneas Silvio wurde indiziert, da sie Hus nicht genügend scharf verurteilt hatte, und die barocken Prediger schwelgten in der Schilderung der „gebratenen Gans" (hus-husa heißt tschechisch Gans), die in Konstanz die gerechte Strafe fand. Die beginnende gelehrte Geschichtsschreibung der Aufklärung hatte für vermeintlich rein theologische Streitigkeiten des ausgehenden Mittelalters kein Verständnis; wenn auch die Grausamkeit der Kirche verurteilt wurde, so fand man auch für den Fanatismus ihrer Gegner keine Entschuldigung. Obwohl die gelehrte Forschung dieser Zeit Hus und das Hussitentum geradezu neu entdeckte, blieb es ein bloß historisch-antiquarisches Interesse selbst für die Aufklärer in Böhmen, die allerdings meist (aus patriotischen Gründen) die Hussiten als religiöse Fanatiker nicht so scharf verdammten wie etwa Voltaire.

Eine bescheidene Neuaufwertung bahnte sich in der deutschsprachigen Literatur in Böhmen in der ersten Hälfte des 19. Jahrhunderts unter dem Einfluß der Romantik an. Die eigentliche Wende brachte aber erst das Werk des bedeutendsten tschechischen Historikers des 19. Jahrhunderts, das Werk František Palackýs (1798–1876), der als erster eine neue Gesamtkonzeption der böhmischen Geschichte des 15. Jahrhunderts entwarf. Hus war, seiner Auffassung nach, kein Kämpfer für einen neuartigen Kirchenbegriff, sondern ein Protagonist der Gewissensfreiheit. Von der Tatsache ausgehend, daß Hus sich in Konstanz wiederholt auf sein Gewissen berufen hat, das ihm verbot zu widerrufen, wurde Hus nicht nur als Vorläufer der europäischen Reformation, sondern auch als Vorkämpfer des modernen Prinzips der Gewissensfreiheit interpretiert. Zugleich modifizierte aber Palacký auch die alte protonationale Wertung der Bewegung und modifizierte sie im Sinne des Nationalismus Herderscher Prägung seiner Zeit: Hus und die Hussiten waren, dieser Ansicht nach, Vorkämpfer des alten slawischen Demokratismus, der in Böhmen vom deutschen Feudalismus überlagert worden war. Ganz im Geiste der Zeit hatte sich Hus zum Vorkämpfer für die Freiheit des Gewissens und der Demokratie gewandelt – eine Auffassung, die begreiflicherweise Gegner auf den Plan rufen mußte, an ihrer Spitz der Prager Widerpart Palackýs, Constantin von Höfler, der den traditionellen katholischen Standpunkt verteidigte, ihn aber z. T. gleichfalls national modifizierte. Hus und die Hussiten wurden als konsequente Deutschenhasser geschildert.

In der tschechischen Publizistik und im Geschichtsverständnis beherrschte Palackýs Auffassung weitgehend das Feld, insbesondere in der Formulierung, die ihr Tomáš Garrigue Masaryk (1850–1937) gab. Hus, der Begründer der ersten Reformation in Europa, wurde zur national-fortschrittlichen Symbolfigur des modernen tschechischen Kampfes um Gleichberechtigung, später des Ringens um Selbständigkeit. Im Kampf gegen die Habsburgermonarchie während des Ersten Weltkrieges wurde er vollends zum offiziellen Repräsentanten des Widerstandes; allerdings machte ihm schon in der zweiten Hälfte des 19. Jahrhunderts der Heerführer der Taboriten, Jan Žižka, den Rang streitig. Endgültig zur offiziellen Symbolfigur wurde Hus für das tschechische demokratische bürgerliche Lager nach 1918, nach der Gründung der Tschechoslowakischen Republik. Der 6. Juli wurde Feiertag, der hussitische Wahlspruch „Die Wahrheit siegt" in das große Staatswappen aufgenommen.

1927–1933 unternahm der Prager Universitätsprofessor Josef Pekař den Versuch, Hus und das Hussitentum neuerlich zu historisieren, d. h. sie in die Zeit zurückzuversetzen, in der sie lebten. Der Versuch erweckte zwar polemischen Widerspruch, war aber geeignet, eine Neubewertung zu bewirken. Daß dies nicht geschehen ist, ist nicht zuletzt auf die deutschen Angriffe gegen die hussitische Tradition zurückzuführen, die sogar so weit gingen, daß 1941 das Reichspropagandaministerium kurzerhand verbot, über diese Zeit zu schreiben; das Hussitentum durfte höchstens als ein „Irrweg" der Tschechen gekennzeichnet werden. Die logische Folge dessen war, daß sowohl in der besetzten Tschechoslowakei als auch beim tschechischen Widerstand im Ausland das Hussitentum neuerlich als Palladium der nationalen tschechischen Geschichtsauffassung erschien.

Das blieb es auch nach der Befreiung der Tschechoslowakei im Jahre 1945, wo jedoch – im Einklang mit dem wachsenden Einfluß der Kommunistischen Partei – sich das Bild von Hus und den Hussiten neuerlich zu wandeln begann. Unter dem Einfluß von Zdeněk Nejedlý (1878–1962) entstand nun eine neue Konzeption: Hus blieb nationales Symbol, sein Wirken mit dem tschechischen „Volk" (im modern-volkskundlichen Sinn des Wortes) verbunden, vor allem aber wurde er zu etwas wie einem Sozialrevolutionär. Obwohl Hus in seiner Soziallehre (falls diese hochgestochene Bezeichnung überhaupt zulässig ist) über das gängige Maß der zeitgenössischen Sozialkritik nirgends herausging, war man bemüht, das Wenige, das vorhanden war, als eine revolutionäre Kritik zu interpretieren; sogar zum Repräsentanten eines „ideologischen Widerstandes" gegen den Feudalismus ist Hus stilisiert worden. Kurz, Hus blieb auch nach 1945 eine lebendige Identifikationsfigur (wenn auch bereits im abgeschwächten Sinn), und nach dem „Eingriff" der Staaten des Warschauer Paktes 1968 in der Tschechoslowakei ist Hus wiederum, sowohl von den offiziellen Machthabern als auch von emigrierten Vertretern der Opposition, als Leitbild in Anspruch genommen worden. Wenn nicht alles trügt, so ist in der böhmischen Kultur das, was als hussitische Tradition verstanden wird, immer noch lebensfähig und dürfte auch noch in Zukunft eine Rolle spielen.

Der Prozeß des Magisters Johannes Hus fand im Jahre 1415 auf dem Konstanzer Konzil statt – ohne jeden juristischen Formfehler, der eine künftige Revision erleichterte. Für die

Katholiken blieb die Verurteilung rechtsgültig bis zum heutigen Tag. Erst im 20. Jahrhundert sind vereinzelte Versuche zu verzeichnen, Hus zu rekatholisieren und dadurch kirchlich zu „rehabilitieren". Von seinen Anhängern und von der Geschichtsschreibung ist der Konstanzer Prozeß immer wieder neu aufgenommen worden, und meist befanden sich dabei die Kirche und das Konzil, nicht der Prager Magister, auf der Bank der Angeklagten. Den theologische Aspekt hat der Streit längst eingebüßt. Die Geschichtsschreibung analysierte das Wirken des „böhmischen Ketzers" in der Regel im unmittelbaren Zusammenhang mit den nachfolgenden Ereignissen der Hussitenzeit, war bemüht, ihn geistesgeschichtlich einzuordnen und seine Bedeutung für die Geschichte des Aufstandes zu umreißen. Gewiß haben diese Aspekte ihre völlige Berechtigung und Wichtigkeit, und sie werden zweifellos auch künftighin Historiker beschäftigen.

Vielleicht kam aber in der ganzen säkulären Diskussion ein Aspekt etwas zu kurz, der uns in unserer Zeit besonders ansprechen könnte: Einerseits der Versuch, jede Kritik im Namen einer Autorität (oder im sog. öffentlichen Interesse) zu unterbinden, durch Verteufelung der Gegner Krisensituationen zu meistern; auf der anderen Seite der Rekurs auf das eigene Gewissen und auf die Argumentation – wobei Hus noch den großen Vorteil seines starken traditionalistischen Glaubens mit in die Waagschale werfen konnte, eines Glaubens, der uns völlig abgeht. Gewiß ist die antithetische Konfrontation von Individuum und Institution eng durch unsere Optik bedingt; das ist jedoch bei jedem Sinngebungsversuch geradezu zwangsläufig.

Wie dem aber auch sei: Der Prozeß des Johannes Hus gehört mit zu den Prüfsteinen, an denen sich in der Vergangenheit die Geister geschieden haben. In der Moderne hat er zweifellos viel von seiner alten Funktion eingebüßt. Geblieben ist aber ein Impuls zum Nachprüfen und Überdenken von Machtanspruch und Widerstand, von Zeitbedingtheit und überzeitlicher Problemstellung, eine Anregung zum Überlegen, den er wohl auch noch in absehbarer Zeit behalten wird.

Gerd Krumeich

Verdammung und Rehabilitierung von Jeanne d'Arc (1431/1456) Der Prozeß und seine Wirkungsgeschichte

Jeanne d'Arc war ein lothringisches Bauernmädchen, wahrscheinlich Anfang 1412 geboren. Mit sechzehn Jahren hörte sie Stimmen, die ihr befahlen, den Dauphin Charles in Chinon aufzusuchen, sich von diesem eine Truppe zur Verfügung stellen zu lassen, die Stadt Orleans von der Belagerung durch die Engländer zu befreien, den Dauphin als legitimen Thronfolger Karl VII. in Reims zum König krönen zu lassen und die Engländer aus Frankreich zu vertreiben. Die Jungfrau verließ ihr Elternhaus, gelangte nach Vaucouleurs, und nach einigem Zögern beugte sich der Bezirkshauptmann de Baudricourt ihrem Verlangen. Sie wurde mit einem Pferd und Begleitung ausgestattet und gelangte – das grenzt bereits ans Wunderbare – tatsächlich unversehrt nach Chinon, wo sich der Dauphin und sein Hof aufhielten. Nach langwierigen Untersuchungen und Befragungen gelang es Jeanne, den König und seine geistlichen und weltlichen Ratgeber zumindest so weit von ihrer göttlichen Sendung zu überzeugen, daß man ihr ein Heer zur Verfügung stellte. Nahezu im Handstreich entsetzte sie Orleans, und weitere Siege über die Engländer bzw. die Burgunder machten den Weg nach Reims frei, wo König Karl VII. tatsächlich am 17. Juli 1429 gekrönt wurde.

Nach diesen Erfolgen wollte Johanna die Befreiung Frankreichs von den Engländern fortsetzen, wohingegen der König und seine Ratgeber, mehr und mehr des Kämpfens überdrüssig, es vorzogen, den Weg von Verhandlungen einzuschlagen. Jeanne kämpfte indessen mit einer Schar Getreuer weiter, allerdings mit immer geringerem Erfolg. Der Versuch, Paris einzunehmen, mißlang, und bei der Belagerung von Compiègne wurde sie schließlich im Mai 1430 gefangengenommen. Ihre Feinde waren begierig, ihr einen Ketzer-Prozeß zu machen, nicht allein, um sie selber aus dem Wege zu räumen, sondern mindestens ebensosehr, um ihr Charisma ganz zu brechen, d. h. dem Volk (und sich selber) zu beweisen, daß Jeanne d'Arc keinesfalls von Gott gesandt, sondern daß sie ein Werkzeug des Teufels war. War Jeanne aber tatsächlich ein Werkzeug des Teufels, so bedeutete dies nicht mehr und nicht weniger, als daß der König Karl VII. seinen Thron dem Teufel verdankte – daß er also illegitimer Herrscher war.

Dieser Nachweis indessen fiel den Engländern und den mit ihnen verbündeten Franzosen – den Burgundern und der mächtigen Universität Paris – schwer. Denn nicht allein hatte Jeanne d'Arc wundersame Kriegstaten vollbracht, sie war auch in dem Ketzerprozeß, dem sie ab Januar 1431 in Rouen unterworfen wurde, von einer Eloquenz, Überzeugungskraft, Gradlinigkeit und Klugheit, die seitdem Historiker und Dichter fasziniert haben. Es sei hier nur erinnert an Bert Brechts „Prozeß der Jeanne d'Arc in Rouen". Wer dieses Stück sieht oder liest, wird zweifellos beeindruckt davon sein, wie es dem Dichter gelungen ist, die dramatische Situation zwischen dem einfachen Mädchen aus dem Volk und der dieses erstickenden geistlichen und weltlichen Macht dialogisch zu bannen. Der größte Kunstgriff Bert Brechts bestand darin, in vielen Passagen nahezu nichts zu den Original-Prozeßakten hinzuzufügen. Brechts Stück ist, was viele Dialoge angeht, eine wörtliche Übersetzung (und dazu eine gute!) des Textes des *Procès de Condamnation* von 1431. Man mag daraus ermessen, wie lebendig, wie ergreifend auch, dieses einzigartige Dokument ist.

Um Mißverständnissen vorzubeugen, sei indessen gleich betont, daß ich die Intentionalität des Verfahrens, die Tricks und Schliche, die der Richter Cauchon, damals Bischof von Beauvais und den Engländern vollständig hörig, sowie die anderen Prozeßbeteiligten ersannen, um der Angeklagten zu schaden, mit solchen Feststellungen keineswegs gutheiße. Nur ist leider über Jahrhunderte hinweg die Polarität unter Jeanne d'Arc-Forschern so stark gewesen, daß sich diejenigen, die sich auf die Akten des *Procès de Condamnation* stützten, immer des Vorwurfs erwehren mußten, Cauchon und seine Umtriebe zu entschuldigen. Aber es ist grundsätzlich richtig, wie Jules Quicherat, der große Kenner und Editor der ersten authentischen Veröffentlichung der beiden Prozesse, bereits im Jahre 1840 gesagt hat, daß die Akten wegen ihrer formalen Qualität Vertrauen verdienen im Hinblick auf eine einigermaßen getreuliche Darstellung des tatsächlichen Ablaufes des Verfahrens. Ein Beleg für die überwiegende Zuverlässigkeit dieser Quelle ist folgende Tatsache: Jede einzelne Seite der Original-Prozeßakten ist von den Schreibern gegengezeichnet. Diese weigerten sich aber, eine vom Bischof Cauchon nach dem Tode Jeannes angestrengte sogenannte *information postume* in die Prozeßakten aufzunehmen, wie der Bischof es zu seiner Rechtfertigung befahl. Dieses Dokument befindet sich folglich bei den Akten – ohne indessen die notariellen Paraphen zu tragen.

Der Prozeß

Liest man den gesamten – recht kurzen – Text des Verdammungsprozesses von 1431 (beispielsweise in der eleganten und bis auf einige, allerdings gravierende Fehler richtigen Übersetzung – bzw. „Übertragung" der im Original zum größten Teil verwandten indirekten Rede in die direkte – von Ruth Schirmer-Imhof), so wird deutlich, welch ebenso schlichte wie große menschliche Geschichte sich hier vollzieht. Dies zeigt sich bereits in der ersten Prozeßsitzung, 21.2.1431, wo Jeanne die Aufforderung ihres Anklägers, zu versprechen, daß sie keinen Fluchtversuch unternehmen werde, mit dem einfachen Satz kontert: „Jeder Gefangene hat ein Recht zu fliehen" (Schirmer-Imhof, 19). In der folgenden Sitzung des Prozesses, 24. Februar, mahnt Jeanne ihre Richter, nicht zu sehr in sie zu dringen: „Über viele Punkte könnt Ihr mir Fragen stellen, die ich Euch nicht wahrheitsgemäß beantworten kann, besonders solche, die meine Offenbarung berühren, weil Ihr mich vielleicht zwingen könntet, kundzutun, was ich versprochen habe zu verschweigen, und ich würde wortbrüchig. Ist es das, was Ihr wollt? Ich sage Euch: Hütet Euch, die Ihr Euch meine Richter nennt, denn Ihr ladet Euch eine schwere Last auf, und Ihr mutet mir zuviel zu" (ebd. 23).

Auch dieser Satz ist ein erstaunliches Zeugnis für eine Geradlinigkeit und Selbstsicherheit des Denkens und des Ausdrucks, das Bestehen auf der persönlichen Freiheit in Gott, die noch ein Vierteljahrhundert später den Zeugen des Rehabilitationsprozesses als der wohl wunderbarste Aspekt ihrer Persönlichkeit in lebhafter Erinnerung geblieben war.

Man stelle sich einmal ein Bauernmädchen von „ungefähr 19 Jahren" vor, das nach eigener Aussage „nicht a und b" schreiben kann, und das im Angesicht eines hohen Inquisitionsgerichtes und einer großen Anzahl von feindlich gesonnenen Rechtsgelehrten und Theologen Sätze wie den eben zitierten spricht. Ein feinerer Ausdruck des individuellen Rechtes und der persönlichen Überzeugung gegenüber der Macht ist kaum konzipierbar. Und ein dritter, ebenso berühmter Ausspruch der Jungfrau aus derselben Prozeßsitzung sei hinzugefügt. Auf die bösartige, eine echte theologische Fußfalle darstellende Frage eines der Beisitzer, ob Jeanne gewiß sei, im Stande der Gnade zu sein (wie sollte sie auf diese Frage antworten, ohne ihren Richtern Material gegen sich zu geben?), antwortete Johanna: „Wenn ich es nicht bin, möge mich Gott dahin bringen, wenn ich es bin, möge mich Gott darin erhalten! Ich wäre der traurigste Mensch auf Erden, wenn ich wüßte, daß ich nicht in der Gnade Gottes stehe."

Wie stark Jeannes Überzeugung von ihrem Recht, gegründet auf ihre göttliche Sendung und gefestigt durch den gleichsam kontinuierlichen Ratschlag ihrer „Stimmen" war, zeigte sich im Verdammungsprozeß immer dann, wenn ihre Ankläger versuchten, sie mittels theologischen Argumentierens respektive Finassierens dazu zu bringen, ihrer *superstitio* Ausdruck zu geben. Als ihr beispielsweise vorgehalten wurde, sie habe doch ganz offensichtlich eine Todsünde begangen, indem sie die Stadt Paris entgegen dem geltenden Recht an einem Feiertag angegriffen habe, antwortete Jeanne: „Wenn ich eine Todsünde begangen habe, so ist es an Gott, darüber zu befinden, und an mir, mich Gott und einem Priester in der Beichte anzuvertrauen" (ebd. 60).

Und die weitere Beschuldigung, durch den Sprung vom Turm des Schlosses Beaurevoir, wo sie zuerst gefangengehalten worden war, eine Todsünde begangen zu haben, beantwortet Johanna kurzum wie folgt: „Ob es eine Todsünde war, weiß ich nicht. Darüber zu befinden, überlasse ich Unserem Herrn."

Immer deutlicher wird im Verlaufe dieses Prozesses der Grundkonflikt zwischen einem Menschen, der seine eigene Überzeugung auf einen Auftrag Gottes stützt, und dem entgegenstehenden Autoritätsanspruch der kirchlichen Institution. Nicht daß Johanna die Heilige Kirche ablehnt, sie bekennt sich ausdrücklich zu ihr, solange deren Auffassungen im Einklang mit dem sind, was ihre Stimmen ihr eingeben. Der Aufforderung eines Richters, sich bedingungslos der Entscheidung der Kirche zu unterwerfen, beantwortet sie mit der kategorischen Feststellung, daß man ihr nicht werde nachweisen können, etwas getan zu haben, was wirklich „gegen den christlichen Glauben verstößt". Und auf eine nochmalige Aufforderung, sich dem Entschluß der Kirche zu unterwerfen, entgegnet sie mit der viele ihrer Antworten auszeichnenden Direktheit und verblüffenden Klugheit: „Ich berufe mich auf Unseren Herrn, der mich gesandt hat, auf Unsere Liebe Frau und alle Heiligen des Paradieses. Es scheint mir, daß Unser Herr und die Kirche ein und dasselbe sind. Das ist ganz einfach. Warum macht Ihr damit Schwierigkeiten – Ihr?" (ebd. 64).

Kein Wunder, daß nach solchen Selbstaussagen die Präambel der anschließend verfaßten Anklageakte folgenden Wortlaut hatte: „Johanna soll ... schuldig erklärt werden ... als abergläubisch, die Schwarze Kunst betreibend, in Sachen unseres katholischen Glaubens falsch denkend, schismatisch, an der Bulle ‚Unam Sanctam' und vielen anderen Glaubensartikeln zweifelnd ..." (ebd. 71).

Johannas Antwort auf diesen Vorwurf ist wiederum selbstbewußt: „Ich berufe mich auf die streitende Kirche, vorausgesetzt, daß sie von mir nichts Unmögliches zu tun verlangt... Das was mir unser Herr zu tun aufgetragen hat, das werde ich für niemanden auf der Welt widerrufen. Es wäre mir unmöglich. Wenn mir die Kirche gebieten wollte, das Gegenteil von dem zu tun, was Gott mir aufgetragen, so könnte ich niemals gehorchen... Dieu premier servi" (ebd. 72). Diese Art von Selbstbewußtsein mußte einen Vertreter der *ecclesia militans* jener Zeit aufs höchste erregen und bestürzen, und so wurde in den 12 Schuldartikeln des Urteilsspruchs u. a. festgehalten: „Du hast eine falsche Auffassung von der Freiheit des menschlichen Willens" (ebd. 85).

Jeanne wurde schließlich häretischer und schismatischer Ansichten und Taten für schuldig befunden. Der Urteilsspruch hatte folgenden Wortlaut: „Im Namen des Herrn. Amen. Wann immer der Irrglaube mit seinem verpestenden Gift ein Glied der Kirche ansteckt und in ein Glied des Satans verwandelt, so muß man mit brennendem Eifer verhindern, daß die gefährliche Ansteckung auch auf die anderen Teile des mystischen Leibes Christi übergreife.... Darum erklären Wir, Pierre, durch Gottes Barmherzigkeit Bischof von Beauvais... Euch, Johanna, gemeinhin die Jungfrau genannt, als Abtrünnige, Götzendienerin, Teufelsbeschwörerin... Mit diesem Urteil erklären Wir, die Wir über Euch zu richten haben, daß Ihr wie ein brandiges Glied aus der Einheit der Kirche ausgestoßen und von ihrem Leibe weggerissen werdet, damit Ihr die anderen Glieder nicht ansteckt – und daß Ihr dem weltlichen Arm ausgeliefert werdet..." (ebd. 94f.)

Der „weltliche Arm", das waren in diesem Fall die Engländer, in deren Machtbereich Rouen lag. Diese überantworteten Jeanne ohne jede weitere Erörterung dem Scheiterhaufen. Sie starb in den Flammen, am Mittwoch, dem 30. Mai 1431.

Ab dem Jahre 1450 wurde der *Procès en nullité de la condamnation,* also die Revision der Verdammung von Jeanne d'Arc, seitens des inzwischen in ganz Frankreich als König anerkannten Karl VII. in Gang gesetzt. Wie der Verdammungsprozeß, so war auch der Revisionsprozeß insofern ein politischer Prozeß, als es nunmehr darum ging, die Legitimität des Königs vor aller Welt zu demonstrieren – nachzuweisen, daß er seinen Thron nicht etwa einer Häretikerin, einer Hexe gar und damit dem Teufel verdankte. So heißt es in einer vom geistlichen Ratgeber des Königs, Guillaume Bouillé, verfaßten Denkschrift aus dem Jahre 1450, daß es um den „guten Namen" des Königs Karl gehe und um den Nachweis, daß das französische Königshaus niemals Häretiker unterstützt habe. Es sei evident, daß die Verdammung von 1431 auch der Ehre des Königs Karl abträglich sei, denn schließlich sei Jeanne d'Arc als Soldat des Königs gefaßt und der Häresie beschuldigt worden. „Welch ein Schandfleck wäre es für den königlichen Thron, wenn unsere Feinde später vor aller Welt behaupten könnten, daß der König von Frankreich bei seiner Armee eine Häretikerin beließ, eine Frau, die die Teufel angerufen habe . . ."

In den Jahren 1455 und 1456 wurde eine Reihe von Zeugen in den verschiedenen Orten, an denen Johanna gelebt und gewirkt hatte, befragt und nach langwierigen Untersuchungen wurde das Urteil von 1431 kassiert und Jeanne d'Arc feierlich rehabilitiert.

Im einzelnen dürfte kaum noch zu unterscheiden sein, was die Zeugen des Rehabilitationsprozesses, davon verblüffend viele, die den Verdammungsprozeß ein Vierteljahrhundert zuvor miterlebt hatten, aus Gefälligkeit, aus Überzeugung, aus Furcht gar oder bereits aus einer stereotypisierten kollektiven Erinnerung heraus zu Protokoll gaben. Insgesamt gesehen blieb über die „Tradition" dieser Prozeßaussagen und gleichzeitiger „royalistischer" Geschichtsschreibung und Dichtung ein Bild von Jeanne d'Arc erhalten, in welchem vielfach das Bild der Heiligen, wie es ab den 1870er Jahren die katholische Sicht prägte, bereits vorgeformt war: Jeanne war ein einfaches Mädchen aus dem Volk, dessen „Stimmen" und Auftrag zweifellos göttlichen Ursprungs waren. Gott hatte sie geschickt, um dem König zu seinem *Sacre,* seiner Salbung, zu verhelfen. Eine typische Aussage aus dem Rehabilitationsprozeß sei hier wiedergegeben: Der königliche Leibarzt Renaud Thierry, am 8. 3. 1456 vernommen, gab folgendes zu Protokoll: „Ich sah, wie Johanna vor den König in Chinon kam, und ich hörte sie sagen, sie sei von Gott zu dem edlen Dauphin gesandt, um die Belagerung von Orleans aufzuheben und den König nach Reims zu seiner Salbung und Krönung zu führen. Ich habe sie bei der Einnahme von Saint-Pierre-le-Moutiers gesehen und erlebt, wie die Soldaten die Kirche plünderten und heilige Gegenstände und Schätze fortschleppen wollten. Aber Johanna widersetzte sich ihnen mit männlicher Heftigkeit und duldete es nicht. Ich meine, ihr lobenswürdiger Lebenswandel, ihre Worte und Werke sowie das Eintreffen der von ihr vorausgesagten Geschehnisse deuten darauf hin, daß die Jungfrau von Gott gesandt war" (Schirmer-Imhoff 150 f.).

Auch die meisten anderen Zeugen wußten von Johannas großer Frömmigkeit, Hingabe an ihre „Mission", natürlicher Einfachheit, von ihrem Patriotismus zu berichten. Und ein Bürger von Orleans schilderte als Augenzeuge der Befreiung dieser Stadt den allgemeinen Eindruck, den die Jungfrau auf die Zeitgenossen gemacht hatte, in der folgenden Weise: „Sie wurde von allen, Kleinen und Großen, Männern und Frauen, mit solchem Jubel und Begeisterung empfangen, als wäre sie ein Engel Gottes. Jedermann hoffte, daß man dank ihrer Ankunft von den Feinden befreit würde – was auch tatsächlich geschah" (ebd. 163).

Solcher Enthusiasmus, wie er sicherlich in der hier geschilderten Form existiert hat, führte dann auch zu bunter Fabuliererei: So berichtete ein Zeuge, daß sich in dem Moment, wo Johanna zum Angriff auf die englischen Forts über die Loire setzen wollte, der bislang heftige Gegenwind augenblicklich gedreht habe; und ein anderer Zeuge gab sogar folgendes zu Protokoll: „Die Loire führte damals so wenig Wasser, daß die

Schiffe weder stromaufwärts fahren noch sich dem feindlichen Ufer nähern konnten. Dann stieg das Wasser, fast plötzlich, und so hoch, daß die Schiffe dem Heer entgegenfahren konnten" (ebd. 180).

Nur selten kamen im Rehabilitationsprozeß auch Dinge zur Sprache, die geeignet gewesen wären, diese klischeehafte Darstellung und Erinnerung gleichsam aufzubrechen. So, wenn beispielsweise einer der Richter des Verdammungsprozesses von 1431, André Marguerie, sich erinnerte, daß Jeanne auf die Frage, ob sie sich der Kirche unterwerfe, geantwortet habe: „In bestimmten Dingen halte sie sich weder an den Bischof noch an den Papst oder irgend jemand sonst, allein an Gott. Und das war einer der Gründe, weswegen man den Widerruf von ihr forderte" (ebd. 221). Und ein anderer ihrer Richter von 1431 erklärte nach wie vor lakonisch: „sie versteifte sich zu sehr auf ihre angeblichen Erscheinungen" (ebd. 199).

Weitere Kritik oder Rechtfertigung dessen, was im Prozeß von 1431 geschehen war, wurde jedoch während des Rehabilitationsprozesses im Jahre 1456 nicht geäußert – auch dies war ja ein politischer Prozeß und jeder wußte, daß es u. a. auch um die Rechtfertigung und Legitimierung des mächtigen Königs Karl VII. ging... So war auch beim Rehabilitationsprozeß die Frage von Recht und Macht gestellt: Die Legitimität der Herrschaft Karls VII., von den Engländern heftig bestritten, wurde durch das von Gott befohlene Eingreifen der Jungfrau unabweisbar und durch die Salbung von Reims zu neuem Recht.

Grundsätzlich liegt bereits hier eine Instrumentalisierung der Jungfrau zu „royalistischen" Zwecken vor, wie es dann in den folgenden Jahrhunderten offizieller und höfischer Geschichtsschreibung gängig wurde. Während die Akten des Verdammungsprozesses von den Historikern nicht beachtet wurden, auch schlecht zugänglich waren, wurden von den Akten des Rehabilitationsprozesses eine Reihe von Abschriften gefertigt, die für die klassische Geschichtsschreibung ab Mitte des 16. Jhs. verbindlich blieben. In dieser Geschichtsschreibung ist Jeanne d'Arc nur mehr ein „Instrument", das Gott gesandt hat, um den König zu erheben und der Welt zu zeigen, daß Seine Gnade auf dem französischen Königtum liegt. Das Bild der Jungfrau, ohnehin ungefähr ab Ende des 15. Jahrhunderts in der kollektiven Erinnerung nur noch schemenhaft vorhanden, wurde durch diese Einordnung in den royalistischen Bezugsrahmen gleichermaßen weiter „entäußert". Jeanne d'Arc selber wurde eine „berühmte Heldin", ohne Makel zwar, aber auch ohne irgendeine persönliche Besonderheit. Eher eine Amazone als ein einfaches Mädchen aus dem Volk, eher ein „Instrument" der Mächtigen als ein Wunder Gottes – und als solches verfiel sie dann auch der Ironie von Aufklärern wie Voltaire.

Die Grenzen der „Sendung" der Jungfrau

Eine interessante, Zuspitzung dieser Instrumentalisierung Jeanne d'Arcs sei noch dargestellt, da hierbei die Entfremdung der Persönlichkeit der Jungfrau von Orleans gleichsam auf die Spitze getrieben wurde: es geht um die Auffassung, daß Jeannes göttlicher Auftrag eigentlich mit der Königssalbung von Reims erfüllt gewesen sei. Im Loblied des Revisionsprozesses wird bei dieser Frage ein Residuum von Kritik an der Jungfrau deutlich, eine Kritik, die auf älteren Quellen beruhte, und die vom Revisionsprozeß ausgehend dann eine lange Zeit vorherrschend werden sollte. Grundsätzlich geht es um die Frage, ob Johanna recht daran tat, nach der Königskrönung von Reims den Kampf fortzusetzen, oder ob sie gar schuldig wurde, schuldig des Hochmuts und des mangelnden Respekts vor den Grenzen, die ihr Gott ausdrücklich gesetzt hatte. Dunois, ihr treuer Begleiter, sagte im Rehabilitationsprozeß aus, daß Jeanne nach der Königskrönung ihm selber gegenüber den Wunsch geäußert habe, nach Hause zurückkehren zu dürfen. Aus dieser und anderen Aussagen ergab sich das Bild, daß Jeanne in der Tat ihren Auftrag nunmehr als erfüllt ansah, und in einer etwas späteren, dann von nahezu allen Autoren rezipierten Quelle (dem ‚Mystère du Siège‘) wurde fabulierend hinzugefügt, sie habe selber ausdrücklich erklärt, daß ihre von Gott gestellte Aufgabe mit der Einsetzung des rechtmäßigen Königs erfüllt sei.

Uns mag heute diese Frage als sekundär erscheinen – für einige Jahrhunderte der Jeanne-Rezeption ließ sie indessen das überwiegende Bild der Jungfrau auf eine merkwürdige Weise determiniert bleiben. Denn: Wenn es stimmte, daß Johanna von Gott allein den Auftrag erhalten hatte, dem König zu seinem Recht zu verhelfen, dann war die Fortsetzung des Kampfes nach der Salbung von Reims, aus welchen Motiven auch immer, Anmaßung und Versuchung Gottes. Dann war Johanna gleichermaßen aus dem Schutz ihrer Stimmen herausgetreten und hatte ihr bitteres Ende selber zu verantworten. Dann war ihre Gefangennahme und ihr Tod auf dem Scheiterhaufen eine Strafe – ihre Seele mußte durch das Feuer gereinigt werden. Der Historiker Mézeray, dessen ‚Geschichte Frankreichs' ab den 1680er Jahren für mehr als ein Jahrhundert zumindest auf katholisch-royalistischer Seite verbindliche Lektüre der Gebildeten blieb, hat diesen „klassischen" Vorwurf folgendermaßen formuliert: „Da sie ihren Auftrag überschritt, wie sie selber später zugestanden hat, und da sie noch nach der Salbung des Königs ihre Waffen nicht ablegte, so war Gott, der verlangt, daß man ihm genauestens gehorcht, nicht länger verpflichtet, ihr zugunsten weitere Wunder zu vollbringen."

Dieser Topos vom Ende der Sendung Jeannes mit dem *Sacre* von Reims zieht sich durch die gelehrte Literatur und deren populäre Abwandlungen bis in die Mitte des 19. Jahrhunderts. Johanna wurde in dieser Tradition also gleichermaßen ins Unrecht gesetzt, und dies aus einem ganz durchsichtigen und einleuchtenden Grund: es ging nämlich um die Ehrenrettung des Königs Karl VII. Tatsächlich hatte dieser sich nach der Krönung mehr und mehr von der Jungfrau abgewandt, hatte Verhandeln und Taktieren einer Fortführung des Feldzuges zur Befreiung aller französischen Städte von der englischen Herrschaft vorgezogen und hatte schließlich keinen Finger gerührt, um Jeanne aus der Gefangenschaft loszukaufen oder zu befreien. Bereits in ganz zeitgenössischen Quellen – also in Quellen aus der Zeit um 1430/1440 – wird dieser Vorwurf in mehr oder minder präziser Form erhoben. Und die „royalistische" Intention des Revisionsprozesses von 1456 lag nicht zuletzt darin, daß versucht wurde, dem König diesen Makel zu nehmen. Wie aber konnte dies effizienter geschehen, als wenn nachgewiesen wurde, daß die Jungfrau selber zugegeben hatte, daß ihr „Auftrag" mit der Königskrönung eigentlich erfüllt gewesen war und daß ihr Weiterkämpfen also Unrecht vor Gott war? Diese „Logik" ist der Grund, weshalb diese Argumentation bis hin in die Mitte des 19. Jahrhunderts in der „royalistischen" und staatstreuen Historiographie dominiert.

Allerdings gibt es auch eine zweite Tradition, die gleichermaßen in Konkurrenz zu dieser royalistisch-affirmativen steht. Nämlich die Auffassung, daß Jeanne d'Arc sicherlich der Meinung war, ihren Auftrag mit dem *Sacre* erfüllt zu haben, daß sie aber keineswegs aus Übermut weitergekämpft habe, sondern trauernd und gezwungenermaßen – gezwungen von dem König und seinen Ratgebern, die auf ein so prächtiges „Instrument" nicht verzichten wollten. Belege für diese Auffassung existieren ebenfalls sehr früh und sind sicherlich als ein opportunistisch gewendetes Echo der alten Kritik an Karl VII. und seinen Ratgebern zu interpretieren. Es ist interessant zu beobachten, wie beide Varianten zwischen dem 17. und dem 19. Jahrhundert geradezu nach Belieben gebraucht werden. Das läßt sich besonders gut zeigen an der Festpredigt zu Ehren der Jungfrau, die seit dem 15. Jahrhundert alljährlich zum Jahrestag der Befreiung der Stadt Orleans gehalten wurde – bis heue gehalten wird – und die uns nahezu durchgehend seit dem Ende des 17. Jahrhunderts überliefert ist. Diese wichtige und meinungsbildende säkulare Quelle ist bislang kaum untersucht worden. Wichtig für das hier verfolgte Thema ist die Tatsache, daß Jeanne d'Arc in den Festpredigten jahrhundertelang eine problematische Gestalt blieb. Ihre Verdienste für Frankreich und den König wurden zwar stets hervorgehoben, aber zu einer ganz positiven Heldengestalt konnte sie nicht werden, solange der politisch motivierte (sachlich überhaupt nicht haltbare) Vorwurf auf ihr lastete, ihre Grenzen überschritten, Gott versucht zu haben – der Versuchung der Macht nicht widerstanden zu haben und aus dem Recht herausgetreten zu sein.

Diese Variante der Geschichte von Jeanne d'Arc, wie sie vom

Rehabilitierungsprozeß von 1456 ihren Ausgang nimmt, ist heute kaum noch bekannt – sie ist auch seit mehr als 100 Jahren zu den Akten der Geschichte gelegt worden und hat heutzutage nur noch in ultraroyalistischen und abseitigen Druckerzeugnissen ein schwaches Echo. Das ändert aber nichts an der Tatsache, daß sie jahrhundertelang für das Bild der Jungfrau bestimmend blieb. Für unser Thema ist diese heute vergessene Tradition insofern interessant, als hier auf eine ganz ungewöhnliche Weise der Bezug von Recht und Macht bei Jeanne d'Arc problematisiert wurde. Und es wird zu fragen sein, ob Elemente dieser Tradition nicht in anderer Form eines neuen Nachdenkens bedürften.

Macht und Recht

Zunächst aber sei auf die heute nahezu allein noch vorhandene Vergegenwärtigung des *sujets* der Jeanne d'Arc-Prozesse und der darin nach heute überwiegendem Gefühl enthaltenen tragischen Spannung zwischen Macht und Recht eingegangen.

Ruth Schirmer-Imhof hat ihrer deutschen Übersetzung der Prozeßakten aus dem Jahre 1961 folgende Sätze zur Einführung vorangestellt, die die allgemeine heutige Einschätzung bündig wiedergeben: „Einer der Höhepunkte im Hundertjährigen Krieg zwischen Frankreich und England war die Erscheinung der Jungfrau von Orleans, in deren Person sich die Tragik des Menschen in der Geschichte darstellt: der Konflikt zwischen Glaube, Institution und Staatsräson. Jeanne d'Arc, das einfache Mädchen, berufen durch überirdische Stimmen zu wahrhaft revolutionären Handlungen, rebelliert damit gegen die Ordnung von Staat und Kirche, verwirrt Freund und Feind. Nach militärischen Siegen unterliegt sie der politischen Macht."

Die Sichtweise, wie sie in diesem Zitat zum Vorschein kommt, und die sicherlich die heute ganz überwiegende Auffassung spiegelt, ist keineswegs von vornherein gegeben, quasi „natürlich" gewesen. *Cum grano salis* läßt sich sagen, daß dieses Bild der Jungfrau von Orleans als eines einfachen Mädchens, welches durch wie auch immer zu definierende „Stimmen" gerufen, Wunderbares vollbringt und dabei in eine ungeheure dramatische Spannung zwischen göttlichem Recht (ihr Auftrag) und geistlicher und weltlicher Macht gerät, erst mit den romantischen Historikern des beginnenden 19. Jahrhunderts zum Durchbruch kam.

Paradoxerweise hängt diese Bewegung zusammen mit der Wiederentdeckung und Benutzung der Akten des *Procès de condamnation* von 1431. Ab den 1840er Jahren begann dieser, aufgrund der historisch-philologischen Kritik (einer der klassischen Fälle, wo die Geschichte als Wissenschaft im 19. Jahrhundert entstand), den *Procès de réhabilitation* allmählich an Bedeutung zu übertreffen. Forscher wie Jules Quicherat, dem wir die monumentale erste Gesamtausgabe der Akten der beiden Prozesse und der anderen zeitgenössischen Quellenstücke verdanken (heute noch nicht durch eine bessere Gesamtausgabe ersetzt), stellten sich auf den kritischen Standpunkt, daß der Rehabilitationsprozeß sowohl wegen der fehlerhaften technischen Überlieferung als auch wegen der überdeutlichen politischen Zielsetzung als Quelle nahezu unbrauchbar sei; daß, wer Jeanne d'Arc und ihr Leben wirklich kennenlernen wolle, sich auf den Verdammungsprozeß stützen müsse, welcher sowohl technisch einwandfrei tradiert war als auch inhaltlich durch die anderen zeitgenössischen Quellen bestätigt wurde.

Heute läßt sich dieser extreme (wenngleich für einen Moment wohl unerläßliche) Kampfstandpunkt kaum noch aufrechterhalten. Wir benutzen heute beide Prozesse insoweit, als sie durch andere Quellen bestätigt werden, im Bewußtsein der Parteilichkeit jedes der beiden Dokumente. Aber es ist wichtig, sich an eine Zeit zu erinnern, wo das Heranziehen des Verdammungsprozesses für das Studium von Jeanne d'Arc als Kriegserklärung an die royalistische Tradition galt. Aber ganz unabhängig von dieser politisch-ideologischen Einbindung der Historiographie machte erst die Neubewertung der Akten des Verdammungsprozesses den Weg frei zu einer wahrheitsgemäßeren Sicht Jeanne d'Arcs: eines ebenso einfachen wie klugen, eines ebenso gläubigen wie stolzen, ja manchmal herrischen

Menschen; eines Menschen auch, der bisweilen so voll Angst und Zweifel war, daß es sogar zu der berüchtigten und erschlichenen Abschwörung kommen konnte.

Diese Erzählung vermittelt einen Eindruck von dem Zielkonflikt zwischen dem „besessenen" oder erleuchteten Individuum und der Institution mit kodierten Verhaltensregeln und unerbittlichem Machtanspruch. Mancher wird hier Shaws „Saint Joan" assoziieren, der ja auf ebendiese Spannung abhebt. Das Stück von Shaw besitzt aber noch eine weitere Dimension, die über diesen eigentlich geläufigen – wenngleich hier meisterhaft inszenierten – Konflikt hinausweist und auch eigentlich der Geschichtsschreibung neue Wege eröffnen könnte. Ich meine die bei Shaw mit feinem Gespür und deutlicher Ironie eingebrachte Dimension der Macht, die Jeanne selber ausübt. Was in der Tat in der Geschichtsschreibung seit Beginn des 19. Jhs. nahezu vollständig aus dem Blickfeld geraten ist, ist die Tatsache, daß Jeanne ja doch keineswegs allein das inspirierte unschuldige junge Mädchen war, das von einem ihr zutiefst feindlichen Gericht unter fadenscheinigen Gründen abgeurteilt wurde. Sie war das, aber sie war darüber hinaus ein äußerst erfolgreicher Feldherr, der noch kurz vor dem Prozeß 10 000–12 000 Soldaten befehligt und die englische Armee in Angst und Schrecken versetzt hatte. Jeanne verkörperte also nicht allein das Recht der individuellen Gewissensentscheidung. Unter historistischem Gesichtspunkt verkörperte auch sie eine Macht!

Das Recht der Gegner der Jungfrau

Das ist ein Gesichtspunkt, der der Jeanne d'Arc-Forschung bislang ganz fremd geblieben ist, was zeigt, wie stark diese doch von der nationalromantischen Befindlichkeit des frühen 19. Jahrhunderts, wo sie entstand, geprägt ist. Wenn das moderne Bild der Jungfrau seit Michelet u. a. das des jungen Mädchens aus dem Volk ist, das inspiriert war, benutzt wurde und dann tatsächlich von König und Kirche verraten und dem Feinde überlassen wurde, so wird es vielleicht Zeit zu versuchen, dieses

Paradigma mit neuen Fragen zu konfrontieren. Will sagen: vor allem die Frage zu stellen, ob in zeitgenössischer Perspektive das Verhalten der Gegner von Jeanne d'Arc wirklich so absurd bzw. gemein und verbrecherisch war, wie es die Forschung des 19. Jahrhunderts behauptet hat.

Bereits Bernard Shaw hat im langen Vorwort seiner „Saint Joan" einige Fragen gestellt, die in diese Richtung zielen, wenngleich es ihm nach meiner Auffassung nicht gelungen ist, den Konflikt dramatisch wirklich einzufangen. Dazu ist seine Ironie zu stark. Aber er hat eine hochinteressante und grundsätzlich zutreffende Bemerkung gemacht: Wenn, so Shaw, der Verdammungsprozeß ein echtes menschliches Drama ist, wie es jedem erscheint, der ihn liest, so kann es nicht zutreffend sein, Authentizität allein auf seiten von Jeanne d'Arc zu sehen, und bei ihren Gegnern nur Niedertracht, Dünkel, Kleinlichkeit und Verrat. So kann eine Tragödie nicht entstehen, die davon lebt, daß die *dramatis personae* beide in ihrer Weise und Auffassung legitim sind, eben nur auf antagonistische und unversöhnliche Weise. Shaw scheint mir ein wichtiges Phänomen gesehen zu haben, auf das sich die Historiker mehr einlassen sollten: Jeannes Auftreten im Verdammungsprozeß ist zu Teilen noch geprägt von einer Haltung, die man nicht anders als herrisch bezeichnen kann, und die nicht allein geistige Macht ausstrahlt, sondern noch das Charisma des zeitweilig berühmten und der öffentlichen Verehrung anheimgefallenen erfolgreichen Feldherrn. Wenn sie beispielsweise ständig entscheidet, was von den Fragen ihrer Richter nun zum Prozeß gehört und was davon illegitim ist; wenn sie die Richter immer wieder mit dem Satz *passez outre*, d. h. „lassen Sie das", „macht schon weiter" o. ä. in die Grenzen weist, so kann man das ernstlich kaum als Verhaltensweise eines schutzlos einer terroristischen Situation ausgesetzten einfachen Menschen ansehen. Wiederholt drohte Jeanne ihren Richtern, man möge sich in acht nehmen vor den Konsequenzen einer Verurteilung: „Wenn Ihr recht unterrichtet wäret über mich, Ihr müßtet wünschen, daß ich nicht in Eurer Gewalt sei" (ebd. 19 und 24).

Auch ihre ständigen Prophezeiungen über das Ende der englischen Herrschaft, bevor noch sieben Jahre vergangen sein werden, sind natürlich aus dem Munde einer Person, die man entweder mit Gott oder mit dem Satan im Bunde sieht, mehr als nur eine visionäre Anwandlung. Sie sind Ausdruck von Macht. Und das ist *last but not least* auch ihre berühmte *Lettre aux Anglais*, die bereits im Verdammungsprozeß als Zeichen ihrer an Gott frevelnden Machtanmaßung zitiert wurde und seitdem berühmt geblieben ist. Der gesamte Brief atmet diesen herrischen Geist, er ist wie eine Fanfare: „König von England... wißt: Ich bin Kriegsherr und wo immer ich auf Eure Soldaten in Frankreich stoße, werde ich sie vertreiben, ob sie wollen oder nicht." Jeanne war ein Kriegsherr, der auch öffentlich als solcher auftrat, und vom Volk als solcher verehrt wurde.

Das erste Dokument, in welchem Kritik an diesem herrischen Geist geäußert wurde, stammt aus dem Lager ihres Königs Karl. Unmittelbar nach der Gefangennahme der Jungfrau in Compiègne schrieb der Erzbischof von Reims, Regnault de Chartres, einen Brief an die Bürger seiner Stadt, in welchem er ihnen von der Gefangennahme der Jungfrau berichtete. Regnault versuchte, der Bevölkerung diese Tatsache mit der folgenden Begründung begreiflich zu machen: Johanna habe keinen Rat mehr annehmen wollen und nur ihrem eigenen Willen gehorcht... Deshalb habe Gott zugelassen, daß sie gefangengenommen werden konnte. Hochmütig sei sie geworden und habe sich in teure Gewänder gehüllt. Sie habe nicht getan, was Gott ihr aufgetragen, sondern nur ihrem eigenen Willen gehorcht.

Heutige Jeanne d'Arc-Historiker begnügen sich zumeist damit, diesen Brief als eine „abscheuliche Verunglimpfung" der Jungfrau moralisch zu brandmarken. Dies kann aber für eine ernsthafte historische Betrachtung nicht genügen. Im Verdammungsprozeß ist ihr ebenfalls mehrfach diese *superstitio* vorgeworfen worden: sie habe sich anbeten, die Füße küssen lassen usw. Jeanne hat immer – und wohl ehrlich und unabweislich – geantwortet, daß sie das nicht gewollt bzw. nicht selber inszeniert habe – aber daß sie zumindest zeitweise Freund und Feind als eine Macht erschien, erscheinen mußte, bleibt davon unbenommen. Es ist ja auch dieser Kriegsherr-Topos, der in der literarischen und historiographischen Tradition noch nachklingt, daß Jeanne sich versündigt habe und deshalb im Feuer habe büßen müssen. All das ist dann durch die spätere Tradition abgelöst worden. Die Frage, ob Karls Taktieren, sein Bemühen, mit den Burgundern zu einer vertraglichen Abgrenzung zu gelangen, tatsächlich als Verrat an der nationalen Mission der Jungfrau zureichend zu interpretieren ist, ist von hochkonservativer Seite bis etwa in die 1860er Jahre hin und wieder gestellt worden, dann aber im Strom des nationalen Enthusiasmus vollständig untergegangen. Und es ist fraglich, ob der „nationale" *main stream* der Jeanne d'Arc-Forschung eine Revision des zum Klischee geronnenen alten Wissens in absehbarer Zukunft zulassen wird.

Sven Ekdahl

Das Stockholmer Blutbad 1520
Ein skandinavisches Renaissancedrama

Wir befinden uns in Stockholm Anfang November 1520. Nach monatelanger Anspannung ist die Stimmung in der schwedischen Hauptstadt gelöst, denn ein einmaliges, festliches Ereignis steht bevor: die Krönung des dänischen Unionskönigs Christian II. als Erbkönig von Schweden durch Erzbischof Gustav Eriksson (Trolle) in der Storkyrka am Sonntag, dem 4. November und die anschließenden dreitägigen Feierlichkeiten auf dem königlichen Schloß, zu denen nicht nur die höchsten geistlichen und weltlichen Würdenträger des Landes, sondern auch die Bürgermeister und Ratsherren der Stadt eingeladen sind. Es soll zugleich ein Versöhnungsfest sein – so hofft man –, das den Schlußstrich unter die jahrelangen erbitterten Machtkämpfe in Schweden zieht.

König Christian hatte nach zwei vorangegangenen gescheiterten Versuchen seit Anfang des Jahres von Dänemark aus mit Heeresmacht den harten Widerstand der nationalen Partei des machtvollen und nach der schwedischen Königskrone strebenden Reichsverwesers Sten Svantesson (Sture) brechen können – der Reichsverweser selbst war Anfang Februar an Kriegsverletzungen gestorben – und war bis Stockholm vorgedrungen. Unterwegs war es seinem Heer gelungen, den von Sten Sture abgesetzten und gefangengehaltenen Erzbischof von Uppsala Gustav Trolle zu befreien und ihn in seine Würden wieder einzusetzen. Als führende Persönlichkeit des überwiegend unionsfreundlichen schwedischen Reichsrats und wie dieser Verfechter des *regimen politicum* hatte Trolle versucht, die Rechte des Rates und die Freiheiten der Kirche gegenüber den Machtansprüchen und den Zugriffen des Reichsverwesers zu behaupten, diese Auseinandersetzung jedoch verloren. Sein Schloß

(Almare-)Stäket wurde über ein Jahr lang belagert, dann schließlich eingenommen, niedergebrannt und abgerissen. Trolle selbst wurde gefangengenommen und von einem Diener des Reichsverwesers mit einer Eisenkeule mißhandelt, mehrere seiner Männer wurden geköpft oder auf andere Weise hingerichtet. Zwei Jahre verbrachte der Erzbischof im Gefängnis, und das Eigentum der Kirche wurde vom Staat eingezogen.

Ähnliche Schicksale haben auch viele andere Geistliche über sich ergehen lassen müssen, darunter der über 80jährige ehemalige Erzbischof von Uppsala Jakob Ulfsson, Bischof Otto Svinhuvud von Västerås und der Kanonikus Meister Jon Eriksson aus Uppsala.

In diese schweren inneren Machtkämpfe griff der Unionskönig auf der Seite Erzbischof Gustavs ein, aber nicht, um den Konstitutionalismus zu fördern, sondern um selbst als Erbkönig von Schweden an die uneingeschränkte Macht zu gelangen. Erst dann konnte er mit der Möglichkeit rechnen, seine umfassenden politischen und wirtschaftlichen Pläne zu verwirklichen, darunter ein Vorgehen der nordischen Reiche gegen die Hanse, die Errichtung einer nordischen Handelskompanie mit Monopolstellung im Baltikum und die Entsendung einer Expedition in die Arktis, um von dort aus einen Seeweg nach Indien zu finden.

Für das von Sten Sture angestrebte nationale schwedische Königtum gab es in diesem Gewebe großartiger Pläne des Unionskönigs keinen Platz. Die „Kalmarer Union" von 1397 bestand nominell weiter fort, und das Recht Christians auf den schwedischen Thron war seit 1497 in mehreren Verträgen festgelegt. Ferner hatte Papst Leo X. vor dem Feldzug 1520 nach Eingaben von Erzbischof Gustav und König Christian dem Erzbischof von Lund und dem Bischof von Roskilde gestattet, den seit 1517 wegen der Übergriffe gegen Trolle und die Kirche unter Bannandrohung stehenden Sten Sture und seine Anhänger mit allen Mitteln zu zwingen, den Erzbischof wieder freizulassen, dessen zerstörte Burg wieder aufzubauen und auch sonst die Schäden zu ersetzen, die die Kirche erlitten hatte. Da Sten Sture keine Wiedergutmachung geleistet hatte, wurde der Bann im Herbst 1519 ausgesprochen, Schweden mit Interdikt belegt und die weltliche Macht, das heißt König Christian, wurde um Hilfe gebeten. Während seiner Heerfahrt gegen Schweden, an der er erst in der Schlußphase, der Belagerung von Stockholm, persönlich teilnahm, handelte der Unionskönig somit nicht nur im eigenen, sondern auch offiziell im Interesse der Kirche. Das Interdikt wurde im Sommer 1520 auf Wunsch Christians aufgehoben, der Bann gegen die Sture-Anhänger blieb aber weiterhin bestehen. Sten Sture ist im Februar 1520 als Gebannter gestorben, wurde jedoch in Stockholm kirchlich bestattet.

Das Eingreifen der Kirche voraussehend, hatte Sten Sture am 23. November 1517 auf einer Reichsversammlung sechzehn namentlich aufgeführte Reichsräte, darunter vier Bischöfe, einen offenen Brief ausstellen lassen, in dem die vorhin genannten Maßnahmen gegen Erzbischof Gustav – seine Absetzung und das Abbrechen seiner Burg Stäket – gerechtfertigt und beschlossen wurden. Dieser Konföderationsbrief, der u. a. mit dem Reichssiegel und dem Siegel der Stadt Stockholm versehen war, sprach auch für die Ritterschaft und den Adel, die Bergleute und Bauern sowie die Bürgermeister und den Rat von Stockholm. Wichtigster Punkt im Hinblick auf die kommenden Ereignisse war die Erklärung, daß man im Falle eines Bannes *(nagon obestondh, ban eller banzmoll)* diesen gemeinsam abwehren und dagegen vorgehen würde. Nach dem Tode Sten Stures befand sich die Urkunde im Besitz seiner Witwe Christina Nilsdotter (Gyllenstierna).

Anfang September 1520 stand Christian kurz vor seinem Ziel. Bereits im März war er vom schwedischen Reichsrat als König anerkannt worden; nun leistete lediglich die ausgesprochen sturefreundliche Hauptstadt, von Christina Gyllenstierna verteidigt, seinen deutschen, schottischen und französischen Soldtruppen noch Widerstand. Am 7. September gelang die Einnahme, aber nicht mit Machtmitteln, sondern durch Diplomatie. Nachdem der König in einer Urkunde vom 5. September Stockholm volle Amnestie bewilligt und in ähnlichen Urkunden auch Frau Christina und den Befehlshabern des Schlosses versichert hatte, daß die alten Streitigkeiten eine „erledigte Sache" *(een clar, affthalen sack i alle rette, aandelige och werdz-lige, epther thenne dag)* sein sollten, ergab sich die Hauptstadt. Am 7. September wurde das Schloß übergeben, am 8. erfolgte die Huldigung durch Bürgermeister, Ratsherren und Bürger. In den Amnestieurkunden heißt es ausdrücklich, daß die Schäden, die Erzbischof Gustav, der ehemalige Erzbischof Jakob, Bischof Otto von Västerås und andere Geistliche, Ritter und Adlige erlitten hatten, für immer eine „erledigte Sache" sein sollten, namentlich die Zerstörung von Stäket und Erzbischof Jakobs Schloß Arnö. Nichts davon dürfte künftig vor ein geistliches oder weltliches Gericht gezogen werden. Das königliche Majestätssiegel und das Reichssiegel Schwedens sowie die Siegel von siebzehn Bischöfen, Rittern und anderen Adligen verliehen den Urkunden volle Rechtsgültigkeit.

Die Besiegten wähnten sich nun rechtlich abgesichert. Es war jedoch eine trügerische Hoffnung, denn Erzbischof Gustav und die anderen Reichsräte hatten keine Amnestieerklärung abgegeben; sie hatten die Urkunden lediglich als Zeugen besiegelt, und außerdem war die weltliche Macht Christians nach dem kanonischen Recht nicht befugt, in kirchlichen Belangen Entscheidungen zu treffen. Wohl kaum erwogen wurde die Gefahr, daß die Amnestierten für Ketzer erklärt werden könnten, wodurch die Versprechen des Königs völlig wertlos geworden wären. Nach kanonischem Recht waren nämlich Verträge mit Ketzern und Versicherungen ihnen gegenüber nicht gültig.

Ein weiteres wichtiges Ziel Christians wurde am 31. Oktober erreicht, als der schwedische Reichsrat auf seinen Wunsch hin in einem offenen Brief erklärte, daß ihm das Reich nicht durch Wahl, sondern durch Erbe gehörte, und daß er deshalb als rechtmäßiger Erbherr Schwedens gekrönt werden sollte. Die juristische Begründung seiner Forderung war von Dr. Johann Sucket, dem Gesandten Kaiser Karls V., sowie dem Bischof von Odense Jens Andersen, Beldenak genannt, vorgebracht worden. Einen Tag darauf, am 1. November, stimmten die Teilnehmer der Reichsversammlung, die anläßlich der Krönung nach Stockholm berufen waren, ebenfalls der Forderung des Königs zu. Damit war eine jahrhundertealte schwedische Tradition, die das Wahlkönigtum vorsah, unterbrochen worden. Das neuzeitliche *regimen regale* hatte über das mittelalterliche *regimen politicum* gesiegt.

Die ehemaligen Gegner des Königs hofften nun auf die Gnade und den Großmut ihres neuen Herrn, zumal sie seine Amnestieerklärungen besaßen. Unter solchen versöhnlichen Vorzeichen wurde die Krönung in der Storkyrka am 4. November feierlich durchgeführt und die anschließenden Festlichkeiten im königlichen Schloß begonnen.

Wenige Wochen danach fand in Stockholm ein weiteres Fest statt. Aus Dänemark war die Nachricht eingetroffen, daß König Christians Gemahlin Elisabeth am 10. November einer Tochter das Leben geschenkt hatte, und der neue Rat der Hauptstadt unter dem Bürgermeister Gorius Holste veranstaltete aus diesem Anlaß ein Fest auf dem Rathaus, an dem nicht nur Christian mit seinen Hofleuten, sondern auch „Frauen, Jungfrauen und Bürgerinnen" Stockholms teilnahmen.

Diese beiden Feierlichkeiten umrahmen die dazwischenliegenden blutigen Ereignisse, die unter der Bezeichnung „Stockholmer Blutbad" in die Geschichte eingegangen sind, und bilden zu ihnen einen scharfen Kontrast. Fest und Freude einerseits, Hinrichtung und Trauer andererseits verleihen dem Drama einen „renaissancehaften" Charakter und erinnern uns an das Zeitalter Cesare Borgias, Niccolo Machiavellis und Heinrichs VIII.

Christian II.

Christian II. war zur Zeit seiner Krönung 39 Jahre alt. Albrecht Dürer hat den stattlichen Mann 1521 in Antwerpen in Kohle gezeichnet und schreibt in seinem Reisebericht, daß sich das Volk gewundert habe, wie mannhaft und schön der König war. Auch von Lucas Cranach und anderen Malern besitzen wir Gemälde mit Darstellungen Christians. Es gibt ein oft abgebildetes meisterhaftes Porträt des Revaler Malers Michel Sittow aus dem Jahre 1515, auf dem er als mißtrauisch blickender, fast asthenischer Mann festgehalten ist. Augen und Mund verraten einen Zug von Brutalität. Das 1523 in Wittenberg entstandene Gemälde Cranachs zeigt ihn dagegen fülliger und mit einem Hauch von Melancholie.

In „demokratischem" Geist erzogen – er lebte als Kind zeitweise in einer bürgerlichen Familie in Kopenhagen –, versuchte Christian als Regent in Dänemark und Norwegen (ab 1513), die Interessen der Bürger und Bauern gegenüber denen des Adels zu fördern, was später zu einer positiven Einschätzung seiner Regierung geführt hat. Er war in vielem seiner Zeit voraus. Leidenschaftlich an Politik interessiert, strebte er außenpolitisch nach der endgültigen Eroberung Schwedens und danach, die Macht der Hanse zu brechen; innenpolitisch versuchte er, den Adel und die Kirche zurückzudrängen.

Um seine großen Pläne verwirklichen zu können, brauchte der König Geld, vor allem für den Krieg in Schweden, der mit Söldnertruppen geführt wurde. Um sich das nötige Geld zu verschaffen, scheute sich Christian nicht, kurzerhand die nordischen Ablaßgelder, die für den Bau des Petersdoms vorgesehen und von dem päpstlichen Legaten Dr. Giovanni Angelo Arcimboldi gesammelt worden waren, zu beschlagnahmen. Der Legat selbst konnte flüchten, sein Bruder aber wurde ins Gefängnis geworfen. Begründet wurde diese dreiste Maßnahme mit dem Hinweis darauf, daß Arcimboldi nach seiner Ankunft in Schweden 1518 offen die Partei Sten Stures ergriffen und somit den Krieg verschuldet habe. Die Kosten des Krieges betrugen nach den Angaben des Königs über eine Million Gulden; an anderer Stelle spricht er von mehreren hunderttausend Gulden. Harte Gegenmaßnahmen seitens der Kurie waren nicht zu befürchten, denn erstens war Christian mit Kaiser Karl V. verschwägert – er hatte 1514 dessen damals dreizehnjährige Lieblingsschwester Isabella (Elisabeth) geheiratet (Beilager 1515); es war die vornehmste Heirat eines nordischen Fürsten überhaupt –, und zweitens befürchtete man in Rom immer, den eigenwilligen und als mächtig angesehenen Unionskönig in die Arme der schismatischen Russen oder der Lutheraner zu treiben.

Die vorhin genannten „demokratischen" Tendenzen ändern nichts daran, daß Christians Regierung die eines allmächtigen

Herrschers war, der harte Machtmittel nicht scheute, um seinen Willen durchzusetzen. Während seiner Zeit als Vizekönig von Norwegen 1506–1512 schlug er dort einen Aufstand mit großer Härte nieder. Bezeichnend ist auch, daß es seine Gewohnheit war, nach dem Einzug in eine Stadt als erstes einen Galgen zu errichten.

In Norwegen machte er die junge Holländerin Dyveke Willemsen zu seiner Geliebten und hielt trotz der heftigen Proteste der Habsburger auch nach der Heirat mit Elisabeth an dieser Beziehung fest. Als Dyveke im Sommer 1517 unerwartet starb – es wurde behauptet durch Gift –, bedeutete dies für ihn eine starke psychische Belastung. Zunehmend geriet er nun unter den Einfluß von Sigbrit, der begabten und willensstarken und vom Adel Dänemarks verhaßten Mutter Dyvekes. Seine Auseinandersetzungen mit dem Reichsrat und dem Adel des Landes nahmen von nun an schärfere Formen an. Hinrichtungen, die im Herbst 1517 folgten, wurden bald mit dem Tod Dyvekes in Verbindung gebracht. So hieß es, daß der am 28. November geköpfte Hauptmann des Kopenhagener Schlosses, Torbern Oxe, Dyveke vergiftete Kirschen gesandt habe; nach anderen Versionen bestand sein Verbrechen darin, daß er die Gunst Dyvekes erstrebt habe. Neuere Forschungen, die wiederum nicht unbestritten sind, vermuten dagegen Geldunterschlagung als Grund für die Hinrichtung. Wie dem auch sei, Christian wollte den Tod des Schloßhauptmanns und hat seinen Willen auch durchgesetzt. Als der dänische Reichsrat Torbern Oxe mit der Begründung freisprach, daß für die bloße Absicht keine Strafe in den Gesetzen vorgeschrieben sei, stellte der König ein neues Gericht aus zwölf Bauern zusammen, dessen formelhafter Spruch lautete: „Nicht wir urteilen über Torbern, seine eigenen Taten verurteilen ihn." Daraufhin ließ Christian Torbern Oxe köpfen.

Dieses Ereignis wird hier angeführt, weil es deutliche Parallelen zum Vorgehen des Königs im Prozeß des Stockholmer Blutbads aufzeigt.

Bemerkenswert ist auch eine Äußerung des Königs während eines Gespräches mit Erasmus von Rotterdam im Jahre 1521. Als

Erasmus den gewaltsamen Bruch Luthers mit der Kirche bedauerte, antwortete Christian: „Nein, gar nicht, mit milden Mitteln richtet man nichts aus; die Heilmittel, die den ganzen Körper erschüttern können, sind die besten und wirksamsten." – Ob er dabei auch an das Stockholmer Blutbad dachte?

Eine so komplizierte Persönlichkeit wie die Christians II. läßt sich nicht mit Hilfe einiger weniger Beispiele einfangen; die hier genannten spiegeln jedoch wichtige Seiten seines vielschichtigen Charakters wider.

Erster Prozeßtag

Während der Krönungszeremonie in der Storkyrka am Sonntag, dem 4. November durch den erst 32jährigen Erzbischof Gustav Trolle und die anderen anwesenden Bischöfe und Geistlichen versprach König Christian nicht nur, die eingegangenen Verpflichtungen zu halten, sondern auch, die Kirche zu schützen. Danach schlug er einige seiner Hauptleute und Befehlshaber zu Rittern und entschuldigte sich dafür, daß er keinem Schweden diese Ehre erwies; das würde er bei einer anderen Gelegenheit nachholen. In einer feierlichen Rede auf Latein würdigte sodann der Gesandte Sucket den König im Namen des Kaisers und begrüßte ihn als Ritter des Ordens vom Goldenen Vlies. Christian war 1519 von einem Ordenskapitel in Barcelona in diesen Orden aufgenommen worden – er ist der einzige nordische Monarch, dem eine solche Ehre widerfahren ist –, hatte aber seine Insignien noch nicht erhalten. Nun wurde ihm von Sucket die goldene Ordenskette mit dem Vlies umgehängt. Es folgten das Festmahl und die weiteren höfischen Feierlichkeiten auf dem Schloß, während derer Christian seine schwedischen, deutschen und dänischen Gäste „herrlich und wohl bewirtete". Als Geschenk der Stadt Stockholm wurde ihm ein schwerer vergoldeter Silberpokal mit sechzig eingelegten ungarischen Gulden überreicht. Keiner erwartete nun etwas anderes als „Gnade, Gunst und alles Gute seiner Majestät".

Am dritten Tag nach der Krönung jedoch, „als sie am lustigsten waren", verwandelte sich die große Gnade „in eine große schreckliche Ungnade". Es war am Mittwoch, dem 7. November, als auf dem Stockholmer Schloß „ein anderes Gastmahl begann", wie es ein Chronist ausdrückt. Die Pforten des Schlosses wurden um die Mittagszeit geschlossen; zwar konnten Gäste noch hineingehen, es wurde aber niemand mehr herausgelassen. Die Anwesenden mußten sich im großen Saal einfinden, wo der König zusammen mit dem Reichsrat den Vorsitz führte.

Was daraufhin folgte, wird in den Quellen zum Teil unterschiedlich dargestellt, ist in wichtigen Einzelheiten schwer zu rekonstruieren und gehört zu den in der skandinavischen Geschichtsforschung am heftigsten diskutierten Problemen.

Vermutlich haben Erzbischof Gustav, der alte Erzbischof Jakob (durch seinen Vertreter Meister Jon Eriksson, Kanoniker in Uppsala) und Bischof Otto nacheinander mündliche Klage gegen ihre Widersacher innerhalb der Sturepartei erhoben und finanziellen Ersatz ihrer jeweiligen Schäden und Verluste beantragt. Das Wort „Ketzer" ist wohl bereits in diesem Stadium vom Erzbischof gebraucht worden, da der König ja allein durch den Vorwurf der Ketzerei gegen die Sture-Anhänger von seinen Amnestieversprechen ohne Rechtsverletzung entbunden wurde, und die Geistlichen dadurch hoffen konnten, die von ihnen geforderten Entschädigungen zu erhalten. Bis dahin handelte es sich offensichtlich um ein zwischen Erzbischof Gustav und dem König verabredetes Vorgehen. Zwischen den beiden fand dann ein Wortwechsel statt, in dem Trolle das Angebot des Königs ausschlug, einen Vergleich mit seinen Widersachern einzugehen. Wie ehrlich das Vergleichsangebot Christians gemeint war, kann nicht festgestellt werden; die Vermutung liegt jedoch nahe, daß er das „Nein" des Erzbischofs vorausgesehen hat. Jedenfalls konnte er diesen nun als treibende Kraft im weiteren Geschehen hinstellen. Trolle forderte, daß die anwesenden Beschuldigten arrestiert wurden und ihm Schadenersatz leisten sollten, unabhängig davon, daß bereits ein Prozeß in dieser Angelegenheit in Rom eingeleitet worden war. Für ihn war es selbstverständlich, daß die Rechtsfrage in der Kurie entschieden werden sollte. Bezeichnenderweise wollte der König dies jedoch nicht, sondern bot dem Erzbischof Gericht und Entscheidung im Reich an, wobei er versprach, daß eine Wiedergutmachung geleistet werden sollte. Damit begnügte sich Trolle.

Bereits in dieser Phase hat also Christian die Initiative übernommen. Der Erzbischof ist für ihn zu einem Werkzeug geworden. In seinem Eifer, dem König ein Mittel geben zu können, um die Amnestieerklärungen zu umgehen, hatte Trolle Pandoras Büchse geöffnet und das verhängnisvolle Wort „Ketzer" benutzt. Nun gab es kein Zurück mehr. Der Chronist Olavus Petri drückt dies mit den folgenden Worten aus, wenn er vom König schreibt: „Denn er trachtete damit nach dem Leben vieler Männer, und weil der Erzbischof nicht so ernstlich nach deren Leben trachtete, die er angeklagt hatte, erzürnte dies den König, und er strafte ihn später dafür mit harten Worten, so daß auch der Erzbischof sich fürchtete."

Nachdem nunmehr ein gerichtliches Vorgehen beschlossen worden war, wurde eine Klageschrift des Erzbischofs verfaßt, die auch die Schäden Erzbischof Jakobs, Bischof Ottos und Meister Jons berücksichtigte. Sie ist als eine Zusammenfassung der mündlich vorgetragenen Klagen zu verstehen. Daß sie erst nach diesen entstanden ist, geht aus der darin enthaltenen Polemik Trolles gegen das Vergleichsangebot des Königs hervor. Außerdem ist in ihr eine wörtlich übernommene Passage aus der Klage Erzbischof Jakobs enthalten; denn aus einem der Sätze spricht nicht Erzbischof Gustav, sondern Meister Jon.

Der Wortlaut der Klageschrift ist in die „Ketzererklärung" des folgenden Tages mit aufgenommen worden. Auffallend ist der wiederholte Vorwurf der Ketzerei in der besonders verwerflichen Form der „notorischen" Ketzerei. Offenbar wurde ein Notoritätsprozeß angestrebt, bei dem keine Beweisführung erforderlich war, da die Ketzerei als offenkundig betrachtet wurde. Das Schriftstück ist im Hinblick auf den Prozeß entstanden. Nach der Abfassung wurde es von Meister Jon dem König und dem Reichsrat vorgelegt.

Als offenkundige Ketzer, die „alle gleich gut und gleich groß in Ketzerei" sind, führt die Klageschrift den toten Herrn Sten

Sture, dessen Mutter Frau Sigrid Eskilsdotter (Banér) und Witwe Frau Christina Nilsdotter (Gyllerstierna), fünfzehn andere namentlich genannte Personen, darunter einige Mitglieder des Reichsrats, sowie Bürgermeister, Ratsherren und die Stadt Stockholm an. Allein der Schaden des Erzbischofs wird mit einer Million Mark lötigen Silbers beziffert, eine vollkommen unrealistische Summe, die sich gut mit den Angaben Christians über die Gesamtkosten des Krieges gegen Schweden deckt. Bemerkenswert ist die Beschuldigung, daß die Geistlichen trotz des Interdikts von den Sture-Anhängern gezwungen worden waren, im Erzstift Uppsala und im Stift Västerås die Messe zu lesen, nachdem Erzbischof Gustav und Bischof Otto gefangengenommen worden waren; dies war ein offenbarer Verstoß gegen das kanonische Recht. Anschließend bittet Trolle den König nochmals um Hilfe gegen diese offensichtlichen Ketzer, fordert die Rückgabe der Güter und Schadensbuße sowie die Festnahme all dieser Personen, bis sich der König entschlossen hat, „welches Recht Euer Gnaden uns pflichtig seid über sie, Lohn von Gott und Lob aller Christenheit erhaltend für Strafe, die Euer Hochmächtiger Gnaden solche offenkundige Ketzer übergehen läßt".

Die heftigen Anklagen gegen ihren verstorbenen Mann, gegen sie selbst und ihre Familie veranlaßten nun Christina Gyllenstierna zu einer verhängnisvollen Reaktion. Um zu beweisen, daß die gegen den Erzbischof gefaßten Beschlüsse auf einer Reichsversammlung festgelegt worden waren, ließ sie den Konföderationsbrief vom 23. November 1517 holen und vorlegen. Sie glaubte, der Umstand, daß nicht weniger als sechzehn Reichsräte, von denen vier Bischöfe waren, sowie u. a. Bürgermeister und Ratsherren von Stockholm den Inhalt der Urkunde mit zu verantworten hatten, würde der Anklage die Schärfe nehmen. Doch das Gegenteil war der Fall. Erzbischof Gustav soll sofort die Urkunde an sich genommen und geäußert haben: „Ja, hier haben wir das, wonach man sucht." Zu den anderen Anklagen kam nun eine weitere hinzu, nämlich die, daß sich die Aussteller des Konföderationsbriefes gegen die Kirche verschworen hatten, da sie einen künftigen Bann nicht hinnehmen wollten und gegen ihn vorgehen würden.

Durch diese wohlgemeinte aber unbedachte Maßnahme der jungen Witwe Sten Stures war dem Erzbischof und vor allem dem König eine neue gefährliche Waffe in die Hände gegeben worden, die sofort genutzt wurde. Der Personenkreis der Beschuldigten konnte nun über die in Trolles Klageschrift genannten hinaus erheblich erweitert werden. Die Bischöfe und Reichsräte, die den Konförderationsbrief ausgestellt hatten, wurden, sofern sie anwesend waren, nacheinander vom König persönlich verhört. Einige konnten sich verteidigen, wie der Bischof Hans Brask von Linköping, der im Wachs unter dem Siegel einen kleinen Zettel mit den Worten „Zu dieser Besiegelung bin ich genötigt und gezwungen worden" versteckt hatte und ihn nun zu seiner Entlastung hervorholte; andere waren mit ihrer Verteidigung weniger erfolgreich.

Nach einiger Zeit entfernte sich der König und überließ es dem Rat, die Untersuchungen zu Ende zu führen. Zuvor soll er einen großen Pokal genommen und vor den Versammelten mit unheilvoller Anspielung auf Johannes den Täufer getrunken haben; dies jedenfalls nach einem Bericht, der ein halbes Jahr später in einer geheimen Sitzung der Kurie in Rom erörtert wurde. Inzwischen war es dunkel geworden, und Licht wurde herbeigeschafft. Dann kamen die dänischen Hauptleute Claus Bille und Severin Norby, die beide nach der Krönungszeremonie in der Storkyrka von Christian zu Rittern geschlagen worden waren, und suchten auf Befehl des Königs mit vielen bewaffneten Männern den Saal nach Personen ab, die sie wegführten. Als erstes mußten die Bischöfe und einige Adlige den Saal verlassen, dann wurde eine große Anzahl sowohl adliger als auch nichtadliger Frauen und Männer von den Knechten zum Turm des Schlosses gebracht.

Gegen 22 Uhr holte man alle Prälaten, Kanoniker und Priester, die zusammen mit den Bischöfen – mit Ausnahme der Bischöfe Mathias Gregersson (Lillie) von Strängnäs und Vincentius Henningsson von Skara – in einen engen Raum geführt wurden, wo sie unter allerhand Beschwernissen die kalte Nacht verbringen mußten. Die Bischöfe von Strängnäs und Skara wurden in einem anderen Raum, getrennt von den übrigen, untergebracht. Über ihr Schicksal war offenbar schon jetzt entschieden worden.

Zweiter Prozeßtag

Die Trennung der Gäste war bewußt vorgenommen worden. Das Schicksal nicht nur der Bischöfe von Strängnäs und Skara, sondern auch das einer Reihe anderer angeklagter Personen stand bereits fest, es fehlte nur eine rechtliche Legitimation.

Diese Legitimation zu erbringen war die Aufgabe der vierzehn Geistlichen, die am nächsten Morgen um 9 Uhr in den großen Saal des Schlosses hineingeführt wurden. Unter ihnen befanden sich bezeichnenderweise nicht die beiden bereits genannten Bischöfe. Als sie im Saal versammelt waren, wurde ihnen von Meister Jon aus Uppsala die am vorigen Tag abgefaßte Klageschrift gegen den verstorbenen Sten Sture und einige seiner Anhänger vorgelegt. Danach stellte Meister Jon die Frage, ob die in der Klageschrift angeführten Untaten, die zudem durch den „vorgetragenen Brief", d. h. den Konförderationsbrief, bewiesen worden waren, nicht offenkundige Ketzerei gegen die römische Kirche seien.

Die Geistlichen „nahmen die Angelegenheit an sich und besprachen sie genau in allen Punkten". Dann wurde die Antwort zunächst mündlich von jedem einzelnen, je nach Rang und Würde, abgegeben und anschließend eine gemeinsame schriftliche Erklärung auf ein Pergamentblatt niedergeschrieben. Daß die gestellte Frage mit „Ja" beantwortet werden würde, war vorauszusehen, denn der Druck auf die Befragten war groß.

Von den vierzehn in der Pergamenturkunde angeführten Personen haben lediglich acht ihre Siegel angebracht, wohl deshalb, weil gerade sie als hohe Würdenträger ihre Siegelstempel immer mit sich führten. Eindeutig sind die Siegel von Erzbischof Gustav, Bischof Jens von Odense, Bischof Hans von Linköping, Bischof Otto von Västerås und Dompropst Jöran Turesson (Bielke) aus Uppsala zu identifizieren. Die Urkunde wurde später von König Christian als wichtiges Dokument im königlichen Archiv in Kopenhagen aufbewahrt.

In ihrer Erklärung gingen die Geistlichen in einem wesentlichen Punkt über die Beschuldigungen in der Klageschrift Gustav Trolles hinaus, denn sie führten an, daß Herr Sten und seine Anhänger seit mehreren Jahren (gemeint ist seit 1517) mit dem strengsten Bann der Kirche belegt waren und darin »hart und unversöhnlich verharrt hätten«. Die Beschuldigten hätten keinen Rat annehmen und keine Ermahnung beachten wollen, weder von Geistlichen im Reich Schweden, noch von den Richtern, die der Papst in dieser Angelegenheit nach Schweden gesandt hatte. Statt dessen hätten sie diejenigen, die das Interdikt und das Gebot des Papstes einhalten wollten, bedroht und geschmäht. Darüber hinaus hätten sie sich zusammengetan, besiegelt und geschworen, daß „ich" – hier spricht Erzbischof Gustav Trolle – „nie wieder zu meiner Freiheit und meiner Domkirche kommen, sondern in einem ewigen Gefängnis bleiben würde". Sie hätten sich in einem unchristlichen Bund gegen einen zu erwartenden Bann und ein Interdikt vereinigt. Diejenigen, die aus freiem Willen und ohne Bedrängnis dem genannten unchristlichen Bund beigetreten waren, hätten sich offenbar aus dem Gehorsam der Kirche entfernt. „Und können wir nicht anderes finden, als daß es nach dem Gesetz der Heiligen Kirche, des Kaisers und Schwedens offenkundige Ketzerei ist, und sollen sowohl er (d. h. Sten Sture) als auch sie für offenkundige Ketzer gehalten und genannt werden.«

Kann man dies nun als ein regelrechtes Urteil eines legitimen geistlichen Gerichts, das die Todesstrafe impliziert, ansehen? War König Christian lediglich der weltliche Arm der Kirche und als solcher verpflichtet, das Todesurteil zu vollstrecken? – Handelt es sich nicht eher um eine „Ketzererklärung", ein Gutachten und kein Urteil, keine „Sententia" im engeren Sinn?

In der skandinavischen Forschung ist diese Frage eingehend und in heftigen Polemiken erörtert worden, denn von ihrer Beantwortung hängt die Beurteilung der „Schuldfrage" ab. Wir vertreten die entschiedene Ansicht, daß es sich lediglich um ein Gutachten von befragten Experten handelt, obwohl es vom König als Urteil hingestellt wurde. Im Hinblick auf das kanonische Recht enthält das Dokument, um ein „Urteil" zu sein, allzu viele Schwachstellen. Die Legitimation des „Gerichts" kam nicht von der geistlichen, sondern eindeutig von der weltlichen Macht, vom König. Die Urkunde nennt nicht die Namen sämtlicher Verurteilten, gibt das Strafmaß nicht an und enthält keine Angaben über die Übergabe der Betreffenden an die weltliche Macht. Auffallend ist auch, daß ihnen keine Gelegenheit gegeben wird, der ihnen zur Last gelegten Ketzerei abzuschwören.

Es handelt sich somit nicht um ein Urteil, wie so oft behauptet worden ist. Die Aussteller der Urkunde haben diese ebenfalls nicht als „Sententia" angesehen. Im Gegenteil, man darf den drei Geistlichen wohl Glauben schenken, die später beteuerten, daß sie den wahren Zweck der Frage und ihrer Beantwortung während des Prozesses nicht verstanden hätten. Trotzdem hatten die Aussteller der Urkunde eine große Mitverantwortung zu tragen, denn ihre Erklärung war für die folgenden Ereignisse von entscheidender Bedeutung.

Dieselbe Ansicht, daß es sich bei der Ketzererklärung nur um eine „Expertise" handelt, hat den dänischen Historiker Skyum-Nielsen zu der Annahme veranlaßt, daß Christian später selbst oder zusammen mit dem Reichsrat ein regelrechtes Urteil gefällt haben muß; dies sei seiner Ansicht nach mündlich gewesen und habe deshalb keine Spuren in den Quellen hinterlassen. Eine solche Vermutung berücksichtigt zwar die juristische, nicht aber die machtpolitische Situation in Stockholm Anfang November 1520. Der mächtige Erb- und Unionskönig Christian II. hat es einfach nicht als erforderlich erachtet, ein nachfolgendes Urteil zu fällen. Ihm genügte die Ketzererklärung als Urteil. Er hatte sein Ziel – eine Art juristische Legitimation – erreicht, und die Blutarbeit konnte beginnen. Hinter dem Geschehen spürt man wie im Fall des 1517 gehenkten Kopenhagener Schloßhauptmanns Torbern Oxe den starken Willen des Königs. Mit einer Mischung aus Logik, Leidenschaft, juristischer Spitzfindigkeit und Brutalität hat er es verstanden, den fast naiven Eifer des Erzbischofs Gustav Trolle für seine eigenen Ziele, die weit radikaler als die des Erzbischofs waren, auszunutzen. Vergessen sollte man in diesem Zusammenhang auch nicht, daß Trolle zwar demonstrativ von Christian, jedoch nicht von den Zeitgenossen, als für die Hinrichtungen verantwortlich hingestellt wurde. Wer die Verantwortung des Königs herabsetzen will, um ihn dadurch von dem Ruf des „Tyrannen" zu befreien – wie es die schwedischen Historiker Lauritz und Curt Weibull versucht haben –, hat in Wirklichkeit die Willenskraft und das Machtstreben Christians unterschätzt. Er war ein Machtmensch und Macht ging bei ihm in diesem Fall vor Recht.

Das Blutbad

Eine wichtige, aber nur sehr knapp überlieferte Schilderung der Vorgänge in Stockholm nach der Beendigung des Prozesses am Vormittag des 8. November stammt von dem Profos Jürgen Homuth, der sich zu der Zeit auf dem Schloß befand. Nach seiner Darstellung kam der königliche Sekretär Didrik Slagheck betrunken zu ihm und befahl ihm im Namen des Königs aufs schärfste, sofort mit den Hinrichtungen zu beginnen und dabei keine Beichte zu gewähren. Einer der Bischöfe trat auf ihn zu, es war der Bischof von Skara, und fragte: „Profos, was gibt es Neues?" – „Gnädiger Herr, nicht viel Gutes, Euer Gnaden werden mir verzeihen, ich muß Euer Gnaden das Haupt abschlagen lassen." – Der Bischof erschrak und antwortete: „Weder seine Königliche Würden, noch jemand anders hat die Macht, über mich zu urteilen, nur der allmächtige Gott und der Heilige Vater, der Papst."

Den anderen festgenommenen Gästen wurde ihr bevorstehendes schreckliches Schicksal von dem auf einer Bank stehenden Profos als ein Dekret des Königs mit lauter Stimme verkündet.

Die Hinrichtungen begannen am selben Tag um die Mittagszeit. Sie fanden auf dem Stortorg unweit des Schlosses statt, wo die Kriegsknechte Christians einen Kreis gebildet hatten. Dort befand sich auch einer der beiden Galgen, die der König unmittelbar nach seinem Einzug in Stockholm hatte errichten lassen.

Bevor das Blutbad begann, hielt laut der Chronik des Olavus

Petri ein Mitglied des dänischen Reichsrats eine Ansprache an das Volk und bat es, sich nicht über die Strafe, die nun folgen würde, zu erschrecken, denn seiner königlichen Majestät war von Erzbischof Gustav befohlen worden *(bijdin och tilkraffd),* eine solche Strafe auszuführen. Der Erzbischof hätte dreimal auf seinen Knien darum gebeten, daß das Unrecht, das ihm widerfahren sei, bestraft werden möge. Daraufhin rief Bischof Vincentius von Skara dem dänischen Reichsrat zu, daß er nicht die Wahrheit sage, sondern daß sein König mit Lügen und Verrat gegen die Männer Schwedens handele. Er forderte für die anderen ein Urteil, damit sie wüßten, warum sie sterben sollten, sprach harte Worte gegen den König und sagte die Strafe Gottes wegen solchen Unrechts voraus. Ähnliches riefen auch zwei Stockholmer Ratsherren, Anders Ruth und Anders Karlsson.

Zuerst fielen die Köpfe der Bischöfe Mathias von Strängnäs und Vincentius von Skara unter dem Schwert des Henkers. Da dies ein eklatanter Verstoß gegen das kanonische Recht war, fällt es schwer zu glauben, daß Gustav Trolle, ein unermüdlicher Verteidiger der Freiheit der Kirche, eine solche Maßnahme gewollt oder gebilligt hätte.

Die Scharfrichter waren von der Hinrichtung der Bischöfe nicht unberührt. Dem Bischof von Strängnäs wurde als einzigem der Kopf zwischen die Beine gelegt, und zwei Tage später, als die Leichname weggeschafft wurden, will der Profos festgestellt haben, daß das Hemd des Bischofs von Skara, über dem Herrenkleid getragen, genauso sauber und makellos wie vor der Hinrichtung gewesen sei, obwohl der Körper in Blut und Schmutz gelegen hatte.

Bischof Vincentius wird im Konföderationsbrief von 1517 nicht genannt, aber er hatte immer eng mit der Sture-Partei zusammengearbeitet, was ihm nun zum Verhängnis geworden war. Bischof Mathias war Mitaussteller des Konföderationsbriefes gewesen, hatte jedoch nach dem Tod Sten Stures dem Unionskönig treu gedient und ihm wichtige Dienste während der Verhandlungen mit den Schweden geleistet. Ihre politische Vergangenheit hat sie in den Augen Christians zu sehr belastet. Der königliche Sekretär Didrik Slagheck hat sie laut einem Bericht als

Verräter bezeichnet, und König Christian spricht in einer übrigens sehr fragwürdigen Darstellung der Ereignisse an die Kurie von ihrem Majestätsverbrechen, ihrem *crimen laesae maiestatis* gegenüber seinem Vater König Hans.

Bemerkenswert ist der Umstand, daß der König nach dem Blutbad zwei seiner Vertrauten und Ratgeber auf die nun freigewordenen Bischofsstühle setzte: Bischof Jens von Odense sollte Bischof in Västerås und Didrik Slagheck Bischof in Skara werden. Slagheck war ein Priestersohn aus dem Stift Münster in Westfalen, der zuerst in der Kurie und dann dem Legaten Arcimboldi gedient hatte, bis er diesen 1519 verriet und Sekretär des Königs wurde. Höhepunkt der Laufbahn dieses skrupellosen Glücksritters war seine Ernennung zum Erzbischof von Lund im November 1521; es folgte aber bald sein jäher Sturz, angeblich auch deshalb, weil er in einem Brief an die Kurie König Christian die Verantwortung für die Hinrichtung der Bischöfe gegeben hatte, und dieser Brief abgefangen worden war. Im Januar 1522 wurde er auf Befehl Christians auf Gammeltorvet, dem Alten Markt, in Kopenhagen verbrannt.

Nachdem die Bischöfe enthauptet worden waren, wurden vier weltliche Mitglieder des schwedischen Reichsrats, unter ihnen der Ritter Erik Johansson (Wasa), Vater des späteren schwedischen Königs Gustav Eriksson (Wasa), hingerichtet, anschließend zehn bis fünfzehn weitere Adlige, die zumeist dem niederen Adel angehörten. An einer anderen Stelle innerhalb des Kreises aus Kriegsknechten wurden sodann drei Bürgermeister und vierzehn Ratsherren der Stadt Stockholm hingerichtet. Einen dritten großen Leichenhaufen bildeten die Körper der ebenfalls geköpften Bürger. Nachdem etwa 82 Personen hingerichtet worden waren, fiel nach Schilderung des Profoses ein Regen, der das Blut und den Schmutz vermischte. Diese Zahl 82 wird oft als glaubwürdigste Angabe der Gesamtzahl der Getöteten genannt, kann aber nur als Mindestzahl gelten, denn es ist in dem Bericht keine Rede davon, daß die Hinrichtungen mit dem Beginn des Regens aufhörten. Auch am folgenden Tag, am Freitag, wurden viele mit dem Schwert gerichtet. „Aber was diejenigen betrifft, die Tag für Tag auf dem Stortorg am Galgen aufgehängt wurden, wußte man keine rechte Zahl, denn der Galgen war oft voll und selten leer. Und die, die aufgehängt wurden, waren zumeist die Diener der geköpften Herren", schreibt Olavus Petri.

Die Leichname der Getöteten lagen auf dem Stortorg bis zum Martinsabend, dem 10. November. An diesem Sonnabend wurden sie aus den Stadtmauern Stockholms hinausgeschafft und auf Södermalm verbrannt. Dieselbe Ketzerstrafe widerfuhr den sterblichen Überresten Sten Stures, die auf Befehl des Königs ausgegraben, im Sarg zur Hinrichtungsstätte gebracht und dort zur Schau gestellt worden waren. „Auf diese Weise hatte König Christian Sankt Martins Gans gebraten", lautet die Bemerkung eines Lübecker Chronisten dazu. Ein weiterer Toter war bereits auf Anordnung Erzbischof Gustavs ausgegraben worden und wurde nun ebenfalls auf dem Scheiterhaufen verbrannt.

Mitte Dezember hatten die Wellen des Blutbades Finnland erreicht. Auf Schloß Raseborg südöstlich von Åbo (Turku) wurden am 16. dieses Monats auf Befehl Christians mehrere Personen hingerichtet, weil sie Anhänger Sten Stures gewesen waren, darunter zwei Reichsräte. Einer von ihnen war Dr. Hemming Gadh, ein ehemaliger *electus* von Linköping, der auf die Seite des Unionskönigs übergewechselt war und ihm seit Beginn des Jahres als Unterhändler treue Dienste geleistet hatte. Weitere Hinrichtungen fanden in Südschweden statt, als sich die Truppen Christians im Dezember 1520 und im Januar und Februar 1521 nach Dänemark zurückzogen. So wurden zwei Parteigänger Sten Stures in Vadstena geviertelt und in Jönköping einige Adlige, von denen zwei Knaben waren, geköpft. In dem alten, 1143 gegründeten Zisterzienserkloster Nydala (Nova vallis) ertränkten die Dänen am 2. Februar den Abt Arwid zusammen mit sechs weiteren Mönchen und führten die Kleinodien des Klosters mit sich fort. Auch diese Gewalttat erregte Aufsehen in Europa und wird u. a. in einem Brief Philipp Melanchthons erwähnt. Sie wurde später von Christian seinem damaligen Sekretär Didrik Slagheck angelastet, aber eine Eintragung in einem Codex des Klosters und andere Quellen sprechen eindeutig von der Schuld des Königs.

Bewertung und Folgen

Der Prozeß vor dem Stockholmer Blutbad war in erster Linie ein politischer Prozeß, der sich des Deckmantels der Religion bediente. Hinter der berechtigten Forderung Gustav Trolles und der Kirche auf *restitutio spoliatorum,* auf Wiedergutmachung und Rückgabe des Geraubten, verbarg sich der starke politische Wille König Christians, mit seinen gefährlichsten Gegnern innerhalb der Sture-Partei abzurechnen und sich ihrer ein für allemal zu entledigen. Ihre physische Vernichtung und die Konfiszierung ihrer Güter war das Ziel, zu dessen Erreichung das radikale Vorgehen diente. Sten Stures gewaltsames Verhalten gegenüber der Kirche hatte Christian die Gelegenheit hierzu geboten, Erzbischof Gustav gab ihm die Waffe in die Hand. Auffällig ist, daß nicht nur diejenigen hingerichtet wurden, die in Trolles Klageschrift genannt oder von der „Ketzererklärung" betroffen waren, sondern alle diejenigen, die der neugewonnenen Machtstellung Christians in Schweden gefährlich werden konnten. Ein Beispiel dafür ist Bischof Vincentius von Skara. Die überwiegend unionsfreundliche Aristokratie ist vom Blutbad größtenteils verschont geblieben, während „demokratische" Elemente aus dem niederen Adel und vor allem das Stockholmer Bürgertum – das mindestens vierzig Tote zu beklagen hatte – schwer getroffen wurden. Daß auch die Diener der Witwe Sten Stures und der hingerichteten Adligen sowie der eine oder andere Bauernführer getötet wurden, unterstreicht nur das Gesagte.

Das Vorgehen gegen die Bürgerschaft Stockholms verdient besondere Beachtung. Es wird vermutet, daß Proskriptionslisten vorlagen, nach denen die Kriegsknechte Christians ihre Festnahmen durchführten. Die Tatsache, daß es fast ausschließlich schwedische Bürger waren, die davon betroffen wurden, und daß deutsche Bürger der Hauptstadt nach dem Blutbad wichtige Ämter erhielten, hat zu verschiedenen Vermutungen geführt. Fest steht auf jeden Fall der bemerkenswerte Umstand, daß Christian nach dem Einzug in Stockholm einige Tage lang Gast im Haus des möglicherweise aus Holstein stammenden reichen Kaufmanns und späteren Bürgermeisters Gorius Holste war. Nach dem Blutbad wurde die bewegliche Habe der Hingerichteten im Namen des Königs konfisziert, während die Witwen die Häuser behalten durften. Auch Erzbischof Gustav Trolle hat nun versucht, einen Teil seiner Schäden ersetzt zu bekommen, denn vom König war keine finanzielle Hilfe zu erwarten.

Wie dieser die Ereignisse in Stockholm betrachtet sehen wollte, geht aus einer Proklamation hervor, die er am zweiten Tag des Blutbades an die Gerichtssprengel Vadsbo, Kåkind und Vartofta in Västergötland richtete. In seiner Darstellung vom 9. November heißt es u. a., daß er Bischöfe, Prälaten, Doktoren und gelehrte Männer, „die die weisesten in Schweden waren", hatte zusammenrufen lassen, um in ihre Hand die Angelegenheit gegen Sten Sture und seine Anhänger zu legen, damit sie über diese ein gerechtes Urteil, wie es die Heilige Schrift ausweist, fällen sollten. „Dann haben sie sie alle zu offenkundigen Ketzern und Gebannten gegen die römische Kirche und den heiligen christlichen Glauben verurteilt; und deshalb haben wir nun sofort die Strafe über sie ergehen lassen, wie es König Sankt Eriks Recht beinhaltet und ausweist, daß Ketzer und Gebannte bestraft werden sollen." – Auf diese Weise habe er verhindert, daß über ganz Schweden und vor allem über diejenigen lieben Untertanen, die durch lügnerisches Gerede verführt worden waren, das Schloß Stäket abzubrechen, Bann verhängt würde. „Und wollen wir damit in Frieden und Ruhe das Reich Schweden lenken und regieren." – Diese abschließenden Worte besagen, worum es ihm eigentlich ging: Durch das Blutbad wollte Christian Schweden befrieden und in seinem Sinn regierbar machen.

Die Proklamation ist aber auch deshalb wichtig, weil sie die Doppelspurigkeit des Prozesses gegen Ketzer *und* Gebannte deutlich macht und dadurch einen Schlüssel zum tieferen Verständnis desselben in sich birgt. Nach schwedischem Gewohnheitsrecht – „König Sankt Eriks Recht" –, so wie es in den Rechten der Landschaften Uppland, Västmanland und Södermanland niedergeschrieben ist, soll der Bischof einen Gebannten, der sich nicht binnen Jahr und Tag gebessert und um Gnade gebeten hat, dem König anzeigen, worauf ihn dieser (ohne vorangehenden Prozeß) mit dem Schwert zu richten hat. Die Bestattung des Hingerichteten in geweihter Erde ist nicht erlaubt, seine Besitztümer jedoch gehören den rechtmäßigen Erben. – Eine entsprechende Bestimmung für Ketzer findet sich in den genannten Rechten nicht. – Die Voraussetzung für eine Hinrichtung der gebannten Sture-Anhänger im November 1520 war nach diesem schwedischen Kirchenrecht zweifellos gegeben, aber eine solche Maßnahme allein hätte weder Erzbischof Gustav und der Kirche, noch König Christian finanziellen Nutzen gebracht, denn die Güter hätten nicht konfisziert werden können. Erst durch die in der „Ketzererklärung" erfolgte Verbindung von Bannverbrechen und offenkundiger Ketzerei konnte sowohl eine Hinrichtung als auch eine Beschlagnahme der Güter erfolgen. Diese „Zweigleisigkeit" in der Begründung der Strafe durch Christian erklärt nicht nur die Art der Todesstrafe beim Stockholmer Blutbad – erst durch das Schwert, dann durch den Scheiterhaufen – sondern auch, warum der König bei der unmittelbar darauf folgenden Konfiszierung der Güter der Christina Gyllenstierna gerade das „Ketzerurteil" stark hervorhob und die Witwe Sten Stures sogar als hingerichtet darstellte: „Nun ist sie tot für die Welt, denn sie ist mit den anderen wegen offenkundiger Ketzerei verurteilt, und ist Strafe über sie (alle) meistenteils nach schwedischem Recht erfolgt."

Eine von der Darstellung in der Proklamation völlig abweichende Schilderung des Blutbades findet sich in einer Klageschrift, die Christian Ende 1520 oder Anfang 1521 gegen den päpstlichen Legaten Arcimboldi abfassen ließ und an Papst Leo X. richtete. Es ging ihm nun vor allem darum, sich von dem schwerwiegenden Vorwurf, er habe zwei Bischöfe hinrichten lassen, zu befreien. Zu diesem Zweck wurde eine Geschichte konstruiert, die von der Dreistigkeit des Königs und seiner Ratgeber ein beredtes Zeugnis ablegt. Wahrscheinlich ist Christian jedoch Glauben zu schenken, wenn er zu Beginn seiner Ausführungen schreibt, daß er nach dem Sieg gegen Sten Sture und dessen Anhänger die Reichsräte sowie die Bürgermeister und den Rat von Stockholm zusammenberufen habe, „um dadurch über die wahren Wurzeln und den Ursprung der Untaten und vor allem über den unehrlichen Bund, der gegen uns eingegangen wurde, nachdem wir noch zu Lebzeiten unseres hochlöblichen Vaters von allen auserkoren worden waren, und uns das Reich, das uns auch nach den Gesetzen des Landes gehörte, zugefallen war, Bescheid zu erhalten."

Was dann zunächst folgt, ist eine Bemerkung, daß die Verbündeten eine Strafe wegen *crimen laesae maiestatis* fürchteten, sowie eine Erwähnung der Klagen der Geistlichen vom 7. November und eine recht ausführliche, aber zum Teil absichtlich unrichtige Wiedergabe des Inhalts des Konföderationsbriefes. Anschließend heißt es: „Nachdem dieses der Allgemeinheit vorgelegt und eröffnet worden war, verließen wir, voller Abscheu wegen der treulosen Untat, die Versammlung. Denn nach ihren üblichen Praktiken war es so bestellt, daß in dem Pulvervorrat, der in großer Menge zum Zweck des Abfeuerns der Kriegsgewehre unter unserem königlichen Saal, wo wir uns dann befanden, bereitlag, Feuer gelegt und wir somit ums Leben gebracht werden sollten. Mit Hilfe Gottes wurde dieses jedoch den Unseren offenbart. Sie ergriffen sogleich die Waffen und warfen sich in Zorn gegen die Verbündeten und deren Helfer, um ihnen Tod und Verderben zu bringen. In dem Haufen standen auch die Bischöfe Mathias von Strängnäs und Vincentius von Skara. Und in der gleichen Raserei der Sinne ließen sie nun die Strafe auch über diese ergehen. Als wir es aber erfuhren, waren wir tief betrübt. Denn wohl war es bekannt, daß diese Bischöfe Majestätsverbrechen gegen unseren vorgenannten Vater begangen hatten, und wohl auch bekannt, daß sie in die unheiligen Taten und Verbindungen verwickelt waren, und daß noch weitere von Gewalttaten nicht frei waren; wären wir aber ordnungsgemäß von diesem Blutbad unterrichtet worden, hätten wir gleichwohl verhindert, daß gegen diese Männer der Kirche Gewalt verübt wurde."

Die Kurie hat König Christian diese Geschichte einer Pulverkonspiration mit Sicherheit nicht abgenommen. Im Gegenteil, aus Protokollnotizen über Verhandlungen im Kardinalskonsistorium 1521 und 1523 geht hervor, daß alle an die Schuld des

Königs glaubten, daß aber trotzdem von einem harten Vorgehen in der Angelegenheit abgesehen wurde. So haben in einer geheimen Sitzung des Konsistoriums am 19. Juni 1521 einige Kardinäle befürwortet, daß Legaten nach Dänemark gesandt werden sollten, nach dem Vorbild Alexanders III., der nach der Ermordung Thomas Beckets, des Erzbischofs von Canterbury im Jahre 1170, Legaten nach England sandte. Andere wiederum meinten, daß Nuntien in den Nachbarländern die Wahrheit herausfinden sollten. Die meisten aber empfahlen, die Angelegenheit gründlich zu überlegen, um den König nicht zu erzürnen. Es bestünde dann nämlich die Gefahr, daß er den Gehorsam des Apostolischen Stuhls verlassen und sich den benachbarten Russen nähern würde. – Ein anderes Gespenst war das des Luthertums, das Christian selbst absichtlich in seinem Schreiben an die Kurie heraufbeschworen hatte. Eine leere Drohung war dies nicht, denn der König sympathisierte offen mit der Lehre Luthers.

Schließlich hat Leo X. im Herbst 1521 einen Franziskanermönch Franciscus de Potentia als Nuntius nach Dänemark gesandt, um u. a. die Schuldfrage wegen des Todes der Bischöfe von Strängnäs und Skara zu klären. Das war keine leichte Aufgabe, denn König Christian zwang ihn, die Verhörsprotokolle so zu schreiben, wie er sie ihm diktierte. Nach seiner Rückkehr nach Rom schilderte der Nuntius in einer Sitzung des Konsistoriums am 29. April 1523 dem neuen Papst Hadrian VI. und den Kardinälen das Ergebnis seiner Nachforschungen und Bemühungen in Dänemark und Schweden. Die vom König angeführten Ursachen des Blutbades werden in einer Protokollnotiz dieser Sitzung als völlig wertlos bezeichnet – *nihil valebant*. Auf eine Frage des Papstes antworteten die Kardinäle, daß die Untat jede Strafe verdiene, daß man aber den König schonen möge, damit er nicht auf die Seite der Lutheraner überwechsele.

In Schweden war die Reaktion auf das Stockholmer Blutbad eine ganz andere, als es Christian erwartet hatte. Anstatt zu einer Einschüchterung zu führen, regte die Tat zu Widerstand an, zumal der König anschließend neue Steuern einführte und die Entwaffnung der Bauern und Bürger verordnete. Bereits im

Februar 1521 wurde die Fahne des Aufruhrs unter Führung des jungen Adligen Gustav Eriksson (Wasa) in Dalarna gehißt. Sein Vater war eines der bedeutendsten Opfer des Blutbades gewesen. Außerdem hatte er seinen Schwager, zwei Onkel mütterlicherseits und andere männliche Anverwandte im Blutbad verloren; seine Mutter, seine Großmutter, drei Schwestern und seine Tante (Christina Gyllenstierna) waren in Gefangenschaft geraten. Nachdem die Aufständischen in schweren Kämpfen die dänischen Truppen besiegt hatten, wählte am 6. Juni 1523 ein Reichstag in Strängnäs Gustav Wasa zum König von Schweden. Das Schicksal der mehr als hundert Jahre alten „Kalmarer Union" war damit besiegelt. Das Blutbad hatte einen Schlußstrich unter das Mittelalter gezogen; es begann nun ein neues Zeitalter in der Geschichte des Landes.

In Dänemark und Norwegen konnte sich der Unionskönig ebenfalls nicht halten, denn seine bürger- und bauernfreundlichen Reformen hatten den Adel gegen ihn aufgebracht. Bereits 1523 mußte er Dänemark verlassen und zog mit seiner Familie nach Deutschland und in die Niederlande. Seine alten Beziehungen zu Luther und Melanchthon hielt er aufrecht und bekannte sich zum Luthertum. Als sich jedoch nach einigen Jahren eine Möglichkeit bot, mit Hilfe seines mächtigen Schwagers Karls V. wieder an die Macht zu gelangen, kehrte er zum Katholizismus zurück, willigte im Spätherbst 1530 in Augsburg aus politischen Gründen in ein Schuldbekenntnis ein, erhielt daraufhin kirchliche Absolution und versöhnte sich so mit dem Kaiser. Doch sein Restitutionsversuch mißlang; er geriet in dänische Gefangenschaft und starb 1559 in relativer Freiheit auf Schloß Kalundborg auf Seeland.

Auch der zweite Hauptakteur des Stockholmer Dramas – Erzbischof Gustav Trolle – mußte sein Land verlassen (1521). Ein Angebot des neuen Königs Gustav Wasa, zurückzukehren, hat er nicht angenommen. Statt dessen unterstützte er die Pläne des gestürzten Monarchen und nahm an der Grafenfehde als einer der Befehlshaber des Grafen Christoph von Oldenburg teil. 1535 starb er in dänischer Gefangenschaft auf Schloß Gottorp an Kriegsverletzungen.

Was schließlich Christina Gyllenstierna betrifft, wurde sie 1521 mit ihren Kindern, ihrer Mutter und ihrer Schwiegermutter sowie mit etlichen anderen vornehmen Damen von Christian in Gefangenschaft nach Kalundborg geführt und konnte erst 1524 nach Schweden zurückkehren.

Die Propaganda Gustav Wasas richtete sich in scharfer Form gegen den „Tyrannen" Christian II. Aufrufe und Manifeste des neuen Königs und des Reichsrats verurteilten das Blutbad und zogen Vergleiche mit den Schreckenstaten der Antike, mit denen eines Herodes, Nero, Diokletian und Maximian. Christian sei grausamer als Türken und Heiden gewesen; nicht einmal von ihnen hätte man gehört, daß sie Leichname ausgruben und verbrannten. Besonders hervorgehoben wird auch, daß Christian seine besiegelten Versprechen nicht eingehalten hat, daß die Hingerichteten ohne Urteil und ohne Beichte sterben mußten, und daß sich zwei Bischöfe unter den Opfern befanden. Um die Untaten des letzten Unionskönigs auch bildlich festzuhalten und bekanntzumachen, ließ Gustav Wasa 1524 in Antwerpen einige realistische Bilder von der Belagerung Stockholms bis zur Vertreibung der Dänen drucken. Fünf davon geben die Krönungsfeierlichkeiten, den Prozeß und das Stockholmer Blutbad wider, ein sechstes zeigt die Ertränkung der Mönche in Nydala. Diese Serie bildete 1676 die Vorlage eines bekannten Kupferstichs.

Auf diese Weise verbreitete sich die Kunde vom Blutbad in ganz Europa. In späterer Zeit wurde gern eine Parallele zu der „Pariser Bluthochzeit" 1572 gezogen. Als 1575 in Basel eine Darstellung der Bartholomäusmorde erschien, war darin „en forme de parangon" eine schreckerfüllte Schilderung der Stockholmer Ereignisse enthalten. In Schweden wurde Christian sehr lange als „Christian Tyrann" bezeichnet. Das Verhältnis zwischen den beiden skandinavischen Ländern war für Jahrhunderte getrübt.

Schlußbetrachtung

Seit der zweiten Hälfte des 19. Jahrhunderts bemüht sich die skandinavische Geschichtsforschung, in die dunklen Vorgänge um den Prozeß des Blutbades mehr Licht zu bringen. Das Thema gehört zu den klassischen der dänischen und schwedischen Historiker, aber auch finnische und norwegische Gelehrte haben wertvolle Beiträge geliefert. „Nationale" Gesichtspunkte spielen dabei keine Rolle mehr. Neben den politischen und juristischen sind in den letzten Jahrzehnten zunehmend auch soziale und psychologische, wirtschaftliche und finanzielle Aspekte in die Debatte eingebracht worden, vor allem aber hat es heftige Auseinandersetzungen um das methodische Vorgehen und die Quellenbeurteilung gegeben. Festzuhalten ist, daß die Urkunde vom 8. November einem Todesurteil gleichkam, denn ihr Inhalt reichte aus, um die gebannten Sture-Anhänger im Sinne des schwedischen Gewohnheitsrechts dem König anzuzeigen. Dagegen kann von einem rechtsgültigen kanonischen Ketzerprozeß nicht die Rede sein, obwohl Christian die Urkunde als bindendes Ketzerurteil hinstellte. Das kanonische Recht wurde mißbraucht, um das schwedische Kirchenrecht nach bestimmten Gesichtspunkten zu ergänzen. Unserer Ansicht nach diente der Prozeß den Plänen des machtbewußten Unions- und Erbkönigs, Schweden endgültig zu befrieden und regierbar zu machen; wichtig war auch der Gedanke, in den Besitz der Güter seiner Gegner zu gelangen. Christian II. hat als Renaissancefürst im Sinne des *regimen regale* mit Hilfe des Prozesses seinen Willen durchgesetzt und entsprechend gehandelt.

Hans-Werner Schütt

Der Prozeß gegen Galilei (1633)
Tragödie der Irrungen

Bekanntlich hat William Shakespeare ein Schauspiel mit dem Titel ‚A Comedy of Errors' geschrieben, in dem nach manchen Irrungen und Wirrungen schließlich alles zu einem guten Ende kommt. Das Schauspiel des Galilei-Prozesses dagegen kann man sehr wohl als eine ‚Tragedy of Errors' bezeichnen. Zwar gibt es auch hier reichlich Irrungen und Wirrungen, aber sie führen zu keinem guten Ende, ja, es ist fraglich, ob überhaupt je ein Ende zu erwarten ist.

Tatsächlich: Der Prozeß hat etwas quälend Unendliches an sich, und dies vor allem aus zwei sich widerstreitenden Gründen: Einerseits stellt der Prozeß zwei Grundpositionen menschlichen Selbst- und Weltverständnisses einander gegenüber, die unhistorisch zu sein scheinen, und gerade deshalb immer wieder erkämpft und verteidigt werden müssen, andererseits sind diese Grundpositionen eben *doch* historisch, das heißt einmalig und nur im Kontext einer vergangenen Denkweise annähernd zu erfassen.

Der Inhalt des hochkomplexen Prozesses, den ein kirchliches Tribunal im Jahre 1633 gegen den damals fast siebzigjährigen Physiker Galileo Galilei (1564–1642) geführt hat, läßt sich auf einen einzigen Satz reduzieren, der da lautet: Im Galilei-Prozeß steht das Recht des denkenden Individuums gegen das Recht einer Organisation, die den Anspruch erhebt, im Besitz überindividueller Wahrheiten auch die Normen des individuellen Denkens setzen und notfalls mit Gewalt durchsetzen zu dürfen.

Das Urteil, mit dem wir diesem Satz gegenübertreten, das Urteil also, mit dem wir den unendlichen Prozeß beenden würden, ist wahrscheinlich klar. Instinktiv geradezu stellen wir uns auf die Seite des angeklagten Individuums, sind also auf seiten unserer Vorstellung von Freiheitlichkeit im Kampf gegen dunkle Autoritäten, auf seiten also des Rechts auf den eigenen Gedanken, auf das der einzelne naturgegebenen Anspruch zu haben scheint.

Allerdings, wenn wir den Galilei-Prozeß paradigmatisch nennen, versäumen wir gewöhnlich, uns die dunkle Autorität der gegenreformatorischen Kirche näher anzuschauen, und wir bedenken gewöhnlich auch nicht, daß die Einzelpersönlichkeit der Art, wie wir sie meinen, in vielem erst ein Produkt der Neuzeit ist, an deren Anfang Galilei steht. Um zu einem gerechten Urteil über das Urteil des Inquisitionsgerichtes zu kommen, müssen wir aber die historische Situation in Rechnung stellen, die so klar nicht ist, wie es zunächst scheinen mag. Klar ist nur der äußere Hergang des Prozesses und seiner Vorgeschichte.

Der Prozeßgegenstand: Ein Physikbuch

Der Prozeßgegenstand war der ‚Dialog über die beiden hauptsächlichsten Weltsysteme, das ptolemäische und das kopernikanische‘, um den langen Titel des Buches auf deutsch zu nennen. Autor dieses Werkes, das im Jahre 1632 auf dem Buchmarkt erschien, war der Florentiner Edelmann Galileo Galilei. Der ‚Dialogo‘ gibt eine Unterhaltung wieder zwischen drei venezianischen Nobili, den Herren Salviati, Sagredo und Simplicio, die sich die Zeit mit der Frage vertreiben, was wohl die Welt im Innersten zusammenhält. Dabei vertritt Salviati die kopernikanisch-galileische Kosmologie und Physik, Sagredo spielt den intelligenten Laien, der mit seinen scheinbar naiven Fragen gewöhnlich den Kern des Problems trifft, und der dritte im Bunde, Simplicio, agiert ganz und gar als Repräsentant dessen, was sein Schöpfer Galilei als etablierte Lehrmeinung dargestellt haben will. Signor Simplicio hat ein besonders saures Leben, aber er versteht es, in allen Diskussionen über Sterne und Steine und anderes mehr mit Anstand und Würde den kürzeren zu ziehen.

Mit der etablierten Lehrmeinung, deren Verteidigung dem Herrn Simplicio so schwergemacht wird, ist die aristotelisch-ptolemäische Kosmologie und Physik gemeint, die zunächst vorgestellt sei: Der aristotelische Kosmos ist zweigeteilt, unterliegen doch die Erde, die unbewegt im Weltenmittelpunkt ruht, und der Himmel, der sich in Sphären, in festen Schalen, um sie herum wölbt, grundsätzlich verschiedenen physikalischen Verhaltensnormen. Im irdischen Bereich wird der Kosmos bestimmt von den natürlichen Bewegungen der vier Elemente Feuer, Wasser, Erde, Luft, aus denen alle Materie unterhalb der Mondsphäre zusammengesetzt ist. Erde und Wasser streben dabei mit unterschiedlicher Intensität nach unten, Luft und Feuer nach oben. Selbstredend gibt es auch andere Bewegungen, nämlich alle gewaltsamen, doch diese gehören nicht zur eigentlichen Natur des Irdischen. – Die Bewegung der Himmelssphären nun unterscheidet sich grundsätzlich von den genannten beiden Typen irdischer Bewegung. Die Sphären nämlich bestehen für die Aristoteliker aus einer auf Erden nicht vorkommenden Materie, und ebendeshalb vermögen sie, die Planeten gleichförmig, kreisförmig und ewig um eine ihnen physikalisch völlig fremde Erde zu führen.

Gegen diesen, den aristotelischen Kosmos, argumentierte Galilei nicht astronomisch, was angesichts der Komplikationen des kopernikanischen Systems auch schwierig gewesen wäre, er argumentierte physikalisch. Dabei setzte er zweierlei voraus: erstens, die Erde ist ein Planet unter anderen, und also gilt am Himmel dieselbe Physik wie auf Erden, und zweitens, es gibt keinen Unterschied zwischen natürlichen und unnatürlichen Bewegungen, ruht doch die Rechtfertigung für eine solche Unterscheidung auf der aristotelischen Kosmologie, die in Galileis Augen ja falsch ist.

Genau diese beiden Voraussetzungen zu beweisen, war das Ziel des ‚Dialogo‘. Und so demonstriert Galileis ‚Alter ego‘ Salviati an Beispiel auf Beispiel, daß die aristotelische, irdische Physik nicht schlüssig ist. Schon aus der Sicht damaliger Leser ist er allerdings weniger erfolgreich mit seinen positiven Beweisen für die Gültigkeit des kopernikanischen Systems. Wirklich beweiskräftig wäre nur ein Argument gewesen, das Galilei schon 1615 vorgetragen hatte, die Gezeitentheorie, die besagt, daß Ebbe und Flut Folge der gleichzeitigen Bahn- und Rotationsbewegung der Erde sind. Ein beliebiges Materieteilchen auf der Erdoberfläche bewegt sich nämlich von der Sonne aus gesehen wegen der täglichen Drehung der Erde mal mit der Bahnbewegung mal gegen sie, und diesen dauernden schnellen Bewegungsveränderungen können die mit der Erde nur lose verbundenen Wasserteilchen der Meere nicht gleich folgen. Deshalb schwappen die Ozeane hin und her. In Hinblick auf den Prozeß ist wichtig zu wissen, daß es bereits zu Galileis Zeiten Einwände gegen dieses Argument gab. Tatsächlich ist die Gezeitentheorie von der Theorie und vom praktischen Resultat her falsch, wobei vor allem letzteres zu Buche schlug. Nach Galilei müßten Ebbe und Flut sich im Zwölfstundenrhythmus ablösen, und das stimmt mitnichten.

Von alledem merkte der brave Simplicio aber nichts, und darum wirkt das, was am Schluß des ‚Dialogo' geschieht, besonders eigenartig. Plötzlich nämlich werden all drei Diskussionspartner ungewöhnlich friedlich und einigen sich ohne weiteres Hin und Her darauf, daß man sowieso nie mit Sicherheit wissen könne, was in der Wirklichkeit der Natur richtig oder falsch ist, und daß so jeder Standpunkt seine Berechtigung habe.

Das ist verdächtig. Jeder an Naturphilosophie interessierte Italiener wußte nämlich, daß der berühmte Galilei nicht nur streitbar und bissig, sondern auch ziemlich unverblümt kopernikanisch gesinnt war. Die Geschichte von Galileis Sanftmut hatte denn auch eine Vorgeschichte und ein Nachspiel von einiger Dramatik.

Der Angeklagte: Galilei

Beginnen wir in den Jahren kurz nach 1600, in denen Galilei, damals Professor in Padua, begann, die kopernikanische Lehre öffentlich zu verteidigen. Das konnte er deshalb recht wirkungsvoll tun, weil ihm zwei Dinge zu Gebote standen: ein eben erfundenes Fernrohr und seine Brillanz im Disputieren. Vor allem dieser Brillanz wegen wurde er 1610 mit dem prunkvollen und einträglichen Titel eines Mathematicus Primarius und Philosophus des Großherzogs in seine Heimat Toscana zurückberufen. Im selben Jahr veröffentlichte er unter anderem einen empirischen Beleg für die kopernikanische Lehre, den er für unwiderleglich hielt. Gemeint ist eine Entdeckung der Jupitermonde, die mit ihren Bahnen um den Himmelskörper, also den Jupiter, zu beweisen schienen, daß die Planeten nicht, wie man glaubte, in eine feste Sphäre eingelassen sind. Mehr noch als zuvor wurde Galilei damit zum Star einer Wissenschaft, die in den sogenannt besseren Kreisen Italiens nachgerade Mode geworden war. So schrieb sogar ein Kardinal, er hieß Maffeo Barberini, ein langes Gedicht zum Preis der neuentdeckten Sterne. Das konnte der Kardinal Barberini übrigens gefahrlos tun, weil die Entdeckung die theologisch kritische Frage nicht berührte, ob die Erde, wie es einige Stellen der Bibel nahezulegen schienen, oder die Sonne im Zentrum des Kosmos stehe. Die Entscheidung gegen Artistoteles war nämlich nicht notwendig eine Entscheidung für Kopernikus.

So konnte man sich alle neuen Entdeckungen in einem System untergebracht denken, das kurz vor 1600 von dem protestantischen Astronomen Tycho Brahe entwickelt worden war. In diesem System steht die Erde wie bisher im Mittelpunkt der Welt, und die Sonne zieht ihre Bahnen um sie herum. Doch ist die Sonne auf ihrem Weg stets Zentrum aller anderen Planetenbahnen. Die Planeten wandern damit, während sie die Sonne umkreisen, mit ihr gemeinsam um die Erde.

Das sogenannte Tychonische System wurde vor allem von den Jesuiten favorisiert, beließ es doch die Erde in einer Ordnung, in der sie gleichzeitig die Mitte und, als Ort der Sünde, den himmelsfernsten Punkt des Weltenbaus einnahm. Es ging also allemal nicht nur um ein Weltbild, sondern um ein Weltgefühl. – Trotz einiger Äußerungen zu Tycho Brahe ist Galilei aber nie wirklich auf dessen theologisch leichter zu handhabendes System eingegangen. Anscheinend waren die Anhänger Brahes, eben die Jesuiten, aus seiner Sicht inkonsequent: Zwar hatten sie eine neue, wenn auch für ihn ‚kompromißlerische‘ Kosmologie vorzuweisen, doch blieben sie, was die allgemeine Physik des Himmels und der Erde betraf, weiterhin in aristotelischen Vorstellungen befangen.

Dazu kam, daß Galilei nicht gerade zu diplomatischer Vorsicht neigte, wo ihm die eigene Intuition den einzig wahren Weg zu weisen schien. Und so trugen ihm seine kompromißlosen Ideen nicht nur Bewunderung ein, zumal er ein seltenes Talent besaß, Feindschaft zu erregen, und zwar, um es mit den Worten Arthur Koestlers zu sagen „die kalte, erbarmungslose Feindseligkeit, die das Genie plus Überheblichkeit minus Bescheidenheit im Kreise der Mittelmäßigkeiten schafft“.

Dennoch tat Galilei 1613 etwas Riskantes, wenn auch aus seiner Sicht wohl Notwendiges, indem er in einem offenen Brief seine Ansichten über das Verhältnis der Bibel zur Naturerkenntnis darlegte. Es ist klar, daß er sich damit auf ein Gebiet wagte, auf dem ihm nach damaligem Verständnis keinerlei Autorität zustand. Doch als guter Katholik, der er war, hätte er sich zwar von vornherein Unterwerfung unter die offizielle Lehrmeinung abverlangen sollen, mußte sich aber dennoch innerlich dazu gedrängt fühlen, den von ihm selbst provozierten, scheinbaren Konflikt zwischen dem Buch der Offenbarung und dem der Natur irgendwie in sich auszutragen. Und er wußte, daß dies auch für sein Publikum galt. Im geistigen Klima einer Zeit, in der empirische Beweise durchaus noch nicht als zwingend galten, gab es keine Möglichkeit, ein neues Weltbild ohne theologisches Argument durchzusetzen. Die Theologie aber war damals aus guten Gründen dem Bereich der individuellen Ratio entzogen.

Und so handelte sich Galilei auch prompt eine Denunziation zweier Dominikaner-Patres ein, die aber zunächst folgenlos blieb. Ende 1615 reiste er nach Rom, um seine Anschauungen unter den Gebildeten zu verbreiten. Jetzt erst trat das Heilige Officium, die Inquisitionsbehörde, in Aktion. Ende Februar wurde Galilei in den Palast des Kardinals Bellarmin gerufen, um sich im Beisein des Generalkommissars des Heiligen Officiums vor dem Kardinal zu rechtfertigen. Bereits zwei Tage zuvor waren der Satz: „Die Sonne ist das Zentrum der Welt und infolgedessen unbeweglich in örtlicher Bewegung" für „formell ketzerisch" und der Satz: „Die Erde ist nicht das Zentrum der Welt und nicht unbeweglich, sondern bewegt sich in bezug auf sich selbst als Ganzes auch in täglicher Bewegung" für „zumindest irrig im Glauben" erklärt worden. Galileis Name wurde nicht einmal erwähnt. Immerhin beschränkte er sich in den folgenden Jahren auf Versuche zur Widerlegung der traditionellen irdischen Physik.

1624 wurde er auf einer Romreise vom eben inthronisierten Papst Urban VIII., dem er ein Buch gewidmet hatte, in Audienz empfangen. 1630 reiste er wiederum in die Ewige Stadt, diesmal um die kirchliche Druckerlaubnis für sein neues Buch, den ‚Dialogo‘ zu erwirken. Da die Zensurbehörden zögerten, konnte das nunmehr leicht veränderte Buch erst zwei Jahre später veröffentlicht werden, auch wurde der Verkauf kurz darauf verboten. Sein Verfasser wurde vor die Inquisition zitiert, weil er angeblich das Werk nicht hätte veröffentlichen dürfen. 1633 schwor Galilei seinen sogenannten Irrtum ab und wurde auf Lebenszeit unter Hausarrest gestellt. Er zog sich auf seine Villa bei Florenz zurück und veröffentlichte 1638 sein physikalisch wichtigstes Werk, die ‚Discorsi‘. Bereits 1637 erblindet, starb er 1642 im Alter von 78 Jahren.

Der Ankläger: Bellarmin

Der Jesuit Roberto Bellarmino, er wurde übrigens 1930 heiliggesprochen, galt als Autorität in Fragen der Häresie und als hochgebildet auch in naturphilosophischen Dingen. Interessanterweise geriet auch eines seiner Werke zeitweilig auf den Index verbotener Bücher; Bellarmin wußte also, was eine Auseinandersetzung mit dem sensiblen Machtapparat der Kirche selbst für einflußreiche Persönlichkeiten bedeuten konnte, er wußte, daß seine Kirche individuelle Wahrheitsbehauptungen grundsätzlich nur in den Grenzen einer vorgegebenen Weltsicht zu tolerieren bereit war. Außerhalb dieser Grenzen forderte sie – nach ihrem Verständnis natürlich um des Seelenheils des Menschen willen – eine Selbstopferung der Individualität, die meist mit größerer Selbstverständlichkeit geleistet wurde, als wir es heute vielleicht gern hätten.

Worum ging es diesem Kirchenfürsten in Hinblick auf Galilei? – Gewiß vor allem um dessen Bibelinterpretation in einer Zeit, in der die Protestanten ihren Abfall von Rom vor allem mit ihrer divergierenden Auffassung über die Rolle der Heiligen Schrift im Kirchenleben rechtfertigten. Alle protestantischen Konfessionen waren sich ja gerade darin einig, die Autorität der Bibel gegenüber der katholischen Lehre von den beiden Offenbarungsquellen, der Bibel und der Apostolischen Überlieferung, zu betonen; und genau deshalb versuchte Luther, die Bibel dem Meinungsstreit der mittelalterlichen mehrstufigen Bedeutungslehre zu entziehen; *Scriptura sui ipsius interpres,* das heißt, man soll sich gefälligst an den Wortsinn halten. Die katholische Kirche nun konnte dahinter nicht zurückweichen. Und dem Vorwurf, Rom sei vom Worte Gottes abgefallen, konnte man am besten begegnen, indem man sich in diesem Punkt protestantischer als die Protestanten verhielt. Nach dem Konzil von Trient – 1545–63 –, das die Gegenreformation theologisch rechtfertigte, war eine liberale Bibelauslegung im Sinne des von Galilei zitierten Kardinals Cesare Baronio, „es ist die Absicht des Heiligen Geistes, uns zu zeigen, wie man sich auf den Himmel zubewegt und nicht, wie sich der Himmel bewegt", schwierig geworden. Unter diesen Voraussetzungen war Bellarmins Haltung durchaus konziliant.

Wir wissen nicht, was sich im Palast des Kardinals tatsächlich ereignet hat, wir wissen aber, was Bellarmin sozusagen öffentlich dachte. Bereits 1615 nämlich hatte er einen bedeutsamen Brief verfaßt. „Es scheint mir", schrieb Bellarmin darin an einen kopernikanisch gesinnten Geistlichen, „daß Ihr und Signor Galilei gut daran tut, wenn Ihr Euch damit begnügt, nicht absolut, sondern *ex suppositione* zu sprechen... Denn wenn man sagt, unter der Voraussetzung, daß die Erde sich bewege und die Sonne stillestehe, lassen sich alle Erscheinungen besser erklären... so ist das sehr gut gesagt und hat keine Gefahr, und das genügt dem Mathematiker. Wenn man aber behaupten will, die Sonne stehe wirklich im Mittelpunkt der Welt... und die Erde bewege sich mit größter Schnelligkeit um die Sonne, so läuft man damit große Gefahr, nicht nur alle Philosophen und scholastische Theologen zu reizen, sondern auch unseren heiligen Glauben zu beleidigen, indem man die Heilige Schrift eines Fehlers überführt... Auch wißt Ihr, daß das Konzil verbietet, die Bibel gegen die allgemeine Übereinstimmung der Väter auszulegen... Schließlich sage ich, daß wenn ein wirklicher Beweis dafür vorhanden wäre, daß die Sonne im Mittelpunkt der Welt stehe... man dann bei der Erklärung der Bibelstellen, welche das Gegenteil zu sagen scheinen, mit großer Vorsicht vorgehen müßte... Aber ich werde nicht eher glauben, daß ein solcher Beweis geliefert ist, bis er mir vorgelegt ist..."

Die Möglichkeit, *ex suppositione*, also hypothetisch zu argumentieren und damit die Frage nach dem Wahrheitsgehalt der Hypothese auszuklammern, ließ Bellarmin also in diesem Brief offen. Galilei aber war intuitiv von der Wahrheit seiner Erkenntnisse überzeugt. Und bezeichnenderweise konnte er aus theologischen Gründen ein *ex suppositione* nicht wirklich hinnehmen. Seiner Ansicht nach hätte das im Sinne des sogenannten geistlichen Vorbehaltes bedeutet, daß Gott uns allesamt täuscht, und das wäre schon deshalb unmöglich, weil wir in der Astronomie die Gedanken Gottes nachvollziehen. So blieben Galilei aus seiner Sicht nur zwei Optionen: den Mund zu halten oder seine Überzeugung, die natürlich niemals *ex suppositione* gemeint war, in verschleierter Form doch zu sagen.

Und der Schleier wurde in den fünfzehn Jahren nach dem Gespräch mit dem Kardinal immer dünner.

Bellarmino verdient noch einige kleine, aber für später wichtige Bemerkungen. Wir wissen nicht, was der anwesende Generalkommissar des Heiligen Officium Michelangelo Seghizzi di

Lodi gesagt und getan hat, wir wissen nur, daß ein von niemandem unterschriebenes Protokoll der Unterredung existiert, in dem es heißt, in Gegenwart des Kardinals habe der Pater Kommissarius dem Galilei vorgeschrieben, daß er die inkriminierte Lehre, „in keinerlei Weise für wahr halten, lehren oder verteidigen" dürfe, woraufhin Galilei zu gehorchen versprochen habe. Und wir wissen, daß Bellarmin seinem Gast in einem offenen Brief versichert hat, er habe weder irgendeine Lehre abgeschworen, noch sei ihm irgendwelche Buße auferlegt worden. Vielleicht half diese Briefstelle, die verhüllte Drohung, die in den wenn auch konzilianten Worten Bellarmins verborgen war, mit der Zeit zu verdrängen.

Der Papst: Urban VIII.

Doch nicht der Brief, sondern das Protokoll sollte später eine entscheidende Bedeutung gewinnen, denn es sollte eine Waffe werden in der Hand eben jenes Maffeo Barberini, der Galilei so bewundert hatte, und der ihn nun, im Jahre 1633, als Papst Urban VIII. fallenließ. Das aber ist nur aus der persönlichen und politischen Situation dieses Papstes zu verstehen.

Die Barberini entstammten nicht der Aristokratie, sie waren Kaufleute, die ihren wirtschaftlichen Einfluß binnen weniger Generationen in politische Macht umzumünzen verstanden hatten. So bedeutete das Papsttum für Urban VIII. nicht zuletzt Macht, eine Macht, die er ohne Rücksicht auf Traditionen einsetzte. Für ihn war selbstverständlich, daß, wie er sagte, „das Urteil eines lebenden Papstes mehr wert ist als alle Dekrete von hundert toten Vorgängern". Dieser Barberini war gewiß kein ängstlich rückwärts blickender Mann, er war genauso skrupellos realistisch wie die Staatsmänner der jungen Nationalstaaten, die aus den Trümmern des mittelalterlichen Abendlandes entstanden waren, kurz, er war höchst modern. Nicht eine allem Neuen feindliche Geisteshaltung Maffeo Barberinis ist also Galilei zum Verhängnis geworden. Was ihn ins Unglück riß, war die politische Lage des Papstes.

Es sei daran erinnert, daß jeder Papst als Oberhaupt eines caesaro-papistischen Regimes eine besonders schwierige Stellung unter den Staatsmännern Europas innehatte. Innen- und Außenpolitik mischten sich: Die Innenpolitik wurde mit dem Anspruch auf moralische Weltherrschaft nach außen getragen, die Außenpolitik brach zwangsläufig in die Innenpolitik ein, da Kirchenfürsten oft genug Agenten ihrer heimatlichen Staaten waren.

Im Jahre 1632 nun, mitten im Dreißigjährigen Krieg, hatte Urban VIII. sich in eine peinliche Lage manövriert. Kaiser Ferdinand war dem Papst entfremdet, genau wie die Republik Venedig, die ebenfalls Ausdehnungsbestrebungen des Kirchenstaates in Italien vereitelte. Urban hatte sich Frankreich angenähert, wobei er durch die überlegene Staatskunst des Kardinals Richelieu an das Schlepptau einer für die moralische Stellung der Kirche gefährlichen Politik gelegt wurde. Richelieu bekämpfte Spanien und das Reich – und der Papst machte gleichfalls Front gegen diese beiden katholischen Großmächte; Richelieu verbündete sich mit der Vormacht der Ketzer, mit Schweden – und der Papst vermochte nicht, mit mehr als einem lahmen Protest zu antworten.

Nach der Struktur der römischen Hierarchie mußte diese Demonstration machtpolitischer und moralischer Schwäche schwerste innerpolitische Spannungen hervorrufen. Manche Kardinäle hatten die Macht, dem Papst ihre Meinung zu sagen, und sie taten es mit drohendem Unterton. Der spanische Kardinal Gasparo Borgia etwa erinnerte den Papst vor versammeltem Konsistorium an „seine frömmeren und ruhmreicheren Vorgänger". – Urban VIII., der übrigens gerade einem Mordanschlag entgangen war, wußte, was es bedeutete, wenn Kirchenfürsten ungestraft wagen konnten, seine Integrität als Nachfolger Petri anzugreifen, er wußte, daß es sein persönliches Ende bedeuten würde, wenn ihm, dem Papst, Wankelmut gegenüber Häretikern selbst im eigenen Machtbereich nachgewiesen werden sollte. ‚Schwäche' gegenüber Galilei hätte seinen Gegnern das Argument in die Hand gedrückt, die Bestimmungen des Konzils von Trient über die Verteidigung der reinen Lehre verletzt zu haben. So ist es zu begreifen, daß ein Verfahren gegen Galilei stattfinden und daß es mit einer Verurteilung enden mußte.

Prozeß und Tribunal

Den ersten Zug im Spiel des Prozesses machte der Papst. Im August 1632 setzte er eine Kommission ein, die die Angelegenheit Galilei behandeln sollte und unter anderem zu dem Ergebnis kam, im ‚Dialogo‘ sei das kopernikanische System nicht als bloße Hypothese dargestellt und das Imprimatur, die kirchliche Druckerlaubnis, sei erschlichen worden. Im September übertrug die Kommission das weitere Verfahren mit Zustimmung des Papstes an das Heilige Officium. Im Oktober wurde Galilei nach Rom vorgeladen; kam aber erst Mitte Februar dort an. Mitte April erschien er vor dem Generalkommissar Vincenzo Maculano, der ihn auf das Protokoll von 1616 mit dem Befehl des verstorbenen Generalkommissars Seghizzi di Lodi hinwies, worauf Galilei wörtlich antwortete: „Es kann sein, daß mir irgendein Befehl erteilt worden ist, ich dürfe die genannte Meinung weder festhalten noch verteidigen, aber ich weiß es nicht mehr, da dies schon einige Jahre her ist.“ Bei der Frage Maculanos nach der Druckerlaubnis ließ sich Galilei unter Eid zu der Aussage hinreißen, er habe von dem Verbot von 1616 nichts erwähnt, weil er in seinem Buch das heliozentrische System weder vertreten noch verteidigt habe. Das war eine offensichtliche Unwahrheit, wenn sie auch dem nachträglich eingefügten Vorwort und dem Schluß des ‚Dialogo‘ entsprach. Pater Maculano, der theologisch auf dem Standpunkt des ebenfalls verstorbenen Kardinals Bellarmin stand, suchte nun Galilei in einem privaten Gespräch Ende April klarzumachen, daß man die Anklage nicht auf das Imprimatur, sondern allein darauf stützen wolle, daß er entgegen dem Verbot von 1616 die kopernikanische Lehre vertreten habe.

Man stelle sich die Situation des hochbetagten Galilei in den Fängen einer der gefürchtetsten Behörden der Welt vor. Denn das Wissen darum, daß Galilei schließlich vergleichsweise glimpflich davonkam, soll uns nicht darüber täuschen, daß die Inquisition den Schauder des Entsetzens, der sie umgab, sehr wohl verdient hatte. Jedenfalls sah Galilei offenbar ein, daß der furchterregende Generalkommissar ihn nicht zu vernichten trachtete, sondern im Gegenteil einen Fluchtweg offenließ, den er später vor Gericht auch nutzte.

Es mag überraschen, aber was Galilei als Fluchtweg betrachtete, diente auch dem Gericht als Ausweg aus einer höchst unangenehmen Situation. Dabei schien das Kirchentribunal, es bestand aus zehn vom Papst ernannten Kardinälen, es leicht zu haben, denn es brauchte sich nicht, wie im liberalen Prozeßrecht üblich, mit gleichinformierten Prozeßpartnern, nämlich der Staatsanwaltschaft und der Verteidigung, auseinanderzusetzen. Niemandem, außer den Richtern, war Akteneinsicht gestattet, Galilei hat keines der gegen ihn vorgebrachten Dokumente lesen dürfen – das können erst wir –, und auch der toskanischen Regierung wurden prozeßinterne Informationen trotz ihrer Bemühungen verwehrt.

Dennoch befand sich das Tribunal in einer Zwangslage. Sicher war manchen Kardinälen bewußt, daß nicht nur der Wille des Papstes, sondern vor allem auch das Verhalten der vatikanischen Behörden vor Prozeßbeginn sie zur Parteilichkeit zwang, mußte doch jedes Kirchengericht davor zurückschrecken, ebendiese Behörden zu desavouieren. So konnte man von seiten des Gerichtes nicht behaupten, Galilei habe nicht *ex suppositione* argumentiert. Hätte man das Urteil auf eine solche Annahme gestützt, dann hätte man die Zensurbehörde als unfähig bloßgestellt, unfähig, hypothetische von apodiktischen Aussagen zu unterscheiden. Es blieb also nur die Behauptung, Galilei hätte gar nicht argumentieren dürfen und so eine unzureichend informierte Zensurbehörde getäuscht.

Diese vom Gericht tatsächlich übernommene These aber stützt sich auf das uns schon bekannte, nicht unterschriebene Protokoll zweifelhafter Provenienz, das angeblich 1616 niedergeschrieben und nun von der Inquisitionsbehörde vorgelegt worden war. Doch trotz allen Zweifels: die Kardinäle konnten an diesem Dokument nicht vorübergehen, wollten sie nicht die mächtige Inquisition der Aktenfälschung bezichtigen. Das Protokoll zwang die Kardinäle zu einem Strafspruch.

Bevor es dazu kam, wurde Galilei zweimal zum Verhör vor das Gerichtsplenum geladen. Beim ersten Mal, Ende April, gab Galilei bereitwillig zu, daß sein ‚Dialogo' an mehreren Stellen den Eindruck erwecken könne, er teile die Meinung des Kopernikus. Überdies erbot er sich, seinem Werk eine Fortsetzung folgen zu lassen, die alle offenen Fragen kläre. In den Wochen nach diesem ersten Gerichtstermin erarbeitete Galilei eine Verteidigungsschrift, in der er betonte, er habe das mündliche Verbot aus dem Jahre 1616 vergessen und geglaubt, eine hypothetische Behandlung der kopernikanischen Lehre sei zulässig. Das widersprach implizit seiner eidesstattlichen Erklärung vor dem Generalkommissar. Aber Galilei insistierte nun darauf, daß man ihn nicht wegen des schweren Delikts des Ungehorsams belangen könne. Um Klarheit zu schaffen, beraumte das Gericht nun ein zweites Verhör zu Ende Juni an. Auf Vorhaltungen über das Widersprüchliche seiner Aussagen antwortete Galilei, er habe vor 1616 zwischen den beiden Weltsystemen geschwankt. „Nach jenem Dekret von 1616", fuhr er jedoch fort, „schwand in mir jeder Zweifel und ich hielt, wie ich es auch jetzt noch halte, die Lehre des Ptolemäus, das heißt die Ruhe der Erde und die Beweglichkeit der Sonne, für durchaus richtig und unzweifelhaft."

Das mutete dem Gericht eine Menge zu, und es wies ihn denn auch auf den offenkundigen Widerspruch zwischen dem Gesamttenor seines ‚Dialogo' und seiner jetzigen Aussage hin. Außerdem ermahnte es ihn – nach der prozessualen Vorschrift unter Androhung der Folter –, die Wahrheit zu sagen. Galilei stand zu seiner Aussage.

Am folgenden Tage, dem 22. Juni 1633, wurde Galilei zur Urteilsverkündung geladen. Es blieb bei einem einzigen Punkt der Anklage, das Gericht hielt ihm lediglich vor, daß, so wörtlich, „Du Dich dieser Heiligen Kongregation stark der Häresie verdächtig erwiesen hast, nämlich die falsche und der Heiligen Schrift zuwiderlaufende Lehre für wahr gehalten und geglaubt zu haben". Und nach einigen Floskeln heißt es dann im Urteilstext: „Dich verurteilen wir zur Kerkerhaft im Heiligen Officium nach unserem Ermessen, und zur heilsamen Buße legen wir Dir auf, drei Jahre hindurch wöchentlich einmal die sieben Bußpsalmen zu beten." Zur Kerkerhaft kam es nicht, obwohl Galilei ständig unter Hausarrest und unter Aufsicht blieb. Das Bußpsalmenbeten wurde von einer Tochter Galileis, einer Nonne, mit Freuden übernommen.

Nach der Urteilsverkündung verlas Galilei auf den Knien einen vorgeschriebenen Abschwörungstext, in dem er bekennen durfte, stets alles geglaubt zu haben, was die Kirche für wahr halte, was die Behauptung einschloß, niemals Häretiker gewesen zu sein, und nur schuldig zu sein, den Anschein erweckt zu haben, ein solcher zu sein. Und so beschwor er, „in Zukunft nie mehr weder schriftlich noch mündlich ähnliches sagen oder behaupten zu wollen, wodurch ein Verdacht gegen mich entstehen könnte".

Offensichtlich ist das Urteil gegen Galilei nicht auf gradlinige Art zustande gekommen, ist es doch immerhin auffällig, daß die Anklage, die auf Erschleichen des Imprimaturs lautete, auf etwas anderes zielte, als im Urteil zum Ausdruck kam. Dieses warf dem Angeklagten doch nur vor, einen Häresieverdacht erweckt zu haben. Gerade die Lahmheit der Urteilsbegründung scheint darauf hinzudeuten, daß das Gericht, von welchen Kräften auch immer, unter Druck gesetzt worden war. Und so wundert es auch nicht, daß auf dem Urteilsdokument die Unterschriften von drei der anwesenden Kardinäle fehlen. Diese drei von zehn Richtern konnten es wohl nicht über sich bringen, das Spiel bis zum Ende mitzumachen.

Übrigens wird heute vereinzelt auch die Auffassung vertreten, neben den angeführten gäbe es noch einen geheimen, eigentlichen Grund für die Anklage und für die Verurteilung Galileis, und dieser Grund sei seine Materietheorie, die – vor allem in den Augen der Jesuiten – mit allen im Rahmen der katholischen Theologie zulässigen Deutungen des Abendmahls unvereinbar sei. Es gibt aber kaum historisches Material, um diese Hypothese zu stützen. Wie dem auch sei: Im Vatikan glaubte man, den unangenehmen Fall nun ohne großen Schaden losgeworden zu sein. Und das war der erste einer Serie von Irrtümern.

Die Folgen: Irrtümer

Es war ein Irrtum zu glauben, das Urteil gegen Galilei würde keine für die Kirche schädlichen Folgen haben. Tatsächlich hat es in der allerdings dünnen Schicht der Intellektuellen Europas wie ein Schock gewirkt. Und vor allem: die Langzeitfolgen sind bis in unser Jahrhundert hinein fühlbar. Seit dem Prozeß war die relative Zahl der Protestanten unter den führenden Naturwissenschaftlern Europas stets ungleich höher als die der Katholiken.

Bei der Aufzählung der Irrtümer sind zwei Ebenen strikt zu trennen, um zum einen die Umstände und zum anderen Spätfolgen des Galilei-Prozesses begreiflich zu machen und zugleich um zu zeigen, daß der Prozeß auch aus einem anderen als dem eingangs erwähnten Grund eine Bedeutung hat gewinnen können, die über das vordergründige historische Ereignis hinausweist.

Die näheren Umstände betreffen die Haltung des Angeklagten und die des Richterkollegiums. – Ich sagte, die ganze Affäre sei aus einem tagespolitischen Zwang erwachsen und habe damit impliziert, daß keiner der Beteiligten recht wußte, was er tat. Dazu stehe ich. Wäre beiden Seiten des Richtertisches das Zentrum ihres Tuns, das erst die Geschichte bloßgelegt hat, klargewesen, dann müßten wir sie für Übermenschen halten und übrigens die Geschichtsschreibung für ein langweiliges Nachplappern. Ich stehe aber auch dazu, daß zumindest nicht alle Vertreter der Kirche dümmliche Intriganten waren. Wenn Galilei sein Leben lang geglaubt hat, nur einer Intrige von „kastrierten Gockeln unter Talaren" zum Opfer gefallen zu sein, dann hat er sich geirrt. Und, wichtiger noch, wenn er glaubte, seine naturwissenschaftlichen Theorien besäßen Wahrheitscharakter, dann hat er sich ebenfalls geirrt. Seine Meinung ist heute überholt, zeigt doch die Wissenschaftstheorie, daß auch in den empirischen Wissenschaften theoretische Aussagen grundsätzlich hypothetisch sind. Übrigens, wenn *wir* glauben sollten, Galileis Kampf für seine Physik sei aus irgendeinem revolutionär-volksaufklärerischen Streben erwachsen, dann irren wir uns. Galilei entstammte einer alten Patrizierfamilie, war ausgesprochen adelsstolz und schrieb nicht deshalb italienisch statt Gelehrtenlatein, weil er Bertolt Brecht einen Gefallen tun wollte, sondern weil er seine unstudierten Standesgenossen zu beeinflussen suchte.

Aber nun zur anderen Seite des Richtertisches: Wenn die Kardinäle des Gerichtes geglaubt haben, Galilei zerstöre die Autorität des traditionellen Bibelverständnisses zugunsten einer heuchlerischen und eitlen Lüge, dann haben sie sich geirrt. Ihre Meinung ist heute überholt, bekennt doch mittlerweile auch die katholische Theologie, daß die Bibel in naturwissenschaftlichen Aussagen eine solche Autorität gar nicht beanspruchen will.

In ihren Ansichten darüber, worum es in dem Prozeß letztlich ging, haben sich beide Parteien also geirrt. Dieses ‚letztlich‘ aber betrifft die Spätfolgen. Die beiden in die Affaire Galilei verstrickten Parteien hätten sich nicht geirrt, wenn sie, und wäre dies noch so dumpf empfunden worden, das Gefühl gehabt hätten, daß es im Prozeß vor allem und recht eigentlich um die Befindlichkeit des Menschen in dieser unserer Welt ging. Das läßt sich nur durch eine Amplifikation, durch ein Aufblasen eines winzigen Indizes mit dem großen historischen Atem deutlich machen. Das winzige Indiz ist der bei Galilei erstmals klar erkennbare Wandel des Verhältnisses von Naturwissenschaft und Technik. Ich sagte bereits, daß gewaltsame Bewegungen im traditionellen Weltverständnis nicht zum Wesen des Irdischen gehören. Gewaltsame Bewegungen nun unterscheiden sich von natürlichen dadurch, daß sie ihr Ziel nicht in sich selbst tragen, sondern daß es ihnen von außen aufgezwungen wird. Und ebendeshalb sind gewaltsame Bewegungen Domäne der Technik. Ein Stein an einem Flaschenzug will ja gar nicht nach oben, er will nach unten, aber durch die List des Menschen bewegt er sich doch, wenn auch in falscher Richtung, *eppur si muove,* um einen Galilei zugeschriebenen Ausspruch anzuführen. Natürlich Bewegtes unterscheidet sich von gewaltsam, unnatürlich Bewegtem dadurch, daß es Ziele und Zwecke hat, die Ursache seines Handelns sind, genau wie der Mensch Ziele hat, die Zweckursache seines zielstrebigen Handelns sind.

Vor allem im Ziel, in der Vollendung, auf die sie hinstreben, zeigen sich Wesen und Sinn aller natürlichen Dinge. Konsequenterweise wurde auch die Natur insgesamt von Aristoteles als quasi-belebt angesehen. Und das Mittelalter hat diese Ansicht im wesentlichen übernommen, obwohl sie schlecht mit der Auffassung zu vereinbaren war, daß Gott die Welt als eine unselbständige Schöpfung aus dem Nichts geschaffen hat, eine Schöpfung, über die er den Menschen gesetzt hat, damit dieser sie als Gottes Ebenbild bearbeite und beherrsche.

Eine Folge christlicher Auffassung, die erst in der Renaissance gezogen wurde, war die Erkenntnis, daß es überhaupt keinen Unterschied zwischen natürlichen und unnatürlichen Bewegungen gibt. Die Natur wird durch den Eingriff des Menschen nicht überlistet, also zu Bewegungen gezwungen, die in Gottes Schöpfung sonst nicht vorgesehen sind. Das aber bedeutet, daß auch technisch-instrumentelle Experimente erlaubt sind und wahre Aussagen über die Natur ermöglichen. Genau dies hatte Galilei erkannt, betonte er doch immer wieder die prinzipielle Gleichheit technisch provozierter und spontaner Vorgänge in der Natur. Und das bedeute für ihn, daß Technik und Physik untrennbar zusammengehören. Damit artikulierte er einen wichtigen Glaubenssatz des aufkommenden Bürgertums.

Galileis Behauptung hat zwei Konsequenzen, die er zu seiner Zeit noch nicht übersehen konnte. Die erste betrifft den Anspruch der damals traditionellen Naturwissenschaft, zur Orientierung des Menschen in der Welt beizutragen, indem sie lehrt, warum die Dinge so sind wie sie sind, anders gesagt, indem sie das Wesen der Dinge offenlegt.

Mit seiner Hinwendung zur Technik hatte Galilei die Zweckursache als Erklärungsprinzip fallengelassen. Wenn nun aber eine vom Menschen hervorgebrachte tote Maschine keine eigene Zielstrebigkeit besitzt und damit keine eigene Zweckursache erkennen läßt, und wenn die vom Menschen gemachte Technik und die von Gott geschaffene Natur prinzipiell gleich sind, dann wird die Frage nach dem Wesen eines Dinges und damit die Frage, die mit ‚Warum' beginnt, sinnlos. Einzig legitim sind Fragen, die mit ‚Wie' beginnen, also technische Fragen, und die Naturwissenschaft wird damit von einer Orientierungswissenschaft zu einer reinen Verfügungswissenschaft.

Die zweite Konsequenz betrifft das Verhältnis Gottes zu seiner Schöpfung. Aus der Gleichsetzung der Natur, sprich des Kosmos, mit einer Maschine ergab sich ein unvorhersehbares Paradoxon: Die Schöpfung eines perfekten Gottes muß perfekt sein, die perfekte Maschine schlechthin aber ist ein *perpetuum mobile*, ein *perpetuum mobile* braucht keinen Eingriff von außen, anders gesagt, die Weltenschöpfung braucht den Eingriff Gottes nicht. Gott ist also in dieser seiner Schöpfung nicht mehr zu finden, was wiederum unentscheidbar macht, ob er je darin gewesen ist. Am Ende des Weges, den Galilei beschritt, steht der Astronom Laplace, der dem Kaiser Napoleon auf die Frage, wo Gott in der Schöpfung sei, geantwortet haben soll: „Majestät, ich brauche diese Hypothese nicht." Eine mögliche, uns heute bedrohende Folge dieser Auffassung ist eine Vergottung der Technik, aber das ist ein anderes Thema.

Ein weiterer Aspekt der Prozeßfolge sei aber kurz erwähnt. Die Ausbindung der Naturwissenschaften aus der Naturphilosophie hatte und hat Konsequenzen auch auf dem Gebiet des Rechtes als dem Ort menschlichen Zusammenlebens. Gewollt oder ungewollt können sich nämlich denotative, also wissenschaftliche Aussagen über die Natur mit präskriptiven, also rechtsetzenden Aussagen über den Menschen mischen. Wenn Galilei sagte: „Die Erde ist ein Planet unter anderen", so hieß das, wie die Geschichte zeigt, auch: „Benehmt Euch nicht, als säßet Ihr in einem Prominentengefängnis mit dem lieben Gott als benevolentem Gefängniswärter." Daß ein Vermischen von Naturerkenntnis mit Rechtsetzung eigentlich illegitim ist und böse Folgen haben kann, sehen wir etwa an der Rassenforschung der Nazis.

Zurück zu Galilei und seinen Gegenspielern Papst und Kirche. Wir müssen davon ausgehen, daß beide Parteien zur Zeit des Prozesses ein gewisses Recht auf Irrtum hatten, das heute nicht mehr gegeben ist. Heute, da wir um die Folgen wissen, wäre ein verurteilter Galilei tatsächlich ein Märtyrer der Machtinstinkte einer Organisation, die das Individuum, das sich auflehnt, unnachsichtlich vernichtet. Damals waren beide Parteien verstrickt in Irrtümer, die, vielfältig wie sie sind, zumindest eine gemeinsame Quelle haben: Die Selbstüberschätzung, die *superbia,* derer, die glauben, im Besitz überindividueller Wahrheiten nicht nur im eigenen Namen zu sprechen, obwohl sie genau das tun. Galileo Galilei sprach letztlich im eigenen Namen und nicht in dem der reinen naturwissenschaftlichen Wahrheit, die ja seiner Propaganda nicht bedurft hätte. Maffeo Barberini und seine Kirche sprachen letztlich im eigenen Namen und nicht im Namen des Christentums. Die zutiefst menschliche Neigung der Menschen, sich wichtiger und weniger zeitgebunden zu nehmen als sie sind, sie ist es, die den streitbaren Physiker und seine Gegner verbindet. Und auch deshalb ist der Galilei-Prozeß ein Lehrstück jenseits seines historischen Anlasses.

Peter Wende

Der Prozeß gegen Karl I. (1649) und die Englische Revolution

Der 30. Januar 1649 – die Engländer schrieben damals allerdings noch das Jahr 1648, das für sie erst am 24. März endete – war ein kalter, grauer Wintertag. König Karl I. von England hatte sich zwei Hemden übergezogen, um nicht vor Kälte zittern zu müssen und so bei seinen Henkern den Eindruck zu erwecken, er fürchte den Tod. Es war bereits Mittag vorüber, als er, nach langem Warten, durch die Gänge und den Bankettsaal des Schlosses Whitehall im Londoner Stadtteil Westminster zu dem schwarzverkleideten Schafott geführt wurde, das in aller Eile tags zuvor errichtet worden war. Dort erwarteten ihn der Henker und sein Gehilfe, beide nicht nur wie üblich maskiert, sondern bis zur Unkenntlichkeit vermummt, dazu zwei Obristen und mehrere Wachen sowie zwei Schreiber mit Notizheften und Tintengläsern. William Juxon, der Bischof von London, wich nicht von seines Königs Seite.

Nur an diese kleine Gruppe konnte der Monarch seine letzten Worte richten, denn ein starkes Kontingent z. T. berittenen Militärs schirmte die Richtstätte gegenüber den Menschenmassen ab, die sich auf der Straße drängten. Unter Zuhilfenahme einiger vorbereiteter Notizen bekräftigte Karl I. nochmals seine Unschuld, bat Gott um Vergebung auch für diejenigen, die jetzt seinen Tod herbeiführten und damit große Sünde auf sich lüden. Nachdem er abermals denen, die über ihn hier jetzt scheinbar triumphierten, nachdrücklich ins Gewissen geredet und sich selbst als Märtyrer des Volkes bezeichnet hatte, empfahl er das Schicksal seines Königreichs in Gottes Hand, versicherte, als Christ gemäß dem Bekenntnis der Kirche von England zu sterben, und schloß die von den Schreibern eifrig mitstenographierte Rede mit den Worten: *I have a good cause and I have a gracious God, I will say no more* (St.T. 1139). Dann bat er den befehlführenden Offizier, dafür zu sorgen, daß der Henker ihn nicht unnötig quäle, verwahrte sein langes graues Haar unter einer Kappe, und während der Bischof ihm zurief, er tausche nun seine weltliche für eine himmlische Krone ein, überzeugte sich der König davon, daß der ungewöhnlich niedrige Richtblock fest verankert war. Man hatte daneben Eisenringe befestigt, die dazu dienen sollten, den Verurteilten notfalls festzubinden, doch Karl I. kniete bereitwillig nieder und bat den Henker lediglich, mit dem Schlag zu warten, bis er ihm durch seine ausgestreckten Hände das vereinbarte Zeichen gebe. „Wie es euer Majestät belieben", antwortete dieser. „Nach einer kleinen Pause streckte der König seine Hände aus, der Henker trennte mit einem Schlag das Haupt vom Rumpf und hielt es hoch und zeigte es dem Volk und rief ‚seht her – das Haupt eines Verräters‘. Und in dem Augenblick, als der Streich fiel, stieg ein allgemeines, grausliches Stöhnen aus der Menge auf."

Soweit der Bericht des Royalisten John Nalson (ST.T. 1141) über den Prozeß gegen Karl I., kurz nach dessen Hinrichtung veröffentlicht und noch heute eine der wichtigsten Quellen für den Historiker. Die dort geschilderten Ereignisse des 30. Januar bildeten den spektakulären Höhepunkt des spektakulärsten Prozesses der Englischen Geschichte und wohl auch der gesamten europäischen frühen Neuzeit bis hin zur Revolution der Franzosen mit ihrem Prozeß gegen ihren König. Damit ist zugleich die Frage nach der historischen Bedeutung dieses denkwürdigen und zunächst singulären Ereignisses gestellt: markiert es seinerseits den Höhe- oder Wendepunkt einer modernen Revolution? Signalisiert es eine Epochenschwelle oder lediglich eine in ihrer Genese eher zufällige und ihren Folgen eher belanglose Unterbrechung einer übergreifenden Kontinuität, sei es die einer sich entfaltenden konstitutionellen, auf dem Weg in den Parlamentarismus befindlichen Verfassung – wie dies die ältere Forschung behauptete – sei es die einer fest in der politischen Mentalität der Zeit verankerten Tradition der Monarchie

– wie jüngere Historiker in Abkehr von der altehrwürdigen liberalen Historiographie dem heute entgegensetzen?

Der Prozeß

Bevor hier eine Antwort versucht werden kann, muß die Chronik des Prozesses kurz entfaltet werden, eines Prozesses von kurzer Verhandlungsdauer – lediglich an vier Tagen erschien der König vor den Schranken des Gerichts – aber mit einer langen komplizierten Vorgeschichte. Jedes Bemühen, deren Beginn zu datieren, führt mitten hinein in die äußerst kontrovers geführte jüngste Forschungsdebatte.

Die Vorgeschichte des Prozesses gegen König Karl I. setzte mit der Krise des englischen politischen Systems ein. Dieses System basierte seit dem Mittelalter auf dem Zusammenwirken von Monarch auf der einen und der sogenannten politischen Nation (d. h. der vorwiegend adligen Führungsschicht) auf der anderen Seite. Die Kooperation zwischen dem Herrscher und der Elite des Landes fand auf zwei Ebenen statt: im Bereich der Lokal- und Regionalverwaltung, wo die Institutionen der Selbstverwaltung die Funktionen einer nicht existenten staatlichen Verwaltung ausfüllten und im Parlament, wo die Repräsentanten dieser politischen Nation an der Gesetzgebung mitwirkten und durch Steuerbewilligungen außerordentliche Ausgaben, d. h. in der Regel kriegerische Unternehmungen, finanzierten. Dieses labile System, das zumindest seit Beginn der Neuzeit keineswegs den König zur politischen Marionette adliger Cliquen degradierte, wohl aber nur so lange funktionierte, wie dieser nicht vitale Interessen der Elite in Frage stellte, geriet spätestens in den zwanziger Jahren des 17. Jahrhunderts aus dem Gleichgewicht. Die schließlich zu politischen Grundsatzkonflikten eskalierenden Spannungen zwischen Karl I. und seinen Parlamenten waren dabei mehr als nur Symptome, sie führten vielmehr ins Zentrum dieser Krise, die als Strukturkrise des politischen Systems zuallererst eine Verfassungskrise war.

Weil es sich durch eine verfassungspolitische Offensive des

Monarchen in seiner Existenz bedroht sah, verweigerte das Parlament als die repräsentative Versammlung der Nation der Krone in zunehmendem Maße die politische Gefolgschaft. Und weil es ihm die notwendige finanzielle Unterstützung versagte, es vorzog, über die Garantie überlieferter Freiheitsrechte zu debattieren, statt dem König seine Kriege zu finanzieren, erachtete Karl I. dieses Parlament für eine weitgehend überflüssige Institution. 1629 erklärte er in aller Form, fortan auf dessen Einberufung verzichten zu wollen. Gleichzeitige konfessionspolitische Maßnahmen schienen die schlimmsten Befürchtungen seiner Kritiker zu bestätigen: d. h. Krone und Kirche als Einfallspforten einer großen papistischen Invasion, mit dem Ziel, England nicht nur der Gegenreformation zu unterwerfen, sondern auch hier das System des monarchischen Absolutismus einzurichten. Mithin sahen viele Engländer ihre Insel, die sie als die letzte Bastion protestantischer Freiheit immer wieder gefeiert hatten, nun durch die Politik ihres Königs bedroht.

Um so konsequenter die Reaktion, als dieser König sich 1640 auf Grund des schottischen Aufstands dann doch gezwungen sah, wieder Parlamente einzuberufen. Jetzt übte man Widerstand, stellte man Bedingungen, drang man auf verfassungsrechtliche Garantien für den Fortbestand des Parlaments. Erste Erfolge gegen einen zunächst anhanglosen König konnten 1640/41 verbucht werden, und schließlich gipfelte diese erste Phase parlamentarischen Widerstands in einem spektakulären Akt politischer Justiz, als nämlich das Unterhaus in rechtlich dubiosem Verfahren die Verurteilung und Hinrichtung des engsten Ratgebers des Königs, des Earl of Stafford, durchsetzte.

Es ist hier nicht der Ort, den Weg der Politik des Parlaments in die verfassungsrechtliche Innovation, d. h. hin zur politischen Revolution im einzelnen zu schildern. Denn als es Ende 1641 auch die Kontrolle der militärischen Macht des Staates beanspruchte, aus der verständlichen Befürchtung heraus, der König als Oberbefehlshaber könne seinen Soldaten befehlen, gegen das aufsässige Parlament und seinen Londoner Anhang zu marschieren, war endgültig die Gretchenfrage nach dem Ort staatlicher Souveränität gestellt. 1642 eskalierte so der Konflikt zur bewaffneten Auseinandersetzung, zum Bürgerkrieg. Dabei proklamierten beide Seiten nahezu gleichlautende Kriegsziele – nämlich die Wahrung der alten überlieferten Verfassung, welche der Gegner durch seine revolutionäre Politik aus der Balance geworfen habe. Daher proklamierte das Parlament zu keinem Zeitpunkt etwa die Republik als Kriegsziel, kämpfte vielmehr im Namen des Königs gegen die Person des Königs, d. h. genauer – denn überliefertem Rechtsverständnis zufolge konnte der König kein Unrecht tun –, gegen dessen falsche Ratgeber und deren Anhang.

Zwei Jahre später endete dieser erste Bürgerkrieg mit der Kapitulation des Königs. Doch der militärische Sieg wies keinen Weg aus der politischen Krise, vielmehr blieb Karl I. auch als Gefangener des Parlaments ein politischer Faktor ersten Ranges, weil dieses Parlament seinerseits Gefangener seiner eigenen begrenzten politischen Zielsetzungen blieb. Nach wie vor existierte nämlich für die überwältigende Mehrheit der Abgeordneten keine Alternative zur Verfassungsform der Monarchie, in deren Rahmen lediglich die Position des Parlaments als Kontrollorgan der Regierung ausgebaut werden sollte. Dies implizierte zugleich, daß ohne Kooperation des Monarchen der Fortbestand dieser Monarchie nicht zu realisieren war.

Karl I. erkannte die Stärke seiner Position, und da er ohnehin niemals erwogen hatte, durch irgendwelche Zugeständnisse die angestammten Rechte der Krone zu schmälern, waren alle seine Verhandlungen lediglich darauf gerichtet, Zeit zu gewinnen. Diese Strategie schien um so erfolgreicher, als das Lager seiner Gegner mehr und mehr zerfiel. Auf der einen Seite standen diejenigen, die, eher zum Kompromiß mit dem König bereit, über eine deutliche Mehrheit im Parlament verfügten – auf der anderen Seite eine radikale Minderheit, die vor allem die überlieferte Kirchenverfassung abzuschaffen anstrebte. Gerade deren Position erfuhr 1647 eine entscheidende Stärkung, als nämlich die siegreiche Armee sich zu einem eigenständigen politischen Faktor entwickelte. Da die siegreichen Truppen ihre Interessen und schließlich ihre Existenz durch die Politik der parlamentarischen Mehrheit gefährdet sahen, verkündeten Gemeine und Offiziere in rasch gebildeten Soldatenräten, daß sie keineswegs eine gewöhnliche Söldnerarmee seien, daß sie vielmehr seinerzeit angetreten seien, die überlieferten Freiheiten der Engländer zu verteidigen und nun nicht dulden würden, daß faule Kompromisse der Politiker sie um den verdienten Lohn des mühsam erstrittenen Sieges brächten. Daher brachte im Juni 1647 die Armee den König in ihre Gewalt, setzte sich in Besitz dieses wichtige politischen Unterpfands, um nun ihrerseits mit dem Monarchen einen Frieden auszuhandeln. Doch dieser fuhr nun erst recht fort zu taktieren, auf Zeit zu spielen, ja es gelang dem Gefangenen sogar, aus dem Gewahrsam des Militärs zu fliehen und auf der Isle of Wight Zuflucht zu nehmen. Jetzt erhoben sich vielerorts die Anhänger des Königs, der seinerseits mit dem schottischen Adel ein förmliches Bündnis schloß. Im Sommer 1648 mußte somit die Armee aufs neue ihre militärische Schlagkraft eindrucksvoll unter Beweis stellen, als im August die Kavallerie unter Oliver Cromwell bei Preston den Schotten die entscheidende Niederlage beibrachte. Rasch war der zweite Bürgerkrieg beendet, und ebenso rasch brachen die alten Gegensätze zwischen Parlamentsmehrheit und Armee aufs neue auf. Und während man im Unterhaus wie zuvor Verhandlungs- und Kompromißbereitschaft demonstrierte, mehrten sich im Lager der Soldaten die Stimmen, die danach riefen, Karl I. als den Urheber der beiden Kriege zur Rechenschaft zu ziehen. Besonders unter den einfachen Soldaten und den jüngeren, rasch aufgestiegenen Offizieren fielen die Worte radikaler puritanischer Feldprediger auf fruchtbaren Boden, die Karl I. als *man of blood* bezeichneten und zugleich die Armee in ihrer Überzeugung bestärkten, im Gegensatz zum Parlament die wahre Volksvertretung des Königreichs darzustellen. Diese solle darüber hinaus die Siege über ihre Gegner als Zeichen Gottes und das heißt auch, als Aufforderung zum pflichtgemäßen, verantwortungsvollen politischen Handeln deuten.

Um sich nicht durch das nach wie vor mit dem König verhandelnde Parlament plötzlich vor vollendete Tatsachen gestellt zu sehen, ergriffen radikale Militärs nun ihrerseits die Initiative. Am 6. Dezember 1648 kontrollierten Soldaten unter dem Kommando des Obersten Pride den Zugang zum Unterhaus, um insgesamt 231 der 471 Abgeordneten teils zu verhaften, teils am Betreten des Sitzungssaals zu hindern. So blieb nach dieser Säuberung *(Pride's Purge)* nur noch ein Rumpfparlament bestehen, zumindest in den nächsten Monaten willfähriges Werkzeug der Armeeführung. Dieser ebenso plötzliche wie tiefgreifende Radikalisierungsschub geschah eindeutig zu Lasten des Königs. In dem Maße, wie Karls politische Intransigenz seine entschiedenen Gegner – Männer wie Oberst Ireton, den Schwager und politischen Ratgeber Cromwells oder den puritanischen Prediger Hugh Peters – provoziert hatte, war die Entmachtung des Parlaments als Konsequenz antimonarchischer Politik konzipiert und propagiert worden. *Pride's Purge* signalisierte für alle unmißverständlich einen endgültigen Abbruch der Verhandlungen mit dem König. Zumindest nach außen hin. Wann tatsächlich in jenen Wochen zwischen dem 6. Dezember und dem 4. Januar, dem Tag, an dem das Unterhaus beschloß, den König vor ein außerordentliches Gericht zu stellen, die Entscheidung fiel, dem König nicht nur den Prozeß zu machen, sondern ihn auch hinzurichten, läßt sich bislang nicht eindeutig klären. Fest steht jedoch, daß zunächst im geheimen dem König ein letztes Verhandlungsangebot gemacht wurde. Und zwar auf Betreiben Oliver Cromwells, der, inzwischen aus dem Feldlager nach London zurückgekehrt, bis zuletzt vor den revolutionären Konsequenzen des Königsmords als politischer *ultima ratio* zurückschreckte. Verzicht auf die überlieferte Bischofsverfassung der anglikanischen Kirche, das Bündnis mit den Schotten sowie das königliche Veto bei der Gesetzgebung: so lauteten wohl die *essentials* des letzten Kompromißvorschlags. Am Weihnachtstag lehnte Karl I. ab, d. h. wahrscheinlich hatte er sich überhaupt geweigert, den Unterhändler vorzulassen. Damit war auch für Cromwell deutlich geworden, daß mit diesem König keine Politik zu machen sei, und fortan sollte er die treibende Kraft hinter den Kulissen des Geschehens sein bis hin zum bitteren Ende jenes 30. Januar 1649.

Das Verfahren ohne Beispiel

Unter den verschiedensten Blickwinkeln präsentiert sich der Prozeß gegen König Karl I. als typischer politischer Prozeß. So war er bewußt als öffentliches Spektakel, als Schauprozeß geplant und inszeniert worden. Natürlich hatte man zuvor auch Alternativen diskutiert: den König abzusetzen und einzukerkern, eine Regentschaft einzurichten, ihn heimlich umzubringen. Hierzu gab es Vorbilder; eine ganze Reihe englischer Könige hatte ein gewaltsames Ende gefunden: Eduard II. (1327), Richard II. (1400), Heinrich VI. (1461). Doch sie alle waren zuvor abgesetzt, ihrer Krone durch Rivalen beraubt worden, bevor man sie im Kerker ermordete. Hier nun aber sollte das eigene Volk dem gekrönten König den Prozeß machen. Damit ließ sich auch nicht das Verfahren gegen Maria Stuart vergleichen, die nicht mehr regierende Königin war, als sie nicht im eigenen Land und nicht von den eigenen Untertanen, sondern von den Engländern in England vor Gericht gestellt worden war.

„Wir werden ihm den Kopf mit der Krone drauf abschlagen«, soll Cromwell in bezug auf Karl I. geäußert haben, und das Verfahren löste diesen Anspruch in aller Form ein. Angeklagt und hingerichtet wurde „Charles Stuart, King of England", wie auch noch das Todesurteil formulierte, und zwar in eklatanter Mißachtung des Grundsatzes, daß der König als Hüter des Rechts, als *fountain of justice* über diesem Recht stehen müsse, wie es die Formel *The King can do no wrong* zum Ausdruck brachte.

So war denn dieser Prozeß unerhörtes Ereignis und sollte bewußt als solches, d. h. als Prozeß ohne Beispiel in Szene gesetzt werden. Danach bestimmte sich der Ort der öffentlichen Verhandlung: nicht in der Abgeschiedenheit von Schloß Windsor, wo man den König zuletzt gefangenhielt, tagte das Gericht, sondern im Zentrum des Staates, in Westminster Hall, wo die ordentlichen Gerichte gewöhnliche Verräter zur Verantwortung zogen und wo gleich nebenan das Parlament seinen Sitz hatte. Desgleichen wählte man als Hinrichtungsstätte die Straße vor dem königlichen Palast. Bereits die Schauplätze des Geschehens machen deutlich, daß hier ein politischer Prozeß eben als Schauprozeß inszeniert werden sollte, und zwar als Schauspiel für die ganze Welt. Verräterisch in diesem Zusammenhang das Plädoyer der Anklage, das in seinem ersten Satz das Verfahren als *most... glorious piece of justice, that ever was acted and executed upon the theater of England* bezeichnete (St.T. 1018).

Politische Prozesse sind nur schwer, wenn überhaupt, mit den Normen geltenden Rechts zu vereinbaren. Und dies galt in besonderem Maße für den Prozeß Karls I. Eben weil er ein Prozeß ohne Beispiel war, konnte er von Anbeginn an nicht mit den Grundsätzen des englischen Rechts in Einklang gebracht werden. Denn dieses Recht basiert auf dem Beispiel, auf dem Präzedenzfall, es bezieht seine Legitimation als Gewohnheitsrecht, aus seiner Vergangenheit. Dort werden seine Maximen, auf die die Urteile sich gründen, gefunden, es kann nicht neu gesetzt, nicht von Fall zu Fall neu definiert werden. Doch gerade dies wurde versucht und mußte versucht werden. Um das Verfahren ohne Beispiel und Vorbild zu legitimieren, mußte es auf neues, anderes Recht gegründet werden. Und so stand am Anfang, ja genauer, vor der Eröffnung des Verfahrens, eine Resolution des Unterhauses, die das Rumpfparlament am 4. Januar verabschiedete. Darin verkündeten „die im Parlament versammelten Abgeordneten des Unterhauses... daß unter Gottes Herrschaft alle Gewalt vom Volk ausgeht und... daß (sie) als dessen gewählte Vertreter diese oberste Gewalt im Staate verkörpern. Und zugleich verkünden sie, daß, was immer durch das Unterhaus verabschiedet oder als Gesetz verkündet wird, auch Gesetzeskraft besitzt und daß solche Beschlüsse den Willen der gesamten Nation darstellen, auch wenn König und Oberhaus ihnen nicht ausdrücklich zugestimmt haben." Eine knappe Erklärung von drei Sätzen, die schon bald gedruckt in großer Zahl unter das Volk verbreitet wurde und die zugleich nichts weniger als die Revolution, zumindest die politische Revolution, die radikale Abkehr vom Geist und Buchstaben der überlieferten Verfassung, der *ancient constitution* markierte.

Dies betrifft nicht nur die lapidare Proklamierung der Volks-souveränität, sondern gleichermaßen den Anspruch des Unter-hauses, diese Volkssouveränität einzig und allein darzustellen und auszuüben. Zugleich war damit der vorläufige Endpunkt einer Entwicklung markiert, die mit dem Beginn des Bürger-kriegs ihren Anfang genommen hatte.

Die überlieferte Praxis der Verfassung gründete die Gesetzge-bung auf das Zusammenwirken von Krone, Adel und Volksver-tretung; ein Statut bedurfte der Zustimmung von Unterhaus, Oberhaus und König. Als man gegen den König zu Felde zog, nahm das Parlament für seine Proklamationen Gesetzesrang in Anspruch, indem es behauptete, seine Beschlüsse beinhalteten notwendig die Zustimmung des Königs, dessen wahren Willen, der auch gegen die Person des Königs gesetzt werden könne. Nun wird auch das Oberhaus eliminiert, aus ganz konkretem Anlaß, denn das verbliebene Dutzend Peers, das formal noch den Existenzanspruch dieser Institution aufrechterhielt, hatte sich geweigert, das Verfahren gegen den König mitzutragen. Und so definierte schließlich das Unterhaus, bzw. das, was als Rumpfparlament von ihm übriggeblieben war und auch als sol-ches in diesen Wochen lediglich das Sprachrohr des politischen Willens der Armee darstellte, sich als den Ort staatlicher Sou-veränität. Wie mit dieser Resolution der lang schwelende Ver-fassungskonflikt zumindest formal *per definitionem* des Siegers zu einem Abschluß gebracht worden war, so sollte parallel dazu, als erste Konsequenz dieses Anspruchs, der Prozeß gegen Karl I. durch die Vernichtung der Person des Königs das Ende der Institution der Monarchie signalisieren. Der Prozeß war somit die Fortsetzung und Beendigung des Bürgerkriegs mit den Mitteln der politischen Justiz; die militärische Niederlage des Königs sollte durch dessen Hinrichtung in den dauerhaften politische Sieg des Parlaments umgesetzt werden. Dem zeitge-nössischen Historiker des Bürgerkriegs, dem Royalisten Cla-rendon zufolge war dies das erklärte Ziel Iretons und Oberst Harrisons, der entschlossenen Befürworter des spektakulären Schauprozesses. „Wenn dem König ein öffentliches Verfahren gemacht werde" – so ihr Argument – „demonstriere dies die

Souveränität des Volkes und werde die beste und sicherste Grundlage für die Stabilität der künftigen beabsichtigten Regierung liefern" (ST.T. 992)

Der Prozeß ohne Beispiel verlangte ein außerordentliches Gericht, man konnte den König nicht dem für Strafsachen zuständigen Obersten Gericht, dem *Court of King's Bench* überantworten. Politische Justiz bediente sich immer wieder der Sondergerichte, und so erfolgte als zweiter Schritt zur Eröffnung des Verfahrens die Verabschiedung eines *Act of the Commons of England, assembled in Parliament for erecting of a High Court of justice for the trying and judging of Charles Stuart, King of England* (ST.T. 1045). Nachdem in der Präambel dieses Gesetzes bereits die Hauptpunkte der Anklage formuliert worden waren, bestellte es insgesamt 135 Personen namentlich zu Mitgliedern dieses hohen Gerichtshofs. An der Spitze der Liste rangierte Sir Thomas Fairfax, der Oberbefehlshaber der Armee, Oliver Cromwell und dessen Schwiegersohn Ireton als der politische Kopf des gesamten Verfahrens. Viele Militärs befanden sich unter den Richtern, so Oberst Pride, der seinerzeit die Säuberung des Parlaments geleitet hatte, sowie der überzeugte Republikaner und glühende Puritaner Harrison. Aufs ganze gesehen konnte man den Anspruch, die politische Nation urteile hier über ihren König, in der sozialen Zusammensetzung dieses Gremiums nicht einlösen, dieses lag eindeutig unter dem Niveau der traditionellen Führungsschicht des Landes, zumal die wenigen Männer von höherem gesellschaftlichen Rang alsbald den Sitzungen des Gerichts fernblieben.

Dennoch trifft der Vorwurf der Royalisten, hier habe eine Ansammlung von Leuten niedrigster Herkunft, Schuster und Bierbrauer, über ihren König zu Gericht gesessen, nicht zu; zumindest in geographischer Hinsicht repräsentierte das Gericht das Land – neben dem Landadel aus möglichst vielen Grafschaften waren auch die Bürgermeister bzw. Parlamentsabgeordneten der wichtigsten Städte nominiert. Gravierender sollte es sich auswirken, daß die juristische Prominenz der parlamentarischen Seite sich jeglicher Partizipation entzog. Die Anwälte Widdrington und Whitelock, denen man die Verantwortung für das große Staatssiegel übertragen hatte, bestiegen Ende Dezember ihre Kutschen und zogen sich auf ihre Landsitze zurück. Henry Elsyng, der fähige Sekretär des Unterhauses, trat plötzlich von seinem Posten aus Gesundheitsgründen zurück, vor allem aber der Oberrichter Oliver St. John, seit Jahrzehnten unnachgiebiger Gegner des Königs und unbeugsamer Vertreter der Sache des Parlaments, zudem mit Cromwell verwandt und befreundet, weigerte sich, wie auch seine Kollegen Rolle und Wilde, sein Renommee in diesem Verfahren aufs Spiel zu setzen.

So offenbarte bereits vor Eröffnung des Verfahrens die Liste der Richter eine deutliche Diskrepanz zwischen dem hochgesteckten revolutionären Anspruch der Initiatoren und der Realität des Prozesses. Und dieser Widerspruch bestimmte auch weiterhin den Gang der Ereignisse. Als das Gericht am 8. Januar zu einer ersten vorbereitenden Sitzung zusammentrat, folgten lediglich 53 nominierte Mitglieder der Kommission dem Namensaufruf. Im Laufe der Sitzungsperiode stieg diese Zahl einmal auf 71 (am 23. Januar), doch unter dem Todesurteil standen schließlich nur 59 Unterschriften. Vor allem die Prominenz scheute die Teilnahme, allen voran Sir Thomas Fairfax, der lediglich zur ersten Sitzung des Gerichts erschienen war. Aber auch Männer wie Algernon Sydney, der jüngere Sohn des Earl of Leicester oder Philip Skippon, der Kommandant der Londoner Milizen, blieben früher oder später dem Verfahren fern. Zwar beschloß man am 17. Januar, als abermals nur 56 Richter anwesend waren, die fehlenden in aller Form herbeizuzitieren, doch ohne großen Erfolg. Andererseits war der mangelnden Bereitschaft, über den König zu Gericht zu sitzen, bereits im Gesetz zur Einleitung des Prozesses Rechnung getragen worden, denn für die Beschlußfähigkeit des Gerichts war ein Quorum von sage und schreibe 20 Mitgliedern festgesetzt worden – eine Vorsichtsmaßnahme, die dann doch wieder die Revolutionäre als nüchterne Realisten erscheinen läßt. Und so waren auch die folgenden Tage geprägt durch das Wechselspiel von revolutionärem Pathos und mühsamem Ringen mit widrigen Umständen.

Am 9. Januar verkündete ein Herold, begleitet von zwei Trupps Berittener und zehn Trompeten, im Hofe von Westminster Hall sowie an drei Plätzen der City, vor St. Pauls, der Alten Börse und in Cheapside, daß am folgenden Tage der Prozeß gegen *Charles Stuart, King of England* in der *Painted Chamber* des Westminster-Palasts eröffnet werde. Doch es dauerte bis zum 20. Januar, ehe der Angeklagte erstmals vor die Schranken dieses Gerichts zitiert wurde. Zunächst war eine Fülle von organisatorischen Problemen zu lösen bezüglich Ort und Art des Verfahrens, Unterbringung des königlichen Gefangenen, militärischer Schutz des Gerichts usw. Zum Vorsitzenden wählte man den Oberrichter von Chester, John Bradshaw, kein brillanter Jurist, aber angesichts der tatsächlichen Zusammensetzung des Gerichts war er der Einäugige unter den Blinden. Für die Anklage nominierte das Gericht alsdann die Juristen John Cook und Anthony Steele, denen zwei weitere, darunter der holländische Gelehrte Isaac Dorislaus zur Seite stehen sollten. Doch Steele, der erst vor kurzem sich in seiner Funktion als Generalstaatsanwalt des Parlaments durch unnachsichtige Verfolgung von Royalisten einen Namen gemacht hatte, lag plötzlich krank zu Bett, so daß Cook, ein gebildeter Mann, strenggläubiger Puritaner und überzeugter Republikaner, in erster Linie die Rolle des Anklägers übernehmen mußte. Und eben weil dieser Prozeß ein Prozeß ohne Beispiel war, nahm die Formulierung der Anklage ungewöhnlich viel Zeit in Anspruch – wiederholt zog sich das Gericht zu nichtöffentlicher Beratung zurück, bis dann am Samstag, dem 20. Januar endlich unter der Bewachung von 32 Offizieren, allesamt mit Hellebarden bewaffnet, Karl I. den Verhandlungssaal betrat. Noch kurz zuvor hatten sich die Richter in geheimer Sitzung darauf geeinigt, auf die mögliche Provokation, daß der Angeklagte seinen Hut vor Gericht aufbehalten sollte, nicht zu reagieren. Und so geschah es dann auch. „Nach einem finsteren ernsten Blick auf das Gericht und auf das Volk auf den Galerien zu beiden Seiten, setzte er sich auf den Stuhl, ohne seinen Hut abzunehmen oder auf irgendeine Weise dem Gericht seinen Respekt zu erweisen." (ST.T. 1069)

Alsdann verlas Cook die Anklageschrift, in der er Karl I. vorwarf, in Verfolgung seines Ziels, der Errichtung einer tyrannischen, persönlichen Gewaltherrschaft, die Freiheiten und Rechte des Volkes und somit die Verfassung verletzt und schließlich gegen das Parlament und damit gegen das durch dieses vertretene Volk den Krieg eröffnet zu haben. „Aus alledem wird deutlich, daß besagter Charles Stuart der Urheber, Verursacher und Betreiber all dieser angeführten widernatürlichen, grausamen und blutigen Kämpfe war und ist und daher schuld an allen verräterischen Handlungen, Morden, Vergewaltigungen, Brandschatzungen, Plünderungen, Verwüstungen, Zerstörungen und Missetaten welche diesem Volk in besagtem Krieg zugeführt... wurden." (ST.T. 1072)

Entsprechend den Verfahrensregeln des englischen Prozeßrechts forderte anschließend der Vorsitzende den Angeklagten, der der Verlesung der Klage mit teils unbewegter, teils verächtlicher Miene gefolgt war, auf, seinerseits darauf zu antworten, d. h. schuldig oder nicht schuldig zu plädieren. Doch statt dessen stellte Karl I. die Autorität des Gerichts grundsätzlich in Frage, konfrontierte seine Richter wiederholt mit der Aufforderung, die Rechtmäßigkeit dieses außerordentlichen Verfahrens zu beweisen, um nach längerem Disput mit Bradshaw zu schließen *You have shown no lawful authority to satisfy any reasonable man.* (ST.T. 997)

Damit war der Prozeß bereits so gut wie beendet, d. h. eine Pattsituation erreicht, die auch in den folgenden zwei Sitzungstagen nicht überwunden werden konnte. Die ebenso standhafte wie beredte Weigerung des Königs, vor diesem Gericht auf die Anklage zu antworten, ließ das von seinen Richtern angestrebte Verfahren gar nicht erst zustande kommen. Ihnen blieb in diesem Falle nichts anderes übrig, als diese Weigerung als Eingeständnis der Schuld zu werten und auf dieser Grundlage das Urteil zu fällen. Damit aber waren die Initiatoren des Verfahrens in ihrer Absicht, im Rahmen eines korrekt nach geltendem Usus geführten Prozesses die Schuld des Angeklagten öffentlich zu demonstrieren, gescheitert. Sowohl Zeugenvernehmungen als auch ein ausführliches Plädoyer der Anklage waren strenggenommen hinfällig geworden. Um wenigstens notdürftig der Welt zu demonstrieren, daß hier keine Willkürjustiz geübt werde, beschloß man dennoch Zeugenvernehmungen durch ein Komitee, dessen Protokolle dann in öffentlicher Sitzung des Gerichts am 25. 1. verlesen und von den insgesamt 31 Zeugen beeidet wurden. Dabei ging es im wesentlichen um die aktive Teilnahme Karls I. an den militärischen Unternehmungen der Royalisten während des Bürgerkrieges, von den ersten Truppenaushebungen über die Errichtung der königlichen Standarte bei Nottingham am 22. August 1642, die am ehesten als Kriegserklärung an das Parlament gewertet werden konnte, bis hin zu den Gefechten und Schlachten der folgenden Jahre.

Nachdem der 26. Januar der Vorbereitung und Formulierung des Urteils gedient hatte, wurde dieses am folgenden Tage von Bradshaw verkündet und ausführlich begründet. Vergeblich versuchte der König sowohl vor als nach dessen Verlesung noch einmal das Wort für eine ausführliche Erklärung zu erhalten. Aber auch der Ankläger Cook konnte auf Grund der besonderen Verfahrenssituation sein sorgfältig vorbereitetes Plädoyer nicht halten, veröffentlichte es jedoch als nachträgliche Rechtfertigung des Prozesses.

Der Prinzipienkonflikt

So viel zur Chronologie, zur Ereignisgeschichte des kurzen Prozesses mit der langen Vorgeschichte. Um dessen historischen Stellenwert genauer zu bestimmen, gilt es zunächst, dessen Gegenstand genauer zu fixieren und die Argumentation der Kontrahenten eingehender zu analysieren. Der Prozeß gegen Karl I. war Prozeß ohne Beispiel, weil er gegen die Monarchie geführt wurde, weil in seinem Zentrum der Streit um die Position der Krone im Staat, um die staatliche Souveränität stand. In dieser Auseinandersetzung vertraten Kläger und Angeklagter diametral entgegengesetzte Positionen.

„Weil ich Euer König bin, könnt Ihr mir nicht den Prozeß machen, weil ich König bin, kann keine irdische Gewalt mich zur Rechenschaft ziehen" (ST.T. 996) – dies war die zentrale Maxime seiner Verteidigung, die Karl immer wieder variierte und begründete. Nicht der Herrscher schuldet dem Volke Rechenschaft, sondern dieses jenem Gehorsam; England sei keine Wahl-, sondern Erbmonarchie von Gottes Gnaden. Und schließlich basiere das gesamte englische Recht auf dem Satz *The King can do no wrong* – wie könne sonst in dessen Namen Recht gesprochen werden? Statt das Gericht anzuerkennen, gipfelte daher des Königs ebenso überzeugende wie effektvolle Verteidigung darin, seinerseits dieses Gericht unter Anklage zu stellen; auch dies übrigens ein Grundmuster politischer Prozesse. Dabei definierte er das Verhältnis von Macht und Recht eindeutig zu seinen Gunsten, indem er das Gericht als *Power without Law,* d. h. seine Richter als Schergen rechtloser Gewaltherrschaft anprangerte.

Doch diese setzten gegen das historische Recht das Recht der Vernunft, gegen das Gottesgnadentum des keiner irdischen Instanz verantwortlichen Königs das Prinzip der Volkssouveränität und die Maximen der Vertragslehre. „Der König von England ist mit einer begrenzten Gewalt beauftragt, gemäß dem überlieferten Recht zu regieren zum Wohle und Nutzen des Volkes" (ST.T. 1070) – so argumentierten der Vorsitzende Bradshaw und auch der Ankläger Cook, um dem König die Autorität des Gerichts zu demonstrieren. „Wie das Recht über Euch steht, so, wahrlich Sir, gibt es etwas, das über dem Recht steht und das ist in der Tat der Schöpfer und Urheber des Rechts und das ist das Volk von England", belehrte Bradshaw Karl und wies zugleich darauf hin, daß der Wille dieses Volkes sich realisiere im Parlament, in dessen Auftrag dieses Gericht handle (ST.T. 1009 f.) und ebenso müßten sich die Maximen des überlieferten Rechts, wo immer sie dem König eine Ausnahmestellung zubilligten, mit den Maßstäben der Vernunft messen lassen. Vor dieser könne der Satz, daß bei Rechtsbrüchen des Monarchen lediglich dessen Ratgeber zur Verantwortung zu ziehen seien, keinen Bestand haben. Und das gleiche gelte für die Regel *The King can do no wrong.* „Denn wer dies behauptet, versündigt sich gegen den großen Gott der Wahrheit und der Liebe, denn allein Gott kann nicht irren... Und es ist traurig zu sehen, wieviel Scharfsinn gelehrte Männer... darauf verwendet haben, das Volk zu unterdrücken, indem sie ihm die Sinne verwirrten, um es glauben zu machen, daß es ein Satz des Rechts sei, daß der König kein Unrecht tun könne." (ST.T. 1034) Und schließlich spreche die Vernunft auch dort Recht, wo die Gesetze schweigen, d. h. wo keine Präzedenzien existierten.

Was der König als Konfrontation von Macht und Recht bezeichnete, erscheint aus der historischen Sicht auf den ersten Blick als der Gegensatz von Tradition und Revolution, von historischem Recht und Recht der Vernunft. Allerdings nur auf den ersten Blick. Bei genauerem Zusehen sind die Positionen der Kontrahenten keineswegs immer eindeutig markiert, lassen sich zwischen ihnen sogar Verbindungslinien ausmachen. Indiz hierfür sind Widersprüche in der jeweiligen Argumentationsführung. So begnügte sich Karl I. nicht mit der Rekapitulation überlieferter und daher überzeugender Definitionen des traditionalen Königtums, er begab sich darüber hinaus auch auf die Argumentationsebene seiner Richter, d. h. auf das Niveau der Revolution. So wenn er sich – in Konkurrenz zum Parlament – als der wahre Hüter der Freiheiten der Engländer bezeichnete, vor allem aber, wenn er den Anspruch des Parlaments, den Willen des Volkes zu vertreten, zwar mit Vorbehalten aufnimmt, um dann jedoch festzustellen, das Gericht habe „ohne die Zustimmung zumindest der Mehrheit aller Engländer gleich welcher Herkunft oder Stellung" gehandelt und entschieden (ST.T. 1091 f.). Wie das Parlament zuvor immer wieder gegen den König behauptet hatte, dessen wahren Willen zu vertreten, so behauptet Karl nun gegen die Volksvertretung, im Namen und Interesse dieses Volkes zu handeln.

Auffälliger, häufiger – damit aussagekräftiger – sind allerdings die Widersprüche auf seiten der Ankläger, ist doch schließlich die Konzeption des gesamten von ihnen inszenierten Schauprozesses in sich widersprüchlich, bestimmt durch das Widerspiel von Revolution und Tradition. Denn dieses Gericht versuchte, ein neues, revolutionäres Recht mit den Maximen und Verfahrensweisen der traditionellen englischen Rechtsprechung zu vereinbaren. Den Prozeß ohne Beispiel bemühte man sich dann doch immer wieder durch historische Parallelen zu legitimieren, ganz in Anlehnung an das mit Präzedenzien operierende Common Law. „Sir, wir wissen sehr wohl, daß Sie immer wieder nach den Präzedenzfällen für unser Vorgehen fragen... Wahrlich Sir... es ist nichts Neues, Beispiele aus allen Völkern anzuführen, wo das Volk... den Mut besaß, seine Könige zur Rechenschaft zu ziehen" (ST.T. 1011), hält Bradshaw Karl I. entgegen, um alsdann seine Exempel aus dem aragonesischen Recht, der römischen und schottischen Geschichte zu statuieren und schließlich die Absetzung Eduards II. und Richards II. von England anzuführen. Vor allem jedoch werden die Sätze des Vernunftrechts über die Volkssouveränität als Fundament jeglicher legitimer Herrschaft, über die vertragliche Bindung der Herrscher an die *salus populi,* das Gemeinwohl, stets auch als Sätze des historischen Rechts präsentiert, ja wohl auch so verstanden; denn letztendlich verkörpere das *Common Law* die Vernunft, sei schließlich die konkrete, historische Vernunft. „Alle Richter in England können nicht ein Urteil fällen, das nicht sich auf Vernunft gründet", formulierte Cook in seinem Plädoyer. (ST.T. 1030)

Solcher Rekurs auf das gute alte Recht besaß zudem seine politische Dimension. Man wollte den königlichen Delinquenten in einem ordnungsgemäßen Verfahren in aller Öffentlichkeit nach geltendem Recht schuldig sprechen.

Doch gleichzeitig realisierte man, daß die große Mehrheit der Engländer nicht nur die Revolution ablehnte, sondern aus der für die Zeit selbstverständlichen monarchistischen Grundhaltung heraus selbst einen alle Regeln des Gesetzes peinlich befolgenden Prozeß gegen den König ablehnte. Daher die sorgfältig kontrollierte Öffentlichkeit des Verfahrens. Sowohl im Gerichtssaal als auch auf dem Schafott plazierte man den König so, daß seine Worte Zuhörern und Schaulustigen unverständlich bleiben mußten; stets trennte eine ausreichende Bedeckung zuverlässiger Soldaten den Angeklagten vom Publikum. Lange hatte man darüber beraten, wie er unterzubringen sei, damit er jeweils rasch und ohne Aufsehen zum Gericht geleitet werden könne. Dergleichen Vorsichtsmaßnahmen bestätigten den Satz des Königs, die Mehrheit seiner Untertanen verurteile das Verfahren. Scheinbar ohnmächtig seinen Richtern ausgeliefert, stellte Karl immer noch einen Machtfaktor dar, den diese wahrlich nicht unterschätzten. Richter Bradshaw trug eine mit Stahlplatten gepanzerte Biberkappe, um sich vor möglichen Attentätern zu schützen, und im Vorwort zu seinem gedruckten Plädoyer sieht Cook sich bereits als das Opfer eines fanatischen royalistischen Attentäters. Nicht nur der Angeklagte, sondern auch die Ankläger in der Rolle der zumindest potentiellen Märtyrer, die einige von ihnen elf Jahre später dann ebenfalls auf dem Schafott als ‚Königsmörder' zu Ende spielen sollten. Dem heroischen Gestus des Königs entsprach somit die heroische Gesinnung seiner wenigen entschlossenen Widersacher, der Männer um Cromwell, Ireton, Harrison, die sehr wohl realisierten, daß dieser Prozeß eben doch ohne Beispiel war.

Sie gewannen ihre Entschlossenheit, den Mut, das Ungeheuerliche zu vollbringen, nicht durch die Unterstützung der Massen, die noch sieben Jahre zuvor der Hinrichtung Straffords, des ersten Ministers der Krone, begeistert applaudiert hatten – sie bezogen sie vielmehr aus ihrem Glauben. Wie Bürgerkrieg und Revolution besaß erst recht dieser Prozeß seine religiöse Dimension. Und zwar ebenfalls für beide Seiten. Wie der König die Kraft für sein Martyrium aus der Gewißheit seines Gottesgnadentums bezog, so waren seine Richter des festen Glaubens, mit dem Prozeß lediglich das Urteil zu vollstrecken, das Gott bereits gefällt habe. Als Cromwell im Dezember sich zur radikalen Lösung, zum Prozeß entschloß, da war in seinen Briefen die Rede von Karl als dem Mann, wider den der Herr Zeugnis abgelegt habe, nämlich in den Schlachten des Bürgerkriegs. Und daher hielt Bradshaw in seiner Urteilsbegründung Karl vor: „Sir, das englische Volk kann nicht so schwach sein, nachdem Gott für es so wundersam und ruhmreich gehandelt hat, sondern da es nun die Macht und seinen großen Feind in seinen Händen hält, muß es sich selbst und Euch gegenüber Gerechtigkeit walten lassen." (ST.T. 1014)

Die Bedeutung

Mit Blick auf die in diesem Prozeß formulierten revolutionären Zielsetzungen seitens der Anklage und angesichts der revolutionären Energie einiger Ankläger hat man den Prozeß immer wieder als Höhepunkt der englischen Revolution bezeichnet. Mehr noch – in der Summe der in ihm vertretenen Positionen und Tendenzen liefert er ein konzentriertes Substrat dieser Revolution; ja, letztendlich ist dieser Prozeß die Revolution. Denn hier ist der endgültige Schritt vom Widerstand zum radikalen Umsturz der Verfassung vollzogen. Dabei war die Hinrichtung des Königs nicht das programmierte Ziel, sondern eine pragmatisch bestimmte Notlösung. Die Vorgeschichte hat deutlich gemacht, wie aus dem erfolgreichen Widerstand eine ratlose Revolution erwuchs, weil die begrenzten Verfassungsziele des Parlaments sich mit König Karl nicht realisieren ließen. Nicht weil seine Richter um jeden Preis die Republik anstrebten, mußte dieser das Schafott besteigen, sondern die Republik wurde eingerichtet, weil mit diesem Stuart eine Rückkehr zur überlieferten englischen Monarchie aussichtslos schien. Und weil zu diesem Monarchen keine politisch aussichtsreiche personelle Alternative existierte – wie etwas später 1688 – machte man zugleich der Monarchie den Prozeß. Was mit dem Bekenntnis zur Volkssouveränität durch das Parlament am 4. Januar begann, endete am 17. März mit der offiziellen Proklamation der Republik.

Doch das englische Commonwealth der Jahre 1649–1660 blieb Episode, kurzes Intermezzo einer bis in die Gegenwart reichenden zumindest formalen Kontinuität der Monarchie. Und so muß der Historiker schließlich auf die Frage, wer letztendlich diesen Prozeß gewonnen habe, zwei Antworten geben:

Zum einen war es der König, der während seiner gesamten Regierungszeit nie so populär gewesen war wie während seines Prozesses und nach seinem Tode. „Ich sterbe als Märtyrer", hatte er verkündet und lieferte damit der royalistischen Propaganda das Stichwort. Bereits einen Tag nach der Hinrichtung erschien die Schrift ‚Eikon Basilike', die ihrem Untertitel zufolge „das Bild seiner heiligen Majestät in ihrer Einsamkeit und ihrem Leiden" zeichnete und eine ungeahnte Verbreitung erreichte. Immer wieder wurde das Schicksal Karls dem Martyrium Christi nachstilisiert – etwa auch dann, wenn aus royalistischer Feder stammende Berichte eine brutale Soldateska den verurteilten König verhöhnen und mißhandeln lassen. Zu Lebzeiten als Politiker mit dem Ziel, in England das System des monarchischen Absolutismus einzurichten, gescheitert, eröffnete er durch seinen Tod der Monarchie eine neue Zukunft.

Aber auch die Tat seiner Richter blieb geschichtsmächtig, wohl nur für wenige Radikale als Vorbild, als Quintessenz des *Good old Cause,* vielmehr als Warnung vor den Konsequenzen des politischen Extremismus jeglicher Couleur. Und so hat der Prozeß gegen den König, wiewohl er das Scheitern des begrenzten Widerstands markierte, dann doch erheblich dazu beigetragen, daß in der Folgezeit das Programm der begrenzten Revolution, die Einrichtung des monarchischen Konstitutionalismus, durch die Geschichte eingelöst wurde.

Ilja Mieck

Die Revolution und das Königtum:
Der Prozeß gegen Ludwig XVI. (1792/93)

Im Verhältnis der Französischen Revolution zum Königtum der Bourbonen lassen sich in den rund vier Jahren von der Einberufung der Generalstände bis zur Hinrichtung Ludwigs XVI. fünf Phasen unterscheiden. Dabei ist es für die Unberechenbarkeit und Sprunghaftigkeit der Entwicklung charakteristisch, daß diese Phasen nicht ineinander übergingen, sondern durch markante und genau datierbare Ereignisse deutlich voneinander getrennt wurden. Bei diesen vier Schlüsseldaten handelt es sich um den 23. Juni 1789, den 21. Juni 1791, den 14. September 1791 und den 10. August 1792. An diesen Eckpunkten orientiert sich die Gliederung des folgenden Aufsatzes.

Der Verlust der Initiative

Von Anfang an ließen die maßgebenden Träger der Revolution keinen Zweifel daran, daß sie die Umformung Frankreichs in eine konstitutionelle Monarchie anstrebten, mit einem Monarchen an der Spitze, der als konstitutiver Bestandteil einer auf Gewaltenteilung und Bürgerrechten beruhenden Verfassung angesehen wurde.

Mit dieser Grundtendenz wußten sich die Mitglieder der Nationalversammlung, die in dem berühmten Ballhausschwur vom 20. Juni 1789 die Ausarbeitung einer solchen Verfassung zu ihrem Programm erhoben hatten, in Übereinstimmung mit den Vorstellungen des weitaus größten Teils der französischen Bevölkerung, an deren Königstreue es nicht den geringsten Zweifel gab.

Im Gegenteil: Die Popularität Ludwigs XVI. hatte zu Beginn des Jahres 1789 außerordentlich zugenommen: Hatte doch der Monarch endlich die Generalstände, die seit 1614 nicht mehr getagt hatten, einberufen, hatte er doch auch die Anzahl der Vertreter des Dritten Standes verdoppeln lassen, so daß nun eine numerische Parität zwischen den Delegierten von Klerus und Adel auf der einen und des Tiers Etat auf der anderen Seite bestand, und hatte er doch schließlich, einer auf das 15. Jahrhundert zurückgehenden Tradition folgend, das Volk aufgefordert, seine Wünsche und Beschwerden zu formulieren, in Beschwerdeheften zusammenzufassen und diese *cahiers de doléances* den nach Versailles zu entsendenden Repräsentanten mitzugeben. In unvergleichlicher Weise spiegelte sich in diesen *cahiers de doléances* die gesellschaftliche, ökonomische und politische Wirklichkeit des vorrevolutionären Frankreich; Alexis de Tocqueville hat sie „gleichsam das Testament der alten französischen Gesellschaft" genannt. Fast 60 000 dieser *cahiers* sind im Winterhalbjahr 1788/89 erstellt worden; 615, die in mehreren Beratungsstufen die Forderungen aus den ursprünglichen *cahiers* zusammenfaßten, gelangten schließlich als *Cahiers Généraux*, d. h. als Willensäußerung der Verwaltungseinheiten ‚*bailliages*' oder ‚*sénéchaussées*', nach Versailles. Bei aller Vielfalt dieser Beschwerdekataloge, die ja von den drei Ständen Klerus, Adel und Dritter Stand getrennt verfaßt wurden und zudem sehr stark durch regionale und lokale Traditionen geprägt waren, gab es eine bemerkenswerte Übereinstimmung: Die Monarchie wurde nicht in Frage gestellt. Wenn überhaupt in den *cahiers* vom Königtum die Rede war, dann aus zwei Gründen: Entweder forderte man die Herstellung einer verfassungsmäßig beschränkten Monarchie, etwa nach dem englischen Vorbild, oder man begnügte sich damit, den König in seiner Güte und Gnade als Retter des Vaterlandes zu apostrophieren, der von den vielen Ungerechtigkeiten, unter denen seine Untertanen zu leiden hatten, gar nichts wußte. „Oh, Majestät", so steht es im *cahier* einer kleinen Gemeinde in der Nähe von Versailles, „unser Fürst, unser Vater, wenn Ihr den Schrei Eures Volkes hören könntet, wir wären sicher, Ihr würdet uns helfen." Die Revolution begann also mit einer Phase, in der das Königtum einen festen Platz in der neu zu errichtenden Ordnung behalten sollte. Mehr noch: Von einem Pakt zwischen Krone und Revolution erhoffte man sich die Brechung des Widerstandes der Privilegierten, an denen die bisherigen Reformversuche allesamt gescheitert waren. Sollte sich das Königtum an die Spitze der Revolution stellen, konnte es aus dem bevorstehenden Kampf nur gestärkt hervorgehen. Camille Desmoulins, gefürchteter Journalist und später Abgeordneter des Konvents, erklärte rückblickend: „1789 waren wir nicht mehr als vielleicht zehn Republikaner in Paris."

Dieses Bündnis zwischen Revolution und Königtum, genauer zwischen dem Dritten Stand und der Krone, wäre in den sechs oder acht Wochen nach der Eröffnung der Generalstände, die am 5. Mai stattgefunden hatte, leicht zu erreichen gewesen. Aber Ludwig XVI. war nicht bereit, auf die gutwilligen und zuerst gar nicht kampfeslustigen Vertreter des Dritten Standes zuzugehen – nicht so sehr, weil er Entscheidungen ohnehin gern aus dem Wege ging, sondern weil er, wie eine Analyse seiner Eröffnungsrede vom 5. Mai zeigt, den Ernst der politischen Situation nicht begriffen hatte.

Da sich der König nicht an die Spitze der Reformbewegung – denn von einer eigentlichen Revolution kann bis zur späten Junimitte 1789 noch nicht die Rede sein – stellte, fiel die Führungsrolle in der Auseinandersetzung dem Dritten Stand zu, der sich am 17. Juni 1789 zur Nationalversammlung erklärte. Diese Führungsrolle hat sich der Dritte Stand fortan nicht mehr aus der Hand nehmen lassen. In dem Verhältnis zwischen Königtum und Revolution begann eine neue Phase, als sich die Nationalversammlung am 23. Juni einem Befehl des Königs widersetzte, ohne daß sie deshalb zur Rechenschaft gezogen wurde.

Der angepaßte König

Kennzeichnend für den folgenden Zeitraum, der rund zwei Jahre dauerte, war, daß die Nationalversammlung die Initiative an sich zog und das Königtum mehr und mehr in das Schlepptau der revolutionären Bewegung geriet, auf die es immer weniger Einfluß nehmen konnte. Es wurde in eine Position zurückgedrängt, in der ihm nur noch eine Politik des Reagierens übrigblieb.

Während sich die Abgeordneten der Nationalversammlung in Versailles ihrer eigentlichen Aufgabe, der Ausarbeitung einer Verfassung, zuwandten, verschärfte sich die Situation im Lande. Der Eroberung der Bastille in Paris am 14. Juli folgten revolutionäre Erhebungen in vielen anderen Städten, und etwa gleichzeitig brach die Revolution auf dem Lande aus, mitverursacht durch das Phänomen der *Grande Peur*. Das Verhältnis der Revolution zum Königtum wurde dadurch teilweise berührt; weniger durch die Vorgänge auf dem Lande, wo sich der Volkszorn vorzugsweise gegen Kirche, Adel und Beamte richtete, die Institution des Königtums aber nicht in Frage stellte. Stärkere republikanische Tendenzen gab es jedoch bei den städtischen Erhebungen, die ihre politische Basis in den sich rasch über das ganze Land ausbreitenden Klubs hatten. Auch die Abgeordneten der Nationalversammlung hielten enge Verbindungen zu den hauptstädtischen Klubs, die auf diese Weise zu einflußreichen Politzirkeln wurden. Die hier vertretenen Auffassungen über das Verhältnis von Königtum und Revolution reichten von konservativ-reaktionären bis zu radikaldemokratisch-republikanischen Zielvorstellungen und spalteten auch die Nationalversammlung, als sie daranging, dieses Problem juristisch zu lösen, also die Verfassung einer konstitutionellen Monarchie zu entwerfen.

Die seit dem 7. Juli 1789 arbeitende 30köpfige Verfassungskommission war sehr schnell zu dem Ergebnis gekommen, daß – entsprechend den Postulaten Montesquieus, die auch in der amerikanischen Verfassung realisiert worden waren – bei der angestrebten Gewaltenteilung dem König die Exekutive zufallen sollte. Zur Schlüsselfrage wurde allerdings, ob dem König gegenüber Entscheidungen der zu wählenden Legislative ein Vetorecht zugestanden werden sollte. Bei dieser Debatte, die vom 28. August bis zum 11. September 1789 dauerte, wurde wiederum deutlich, wie wenig radikal die meisten Abgeordneten dachten. Das Recht auf ein königliches Veto wurde nämlich prinzipiell nicht in Frage gestellt; der Streit ging vielmehr darum, ob man dem Monarchen ein absolutes oder nur ein suspensives Vetorecht zubilligen solle. In der Abstimmung am 11. September setzten sich die radikaleren Kräfte durch, die sich für ein nur aufschiebendes königliches Vetorecht aussprachen: Es sollte zwei Legislaturperioden, also vier Jahre, Bestand haben. Damit kam es ziemlich nahe an ein absolutes Veto heran und forderte den radikaldemokratischen Flügel, der aber zahlenmäßig noch unbedeutend war, zur Opposition heraus: Am 20. September veröffentlichte Robespierre seine Rede: *Contre le Veto Royal*. Dennoch war mit diesem Beschluß eine wichtige Weichenstellung erfolgt, wenn auch die Verfassung selbst noch zwei Jahre auf sich warten ließ. Bis dahin herrschte in Frankreich ein verfassungsrechtliches Provisorium: Der König und seine Minister amtierten zwar weiter, aber die eigentliche Gewalt nahm die *Assemblée Nationale Constituante* in Anspruch. Wenige Tage nach ihrer Übersiedlung nach Paris verabschiedete sie ein Dekret, das den Vorrang der gesetzgebenden vor der vollstreckenden Gewalt deutlich machte. Die Unterwerfung des Königs unter die künftige Verfassung wurde durch eine Änderung seines Titels vorweggenommen: Hieß es bisher „von Gottes Gnaden König von Frankreich und von Navarra", so lautete die neue Formel „von Gottes Gnaden und auf Grund der Verfassung des Staates König der Franzosen". Bereits am 22. September war die Unterwerfung des Königs unter das Gesetz festgelegt worden, weil es „in Frankreich keinerlei Gewalt gebe, die über dem Gesetz stehe". Aufgrund dieser Dekrete vom September und Oktober 1789 übte die Konstituierende Nationalversammlung bis zu ihrer Auflösung am 30. September 1791, also volle zwei Jahre, eine veritable Diktatur aus. Sie regierte Frankreich in uneingeschränkter Souveränität und veränderte in dieser Zeit die politischen, administrativen, wirtschaftlichen, sozialen und religiösen Strukturen des Landes von Grund auf.

Nachdem Ludwig XVI. Anfang Oktober 1789 unter dem Druck der Schloßbesetzung in Versailles die Erklärung der Menschenrechte vom 26. August und die ersten Verfassungsartikel angenommen hatte, ratifizierte er in der Folgezeit die ihm vorgelegten Dekrete der Nationalversammlung widerstandslos, auch die heißumstrittene *Constitution Civile du Clergé* vom Juli 1790, die das Land in zwei Teile zerreißen sollte. Die Position des Königs war deshalb besonders labil, weil die Verfassung, die ihm gewisse Rechte zu garantieren versprach, noch nicht fertiggestellt war. Während die Nationalversammlung kraft ihres revolutionären Anspruchs alle Rechte für sich forderte, war die Stellung des Königs verfassungsrechtlich völlig ungesichert. An dieser Situation hat sich bis zum Frühsommer 1791 kaum etwas geändert.

Die Flucht

Als zusätzlich die Bewegungsfreiheit der königlichen Familie durch mobilisierte Pariser Volksmassen am 18. April 1791 empfindlich eingeschränkt wurde, war der König bereit, auf die Fluchtpläne, die seine Frau seit langem schmiedete, einzugehen: Am 21. Juni verließ ein schwerer, mit mehreren Pferden bespannter Reisewagen, eine sogenannte Berline, morgens gegen 2.30 Uhr die französische Hauptstadt. Im Innern der geräumigen, aber mit vielerlei Gepäckstücken schwerbeladenen Berline befanden sich vier Erwachsene und zwei Kinder. Der in der *Bibliothèque Nationale* erhaltene Reisepaß war für eine Baronin v. Korff ausgestellt, die nach Frankfurt wollte und von einem Diener, einer Gouvernante, zwei Kindern und drei Domestiken begleitet wurde.

Die im Paß nicht namentlich genannten Personen waren ein etwas fülliger Herr von 37 Jahren mit rundem Lakaienhut und einfacher Leinenweste namens Durand und eine Gouvernante, Madame Rochet, die sich um die beiden Töchter der Baronin

Korff, Amélie und Aglaé, 13 und 6 Jahre alt, kümmerte. Es gehört zu den Merkwürdigkeiten dieser Reise, daß noch eine weitere, im Paß nicht vermerkte Person im Wagen mitfuhr, die als Gesellschafterin der Baronin auftrat.

Die Fahrt war gut vorbereitet, es gab keine ernsthaften Kontrollen, und an jeder der insgesamt 19 Etappenstationen standen die zum Wechseln erforderlichen Pferde bereit, im ganzen über 100. Je weiter man sich von Paris entfernte, desto wohler fühlte sich die Reisegesellschaft. Die gelöste Stimmung zeigte sich auch daran, daß man über die angenommenen Decknamen zu scherzen begann: Monsieur Durand und Madame Rochet waren Ludwig XVI. und seine Frau Marie Antoinette; bei der Gesellschaftsdame handelte es sich um die Schwester des Königs, Madame Elisabeth, und hinter der Baronin v. Korff steckte in Wirklichkeit Madame de Tourzel, die Erzieherin der königlichen Kinder. Den wenigsten Spaß an dieser Verkleidung hatte vermutlich der sechsjährige Dauphin, den man in Mädchenkleider gesteckt hatte.

Gegen 21.00 Uhr erreichte die Reisegesellschaft Sainte-Ménéhould. Dort arbeitete als Postmeister der 28jährige Jean Baptiste Drouet, ein Mitglied des örtlichen Jakobinerklubs. Im Gegensatz zu seinen späteren Erzählungen hat er den König wohl nicht mit Sicherheit erkannt, denn er ließ die Gesellschaft weiterfahren, alarmierte aber den Stadtrat. Um nichts zu versäumen, beschloß der Stadtrat, Drouet und einen Kommunalbeamten dem geheimnisvollen Wagen hinterherzuschicken. Dieser war inzwischen in Clermont nach Norden abgebogen, um auf einer sehr schlechten Nebenstraße das eigentliche Reiseziel, das Schloß Montmédy, nicht weit von der luxemburgischen Grenze, zu erreichen. Gegen 23.00 Uhr traf man in Varennes ein, einem verschlafenen Städtchen im Argonner Wald. Während man auf der Suche nach den bereitgestellten, frischen Pferden kostbare Zeit verlor, trafen die beiden Abgesandten aus Sainte-Ménéhould ein. Sie schlugen Alarm, und Varennes, dieses bis dahin völlig unbekannte Nest im Osten Frankreichs, spürte plötzlich für einige Stunden den heißen Atem der Weltgeschichte. Aus allen Ecken strömte es heran, um die mysteriösen nächtlichen Besucher in Augenschein zu nehmen: Bürger, Bauern, Tagelöhner, Nationalgardisten, einige Soldaten, Frauen und Kinder. Die revolutionären Ereignisse hatten den Besitzer eines kleinen Lebensmittelladens, der auf den schönen Namen Sauce hörte, an die Spitze der Gemeinde gebracht; er prüfte die Papiere, befand sie in Ordnung, zögerte aber, die Erlaubnis zur Weiterreise zu geben. Um Zeit zum Nachdenken zu gewinnen, bat Sauce die Reisegesellschaft in sein Haus. Über seinem Laden lag eine kleine Wohnung. Dort bot man den Reisenden, die in über 20stündiger Fahrt mehr als 230 Kilometer zurückgelegt hatten, einige Stühle an. Die schlafenden Kinder wurden auf ein Bett gelegt. Als ein Einwohner, der früher in Versailles gelebt hatte, den König erkannte, erklärte dieser, daß er in Paris von Dolchen und Bajonetten umgeben sei, sich in seiner Hauptstadt nicht mehr sicher fühle und deshalb Zuflucht bei seinen treuen Untertanen suche. Zunächst sah es so aus, als ob man der königlichen Familie die Weiterreise am nächsten Morgen gestatten wolle, aber dann entschloß man sich doch, die Befehle der Nationalversammlung aus Paris einzuholen.

Dort hatte man gegen 7.00 Uhr früh die Flucht bemerkt. Bailly, der Bürgermeister von Paris, La Fayette, der Kommandant der hauptstädtischen Nationalgarde und Alexandre de Beauharnais, der Präsident der Nationalversammlung, traten zu einer Krisensitzung zusammen. Die Pariser Sektionen begannen in Permanenz zu tagen; in den städtischen Klubs wurde heftig diskutiert; Robespierre und Danton bliesen zum Aufspüren der Helfershelfer; man befürchtete eine von außen kommende, gegen die Hauptstadt gerichtete militärische Aktion, und die ganze Stadt war in heller Aufregung.

Die kühleren Köpfe sahen die konstitutionelle Arbeit von zwei Jahren gefährdet. Die Verfassung, die eine konstitutionelle Monarchie vorsah, stand kurz vor dem Abschluß – ohne König aber war sie wertlos, und man mußte von vorn beginnen oder sich auf die umständlichen Wege einer Regentschaft begeben. Den Ausweg aus dieser verzwickten Lage bot die Entführungstheorie: Die Feinde der Revolution, so hieß es, hätten den König entführt. Es müsse also alles darangesetzt werden, ihn zurückzuholen. Da man den Fluchtweg noch nicht kannte, ließ die Nationalversammlung ihre Emissäre, mit dem entsprechenden Dekret ausgestattet, in alle Himmelsrichtungen ausschwärmen. Zwei von ihnen stießen auf die richtige Fährte und kamen am frühen Morgen des 22. Juni in Varennes an. Den Verantwortlichen fiel ein Stein vom Herzen; nun gab es keine Zweifel mehr, daß die königliche Kutsche in Varennes umzukehren und nach Paris zurückzufahren habe.

Eine letzte Hoffnung bestand darin, daß doch noch Truppen des königstreuen Marquis de Bouillé, auf die man fest gerechnet hatte, eintreffen, um die königliche Familie unter militärischem Schutz nach Montmédy zu bringen. Sie kamen aber nicht, und so setzte sich trotz verschiedener Tricks, die Abreise zu verzögern, gegen 7.00 Uhr schließlich der königliche Reisewagen in Bewegung, eskortiert von Bauern und Bürgern mit Knüppeln und Sensen, von Soldaten und Nationalgardisten mit Flinten und Bajonetten und gefolgt von anderen Reisewagen, die sich diesem „Trauerzug der Monarchie", wie man den Konvoi genannt hat, anschlossen.

Die Reise dauerte diesmal dreieinhalb Tage – vom 22. früh bis zum 25. vormittags. Seit Epernay reiste die königliche Gesellschaft in Begleitung dreier Mitglieder der Nationalversammlung, die man ihr zum Schutz entgegengeschickt hatte – zum Schutz gegen das wütende Volk, das sich auf der ganzen Strecke um die Kutschen scharte und mit Verwünschungen und Flüchen nicht sparte.

Michelet hat diese Schreckensfahrt mit eindringlichen Worten geschildert, als die „furchtbare Einmütigkeit" des Volkszorns mitunter das Leben der Reisenden in Gefahr brachte. „Dies war", so resümierte er, „der wahre Prozeß gegen Ludwig XVI., in höherem Sinne als der vom 21. Januar. Vier Tage nacheinander hörte er aus dem Munde des ganzen Volkes seine Anklage und sein Urteil."

In Paris hatte sich eine unübersehbare Menschenmenge versammelt, schweigend, den Hut auf dem Kopf, von den Nationalgardisten im Zaum gehalten. Als die königliche Familie den Wagen verließ, um sich ins Schloß zu begeben, kam es zu Handgreiflichkeiten, aber es geschah nichts Ernstes. Und während sich der König umkleidete, seine Tagebucheintragungen machte und Marie Antoinette ein Bad nahm, beschloß die Nationalversammlung noch am gleichen Tage, den König seines Amtes zu entheben.

Trotz dieses raschen und populären Beschlusses war die Nationalversammlung in einer außerordentlich prekären Situation, weil der König vor seiner Abreise eine umfangreiche Rechtfertigungsschrift verfaßt hatte, in der er der Nationalversammlung eine ganze Liste von Gründen präsentierte, die ihn dazu bewogen hätten, die Hauptstadt heimlich zu verlassen. Nach der Kenntnisnahme dieses Dokuments konnte die Nationalversammlung an der Entführungstheorie eigentlich nicht festhalten. Um das kurz vor dem Abschluß stehende Verfassungswerk nicht zu gefährden, tat sie es trotzdem und blieb bei ihrer schon am 22. Juni publizierten Einschätzung, daß man dieses Schriftstück „dem irregeleiteten König vor seiner Abreise abpreßte". Damit begab sie sich auf einen gefährlichen Weg, der zu heftigen politischen Reaktionen führte: Als die Nationalversammlung den Bericht eines Untersuchungsausschusses, der die Entführungsthese im wesentlichen bestätigte, am 13. Juli mit großer Mehrheit annahm, artikulierte sich zum ersten Mal in der französischen Hauptstadt eine massive republikanische Opposition. Am 14. und 15. Juli fanden in Paris mehrere große Kundgebungen und Demonstrationen ausgesprochen antimonarchischen Charakters statt.

Dem Plan, die Absetzung des Königs auf dem Wege von Massenpetitionen von der Nationalversammlung zu erzwingen, begegnete diese durch drei Beschlüsse, die jede republikanische Tendenz fortan kriminalisierten: 1. Der König ist unverletzlich; 2. gegen den Marquis von Bouillé wird wegen der Entführung des Königs in Abwesenheit Anklage erhoben; 3. der König bleibt auf dem Thron, ist aber von seinen Amtsgeschäften so lange suspendiert, bis er die neue Verfassung anerkannt haben wird.

Damit wurde die radikale Petitionsbewegung ungesetzlich. Die Jakobiner beugten sich, nicht aber die Cordeliers, die ihre

Anhänger zum 17. Juli auf das Marsfeld einluden, um dort ihre Unterschriften auf dem Altar des Vaterlandes abzugeben. Auf Veranlassung der Nationalversammlung ließ der Bürgermeister von Paris, der eine Störung der öffentlichen Ordnung befürchtete, die Nationalgarde aufmarschieren, und, wie oft in solchen Fällen der direkten Konfrontation, eskalierte die Situation zu einer Auseinandersetzung, in der die Nationalgarde schließlich – zum ersten Mal in der Geschichte der Französischen Revolution – auf die Bürger von Paris schoß. Es gab Tote und Verwundete. Das von der Nationalversammlung verhängte Kriegsrecht blieb noch bis zum 25. Juli in Kraft. Unter seinem Schutz begann eine Verfolgung der radikaldemokratisch-republikanischen Kräfte, die unter dem Namen der *terreur tricolore* bekannt wurde.

Angesichts der starken republikanischen Tendenzen, die sich im Sommer 1791 keineswegs nur in Paris, sondern, gefördert durch die Flucht des Königs, auch in weiten Teilen des Landes bemerkbar gemacht hatten, blieb Ludwig XVI. keine andere Wahl, als die goldene Brücke zu beschreiten, die ihm die Mehrheit der Nationalversammlung im Interesse der Beendigung der Revolution zu bauen bereit war. Die am 3. September 1791 verabschiedete Verfassung wurde am 13. September vom König anerkannt, der am folgenden Tag vor der Nationalversammlung den geforderten königlichen Verfassungseid ablegte. Die „Republik auf Probe", wie man die königslose Zeit seit dem 25. Juni gelegentlich nennt, endete also mit der Etablierung einer konstitutionellen Monarchie, wie sie dem in der Nationalversammlung dominierenden liberalen Bürgertum vorgeschwebt hatte.

Die Absetzung

Die Rechte und Pflichten des Königs waren im dritten Abschnitt der Verfassung, wohlgemerkt an zweiter Stelle nach denen der Gesetzgebenden Versammlung, festgelegt. Dabei erfuhr das seit dem 14. Jahrhundert geltende Fundamentalgesetz des alten Königreiches, daß nur männlichen Erben die Krone zufallen dürfe, seine verfassungsrechtliche Absicherung, indem die *exclusion perpétuelle des femmes* und ihrer Nachkommen ausgesprochen wurde. Die Person des *Roi des Français* war unverletzlich und heilig *(inviolable et sacré)*. Diese Verfassungsbestimmung sollte den Juristen bei den späteren Debatten über einen möglichen Prozeß gegen den König erhebliches Kopfzerbrechen bereiten.

Die politischen Rechte des Königs waren sehr beschnitten: Er durfte zwar seine Minister, sechs an der Zahl, selbst auswählen, sie konnten aber von der Nationalversammlung angeklagt und zur Rechenschaft gezogen werden. Entsprechend dem Grundsatz der strikten Gewaltenteilung durften die Minister nicht aus dem Kreis der Abgeordneten stammen. Jeder königliche Befehl war ohne die Gegenzeichnung des zuständigen Ministers ungültig. Der König ernannte die obersten Beamten, die Gesandten und Generäle, jedoch konnte er weder Krieg erklären noch Verträge schließen ohne vorherige Zustimmung der Nationalversammlung. Im Widerspruch zur Theorie der Gewaltenteilung behielt der König durch sein Vetorecht einen Teil der Gesetzgebenden Gewalt. Dieses Vetorecht bezog sich aber nicht auf Verfassungs- und Finanzgesetze, über die von der Nationalversammlung souverän beschlossen werden konnte. Im übrigen trat die Nationalversammlung aus eigenem Recht zusammen, bestimmte Sitzungsort und Sitzungsdauer und konnte vom König nicht aufgelöst werden.

Ludwig hat diese Verfassung akzeptiert. Sie erschien ihm als das geringere Übel, denn er soll in der Zeit seiner Suspendierung im Sommer 1791 ein Buch gelesen haben, das ihn schon als Kind sehr gerührt hatte, nämlich eine Biographie Karls I., den seine Untertanen 1649 hingerichtet hatten. Immerhin war die Position des Königs im politischen Kräftespiel jetzt verfassungsrechtlich exakt definiert, und im übrigen ließ sich durch das Instrument des Vetorechtes ein nicht unwichtiger Einfluß auf mißliebige Entscheidungen der Nationalversammlung erhoffen. Ludwig war also bereit, die Rolle des konstitutionellen Königs zu spielen. Als er einige Tage nach seinem Verfassungseid in Paris Theater- und Opernaufführungen besuchte, jubelte ihm die Menge zu und schrie: *Vive le Roi!* Varennes schien vergessen.

Die erste Enttäuschung mit der am 1. Oktober zusammentretenden *Assemblée Nationale Législative,* die meist verkürzt Legislative genannt wird, erlebte der König am 5. Oktober, als auf Antrag des Jakobiners Couthon dieses Gremium drei Beschlüsse faßte: Die Abschaffung der Worte *Sire* und *Majesté* im Umgang mit dem König, das Recht der Abgeordneten, in Anwesenheit des Königs sitzen zu bleiben, und die Zuweisung eines Sessels für den König, der dem des Versammlungspräsidenten entsprach. Der Grund für diese bewußte Brüskierung des Königs, die übrigens am nächsten Tage wieder rückgängig gemacht wurde, lag darin, daß sich die politische Landschaft inzwischen erheblich verändert hatte, und zwar aus folgenden Gründen: Die Verfechter der konstitutionellen Monarchie, die nach langen Geburtswehen nun endlich ins Leben getreten war, hatten sich selbst von der Mitwirkung am Funktionieren dieses neuen Regierungssystems ausgeschlossen, als sie schon am 16. Mai auf eine Anregung von Robespierre allen Mitgliedern der Nationalversammlung verboten hatten, für die neue Legislative zu kandidieren. Unter den 745 neuen Abgeordneten war also nicht einer, der über Erfahrungen aus den zurückliegenden zwei Jahren quasi parlamentarischer Arbeit verfügte.

Sicher noch wichtiger war aber die Tatsache, daß sich bei den Wahlen zu der neuen Legislative, nicht zuletzt unter dem Einfluß der verbreiteten republikanischen Stimmung im Sommer 1791, sehr viel radikalere Kräfte durchgesetzt hatten. Diese Tendenz wurde zwar durch das Zensuswahlrecht, das nur den wirtschaftlich potenten Aktivbürgern eine Wahl gestattete, etwas abgeschwächt, aber das Ergebnis war dennoch deutlich: Mit knapp 20 Prozent der Abgeordneten waren die Republikaner zwar noch deutlich in der Minderheit gegenüber den königstreuen und die Verfassung stützenden Abgeordneten, die etwa 35 Prozent ausmachten. Ausschlaggebend waren letztlich die Stimmen der unabhängigen Mitte, der sogenannten *Indépendants,* die ungefähr die knappe Hälfte der Abgeordneten stellten. Je länger desto mehr, auch unter dem Druck der meist vollbesetzten Tribünen, neigten sie dazu, mit den radikalen Abgeordneten zu stimmen.

In dieser Situation machte Ludwig einen Fehler. Angesichts der Unerfahrenheit der neuen Abgeordneten hätte es sich angeboten, als Ausdruck der Versöhnung zwischen Revolution und Königtum eine neue, reformbereite Regierung zu bilden, mit ihr die politische Initiative zu ergreifen und den verfassungsmäßig garantierten Spielraum des konstitutionellen Königtums behutsam auszuloten. Ludwig ließ diese Chance ungenutzt, wahrscheinlich, weil er sie gar nicht als solche erkannte. Eine andere Erklärung, die auf einige Äußerungen der Königin Marie Antoinette zurückgeht, liegt darin, daß man an einem reibungslosen Funktionieren der Regierung gar nicht interessiert war, sondern Unordnung und Leerlauf in Kauf nehmen wollte, um die ausländischen Mächte desto eher zu einer Intervention bewegen zu können.

Während der König kostbare Zeit mit langwierigen Personaldiskussionen über die Zusammensetzung einer neuen Regierung verlor, kristallisierten sich in den letzten Monaten des Jahres 1791 die beiden Problemkreise heraus, die letztlich den Sturz der Monarchie einleiten sollten.

Gegen mehrere Dekrete der Legislative legte der König sein Veto ein. Damit nahm er zwar nur das ihm zustehende Recht wahr, aber da diese Gesetze der Konsolidierung der Revolution dienen sollten, brachte er die politische Öffentlichkeit damit gegen sich auf, die in ihm den Feind der Revolution zu erkennen glaubte, der nun, wie schon bei seinem Fluchtversuch, die Maske fallen ließ.

Bei dem einen Gesetz ging es um die eidverweigernden Geistlichen, denen Gehaltsstreichung und zwei Jahre Gefängnis angedroht wurden (29. XI.), bei den anderen (31. X., 9. XI.) um die Emigranten, die Frankreich seit 1789 in mehreren Wellen verlassen hatten und jenseits der Grenzen eine lautstarke Anti-Revolutionskampagne inszenierten. Außerdem versuchten sie die europäischen Großmächte, denen das Schicksal der königlichen Familie in Frankreich mit Sicherheit nicht gleichgültig sein konnte, zu einer Intervention zu bewegen.

Ein erstes Ergebnis war die Erklärung von Pillnitz vom 27. August 1791, eine etwas verklausulierte Solidaritätsbekundung des preußischen und des österreichischen Herrschers, die aber im letzten Satz von der Möglichkeit sprach, den Truppen geeignete Befehle zu erteilen – was in Frankreich natürlich als Drohung aufgefaßt wurde. Daß hinter dieser Drohung keineswegs der erklärte Wille der beiden Großmächte stand, gegen Frankreich einen Krieg vom Zaune zu brechen, wußte man dort natürlich nicht; daraus ergab sich, daß als Reaktion auf diese Drohung der Gedanke um sich griff, den angriffslustigen Tyrannen, wie man sie nannte, zuvorzukommen, selbst den Krieg zu beginnen und durch den Export der Ideen von 1789 auch den unterdrückten Nachbarvölkern die Freiheit zu bringen. Vor allem die Girondisten unter Brissot, der am 20. Oktober 1791 die Debatte darüber eröffnet hatte, begeisterten sich für dieses Projekt, das in den nächsten Wochen und Monaten in der Legislative ausgiebig diskutiert wurde. „Ein Volk", so erklärte Brissot am 16. XII., „das nach zehn Jahrhunderten Sklaverei seine Freiheit erobert hat, bedarf des Krieges. Dieser Krieg ist notwendig, um die Freiheit zu befestigen." Und am 29. Dezember sagte er: „Der Krieg ist augenblicklich eine nationale Wohltat, und die einzige Kalamität, die man bedauern muß, ist, keinen Krieg zu haben." Auch an die Gegner des Kriegsprojektes dachte man: „Sehen wir von vornherein einen Platz für die Verräter vor", tönte am 14. Januar ein Anhänger Brissots, „und dieser Platz soll das Schafott sein!"

In dieser Atmosphäre, die auf einer Mischung aus nationaler Kriegsbegeisterung und Furcht vor einer eventuellen konterrevolutionären Intervention beruhte, wurden die Emigranten durch die Legislative aufgefordert, innerhalb von zwei Monaten zurückzukehren; anderenfalls würden ihre Besitzungen beschlagnahmt werden (9. XI.). Auch gegen diesen Beschluß legte der König sein Veto ein.

Andererseits war er nicht grundsätzlich gegen den Krieg, konnte er doch im Falle eines Sieges der Feinde Frankreichs damit rechnen, in seine alten Rechte wiedereingesetzt zu werden. So flossen viele Motive zusammen, natürlich auch der

Wunsch, von den vielfältigen, im Innern des Landes sich zeigenden Schwierigkeiten durch eine spektakuläre außenpolitische Aktion abzulenken und an die nationale Sicherheit zu appellieren. Das Ergebnis war, daß die Legislative in seltener Einmütigkeit – es gab nur sieben Gegenstimmen – am 20. April 1792 beschloß, dem König von Ungarn und Böhmen, dem seit dem 1. März regierenden Franz II., den Krieg zu erklären.

Der Verlauf dieser Sitzung erinnert an die berühmte Nachtsitzung vom 4. auf den 5. August 1789, als in einer sich überschlagenden Begeisterung binnen weniger Stunden das *Ancien Régime* zu Grabe getragen wurde. Jetzt jubelten 700 Menschen dem Krieg zu. Die wenigsten glaubten, daß Frankreich wirklich und unmittelbar bedroht sei; das seit 1756 überbrückte Gefühl der jahrhundertealten Feindschaft zu Habsburg brach wieder durch und verband sich mit den Gedanken der Menschheitsbeglückung und der Vision eines ruhmbedeckten Vaterlandes. „Nie war das französische Volk zu Höherem berufen", deklamierte der Präsident der Versammlung. Als fünf Tage später die Kriegserklärung in Straßburg bekannt wurde, entstand dort über Nacht das Lied, das später auf Umwegen zur französischen Nationalhymne werden sollte.

Die militärische Stärke der französischen Armee stand in diametralem Gegensatz zu der Kriegsbegeisterung. Zu keiner Zeit befand sich das Heer in ähnlicher Zerrüttung wie in der ersten Hälfte des Jahres 1792. Zwei Drittel der Offiziere, etwa 6000, waren emigriert. Viele Soldaten bezogen die Erklärung der Menschenrechte auch auf sich und lehnten das harte Zwangs- und Züchtigungsprinzip in der Armee ab. 1790 hatte es viele Meutereien gegeben. Die Auffüllung der regulären Truppen durch Mitglieder der Nationalgarde bewirkte nicht viel, weil diese Milizarmee, die sich aus Aktivbürgern zusammensetzte, unzulänglich bewaffnet und ohne militärische Ausbildung war. So ist es nicht erstaunlich, daß militärische Erfolge zunächst ausblieben. Einige unglücklich verlaufene Gefechte genügten, um die innenpolitische Situation zu destabilisieren. Die Jakobiner, die gegen den Krieg waren, mobilisierten die Pariser Volksmassen, beziehen die Girondisten des Verrats, denunzierten erfolglose Generäle und bezichtigten den König der bewußten Schwächung des französischen Kriegspotentials, um den Kriegsgegnern die Aufgabe zu erleichtern. Als Ludwig gegen zwei weitere Dekrete der Legislative im Mai und Juni sein Veto einlegte, stieg die antimonarchische Stimmung auf den Siedepunkt. Am 20. Juni stürmten die Pariser Massen, organisiert durch ein revolutionäres Komitee, den Tuilerienpalast und bedrohten die königliche Familie. Ludwig wurde gezwungen, die rote Revolutionsmütze aufzusetzen und aus der Flasche eines Soldaten einen Schluck Rotwein auf das Wohl der Nation zu trinken. Dennoch bewahrte er Haltung, indem er auf die gestellten politischen Forderungen nicht einging.

Dieser ersten Besetzung des Tuilerienpalastes folgte am 10. August die zweite. Dazwischen lagen einige politisch hochbrisante Wochen, in denen die sich zuspitzenden Konflikte schließlich ein Gewaltpotential freisetzten, das die Monarchie hinwegfegte.

Erstens bekam die durch die Jakobiner beherrschte Pariser Kommune mit ihren leicht mobilisierbaren Anhängern aus den unteren Schichten Verstärkung durch die nach Paris strömenden Freiwilligen, die am 14. Juli das traditionelle Föderationsfest feiern wollten. Ende Juli waren es fast 5000, darunter befanden sich auch die erst am 30. Juli eingetroffenen 600 Revolutionssoldaten aus Marseille – das neue Kriegslied der Rheinarmee auf den Lippen, das später Marseillaise genannt werden sollte. Ihre Bedeutung in den bevorstehenden Ereignissen beleuchtet eine später im Konvent gefallene Bemerkung: Ohne die Soldaten aus Marseille ständen wir nicht hier.

Angesichts der militärischen Mißerfolge und der zunehmenden Straßenunruhen mit den republikanischen Parolen versuchte die Legislative, die Initiative zurückzugewinnen. Auch die feste Haltung des Königs am 20. Juni und in den Tagen danach, der immer auf die Konstitution verwies, trug dazu bei, die durch die Krawalle des 20. Juni bestürzte Mehrheit der Legislative zu mobilisieren und die Jakobiner in die Isolierung zu drängen. Am 11. Juli erklärte die Versammlung den nationalen Notstand – *la patrie en danger*. Am 14. Juli nahm der König ein

Bad in der Menge, umringt von Föderierten und Nationalgardisten, die ihm zujubelten – sehr zum Ärger der Jakobiner, die einen regelrechten Propagandafeldzug gegen ihn entfesselten.

Ludwig, wegen seiner verfassungsrechtlich korrekten Interventionen *Monsieur Veto* genannt, wurde als Kollaborateur und Verräter diffamiert, der mit den Feinden der Revolution gemeinsame Sache mache. Dabei wurden aus antiköniglichen Demonstrationen antimonarchistische. Die Föderierten aus Marseille sangen zwar davon, den Boden Frankreichs mit dem unreinen Blut seiner Feinde tränken zu wollen, zuvor aber stellten sie sich der Pariser Kommune als innenpolitische Stoßtruppe zur Verfügung und erklärten, erst dann an die Front zu ziehen, wenn der Verräter in den Tuilerien abgesetzt sei.

In dem Bewußtsein, allein den richtigen Weg zur Vollendung der Revolution zu kennen, verkündeten die Vertreter der radikalen Minderheit, daß die Legislative nicht mehr das Vertrauen des Volkes besitze und deshalb eine neue Nationalversammlung gewählt werden müsse. In Anlehnung an die *Federal Convention* von Philadelphia, die 1787 die USA-Verfassung ausgearbeitet hatte, nannte man die geforderte Versammlung *Convention Nationale*.

Infolge dieser innenpolitischen Machtkämpfe glich Paris in der letzten Juliwoche des Jahres 1792 einem Pulverfaß. In dieser gespannten Situation wurde am 28. Juli das Manifest des Herzogs von Braunschweig bekannt. Der Oberbefehlshaber der preußisch-österreichischen Truppen ersuchte darin die Franzosen, sich unverzüglich ihrem König zu unterwerfen; andernfalls würde er „beispiellose und für alle Zeiten denkwürdige Rache nehmen und die Stadt Paris einer militärischen Exekution und einem gänzlichen Ruin preisgeben". Es ist erwiesen, daß dieses unglaublich törichte Dokument auf eine Initiative der Königin Marie Antoinette zurückgeht, die sie nach dem 20. Juni eingeleitet und in den folgenden Wochen vorangetrieben hat, ungeachtet der Tatsache, daß sich die politische Lage inzwischen zugunsten des Königs verändert hatte. Der frühere Liebhaber der Königin, Axel von Fersen, der schon die Flucht nach Varennes organisiert hatte, war auch diesmal beteiligt und nach eigener Aussage für Konzeption und Inhalt dieses Textes weitgehend verantwortlich.

Dem König war von diesen Machenschaften seiner Frau nichts bekannt. In einem beschwichtigenden Brief an die Legislative vom 3. August versuchte er zu retten, was nicht mehr zu retten war. Die Jakobiner nahmen das Manifest zum willkommenen Vorwand, den König der Zusammenarbeit mit den Alliierten zu bezichtigen, denn es war – auch für die gemäßigten Kräfte – einfach unvorstellbar, daß ein solches Dokument ohne vorherige Fühlungnahme mit dem französischen König veröffentlicht werden konnte. So gingen die Jakobiner zum offenen Angriff über; Ludwig war zum Sicherheitsrisiko geworden, und er wußte das. Am 3. August schloß er, korrekt wie er war, seine Konten ab, bezahlte noch offene Rechnungen und ein paar Schulden und schrieb abends seinem Beichtvater: „Kommen Sie zu mir, niemals brauchte ich Ihren Trost dringender. Für mich ist auf dieser Welt alles zu Ende."

Am selben Tag überbrachte der Bürgermeister von Paris der Legislative eine die Absetzung des Königs fordernde Petition, die nur eine der 48 Pariser Sektionen nicht unterschrieben hatte. Zur Klarstellung der Machtfrage folgte am nächsten Tag ein Ultimatum: Sollte die Legislative die Absetzung nicht aussprechen, würde am 10. August die Pariser Kommune einen Volksaufstand inszenieren und die Absetzung erzwingen.

So geschah es. „Kein Tag der Revolution wurde so genau vorbereitet wie dieser 10. August 1792", schreibt Evelyne Lever in ihrem 1988 erschienenen Buch. Eine Viertelstunde vor Mitternacht begannen die Sturmglocken zu läuten, der Generalmarsch wurde geschlagen, und die zweite Revolution, wie man sie manchmal genannt hat, begann. Um Blutvergießen zu vermeiden, befahl der König seinen Schweizergarden, als er vor den heranrückenden Massen den Tuilerienpalast verließ, nicht von ihren Waffen Gebrauch zu machen. Was folgte, war ein entsetzliches Massaker, dem 800 bis 900 Menschen zum Opfer fielen: Schweizergardisten, Beamte, Dienstpersonal, Nationalgardisten, Journalisten, Neugierige, Unbeteiligte. Auf der Seite der Angreifer gab es mehr als 350 Tote und Verwundete.

Der König war mit seiner Familie in den benachbarten Reitsaal zur Legislative geflüchtet, wo er Zuflucht in der Stenographenloge fand. Unter dem Druck der Öffentlichkeit beschloß die völlig verängstigte Legislative, von der nur noch 284 Mitglieder – von 745 – anwesend waren, die vorläufige Absetzung des Königs und die Wahl einer neuen Volksvertretung, der *Convention nationale*.

Der Prozeß

Die Zweite Revolution stürzte die Machtverhältnisse in Frankreich und in Paris völlig um. In der Hauptstadt etablierte sich an Stelle der bisher amtierenden Stadtregierung eine auf die Pariser Sektionen gestützte insurrektionelle Kommune, deren oberstes Gremium der *Conseil Général* war. Ein zweiter neuer Machtfaktor war der von der Legislative am 11. August gewählte sechsköpfige Exekutiv-Rat, der die bisher vom König und seinen Ministern wahrgenommenen Regierungsaufgaben übernahm. Sein führender Kopf war der Justizminister Danton, der auch gute Verbindungen zur aufständischen Kommune hatte. Wer die Macht tatsächlich ausübte, wurde am 12. August unterstrichen: Während die Rumpf-Legislative der königlichen Familie das Palais Luxembourg zuwies, ließ sich die Kommune Ludwig und seine Familie überstellen und quartierte sie im Turm des Temple ein. Der erbitterte Machtkampf dieser Gewalten, der in einem verfassungsrechtlichen Vakuum stattfand, führte in den nächsten Wochen zu einer *dictature confuse* (Soboul), die ihren Höhepunkt in der ersten großen Terrorwelle der Revolution fand.

Die außenpolitische Bedrohung, die seit dem Verlust von Verdun am 2. September in Paris zu unvorstellbaren Ausbrüchen von Gewalt und Terror geführt hatte und in den berüchtigten Gefängnis-Massakern mit etwa 1300 Ermordeten gipfelte, endete am 20. September bei Valmy. Am folgenden Tag, dem 21., trat die neu gewählte Convention zu ihrer ersten offiziellen Sitzung zusammen. Nach der feierlichen Zeremonie der

Machtübernahme aus den Händen der Legislative faßte sie den Beschluß: *La Royauté est abolie en France.*

Während die Haftbedingungen für die im Temple einsitzende königliche Familie durch die aufsichtführende Kommune ständig verschärft wurden, häuften sich im Konvent die Stimmen, die sich für einen Prozeß gegen Ludwig aussprachen. Man verfuhr doppelgleisig: Eine 24köpfige Kommission sollte Anklagematerial gegen den ehemaligen König zusammenstellen; parallel dazu sollte der Ausschuß für Gesetzgebung, dem der Abgeordnete Mailhe vorstand, die juristischen Probleme untersuchen, die ein solcher Prozeß aufwerfen würde.

Der Sprecher der ersten Kommission, Dufriche-Valazé, griff in seinem am 6. November erstatteten Bericht einen schon früher gemachten Vorschlag auf und nannte den abgesetzten König durchgängig Louis Capet – eine Bezeichnung, die Ludwig selbst später als lächerlich zurückwies, die aber dennoch beibehalten wurde: So setzte man symbolisch die fast tausendjährige Dynastie auf die Anklagebank. Die Kommission hatte Tausende von Papieren durchgesehen, die sich in 95 Kartons, 6 Kästen, 20 Mappen, 34 Registern, 7 Heftern und in einigen Getreidesäcken gefunden hatten. Aber das Resultat war eher dürftig, wirklich überzeugendes Beweismaterial für eine Verschwörung des Königs mit dem Ausland enthielten die Papiere nicht. Selbst die einleitenden Passagen des Berichts ließen dies erkennen, freilich in etwas verklausulierter Form.

Am folgenden Tag legte der Abgeordnete Mailhe den zweiten Bericht vor, der in langen juristischen Argumentationen nachzuweisen suchte, daß die verfassungsmäßig garantierte Unverletzlichkeit des Königs nicht gelte, wenn die Nation selbst Anklage erhebe. „Euch hat die Nation gewählt", so rief er seinen Kollegen im Konvent zu, „um die ausführenden Organe ihrer souveränen Willensbekundungen zu sein. Hier verschwinden alle Schwierigkeiten; hier erscheint die königliche Unverletzlichkeit, als habe es sie niemals gegeben." Dementsprechend sei auch der Konvent die einzige Instanz, die Ludwig zu richten befugt sei. Man dürfe nicht den Fehler wiederholen, den die Engländer 1649 gemacht hätten, als sie ihren König nicht durch

die Nation, sondern durch ein konstitutionelles Gremium verurteilen ließen. Bei dieser Zurechtweisung der juristisch offensichtlich weniger geschulten Nachbarn jenseits des Kanals über-
sah Mailhe allerdings, daß sich die Nation, auf die er sich berief,
nur mit knapp 10% der Stimmberechtigten an den Konvents-
wahlen beteiligt hatte. Im Anschluß an die beiden Kommis-
sionsberichte entwickelte sich im Konvent, wie nicht anders zu
erwarten, eine lange Diskussion, die mehrere Wochen andau-
erte. Um die ausufernden Debatten etwas zu kanalisieren,
wurde am 24. XI. beschlossen, über das Prozeßproblem nur
jeweils mittwochs und sonnabends zu diskutieren.

Nichts war in dieser Angelegenheit entschieden, als an einem
Montag, dem 20. November, überraschend der Innenminister
Roland im Konvent erschien. Er eröffnete der Versammlung,
daß er ihr *plusieurs cartons remplis de papiers* zu übergeben
habe, die ihm von höchster Wichtigkeit erschienen. Sie seien in
einem gerade erst entdeckten Geheimfach gefunden worden,
das er, der Minister, heute morgen habe öffnen lassen. Er gab
dann eine zwar knappe, aber erstaunlich genaue Charakterisierung dieser Dokumente, die er nach eigener Aussage allerdings
nur flüchtig durchgesehen habe *(parcouru rapidement)*.

Bei dem Versteck, das hinter einer hölzernen Wandverklei-
dung im königlichen Appartement in den Tuilerien entdeckt
worden sei, handle es sich um ein in die Wand eingelassenes
Loch *(un trou pratiqué dans le mur)*, das mit einer eisernen
Tür verschlossen war. Der Schlosser, der diesen Wandsafe ein-
gebaut hatte, war von Gewissensbissen geplagt worden, habe
alles erzählt und im Beisein des Ministers den Schrank selbst
geöffnet.

Der Konvent ließ diesem Schlosser namens Gamain später
eine Belohnung von 12000 *livres* anweisen und befahl, daß die
wichtigsten der belastenden Dokumente, die in dieser *armoire
de fer,* wie das Versteck fortan genannt wurde, gefunden worden waren, gedruckt werden sollten. Aber, all diese Papiere, so
eine Stellungnahme aus dem Jahre 1988, *ne prouvent nullement
une trahison du roi.* Die Beweiskraft der im eisernen Schrank
gefundenen Papiere war nicht größer als die der beim Tuilerien-

sturm am 10. August beschlagnahmten, die der 24er-Kommission vorgelegen hatten.

Der psychologische Effekt dieser Enthüllung aber war enorm. Der eiserne Schrank wurde zum Sinnbild der heuchlerischen, perfiden, auf Verrat sinnenden Politik des Königs. Als man Ludwig bei seiner ersten Vernehmung vor dem Konvent am 11. Dezember nach dem eisernen Schrank fragte, antwortete er: „Davon ist mir nichts bekannt." *(Je n'en ai aucune connaissance.)*

Die seitdem heißdiskutierte Frage, ob Ludwig gelogen habe, läßt sich neuerdings eindeutig beantworten: er sagte die Wahrheit. In einer 1982 erschienenen, in neunjähriger Arbeit mit und an den wichtigsten Quellen entstandenen Darstellung konnte überzeugend nachgewiesen werden, daß der Einbau des eisernen Schrankes vom Innenminister Roland selbst veranlaßt worden war, der einige Mitwisser hatte, zu denen auch Gamain, ein Jakobiner übrigens, gehörte. Roland hat auch die Dokumente, die ihm vorher bekannt waren, in dieses Versteck hineinpraktiziert, um die ganze Debatte um den Prozeß zu dem von ihm gewünschten Ende zu führen. Ludwig hatte Roland nämlich am 13. Juni 1792 als Innenminister entlassen, weil er sich nicht auf den Boden der Verfassung zu stellen bereit war. Die Revolution vom 10. August hatte Roland wieder nach oben gespült, und er war sogar Mitglied des Exekutiv-Rates geworden. Weil die ganze Angelegenheit etwas zu glatt erschien, mußte sich Roland schon am 20. November im Konvent einige bohrende Fragen gefallen lassen, beispielsweise die, warum er bei einer so wichtigen Sache keine Zeugen hinzugezogen und kein Protokoll angefertigt habe. Er blieb darauf die Antwort schuldig.

Man beauftragte schließlich eine neue Kommission, diesmal aus zwölf Mitgliedern bestehend, die 726 im eisernen Schrank gefundenen Dokumente zu prüfen. Nur 297 befand die Kommission für wert, gedruckt zu werden; dem König wurden bei seinem späteren Verhör nur 38 Stücke vorgehalten. Hieb- und stichfeste Beweise für einen Verrat enthielten sie alle nicht.

Die Debatte um den Prozeß endete am 6. Dezember. Nur mit einiger Mühe gelang es dem Jakobiner Manuel, der eine durchaus eigenständige Rolle im Konvent spielte, die Versammlung von der Notwendigkeit zu überzeugen, Ludwig wenigstens anzuhören. Für die meisten stand die Schuld längst fest, und wer sich in der Debatte als Gegner einer Bestrafung zu erkennen gab, mußte mit scharfen Bemerkungen seiner Kollegen und mit wüsten Beschimpfungen von den vollbesetzten Tribünen her rechnen.

Aber ein Rest von Rechtsbewußtsein war noch vorhanden. Eine aus 21 Mitgliedern bestehende Kommission sollte eine Anklageschrift vorbereiten, die man, da der Konvent ja kein Gericht war, aus kosmetischen Gründen *acte énonciatif* nannte. Diesen Text wollte man Ludwig am 11. Dezember vorlegen, nach zweitägiger Bedenkzeit sollte er am 14. XII. ein zweites Mal erscheinen und am nächsten Tage abgeurteilt werden.

Während dieser ganzen Debatten war Ludwig mit seiner Familie von der Welt abgeschnitten. Seit dem 13. August gab es für ihn keine Zeitungen, keine Korrespondenzen, keine Gespräche, täglich wechselnde Wachen, viele kleinliche Schikanen; seit dem 29. September waren ihm auch Papier, Tinte und Schreibgerät entzogen, später auch Messer, Schere und Rasierzeug. Er wußte nichts von den Vorgängen im Lande, in Europa, im Konvent, nichts von den Kommissionen, nichts von dem eisernen Schrank, nichts vom bevorstehenden Prozeß – wenn man ihn denn so nennen kann; Verhör wäre wohl ein besserer Ausdruck.

Am 11. Dezember verließ Ludwig zum ersten Mal seit dem 12. August sein Gefängnis, um zum Konvent gebracht zu werden. Dort las ihm der Sekretär Mailhe die Anklageschrift in extenso vor. Sie begann mit den Worten: „Ludwig, das französische Volk klagt Euch an, eine Vielzahl von Verbrechen begangen zu haben, um Eure Tyrannei aufzurichten, wobei Ihr seine Freiheit zerstört habt." Anschließend wurde die Anklageschrift, die insgesamt 44 Einzelvorwürfe enthielt, ein zweites Mal verlesen, diesmal abschnittsweise, und jedesmal die Frage angeschlossen: *Qu'avez-vous à répondre?*

Häufig waren die Textpassagen, die die Anklagepunkte enthielten, langatmige Formulierungen, die mehrere Sachverhalte verquickten, so daß es nicht leicht war, darauf zu antworten, insbesondere wenn man bedenkt, daß Ludwig völlig unvorbereitet in dieses Verhör gehen mußte. Von den Vorwürfen, die chronologisch aufgelistet waren, betraf der erste den 20. Juni 1789, als der König den Versammlungssaal des Dritten Standes hatte schließen lassen, was das Ausweichen ins benachbarte Ballhaus zur Folge hatte – in den Augen der Ankläger habe Ludwig damit *attenté à la souveraineté du peuple.* Der letzte Vorwurf war gravierender; man schob ihm die Schuld an den blutigen Ereignissen des 10. August in die Schuhe, weil die Schweizer zuerst geschossen haben sollen. Es wurde bereits erwähnt, daß dies nicht den Tatsachen entsprach.

Unter Berücksichtigung der schwierigen Umstände und der fehlenden Vorbereitungsmöglichkeiten hat sich Ludwig am 11. Dezember geschickt verteidigt. Selbst Zeitgenossen, die zu seinen ärgsten Widersachern zählten, haben das bestätigt, beispielsweise die Jakobiner Prudhomme und Marat. Am Ende seines Verhörs bat Ludwig um die Gewährung eines *conseil,* d. h. eines ihn unterstützenden Verteidigergremiums, dem üblicherweise zwei oder mehr Advokaten angehören konnten. Anschließend wurde Ludwig in den Temple zurückgebracht.

Die offensichtlich völlig unerwartete Bitte des abgesetzten Königs führte im Konvent zu äußerst hitzigen Diskussionen, die teilweise tumultuarische Formen annahmen. Daß die Radikalen nicht an einem ordnungsgemäßen Prozeß interessiert waren, sondern lediglich ein Exempel statuiert sehen wollten, machte ihr Wortführer, Marat, deutlich, als er der Versammlung erklärte: „Es handelt sich hier überhaupt nicht um einen gewöhnlichen Prozeß." Aber die Mehrheit der Versammlung, in der viele Juristen saßen, war doch der Meinung, daß man Ludwig nicht vorenthalten könne, was jedem anderen Angeklagten von Rechts wegen zustehe.

Von den beiden Verteidigern, die Ludwig selbst vorzuschlagen berechtigt war, befand sich der erste, François Tronchet (1726–1806), außerhalb von Paris und mußte erst benachrichtigt werden. Der zweite, Target, lehnte unter ziemlich fadenscheinigen Gründen die heikle Aufgabe ab. Von den vier anderen Angeboten, die inzwischen beim Konvent eingegangen waren, akzeptierte Ludwig das seines früheren Ministers Lamoignon-

Malesherbes (1721–1794), der aber, wie sich herausstellen sollte, den mit dieser Aufgabe verbundenen psychischen Belastungen kaum gewachsen war. Empört über die „ebenso kalte wie egoistische Grausamkeit", die in der Ablehnung durch Target zum Ausdruck kam, präsentierte die streitbare Schriftstellerin und Vorkämpferin der Menschenrechte für die Frauen, Olympe de Gouges, in einem Brief an den Konvent vom 15. XII. ihre Kandidatur, um dem hochbetagten Exminister, *le courageux Malesherbes,* bei der Verteidigung, die der ganzen Kraft und Verantwortung eines jungen Menschen bedürfe, zu assistieren. Da inzwischen die Zusage von Tronchet eingegangen war, sah die Versammlung keine Veranlassung, auf dieses Angebot einzugehen.

Am 18. Dezember informierten Tronchet und Malesherbes den Konvent, daß es ihnen unmöglich sei, innerhalb der gesetzten Frist – der nächste und letzte Verhandlungstag sollte am 26. XII. stattfinden – eine fundierte Verteidigung aufzubauen; die Prüfung der Dokumente und der auf ihnen beruhenden über 40 Anklagepunkte sei so zeitaufwendig, daß sie um Unterstützung durch einen dritten Verteidiger bäten. Sie schlugen Romain de Sèze (1748–1828) vor, der auch bereit sei, sich dieser Aufgabe zu unterziehen. Der Konvent stimmte zu. Für alle Verteidiger galt übrigens, daß sie mit dem Angeklagten ungehindert *(librement)* verkehren durften.

Der Machtkampf zwischen den radikalen und den gemäßigten Kräften, der sich beim Streit um die Verteidiger-Frage im Konvent sehr zugespitzt hatte, setzte sich auf anderer Ebene fort, denn die Pariser Kommune, in deren Gewalt sich die königliche Familie befand, reagierte auf die Beschlüsse gereizt. Nachdem sie Ludwig bereits am 11. Dezember jeden Kontakt mit seiner Familie während der Dauer des Prozesses aus Gründen der *complicité présumée* verboten hatte, bestimmte der *Conseil Général* am folgenden Tag, daß die Verteidiger „außerordentlich gründlich zu durchsuchen seien bis zu den intimsten Stellen *(jusqu'aux endroits les plus secrets).* Nachdem sie sich ausgezogen hätten, sollten sie unter der Aufsicht der kommunalen Kommissare andere Kleidungsstücke anlegen. Den Turm des Temple sollten sie erst nach dem Urteil wieder verlassen dürfen.

Erst auf Intervention des Konvents, in dem es über diese Beschlüsse der Kommune zu heftigen Auseinandersetzungen kam, mußte die Stadtbehörde zähneknirschend nachgeben und akzeptieren, daß die Verteidiger frei mit dem Angeklagten verkehren konnten.

Auf Bitten der Verteidiger willigte der Konvent ein, die Ludwig am 11. Dezember nur gezeigten Dokumente zur Verifikation vorzulegen. Da nun Juristen mit der Prüfung der Papiere beschäftigt waren, hielt es der Konvent wohl für sicherer, der Kommission noch weitere angebliche Beweisstücke mitzugeben. Teilweise dauerte die Überprüfung der Papiere bis in die frühen Morgenstunden. Insgesamt wurden Ludwig 234 Dokumente vorgelegt, von denen ihm 137 völlig unbekannt waren. Nach der letzten Lieferung am 20. Dezember hatten die Verteidiger fünf Tage Zeit, ihr Plädoyer vorzubereiten, denn am 26. Dezember sollte Ludwig erneut vor dem Konvent erscheinen.

Die Verteidigungskommission arbeitete Tag und Nacht. Als man das Manuskript des Plädoyers später zu den Akten nehmen wollte, stellte sich heraus, daß dies nur ein Arbeitsexemplar war, das mit Streichungen, Verbesserungen, Änderungen und Korrekturen übersät war. Man hatte nicht einmal die Zeit, eine Reinschrift anzufertigen.

Am Mittwoch, dem 26. Dezember, 9.46 Uhr, betrat Ludwig, begleitet von seinen drei Verteidigern, zum zweiten und letzten Mal den Konventssaal. Das Plädoyer zugunsten des abgesetzten Königs hielt der jüngste der drei Verteidiger, de Sèze. Die Rede – 17 eng bedruckte Seiten im Lexikonformat – muß etwa zwei Stunden gedauert haben; als Ludwig und seine Verteidiger kurz nach dem Plädoyer den Saal wieder verließen, war es 12.10 Uhr.

Die Rede bestand aus drei großen Abschnitten. Einleitend setzte sich de Sèze mit der Unverletzlichkeit des Königs auseinander, wobei er die Zeit vor der Abschaffung des Königtums von der Zeit danach klar abgrenzte. Am Ende des ersten Teils kam er zu einigen grundsätzlichen Äußerungen, fragte, wo denn eigentlich die Gewaltenteilung bei diesem Prozeß sei, wo die Geschworenen und wo die Rechte, die jedem Angeklagten zugebilligt werden. Dann kam es zu einem ersten Höhepunkt seiner mutigen Rede: „Bürger, ich spreche hier mit der Offenheit eines freien Menschen; ich suche unter Euch nach Richtern, aber ich sehe nur Ankläger. Ihr wollt über das Schicksal Ludwigs entscheiden, und Ihr selbst seid seine Ankläger. Ihr wollt über das Schicksal Ludwigs entscheiden, und Eure Meinung ist schon in ganz Europa bekannt. Ludwig wird also der einzige Franzose sein, für den es kein Gesetz und keine rechtliche Form gibt. Weder steht er unter dem Schutz der alten Rechtsordnung noch unter dem der neuen."

Im zweiten Teil seiner Rede beschäftigte sich de Sèze mit den Vorwürfen, die Ludwig für die Zeit bis zur Annahme der Verfassung gemacht wurden. „Im ganzen", so fragte er, „alle diese Briefe, alle diese Denkschriften, alle diese Papiere, was bringen sie?... Es ergibt sich daraus nicht einmal der Schatten eines Verdachtes, daß er, Ludwig, die ihm vorgelegten Pläne oder Projekte akzeptiert oder gebilligt hat." Grotesk sei auch der Vorwurf, Ludwig sei für die Schießerei auf dem Marsfeld am 17. Juli 1791 verantwortlich – war er doch zu dieser Zeit, drei Wochen nach dem mißglückten Fluchtversuch, als *prisonnier de la nation* in seinem Palast eingesperrt, amtsenthoben und ohne jede Verbindung nach draußen.

Im dritten und letzten Teil seiner Rede zerpflückte de Sèze die Vorwürfe, die den Zeitraum seit der Annahme der Verfassung betrafen. Eine ganze Reihe der Anklagepunkte hätte mit dem König gar nichts zu tun, sondern beträfe die Minister; auch die anderen, die Ludwig persönlich angingen, wurden von de Sèze zurückgewiesen – bis hin zu der bösen Anklage, Ludwig trage die Verantwortung für die blutigen Ereignisse des 10. August. Hier nahm de Sèze kein Blatt vor den Mund: „Wer weiß denn heute nicht, daß dieser Tag des 10. August seit langem vorbereitet war, daß man ihn plante, daß man ihn im stillen projektierte, daß man einen Volksaufstand gegen Ludwig für erforderlich hielt, und daß dieser Aufstand seine Agenten, seine Antreiber, seine Organisatoren und seine Leitung hatte?...

Selbst in diesem Saal, in dem ich zu Euch spreche, hat man sich darüber gestritten, wem der größere Anteil an diesem ruhmreichen Tage des 10. August zukäme."

Ohne Zweifel machte die Rede von de Sèze Eindruck – ein Grund mehr für die radikale Linke, sofort die namentliche Abstimmung über das Urteil zu fordern, da nach ihrer Meinung die ganze Prozedur, also die zweimalige Vorführung des Königs und das Plädoyer seiner Verteidigung, sowieso überflüssig gewesen war. Robespierre hatte schon am 13. November erklärt, daß Ludwig ohne Prozeß aufgrund des Widerstandsrechtes zum Tode zu verurteilen sei. Es ginge nicht darum, ein Urteil zu fällen, sondern eine Maßnahme des öffentlichen Wohls zu treffen und eine Tat der nationalen Vorsehung auszuführen. Aber nun, nach der mutigen Rede von de Sèze, meldeten sich andere Abgeordnete zu Wort. Sie verlangten, daß man ihnen Zeit gebe, die Argumente der langen und ausführlichen Rede zu prüfen und Kersaint, ein Deputierter aus dem Departement Seine-et-Oise, hielt der Versammlung, als sie seine Bitte um Bedenkzeit kritisierte, im Hinblick auf Ludwig entgegen: „Wir sind seine Richter, nicht seine Henker."

Gegen den erbitterten Widerstand der radikalen Linken, die jede weitere Diskussion vermeiden wollten, wurde schließlich in einer nur noch als chaotisch zu bezeichnenden Sitzung beschlossen, eine Generaldebatte zu veranstalten. Sie begann am 27. Dezember mit einer Rede von Saint-Just und endete am 7. Januar mit dem Beitrag von Kersaint, der gleichzeitig den Schluß der Debatte beantragte. Bis dahin hatten sich mehr als 30 Abgeordnete in mehr oder weniger langen Ausführungen geäußert. Diejenigen, die noch auf der Rednerliste standen, konnten ihr Manuskript schriftlich einreichen. 110 solcher Beiträge gingen ein, die im Anhang zum Protokoll publiziert wurden. Um den Abgeordneten ausreichend Gelegenheit zu geben, alle Argumente noch einmal Revue passieren zu lassen, legte der Konvent in der Prozeß-Angelegenheit eine einwöchige Pause ein: Am 7. Januar beschloß man die Vertagung dieses Tagesordnungspunktes auf den 14., an dem das Urteil festgelegt werden sollte.

Das erwies sich allerdings als außerordentlich schwierig, denn über die Formulierungen, die man zur Abstimmung stellen wollte, ließ sich wiederum trefflich streiten. Schließlich gingen die Debatten in Handgreiflichkeiten über, es kam, wie schon häufig in den letzten Monaten, zu tumultuarischen Szenen. Das Protokoll vermerkte, daß die Unordnung *(le désordre)*, in der sich die Versammlung befand, fünfeinhalb Stunden dauerte. Als die Sitzung um 21.30 Uhr aufgehoben wurde, hatte man jedoch drei Fragen formuliert, über die am folgenden Tag abgestimmt werden sollte.

Die turbulente Sitzung vom 14. Januar war offensichtlich so anstrengend, daß am nächsten Morgen um 10 Uhr, zum vorgesehenen Sitzungsbeginn, der Saal gähnend leer war. Die Sitzung wurde schließlich um 10.53 Uhr eröffnet, aber der Sekretär stellte wenig später fest, daß noch fast niemand da war *(presque personne)*. Man erledigte also zunächst einige Routineangelegenheiten. Wann die namentliche Einzelabstimmung begann, geht aus dem Protokoll nicht hervor, sie war um 22.45 Uhr zu Ende.

Die erste Frage, die man der Versammlung vorlegte, lautete: „Ist Ludwig schuldig der Verschwörung gegen die öffentliche Freiheit und Angriffen gegen die allgemeine Sicherheit des Staates?" Das Ergebnis war überdeutlich: von den 718 anwesenden Abgeordneten enthielten sich 13 der Stimme, und 705 stimmten mit „Ja". Die zweite Abstimmungsrunde folgte unmittelbar danach. Die Frage lautete diesmal: „Soll das vom Konvent zu fällende Urteil gegen Ludwig einer Bestätigung durch das Volk unterworfen werden?" In diesem Fall fiel das Ergebnis knapper aus, aber immer noch deutlich: 423 Abgeordnete waren gegen ein nachfolgendes Referendum, 286 dafür, 12 enthielten sich. Damit war klar, daß die für den nächsten Tag vorgesehene Abstimmung über die dritte Frage die voraussichtlich endgültige Entscheidung über das Schicksal Ludwigs bringen würde.

Die Sitzung am 16. Januar begann erst um 10.30 Uhr. Es gab eine Vielzahl von aktuellen Tagesordnungspunkten zu erledigen, die keinen Aufschub vertrugen, so daß die Abstimmung über die dritte Frage erst um 18 Uhr beginnen konnte. Sie lautete: „Welche Strafe hat Ludwig, früherer König der Franzosen, verdient?" Das Abstimmungsverfahren war das gleiche wie bei den beiden ersten Runden: Die Abgeordneten wurden departementsweise aufgerufen und mußten bei namentlicher Einzelabstimmung ihr Votum zu Protokoll geben. Im Unterschied zu den ersten beiden Abstimmungen gab es aber bei dieser dritten nur sehr wenige Abgeordnete, die ihr Votum ohne einen längeren Kommentar abgaben. Die meisten begründeten ihre Entscheidung mehr oder weniger ausführlich, so daß der gesamte Abstimmungsvorgang 25 Stunden dauerte – bis zum 17. Januar, 19 Uhr. Die Auszählung der Stimmen nahm noch einmal drei Stunden in Anspruch. Das am nächsten Tag leicht korrigierte Ergebnis lautete: Von 721 Abstimmenden – die absolute Mehrheit betrug in diesem Falle 361 – sprachen sich genau 361 für die Todesstrafe ohne jede Bedingung aus. Dazu kamen allerdings 26 weitere Abgeordnete, die eine Diskussion über den Zeitpunkt der Vollstreckung der Todesstrafe nicht ausschlossen, ihre Entscheidung davon aber nicht abhängig gemacht hatten (Antrag Mailhe). Bei dieser Addition ergibt sich als Gesamtresultat eine Mehrheit von 387 gegen 334 Stimmen für die Todesstrafe. Blickt man nur auf die 361 Stimmen, was der Intention der Mehrheit sicher nicht gerecht wird, kann man natürlich sagen, daß das Ergebnis von einer einzigen Stimme abhing – und warum dann nicht von der des früheren Herzogs von Orléans, der als (Philippe) Égalité bei allen drei Abstimmungen gegen seinen Vetter Ludwig votiert hatte?

Unmittelbar nach der Verkündung des Ergebnisses traten die drei Verteidiger Ludwigs auf und verlasen einen Brief ihres Mandanten, der nochmals seine Unschuld beteuerte und Berufung einlegte – bei der Nation selbst, wohl wissend, daß dies der Konvent niemals zulassen würde. Auch die Bitten von de Sèze, angesichts der knappen Mehrheit – er ging von den 361 Stimmen aus – vielleicht doch noch eine Volksbefragung zu erwägen, fanden keine Zustimmung. Um 23 Uhr, nach einer Dauer von 36 Stunden, ging die aufregendste Sitzung, die der Konvent bis dahin erlebt hatte, zu Ende, nicht aber die Diskussion über das Schicksal des abgesetzten und verurteilten Königs.

Es erhob sich nämlich bei den in der Abstimmung Unterlegenen nun die Frage, ob man die Strafe auch sogleich vollstrecken müsse. Wieder kam es zu tumultuarischen Zusammenstößen im Konvent, zu Sitzungen, die bis in die Nacht dauerten, bis den Abgeordneten schließlich am 19. Januar eine vierte Frage vorgelegt wurde: „Soll es, ja oder nein, einen Aufschub bei der Vollstreckung des Urteils gegen Louis Capet geben?" Die namentliche Abstimmung dauerte von 19.45 Uhr bis 2 Uhr früh. Bei 12 Enthaltungen sprachen sich 380 Deputierte gegen und 310 für einen Aufschub aus.

Mit dieser vierten Abstimmung wurde der Schlußstrich unter einen Prozeß gezogen, der politisch geplant und politisch zu Ende gebracht wurde, zwischenzeitlich aber wiederholt das noch immer tief verankerte Rechtsbewußtsein der meisten Konventsabgeordneten sichtbar werden ließ. Ludwig war nicht der Verlierer in diesem Prozeß ohne Rechtsgrundlage, in dem er von vornherein kaum eine Chance hatte. Verlierer waren die Fanatiker und die Ideologen, denen Rechtsfragen und Beweisführung nur lästige Hindernisse auf dem Wege waren, unter dem lauten Beifall der Tribünen ein blutiges Exempel zu statuieren, das seine Legitimierung allein aus der faktischen Machtausübung und einer anmaßenden Selbsteinschätzung bezog, die sich auf die Vollstreckung des Volkswillens im Namen der Nation berief. Derartige Ansprüche und die daraus erwachsenden Formen von Herrschaft und Gewalt haben die moderne Geschichte seit der Französischen Revolution immer wieder belastet. Insofern könnte man dem französischen Historiker Pierre Chaunu schon zustimmen, der manchen Errungenschaften der Revolution eher skeptisch gegenübersteht. Die These, durch Terror zur Freiheit zu gelangen, war immer nur für diejenigen reizvoll, die diesen Terror ausübten und die Diktatur einer radikalen Minderheit durch wohltönende Formulierungen zu rechtfertigen suchten.

Auch Ludwig der Letzte, wie er etwas voreilig bei den Konventsdebatten um die Jahreswende 1792/93 wiederholt genannt wurde, fiel einem demokratisch verbrämten Terrorurteil zum Opfer – verkündet von einer selbsternannten Instanz von fragwürdiger Legitimation, die im Interesse des revolutionären Fortschritts das eben noch so hochgepriesene Prinzip der Gewaltenteilung bedenkenlos zu opfern bereit war.

Am 20. Januar informierten den abgesetzten König zwei Minister über das Urteil und die Ablehnung des von ihm erbetenen dreitägigen Aufschubs der Vollstreckung. Er durfte seine Familie noch einmal sehen und sich mit einem nicht vereidigten Priester, dem Abbé Edgeworth de Firmont, auf den Tod vorbereiten. Am nächsten Tag, es war der 21. Januar 1793, wurde Ludwig vormittags, 22 Minuten nach 10 Uhr, hingerichtet. Die Guillotine hatte man eigens zu der heutigen Place de la Concorde schaffen lassen, um einem größeren Publikum die Teilnahme zu ermöglichen.

Auch auf dem Schafott blieb Ludwig seiner in den letzten Monaten gezeigten festen Haltung treu. Im Grunde hatte er sich ein halbes Jahr lang auf diesen letzten Gang vorbereiten können. Gefestigt und von seiner Unschuld überzeugt, vergab er seinen Richtern und sprach die Hoffnung aus, daß sein Blut nicht auf Frankreich zurückfallen möge. Die politischen Erfahrungen der letzten Jahre, insbesondere auch der Prozeß, hatten ihn geprägt und seine Persönlichkeit nachhaltig verändert. Albert Soboul, der wahrlich nicht als Freund des Königs gelten kann, schrieb vor einigen Jahren, daß die Gefangenschaft und der Prozeß aus dem absoluten Monarchen etwas anderes gemacht hätten, nämlich *un père de famille et un homme.*

Eckhard Jesse

Der Prozeß nach dem Brand des Reichstages 1933

Die Verschränkung von Recht und Unrecht beim Prozeß

Recht und Macht fallen in Demokratien prinzipiell zusammen, in Diktaturen hingegen streben sie auseinander. Aber Recht und Macht können sich auch auf viel kompliziertere Weise verschränken. Der Reichstagsbrandprozeß ist dafür ein klassisches Beispiel, obwohl sich nach außen hin die Frontenbildung klar darstellte. Hatten nicht die Kräfte, die die Macht besaßen, offenkundig das Unrecht auf ihrer Seite? Und repräsentierten nicht diejenigen das Recht, die in der Ohnmacht waren? Doch der erste Anschein trügt. Recht und Unrecht gerieten heillos durcheinander.

Schließlich standen sich Kommunisten und Nationalsozialisten gegenüber, die beide der Idee des Rechtsstaates den Kampf angesagt hatten. Aber der Sachverhalt ist komplexer. Denn die Mächtigen bestanden im Grunde ebenso aus zwei Richtungen wie die Ohnmächtigen. Zu denjenigen, die die Macht besaßen, gehörten nicht nur die Nationalsozialisten, sondern auch andere Gegner der Kommunisten, die das Recht auf ihrer Seite wähnten. Und bei den antifaschistischen Gruppierungen gab es keinesfalls nur Kommunisten, vielmehr auch entschieden demokratisch eingestellte Personen. Selbst bei den Nationalsozialisten fanden sich einige Idealisten, die an ihr Recht glaubten. Ebenso können nicht alle Kommunisten pauschal verurteilt werden – in einer Zeit, da die Welt aus den Fugen zu geraten schien.

In großen politischen Prozessen spiegeln sich die Konflikte der Zeit wider. Wie in einem Brennspiegel gebündelt, zeigte sich beim Reichstagsbrandprozeß 1933 das Aufeinanderprallen zweier totalitärer Ideologien. Der Nationalsozialismus wollte mit seinen ärgsten Feinden, den Kommunisten, abrechnen. Diese wiederum glaubten, sie könnten der Sache der Weltrevolution einen Dienst erweisen, indem sie die Nationalsozialisten als Brandstifter entlarvten. Dimitroff focht für die Idee der „Weltrevolution", Göring für die der „nationalen Revolution".

Beide Richtungen, geblendet von der eigenen Ideologie, glaubten an ihr Recht und an das Unrecht ihrer Antipoden. Die Fälschungen und Übertreibungen geschahen „guten Gewissens", da man der gegnerischen Seite damit auf die Schliche zu kommen schien. Schwer entscheidbar ist die Frage, ob Nationalsozialisten und Kommunisten irgendwann ihre Verranntheit merkten. Wenn dem so war, konnten sie dann gleichwohl nicht mehr zurück. Ergänzt man die subjektive Sicht durch eine objektive Betrachtung, so waren Unrecht und Recht merkwürdig gemischt. Einerseits hatten die Kontrahenten recht, waren sie doch am Brand beide unschuldig – Kommunisten wie Nationalsozialisten; andererseits hatten sie Unrecht: der von ihnen verdächtigte totalitäre Antipode war keinesfalls der Brandstifter oder figurierte auch nur als Hintermann. Allerdings konnte weder die nationalsozialistische noch die kommunistische Führung ganz sicher sein, ob nicht doch eine „wilde Aktion" ihrer Richtung der Brandstiftung zugrunde lag.

Hinzu kommt eine weitere Verzwicktheit. Faßt man den Begriff der Macht in einem weiten, über Deutschland hinausreichenden Sinne, so müssen Kommunisten und Nationalsozialisten gleichermaßen als mächtig gelten. Die Macht hatte kein Recht, und das Recht hatte keine Macht. Mit der Macht sind die Nationalsozialisten wie die Kommunisten gemeint, die zwar im nationalsozialisten Deutschland ausgeschaltet waren, jedoch in der öffentlichen Meinung der Welt Gehör fanden, mit dem Recht, die Rätekommunisten um den Brandstifter Marinus van der Lubbe, die sich, völlig ohnmächtig, mit der Herausgabe ihres „Rotbuches" gegen die über van der Lubbe verbreiteten Lügen wandten.

Der Fall ist insofern noch zusätzlich verschachtelt, als die Rätekommunisten zwar recht hatten, aber keineswegs das

Recht verkörperten. Zudem war Deutschland seinerzeit kein Rechtsstaat mehr, doch längst noch nicht das totalitäre Regime späterer Jahre. Das Reichsgericht agierte relativ frei, wenn auch unter massivem Druck. Die Nationalsozialisten ließen Prozeßbeobachter aus dem Ausland zu, allerdings keine ausländischen Verteidiger.

Der lodernde Brand des Reichstages besaß eine große Symbolkraft. War dies das Zeichen, daß nun eine neue Zeit anbrach – begann der Siegeszug der „nationalen Kräfte" oder jener des „proletarischen Internationalismus"? Eine dritte Möglichkeit war die folgende: Trat die unversöhnliche Auseinandersetzung zwischen dem Faschismus und dem Kommunismus in ein entscheidendes Stadium – sollte es die Zeit des „europäischen Bürgerkrieges" werden, um Ernst Noltes Buchtitel aufzugreifen? Man sieht, der Reichstagsbrand ist vielfältig mit dem Problem von Recht und Unrecht verknüpft. Auch für den Prozeß, der weltweites Aufsehen erregte, sollte das gelten.

Die Tat

Am 27. Februar 1933, vier Wochen nach der Machtübernahme Hitlers und eine Woche vor einer entscheidenden Reichstagswahl, brannte das Reichstagsgebäude – Symbol der parlamentarischen Demokratie. Auf frischer Tat wurde der holländische Anarchist Marinus van der Lubbe schweißtriefend festgenommen. Den ihn verhörenden Polizisten schilderte er genau den Tathergang. Die politische Atmosphäre war derart aufgewühlt, daß an die Tat eines einzelnen allerorten nicht geglaubt wurde und nicht geglaubt werden wollte. Noch in der Nacht leitete die nationalsozialistische Führung, die sofort – ohne jeglichen Beweis – die Kommunisten der Brandstiftung bezichtigte, eine große Verhaftungswelle ein, und am nächsten Tag wurde eine Notverordnung „zum Schutze von Volk und Staat" erlassen, die eine Reihe wesentlicher Grundrechte aufhob. Die Nationalsozialisten festigten durch den Reichstagsbrand ihre Macht. Allerdings glaubten sie nicht an die Einzelgängerschaft van der

Lubbes, sondern unterstellten die Tat der Kommunistischen Partei, die aus nationalsozialistischer Sicht den Brand als Fanal eines revolutionären Aufstands nutzen wollte. Anders, aber doch ganz ähnlich, sah die Situation für die Kommunisten aus. Auch sie hielten eine Einzeltäterschaft für unmöglich und erblickten – in spiegelbildlicher Verkehrung – in den Nationalsozialisten die Mittäter und Hintermänner.

Die deutsche Öffentlichkeit war seinerzeit in zwei Lager gespalten. Wer mit den Nationalsozialisten sympathisierte, glaubte an eine Tat der Kommunisten; ihre Gegner hingegen hielten die Nationalsozialisten für schuldig. In der Folgezeit setzte sich auch im Ausland diese Auffassung immer mehr durch. Die Tat war ihnen in jedem Fall zuzutrauen, und schließlich hatten sie von ihr profitiert. Man war auf die Täterschaft entweder der Nationalsozialisten oder der Kommunisten fixiert. Allenfalls wurde vorsichtig in Erwägung gezogen, daß vielleicht die jeweilige Führung davon nichts gewußt haben mochte, es sich also um eine sogenannte „wilde Aktion" handelte. Jedenfalls zweifelte man nicht an der Existenz von Hintermännern van der Lubbes.

Während des Reichstagsbrandprozesses konnte sich die Wahrheit nicht durchsetzen. Die Hysterie war noch nicht abgeklungen. Aufgrund der fehlenden Meinungsfreiheit ließ sich das Für und Wider unterschiedlicher Thesen über den Hergang nicht offen erörtern. Auch hätte das Eingeständnis, die andere Seite habe mit dem Brand nichts zu tun gehabt, einen großen Prestigeverlust gezeigt. Zwar trug der Reichstagsbrand maßgeblich zur Herrschaftsstabilisierung der Nationalsozialisten bei, aber zugleich einte er ihre Gegner, die an eine nationalsozialistische Anstiftung glaubten und stärkte insofern das antifaschistische Lager. Dem Reichstagsbrandprozeß kommt insofern eine Polarisierungsfunktion zu.

Der junge holländische Wandergesell Marinus van der Lubbe war in vielerlei Hinsicht eine merkwürdige und vielschichtige Person. Er wollte ein Fanal zugunsten der Arbeiterschaft setzen, beschleunigte durch seine Aktion jedoch die Befestigung der nationalsozialistischen Macht und trug damit zur Unterdrückung der eigenen Richtung bei. Aufgrund eines während seiner Arbeit als Maurer erlittenen Augenleidens war er berufsunfähig. Nachdem er die kommunistische Partei Hollands wegen seines ausgeprägten Individualismus verlassen hatte, wurde eine rätekommunistische Splittergruppe sein politisches Betätigungsfeld. Von einem unstillbaren Informationsbedürfnis erfüllt, unternahm er zahlreiche Fußreisen ins Ausland, strebte auch in die von ihm bewunderte Sowjetunion. Sein Weg führte ihn im Februar 1933 von Leyden nach Berlin, wo er den Eindruck mangelnder Kampfeslust seitens der Arbeiterschaft gewann. Deshalb wollte er sie durch Brandanschläge auf öffentliche Gebäude aufrütteln. Drei Versuche – Neuköllner Wohlfahrtsamt, Rotes Rathaus und Schloß – scheiterten, ehe er am Abend des 27. Februar mit Hilfe von Kohleanzündern die folgenschwere Brandstiftung im Reichstag beging.

Keiner glaubte ihm die Einzeltat außer seinen rätekommunistischen Freunden in Holland, die ein „Rotbuch" herausgaben, das seinerzeit aber kaum ein Echo auslöste und gegenüber der kommunistischen und nationalsozialistischen Verleumdung nicht durchdrang. Die Tat eines einzelnen wurde nicht ernsthaft in Erwägung gezogen, zumal van der Lubbe vor Gericht einen körperlich angeschlagenen, seelisch gebrochenen und geistig zerrütteten Eindruck hinterließ.

Der Holländer, dem seine Psychiater eine fixe Auffassungsgabe bescheinigten, mußte sieben Monate – und zwar gefesselt – in Einzelhaft verbringen. Nach der Tat hatte er sie den Kriminalbeamten ausführlich zu Protokoll gegeben und immer wieder seine Einzelgängerschaft beteuert. Später jedoch resignierte er und machte vor Gericht zunehmend einen apathischen Eindruck. Viele Beobachter meinten, van der Lubbe, dem die Nase lief, stehe unter Drogen oder sei schwachsinnig. Doch weder das eine noch das andere traf zu. Auch war er kein „Feuerteufel" und kein Simulant. Meistens saß er vor Gericht still da und ließ – in des Wortes doppelter Bedeutung – den Kopf hängen. Dieses Verhalten wiederum führte erst recht zu abwegigen Spekulationen. Man sah ihn nur als Marionette an – von welcher Seite auch immer. In der Tat bestand ein denkbar großer Kontrast zwischen der kühnen Aktion der Brandstiftung und seiner Haltung vor Gericht, wo er – mit wichtigen Ausnahmen – nicht oder nur einsilbig antwortete.

Van der Lubbe begann zwecks Beschleunigung des Verfahrens bereits Ende März einen Hungerstreik. Doch die Voruntersuchung zog sich immer weiter hin. Nach dem Bekanntwerden der Anklageschrift – für ihn war das Todesurteil vorgesehen – verschlechterte sich sein Zustand zusehends. Je länger der Prozeß dauerte, um so schweigsamer wurde van der Lubbe, der vor Gericht im Gegensatz zu den anderen Angeklagten stets in Sträflingskleidung erscheinen mußte. Er fühlte sich mißverstanden.

Sein gelegentliches Auflachen vor Gericht wurde falsch interpretiert. Die einen faßten es als besondere Gerissenheit eines Heimlichtuers auf, die anderen als Indiz für seine Idiotie. Der Präsident sprach ihn auf das Lachen an, doch eine klare Antwort bekam er nicht. Es hing offensichtlich mit der aus seiner Sicht absurd-unverständlich langen Verhandlung zusammen. Van der Lubbe – weder Provokateur noch bloßes Werkzeug – wußte schließlich, daß er der einzige Täter war und keine Hintermänner, nicht einmal Mitwisser hatte.

Allerdings besteht auch kein Anlaß, den Holländer zu heroisieren und ihn gar als ersten Widerstandskämpfer gegen Hitler zu stilisieren. Er wollte das kapitalistische System bekämpfen, das er für die Notlage der Arbeitermassen verantwortlich machte. Daß inzwischen die Nationalsozialisten an die Macht gekommen waren, konnte er – wie andere auch – nicht angemessen einordnen. Seine Tat war Brandstiftung – nicht mehr und nicht weniger.

Am 42. Verhandlungstag, dem 23. November, geschah eine Sensation. Der sonst so schweigsame van der Lubbe wurde redselig und bekannte sich zu seiner Aktion. Er wandte sich gegen den „Symbolismus" der Tat, womit gemeint war, daß man in sie etwas hineingeheimnisste und ihr eine andere Bedeutung verlieh. Entschieden bestritt er die Beteiligung weiterer Akteure. „Die Tat habe ich begangen. Sie können es mir ruhig glauben, daß ich das getan habe! Ich glaube, daß jetzt die Zeit dazu da ist, daß ich einfach ein Urteil für das bekomme, was ich getan habe. Sie können es mir doch glauben, daß ich den Reichstag angesteckt habe!" (Sten. Berichte, 23. November 1933, S. 224.)

Doch man schenkte ihm keinen Glauben. Selbst die Kriminalbeamten, die van der Lubbe nach der Tat vernommen hatten, trauten ihm bloß die alleinige Ausführung zu, gingen jedoch auch von Hintermännern aus. Lediglich die Prozeßpsychiater Karl Bonhoeffer und Jürg Zutt, die mehrfach Gelegenheit hatten, mit ihm zu sprechen, kamen zu einem differenzierten, wirklichkeitsgetreuen Bild, ohne die Frage der Täterschaft direkt zu berühren. „Es ist nur die eine Auffassung möglich: Dieser junge 24jährige Mensch hat sich mit einer erstaunlich affektiven Unerbittlichkeit, ja Verbissenheit, konsequent gehalten bis zu seiner Hinrichtung. Darin liegt – gerade im Hinblick auf sein jugendliches Alter – eine erstaunliche menschliche Leistung. Aber er war eben auch ein ungewöhnlicher Mensch: Er war von brennendem Ehrgeiz, daneben bescheiden und kameradschaftlich, ein Wirrkopf, ohne rechtes Bedürfnis nach intellektueller Klarheit, dabei aber doch einer unbeugsamen Entschlossenheit fähig, für widersprechende Argumente einsichtslos und unbelehrbar. Er war gutmütig und nicht nachtragend, aber gegen alle Autorität lehnte er sich auf. Diese grundsätzlich aufrührerische Tendenz war wohl seine bedenklichste Eigenschaft, die ihn am ehesten auf den verhängnisvollen Weg wies, den er gegangen ist. Die frühe Verführung zu kommunistischen Ideen hat sicher in der gleichen Richtung gewirkt, aber das Ungezügelte in seinem Temperament machte es ohnehin nicht wahrscheinlich, daß er einen ruhigen und geordneten Weg durchs Leben ging. In irgendeiner Weise Ungewöhnliches war von ihm zu erwarten. Geisteskrank ist er aber darum nicht gewesen."

Das Paradoxe an der Situation war, daß alle Prozeßbeteiligten ein Interesse daran hatten, van der Lubbe die Alleintäterschaft streitig zu machen. Die Nationalsozialisten wollten die Kommunisten und diese jene als Schuldige überführen. Van der Lubbe *mußte* einfach Komplizen gehabt haben. So nahm das Schicksal denn seinen Lauf. Der Holländer ging gefaßt in den Tod – in dem Bewußtsein, von der Welt nicht verstanden worden zu sein. Auch die Kommunisten begriffen ihn nicht, suchten seine Tat vielmehr für die eigenen Ziele zu benutzen und zu mißbrauchen.

Der Prozeß vor dem Prozeß

Schon bald nach dem Brand hat ein unter maßgeblicher Mitwirkung von dem kommunistischen Propagandisten Willi Münzenberg ins Leben gerufenes „Internationales Hilfskomitee für die Opfer des Faschismus" einen „Untersuchungsausschuß" gebildet, dem bekannte und honorige Anwälte angehörten, wiewohl Kommunisten die Fäden in der Hand behielten. Man wollte den Nationalsozialisten die Täterschaft nachweisen. Es kam zu öffentlichen Sitzungen dieses Untersuchungskomitees, das ohne die Anklageschrift urteilen mußte. Dieser „Prozeß vor dem Prozeß" unter Leitung des britischen Anwalts Denis N. Pritt fand weltweite Beachtung. Das Urteil wurde in geschickter Regie einen Tag vor dem Beginn des eigentlichen Reichstagsbrandprozesses (21. September 1933) verkündet. Es mußte nicht überraschen: Freispruch für die Kommunisten, Verurteilung der Nationalsozialisten. Van der Lubbe könne die Brandlegung unmöglich alleine begangen haben. Bereits vorher – Anfang August – war das „Braunbuch" erschienen. In ihm wurden die Täter in den Reihen der Nationalsozialisten gesucht. Über die „Hauptfiguren des Komplotts" hieß es:

„Den Plan zur Brandstiftung ersann der fanatische Verfechter der Lüge und Provokation: Dr. Goebbels.
Die Leitung der Aktion hatte ein Morphinist: Hauptmann Göring.

Die Führung der Brandstifterkolonne war einem Fememörder anvertraut: Edmund Heines.
Das Werkzeug war ein kleiner, halbblinder Lustknabe: Marinus van der Lubbe" (Braunbuch 1933/1983, S. 62).

„Braunbuch" und „Gegenprozeß" beeinflußten die öffentliche Meinung des Auslandes beträchtlich. Arthur Koestler, seinerzeit in die kommunistischen Aktivitäten eingesponnen, schilderte in seinen Memoiren die Bedeutung dieses Prozesses und die geschickte Einflußnahme seitens der Kommunisten: „Dank Münzenbergs genialem Einfall waren die Nazis daher von Anfang an in der Defensive. Das Verfahren vor dem Reichsgericht dauerte drei Monate, und der größte Teil der Zeit wurde auf verzweifelte Versuche verwendet, die Anklagen des Braunbuchs und die Ergebnisse des Gegenprozesses zu widerlegen. Das Braunbuch wurde in dem Prozeß sogar als der ‚sechste Ankläger' erwähnt. Es war eine einzig dastehende Tatsache in der Geschichte der Kriminologie, daß ein Gericht – und ein Oberstes Gericht noch dazu – seine Bemühungen darauf konzentrierte, Anklagen einer dritten, außenstehenden Partei zu widerlegen. Daher die Parade der Kabinettsmitglieder auf der Zeugenbank; daher das phantastische Verlangen des Gerichts, der Präsident der Potsdamer Polizei solle ein Alibi liefern für seine Betätigungen in der Zeit, in die das Verbrechen fiel" (Koestler, S. 198f.). In der Tat war das Gericht durch das „Braunbuch" und den Gegenprozeß in beträchtliche Schwierigkeiten geraten. So deutete Professor Friedrich Grimm, damals Beobachter der Reichsregierung, im Vorwort zu dem 1934 erschienenen Buch des Torgler-Verteidigers Alfons Sack an, es wäre besser gewesen, gar nicht auf die „internationale Propaganda" (Sack, S. 10) einzugehen. Zu spät erkannten die Nationalsozialisten die kontraproduktive Wirkung der Versuche, das Braunbuch zu widerlegen.

Der Prozeß fand zu einer Zeit statt, als die Nationalsozialisten bereits ihre Macht – wenn auch noch nicht völlig – konsolidiert hatten. Ihnen ging es um eine Abrechnung mit den Kommunisten, während diese auf ihre Weise versuchten, die öffentliche Meinung insbesondere des Auslandes für sich einzunehmen.

Die Voruntersuchung wurde einseitig geführt. Göring hatte sich kritisch gegen den vorgesehenen Untersuchungsrichter Braune geäußert und für einen willfährigen Ersatz gesorgt. Das war der Reichsgerichtsrat Paul Vogt, der alles daransetzte, die Kommunisten zu überführen. Gerüchte wurden für bare Münze genommen und dubiose Zeugen ausfindig gemacht. In seinen Augen handelte es sich um einen „kommunistischen Gewaltakt [...], hinter dem, wenn ihr Fraktionsführer beteiligt war, unter allen Umständen nur die KPD stehen konnte. Auf Grund seiner Erfahrungen als Untersuchungsrichter mit kommunistischen Terroristen zweifelte Vogt nicht eine Sekunde daran, daß der KPD ohne weiteres auch diese sinnlos erscheinende Aktion durchaus zuzutrauen war. Er machte sich daher mit gewohnter Gründlichkeit, entschuldbarer Beschränkung und unverzeihlicher Voreingenommenheit daran, mit den Angeklagten zugleich die KPD zu überführen." (Tobias, S. 311.) In den 52 Aktenbänden der Voruntersuchung findet sich jedoch kein Beweis für die Täterschaft der Kommunisten, allenfalls phantasiereiche Zeugenaussagen, deren Wahrheitsgehalt beim Prozeß dann auch zusammenbrach.

Auf der Anklagebank saßen neben van der Lubbe der kommunistische Fraktionsvorsitzende Ernst Torgler, der als letzter Abgeordneter das Reichstagsgebäude vor dem Brand verlassen und sich am nächsten Tage der Polizei gestellt hatte, sowie drei bulgarische Kommunisten – Dimitroff, Popoff und Taneff.

Torgler verhielt sich während des Prozesses meist zurückhaltend und beschränkte sich auf die möglichst sachliche Widerlegung der Vorhaltungen über seine Aktivität beim Reichstagsbrand. Die KPD hatte zu Beginn des Prozesses eine Distanzierung von seinem nationalsozialistischen Verteidiger Alfons Sack verlangt. Torgler war von seiner Mutter ein Kassiber des Zentralkomitees der KPD zugespielt worden, in dem sich folgende Sätze fanden: „Dein Verteidiger, Dr. Sack, ist als ein Schurke und Agent Hitlers entlarvt, der Dich politisch töten, Dich als einen Feigling auftreten, Dich verächtlich machen lassen will, um die Partei zu diskreditieren, der Dich heuchlerisch auf Schritt und Tritt betrügt. Die Partei fordert Dich auf, Dich im ersten günstigsten Moment in voller Gerichtsöffentlichkeit mit entsprechender Erklärung von ihm zu trennen. [...] Rufe als Revolutionär den faschistischen Schergen eines zum Tode verurteilten Systems stolz den Kampfruf entgegen:

Es lebe die Kommunistische Partei Deutschlands!

Es lebe der Sieg der deutschen Arbeiterklasse!

Es lebe die Diktatur des Proletariats!" (Der Reichstagsbrandprozeß, Bd. 1, S. 533.) Torgler, der es inzwischen besser wußte, ignorierte jedoch diesen „Parteibefehl". Er wollte sich nicht „verheizen" lassen. Seine Partei nahm es ihm übel und verstieß ihn später.

Georgi Dimitroff war seinerzeit Leiter des Westeuropäischen Büros des Exekutivkomitees der Kommunistischen Internationale, was den Nationalsozialisten aber nicht bekannt war. Der Angeklagte wurde gleichsam zum Ankläger – und damit weltberühmt. Er ging immer wieder in die Offensive. Geschickt beschuldigte er die Nationalsozialisten in verdeckter Form der Brandstiftung. Auch wenn sein Alibi hieb- und stichfest war, legte Dimitroff dennoch ein beträchtliches Maß an Mut an den Tag, konnte er sich doch nicht seines weiteren Schicksals sicher sein. Es hat, was die Freilassung Dimitroffs angeht, kein Geheimabkommen zwischen der Gestapo und der sowjetischen Geheimpolizei gegeben, wie das später vielfach unterstellt worden ist. Göring soll vielmehr vorgehabt haben, Dimitroff, der ihn vor Gericht so gereizt hatte, nach der Urteilsverkündung „auf der Flucht" erschießen zu lassen. Hitler, dem mehr an einer Beendigung der weltweiten kommunistischen Kampagne zur Befreiung Dimitroffs lag, setzte sich gegenüber Göring durch.

Die beiden bulgarischen Kommunisten, Blagoj Popoff und Wassili Taneff, wurden mit Dimitroff am 27. Februar 1934 – auf den Tag genau ein Jahr nach dem Reichstagsbrand, freigelassen. Sie traten, des Deutschen so gut wie unkundig, während des Prozesses nicht sonderlich in Erscheinung. Der Student Popoff gab meistens ruhig Auskunft, der Schuhmacher Taneff schwieg häufig. Dimitroff wurde nach dem Zweiten Weltkrieg Ministerpräsident von Bulgarien, Taneff überlebte die Stalinschen Säuberungen nicht, und Popoff fragte man später immer wieder nach den Hintergründen des Brandes und des Prozesses, doch konnte er – verständlicherweise – keine konkreten Angaben machen. Das Schicksal Ernst Torglers ist charakteristisch für ein Zeitalter totalitärer Ideologien, Bewegungen und Systeme. Trotz des Freispruchs kam Torgler in Schutzhaft und verblieb dort bis 1936. Er, der inzwischen aus der KPD ausgeschlossen worden war, arbeitete später mehr oder weniger freiwillig für die Nationalsozialisten und kehrte nach 1945 wieder zur Partei seiner Jugend zurück, der SPD. Am Ende seines Lebens – dreißig Jahre nach dem Prozeß – hatte er durch seinen Freund Fritz Tobias, den Reichstagsbrandforscher, die Wahrheit der Geschichte des Reichstagsbrandes und des Prozesses erfahren.

Der Prozeß-Verlauf

Der Prozeß zog sich drei Monate hin. Alle Beteiligten, die Sachverständigen an der Spitze, waren auf die Mehrtäterschaft fixiert. Das galt für den Oberreichsanwalt ebenso wie für Dimitroff, wenn auch mit unterschiedlichen Interessen und einem gegensätzlichen Ergebnis.

Der Oberreichsanwalt Dr. Werner ließ eine Ergänzung des ohnehin umfassenden Materials der Voruntersuchung beantragen. Sein Ziel war es, nicht nur den Nachweis für die Täterschaft der Kommunisten zu führen, sondern auch für den kommunistischen Aufstandsversuch. Er „mußte die gewagtesten und spitzfindigsten Kombinationen zu Hilfe nehmen, um dem Auftrag Hitlers entsprechend mit allen Mitteln nachzuweisen, daß die Kommunisten in einem verzweifelten Gewaltakt ihr unabwendbares Schicksal zu wenden getrachtet hätten, um den sieghaften nationalsozialistischen Gegner in letzter Minute doch noch zu Boden zu werfen, die Macht im Staate erringen und die Diktatur des Proletariats errichten zu können" (Tobias, S. 345). Doch ein solches Unterfangen war zum Scheitern verurteilt, wie sich bald herausstellen sollte. Waren in der Anklageschrift Werners vom Juli 1933 noch alle fünf Angeklagten der Brandstiftung für schuldig befunden worden, so fiel das Schlußplädoyer im Dezember weit vorsichtiger aus. Lediglich für Torgler und van der Lubbe wurde die Todesstrafe gefordert.

Als Präsident des Strafsenats fungierte Wilhelm Bünger, früher Justizminister und Ministerpräsident des Landes Sachsen. Er, der von der Deutschen Volkspartei kam, war den Verhandlungen intellektuell teilweise nicht gewachsen. Wohl bemühte sich seine Verhandlungsführung um den Anschein der Objektivität, doch zeichnete sie sich nicht selten zugunsten einer Parteinahme für Nationalsozialisten aus.

Der Pflichtverteidiger der drei Bulgaren war Dr. Teichert, der ebenso geschickt wie erfolgreich seine Pflicht tat. Lubbe sprach mit seinem Pflichtverteidiger Dr. Seuffert – er setzte sich unter den obwaltenden Umständen für ihn nachhaltig ein – kein einziges Wort. Als herausragende Gestalt auf seiten der Verteidiger entpuppte sich Dr. Sack, der Wahlverteidiger Torglers. Was Dimitroff bei den Angeklagten war, diese Rolle gebührte Sack bei den Verteidigern. Er engagierte sich allerdings nicht nur für den Angeklagten Torgler, sondern auch für die nationalsozialistische Regierung gegenüber den Attacken des „Braunbuchs". Insofern erwies sich die Strategie seiner Verteidigung wirkungsvoll, da man ihn nicht als Gegner des neuen Systems diskreditieren konnte.

Unter den vielen Punkten, die im Prozeß zur Sprache kamen, stand einer besonders im Vordergrund: Die Frage der Einzeltäterschaft. Man nahm sie van der Lubbe nicht ab. Am 42. Verhandlungstag entspann sich zwischen dem Präsidenten und van der Lubbe, der plötzlich „auftaute", folgender Dialog:

„*Präsident:* Sie können doch die einzelnen Feuerstellen, die im Saal entstanden sind, gar nicht angelegt haben. Das ist ein

Ding der Unmöglichkeit. Daß Sie das nicht einsehen, verstehe ich nicht. Sie sind doch intelligent. Sie können uns doch so etwas nicht erzählen, was gar nicht gewesen sein kann.

Angeklagter van der Lubbe: Ich habe gedacht, die Hauptfrage ist, ob ich den Reichstag angesteckt habe. Dahin geht doch die Frage, nicht, ob das möglich ist oder nicht. Ich habe den Brand angelegt, und der Brand hat sich selber ausgebreitet.

Präsident: Aber wer hat das vorbereitet? Wer hat das andere gemacht?

Angeklagter van der Lubbe: Welches andere?

Präsident: Das mußte doch vorbereitet sein. Sie haben selbst zu erkennen gegeben, daß Sie das nur angesteckt haben. Wer hat nun diese Vorbereitungen getroffen, damit Sie den Plenarsaal anstecken konnten? Wer hat denn das gemacht?

Angeklagter van der Lubbe: Das habe ich bereits angegeben. Das habe ich selber gemacht.

Präsident: Wann haben Sie das gemacht?

Angeklagter van der Lubbe: Als ich in den Reichstag hereingekommen war. Da habe ich schließlich den Brand angelegt.

Präsident: Sie sind doch erst kurz nach 9 Uhr, 9.04 oder 9.05 Minuten in den Reichstag eingestiegen.

Angeklagter van der Lubbe: Die Untersuchung geht doch dahin, ob ich das allein gemacht habe. Die Untersuchung geht dahin, ob ich das allein getan haben kann. Wie können Sie nun einfach voraussetzen, daß ich das nicht allein gemacht habe?

Präsident: Ja, weil das nicht möglich ist, daß einer das gemacht hat, ob das nun Sie sind oder irgendein anderer. Es ist einfach nicht möglich, daß einer allein das gemacht hat, zum mindesten müssen andere Ihnen das vorbereitet haben.

Angeklagter van der Lubbe: Können Sie die Mitschuldigen anführen?

Präsident: Nein, bis jetzt noch nicht. Darum frage ich Sie gerade!" (Sten. Berichte, 23. November 1933, S. 154, S. 155–160.)

Das Gericht blieb ungläubig. Auch die Brandsachverständigen machten keine Ausnahme. Zwar unterschieden und widersprachen sich ihre zum Teil verwegenen Äußerungen und Konstruktionen im einzelnen (Jesse, Reichstagsbrand, S. 204–209). Konsens herrschte jedoch in dem Punkt, daß van der Lubbe das Feuer niemals allein gelegt haben konnte. Die Brandsachverständigen wollten das Ergebnis der Voruntersuchung mit aller Macht bestätigt sehen – sei es, daß sie ihre Willfährigkeit gegenüber dem nationalsozialistischen System zu beweisen suchten, sei es, daß sie sich die Tat eines einzelnen nicht vorzustellen vermochten. Eine besonders dubiose Rolle spielte der Chemiker Dr. Wilhelm Schatz aus Halle. Er nahm eine „selbstentzündliche Flüssigkeit" als Brandmittel an. Damit konnten auch Personen belastet werden, die zur Zeit des Brandes gar nicht am Tatort waren.

Man muß nicht die Reihe der Zeugen, die sich zum größten Teil als Wichtigtuer entpuppten, Revue passieren lassen, um zu dem Ergebnis zu gelangen, daß sie die Wahrheitsfindung keineswegs erleichterten. Viele Zeugnisse brachen vor Gericht wie Kartenhäuser zusammen. Eine Schlüsselrolle spielte der Hausinspektor Scranowitz, der beim nur sekundenlangen Blick in den Plenarsaal kleine, gleichmäßige Feuerchen in Pyramidenform gesehen haben wollte. Wenn das stimmte, so konnten die Feuerherde unmöglich von einem einzelnen stammen, da kurz vorher andere Polizisten diese vielen Flammenbündel nicht gesichtet hatten. Das schriftliche Urteil berief sich eigens auf die Beobachtungen von Scranowitz, weil sie sich in das vorgefertigte Bild von der Mehrtäterschaft einfügten. Fritz Tobias, der Amateurhistoriker und Aufklärer der Rätsel des Reichstagsbrandes, hat später eine mögliche Erklärung für die Wahrnehmung von Scranowitz gegeben, die viel für sich hat: „In jenem ‚Bruchteil der Sekunde', der Scranowitz für den Blick in den Saal ausreichte, hatte er nämlich nur die brennenden Vorhänge im Saalhintergrund wahrgenommen; die weiteren Brandstellen hingegen, die er zu sehen vermeinte, stellten lediglich die Lichtreflexe, die Widerspiegelung der brennenden Portieren hinter dem Präsidententisch dar. Diesen Widerschein, der sich naturgemäß völlig regelmäßig in

Abstand und Form auf allen polierten Pulten spiegelte, nahm er als bleibenden und unauslöschlichen Eindruck auf seinem inneren Auge mit sich, während die Polizeibeamten, die wesentlich länger das Bild auf sich einwirken ließen, die eigentlichen Brandstellen und ihre Widerspiegelung natürlich besser zu unterscheiden verstanden" (Tobias, S. 303).

Die schillerndste und zugleich dominierende Figur des Prozesses war Georgi Dimitroff, der herausfordernd agitierte, selbstbewußt agierte, mit Sarkasmus und Spitzfindigkeit die Schwächen der Anklage bloßlegte. Der nervös amtierende Präsident Bünger, den Unbotmäßigkeiten Dimitroffs nicht gewachsen, schloß ihn insgesamt fünfmal von der Verhandung aus. Der bekannteste – und letzte – Ausschluß folgte dem legendären Rededuell Dimitroff–Göring. Ein vorheriger Ausschluß Dimitroffs war wegen des Auftritts Görings eigens aufgehoben worden.

Zunächst schilderte Göring aus seiner Sicht die politische Entwicklung vor dem Brand und beschuldigte die Kommunisten umstürzlerischer Pläne. Er ließ keinen Zweifel an seinem Bestreben, die Kommunisten zu vernichten. Der Reichstagsbrand habe seine Konzeption durcheinandergeworfen. „[...] ich wollte diese kommunistische Hydra mit einem Schlage so treffen, daß sie sich bis auf weiteres nicht wieder erhoben hätte" (Sten. Berichte, 4. November 1933, S. 86–90). Göring glaubte offenkundig an ein kommunistisches Fanal. „Das Fanal, das die Kommunistische Partei hier gab, wollte ich mit einer Willensdokumentation beantworten, die den Herren Kommunisten eindeutig sagte, wie ich den Kampf gegen den Kommunismus zu führen gedachte. Ich hatte tatsächlich vor, in jener Nacht Herrn van der Lubbe sofort aufzuhängen. Wenn ich es nicht getan habe – kein Mensch hätte mich daran hindern können –, so nur aus dem Grunde, weil ich mir sagte: Wir haben nur den; es muß aber eine ganze Schar gewesen sein; vielleicht brauche ich den Mann noch als Zeugen. Dies war die einzige Erwägung, die mich damals davon abhielt, der Welt sofort zu zeigen, wenn die eine Seite entschlossen ist, zu zerstören, dann ist die andere Seite ebenso entschlossen, sich das nicht gefallen zu lassen"

(Sten. Berichte, 4. November 1933, S. 103). Für Göring waren die anderen durch den unterirdischen Gang entkommen. Dem Urteil des Gerichts griff er voraus: „Mag der Prozeß ausgehen, wie er will, die Schuldigen werde ich finden und sie ihrer Strafe zuführen" (Sten. Berichte, 4. November 1933, S. 108–110).

Schließlich kam Dimitroffs Auftritt – seine „große Stunde". Er stellte Göring eine Reihe von Fragen, versuchte ihn in die Enge zu treiben, wies auf Widersprüche hin und machte ihm Vorhaltungen, ob die Reichstagsbrandstifter wirklich in jeder Richtung gesucht worden sind.

„*Göring:* Ich habe lediglich den Befehl gegeben, diese Untersuchung mit größter Geschwindigkeit, mit größter Genauigkeit vorzunehmen, und immer wieder darauf hingewiesen, allerdings, daß der van der Lubbe Komplicen gehabt haben muß – das ist für mich auch klar (*Dimitroff:* für mich auch) – und daß diese Strolche recht bald festzusetzen sind. Das allerdings habe ich befohlen. [...] Es war ein politisches Verbrechen, und im selben Augenblick war es für mich klar, und ist es heute ebenso klar, daß Ihre Partei die Verbrecher gewesen sind. [...] Ich habe nur mit der Kommunistischen Partei in Deutschland zu tun und mit den ausländischen kommunistischen Gaunern, die hierherkommen, um den Reichstag anzustecken" (Sten. Berichte, 4. November 1933, S. 127–132).

Dimitroff reagierte folgendermaßen „Gegen die Kommunistische Partei in Deutschland einen Kampf zu führen, ist Ihr Recht. Mein Recht ist, [...] ihre Regierung zu bekämpfen, und wie wir sie bekämpfen, das ist eine Sache der Kräfteverhältnisse, ist nicht eine Sache –

Präsident: Dimitroff, ich untersage Ihnen, hier eine kommunistische Propaganda zu treiben. (*Dimitroff:* Er macht nationalsozialistische Propaganda hier!) Ich untersage Ihnen das aufs nachdrücklichste. Kommunistische Propaganda wird hier in diesem Saal nicht getrieben, und das war eben ein Stück davon.

Dimitroff: Herr Präsident, im Zusammenhang mit meiner letzten Frage steht jedenfalls zur Klärung die Frage: Partei und Weltanschauung. Herr Ministerpräsident Göring hat erklärt, daß eine ausländische Macht wie die Sowjetunion und in Verbindung mit dieser Macht dieses Land alles machen kann, was es will, aber in Deutschland geht es gegen die Kommunistische Partei. Diese Weltanschauung, diese bolschewistische Weltanschauung, regiert die Sowjetunion, das größte und beste Land in der Welt. *(Große Heiterkeit)* Ist das bekannt? *(Erneute Heiterkeit.)*

Zeuge Göring: Hören Sie mal, jetzt will ich Ihnen sagen, was im deutschen Volke bekannt ist. Bekannt ist im deutschen Volke, daß Sie sich hier unverschämt benehmen und hierhergelaufen kommen, den Reichstag anstecken und dann hier mit dem deutschen Volke noch solche Frechheiten sich erlauben. Ich bin nicht hierhergekommen, um mich von Ihnen anklagen zu lassen. *(Dimitroff:* Sie sind Zeuge!) Sie sind in meinen Augen ein Gauner, der längst an den Galgen gehört. *(Bravo!* im Zuhörerraum.)

Dimitroff: Sehr gut, ich bin sehr zufrieden" (Sten. Berichte, 4. November 1933, S. 132f.).

Der Präsident warnte Dimitroff erneut, kommunistische Propaganda zu treiben. Schließlich entzog er ihm das Wort, ließ ihn abführen und schloß ihn vom Prozeß für drei Tage aus. Bei Dimitroffs Abgang kam es zu einem letzten Wortwechsel:

Dimitroff: Haben Sie Angst wegen dieser Fragen, Herr Ministerpräsident?

Göring: Sie werden Angst haben, wenn ich Sie erwische, wenn Sie hier aus dem Gericht raus sind, Sie Gauner, Sie!" (Sten. Berichte, 4. November 1933, S. 134).

Dimitroff hatte Göring provoziert und bloßgestellt. Das war die Meinung der meisten Prozeßbeobachter. Das Rededuell, in dem sich der Konflikt zweier totalitärer Ideologien symbolhaft verdichtete, gab den Titel für das zweite „Braunbuch" ab: „Dimitroff contra Göring". Dieser ahmte zwölf Jahre später in mancher Hinsicht Dimitroffs Rolle im Nürnberger Prozeß nach. Göring ließ sich 1933 bei seinem Auftreten zu scharfen Attacken gegen das „Braunbuch" hinreißen und verstieg sich unwidersprochen zu folgenden Tiraden: „[...] das Braunbuch ist eine Hetzschrift, die, wo ich sie kriege, selbstverständlich wie jede andere Hetzschrift vernichtet wird –, mit diesen idiotischen Untersuchungen von diesen Kerlen [...] dürfen wir uns überhaupt nicht befassen, denn damit verkümmern wir in unserem eigenen Rechtsbegriff selbst. Wenn in dem Braunbuch all diese Behauptungen erhoben werden – denn es steht wohl auch darin, daß ich, was weiß ich, ein zusammengebrochener Idiot oder geisteswahnsinnig bin und in x Anstalten ausgebrochen sei, daß meine Schädeldecke schon an verschiedenen Stellen von weiß Gott was für Krankheiten einsinkt –, so muß ich schon sagen: ich wünsche all meinen Freunden, daß sie sich so wohl fühlen wie ich, und meinen Gegnern werde ich es dann schon zeigen!" (Sten. Berichte, 4. November 1933, S. 152 f.).

Auch Goebbls hat Dimitroff – vier Tage später – in eine Art Kreuzverhör genommen. Goebbels ließ sich jedoch nicht zu Wutausbrüchen hinreißen und fand sich zur Beantwortung der Fragen bereit: „Ich habe anderen Leuten Rede und Antwort gestanden als einem so kleinen kommunistischen Agitator und brauche seine Fragestellung nicht im mindesten zu fürchten." (Sten. Berichte, 8. November 1933, S. 72). Doch auf Dimitroffs Frage („Ist dem Zeugen bekannt, daß in Österreich und in der Tschechoslowakei seine Gesinnungsgenossen, die Nationalsozialisten, jetzt auch illegal arbeiten müssen, illegale Propaganda machen müssen und sich manchmal falscher Pässe bedienen und von falschen, chiffrierten Adressen und chiffrierten Korrespondenzen auch in ihrem politischen Kampf Gebrauch machen müssen?") gab Goebbels eine Nicht-Antwort: „Es scheint, daß Sie die nationalsozialistische Bewegung beleidigen wollen. Ich antworte Ihnen darauf mit einem Wort von Schopenhauer: Jeder Mann verdient, daß man ihn ansieht, aber er verdient nicht, daß man mit ihm redet!" (Sten. Berichte, 8. November 1933, S. 81). Goebbels, der von einem devoten Präsidenten Unterstützung erfuhr, hinterließ einen besseren Eindruck als der wutschnaubende Göring, doch verstand es Dimitroff in seiner unerschrockenen Art erneut, einen führenden Repäsentanten des Nationalsozialismus nicht in der gewohnten Form agieren zu lassen. Demgegenüber verlief die Befragung Goebbels' durch Torgler, der sich gegen terroristische Aktionen wandte, in zivilen Formen. Immerhin entlockte Torgler Goebbels folgendes

Eingeständnis: „Die Kommunistische Partei war sich darüber im klaren [...], daß, wenn die Reichstagswahl vorüber war, die nationale Bewegung entschlossen war, diese Partei mit Stumpf und Stiel auszurotten" (Sten. Berichte, 8. November 1933, S. 88).

Wie auch an der Reaktion der nationalsozialistischen Presse deutlich wurde, hatte Dimitroff einen wunden Punkt getroffen. Bei Adolf Stein, der unter dem Namen „Rumpelstilzchen" vom Prozeß berichtete, etwa hieß es: „Für den Laien ist es einfach horrend, welchen Spielraum man dem hergelaufenen Kommunisten läßt" (Stein, S. 63). Daß die NS-Prominenz überhaupt vor dem Gericht auftreten konnte, obwohl sie als Zeugen zum Tathergang nichts beizusteuern wußte, ist ein weiterer Beleg für die Einseitigkeit der Verhandlungsführung. Die Nationalsozialisten wollten der Propagandawirkung entgegentreten, doch paradoxerweise erreichten sie das Gegenteil. Dimitroff hatte ein Forum, und den Nationalsozialisten fehlten die Beweise für ihre Anschuldigungen.

Dimitroffs Hartnäckigkeit machte der nationalsozialistischen Propaganda einen Strich durch die Rechnung. Sein unerschrockenes Auftreten veranlaßte die NS-Führung, „die Originalübertragung stark zu reduzieren und schließlich ganz einzustellen sowie die anfangs umfangreiche Wiedergabe der Verhandlungen in der deutschen Presse rigoros einzuschränken" (Der Reichstagsbrandprozeß, Bd. 2, S. 7). Immer mehr zeigte sich, daß die öffentlichkeitswirksame Inszenierung gegen die Nationalsozialisten ausschlug.

Das Urteil

Mit zunehmender Zeitdauer wurde Beobachtern die Mangelhaftigkeit der Indizien – von Beweisen ließ sich ohnehin nicht sprechen – für eine Verurteilung der Kommunisten bewußt. So konnte denn das Urteil nicht überraschen. Am 23. Dezember, drei Monate nach Beginn der Sitzungen, die mit einer längeren Unterbrechung in Berlin – vom 10. Oktober (13. Verhandlungstag) bis zum 18. November (41. Verhandlungstag) ging es dort um die Beweisaufnahme – immer vor dem Leipziger Reichsgericht stattfanden, und nach 57 Verhandlungstagen, wurde das Todesurteil für Marinus van der Lubbe gesprochen. Er habe mit unbekannten anderen das Gebäude in Brand gesteckt. Die Mitangeklagten Dimitroff, Popoff und Taneff sowie Torgler sprach das Gericht mangels Beweises frei. Angesichts der überaus lückenhaften Indizienkette hatte selbst der Reichsanwalt für die Bulgaren auf Freispruch plädiert. Van der Lubbe wurde so am 10. Januar 1934, noch keine 25 Jahre alt, aufgrund eines rückwirkend erlassenen Gesetzes enthauptet. Am 29. März 1933 war eigens dieses Gesetz – die sogenannte „Lex van der Lubbe" – erlassen worden, das die Notverordnung vom 28. Februar 1933 auch auf Taten erstreckte, die zwischen dem 31. Januar und dem 28. Februar 1933 begangen worden sind. Beweise für die Mittäterschaft anderer konnte das Gericht nicht vorlegen, obwohl es im Urteilsspruch gleichsam selbstverständlich van der Lubbe die Alleintäterschaft abgesprochen hatte. „[...] es ist durch diesen Prozeß erwiesen, daß die Mittäter und Auftraggeber van der Lubbes im Lager der Kommunisten stehen, daß die Reichstagsbrandstiftung ein Werk der Kommunisten und der ihnen nahestehenden und gleichzusetzenden Organisationen zur Verwirklichung des Bürgerkriegsziels dieser Partei gewesen sind" (Sten. Berichte, 23. Dezember 1933, S. 33). Immerhin mußte eingeräumt werden, daß sich die Zusammenhänge von van der Lubbes Verbindung mit kommunistischen Kreisen nicht klären ließen.

Das Urteil äußerte sich auch zu einer möglichen Täterschaft der Nationalsozialisten, und zwar in einer so lakonischen wie entlarvenden Form: „Die gesinnungsmäßigen Hemmungen dieser Partei schließen derartige verbrecherische Handlungen, wie sie ihr von gesinnungslosen Hetzern zugeschrieben werden, von vornherein aus" (Sten. Berichte, 23. Dezember 1933, S. 31). Feierten die Kommunisten in aller Welt die Freisprüche ihrer Leute, so scherten sie sich um den zum Tode verurteilten, von ihnen als „Provokateur" beschimpften van der Lubbe nicht. Die Nationalsozialisten hingegen waren mit dem Urteil alles andere als zufrieden. Der „Völkische Beobachter" versah seinen Artikel mit der Überschrift „Das Fehlurteil von Leipzig". Er zitierte die „Nationalsozialistische Parteikorrespondenz" mit den folgenden Worten: „Wenn das Urteil nach dem *wahren Recht,* das im neuen Deutschland wieder seine Geltung haben soll und im Volksempfinden seine Wurzel hat, gesprochen worden wäre, hätte es anders gelautet. [...] So ist gerade dieses Urteil ein *Fehlurteil,* das mehr vielleicht als jedes andere die Notwendigkeit einer grundlegenden Reform unseres Rechtslebens, das sich vielfach noch in den Gleisen überwundenen *volksfremden liberalistischen Denkens* bewegt, mit aller Deutlichkeit erweist und sie dem Volk vor Augen führt" (Das Fehlurteil von Leipzig, in: Völkischer Beobachter v. 24./26. Dezember 1933, Hervorhebung im Original). Die lauthals verkündete These vom kommunistischen Aufstandsfanal war zusammengebrochen. Hitler erwähnte den Prozeß so gut wie nicht mehr. 1942 kam er im kleinen Kreis noch einmal auf ihn zurück: Van der Lubbe hätte man „binnen drei Tagen" hängen müssen, der Prozeß aber habe sich „über Wochen hingeschleppt" (Henry Picker, Hitlers Tischgespräche im Führerhauptquartier 1941–42, Bonn 1951, S. 241 f.).

Beim Reichsgericht handelte es sich seinerzeit nicht um ein ganz gefügiges Gericht, sosehr auch Willfährigkeit gegenüber der neuen Ordnung zu erkennen war. Umgekehrt läßt sich aber auch die These nicht aufrechterhalten, der Ausgang des Reichstagsbrandprozesses habe die Errichtung des Volksgerichtshofes zur Folge gehabt oder auch nur beschleunigt. Wenn es sich auch um keinen Schauprozeß handelte, war die Verhandlungsführung gleichwohl nicht fair. So schnitt man dem temperamentvollen Dimitroff des öfteren das Wort ab. Das lavierende Verhalten des Gerichts, das auch den Hinweisen auf eine nationalsozialistische Täterschaft nachging, war typisch für die Übergangszeit zwischen Demokratie und Diktatur.

Da das Reichsgericht trotz der Aufbietung von 254 Zeugen keinen Beweis für die Täterschaft der Kommunisten erbringen konnte und nicht umhin kam, bis auf van der Lubbe die angeklagten Kommunisten freizuspechen, setzte sich weitgehend die Ansicht durch, daß die Nationalsozialisten den Reichstag in Brand gelegt hatten, um einen Vorwand zur Ausschaltung der Demokratie zu haben, wenngleich die Bücher, die kurz danach zum Prozeß erschienen sind, über die als rätselhaft empfundene Gestalt van der Lubbes im dunklen tappten. Aus der Unschuld der Kommunisten folgerten viele die Schuld der Nationalsozialisten. Die Mehrfachtäterschaft wurde nicht in Zweifel gezogen. Man hätte jedoch den Prozeß anders deuten können: Wenn die Nationalsozialisten wirklich die Täter waren, dann hätten sie im eigenen Interesse auch eine entsprechende Vorsorge hinsichtlich der Schuld der Kommunisten getroffen oder auf einen Prozeß ganz verzichtet. Die Beschuldigung der Kommunisten kehrte sich in eine Beschuldigung der Nationalsozialisten um, zumal nach dem Ende des Zweiten Weltkrieges.

Gab es *einen* Prozeß vor dem Prozeß, so fand gleich eine ganze Reihe von Prozessen nach dem Prozeß statt, bedingt nicht zuletzt durch irritierende Nachhutgefechte wegen der Frage der Täterschaft. Der Streit nahm irrationale Dimensionen an. Ein Prozeß zur Überprüfung des Geschehens von 1933 ist aber ausgeblieben. Aus der Fülle der gerichtlichen Auseinandersetzungen seien zwei der wichtigsten Prozesse herausgegriffen.

Erstens: Der Publizist Hans Bernd Gisevius hatte nach 1945 in mehreren Publikationen den SA-Führer „Heini" Gewehr der Brandstiftung des Reichstags bezichtigt. Die von der Staatsanwaltschaft gegen Gewehr aufgenommenen Ermittlungen führten zu keinem positiven Ergebnis. Gisevius wurde in einem Prozeß vor dem Landgericht Düsseldorf die Behauptung untersagt, Gewehr sei für den Brand verantwortlich. Das Gericht stellte u. a. fest, daß das Urteil des Reichsgerichts von 1933 in verschiedener Hinsicht schwere Mängel aufweise. Man habe damals Interesse an einer Mehrtäterschaft gehabt. Das Gericht kam 1962 zu folgendem Ergebnis: „Somit ist es auf Grund des Urteils des Reichsgerichts, der Kenntnis der mit den Ermittlungen zum Reichstagsbrand befaßten noch lebenden Personen und den Äußerungen des verstorbenen Diels zweifelhaft, ob an der Reichstagsbrandstiftung überhaupt mehrere Personen beteiligt waren" (Urteil des Landgerichts Düsseldorf vom 20. Februar 1962, S. 29).

Zweitens: Nach dem Krieg wollte der Bruder van der Lubbes den Urteilsspruch aufheben lassen. War ein erster Versuch in den fünfziger Jahren gescheitert, so kam es 1967 zu einem Urteilsaufhebungsverfahren. Allerdings erreichte der juristische Vertreter des Bruders nur eine Milderung, keine völlige Aufhebung der Verurteilung. Das Berliner Landgericht sprach van der Lubbe vom Vorwurf des Hochverrats frei und wandelte die Strafe postum in acht Jahre Zuchthaus um. Die Klärung der Täterschaft war mit der Wiederaufnahme des Verfahrens nicht verbunden. Später übernahm Robert M. W. Kempner, stellvertretender Hauptankläger im Nürnberger Prozeß, die Vertretung des Bruders. Kempners Ziel war es, eine Wiederaufnahme des Verfahrens zu erreichen. Im Dezember 1980 hob das Berliner Landgericht das Urteil auf, doch das Kammergericht machte seinerseits diese Entscheidung wieder rückgängig. Auch der Bundesgerichtshof, den Kempner daraufhin anrief, wies seinen Antrag zurück. Kempner wollte – und will immer noch – eine „Rehabilitierung" van der Lubbes, den er als willenloses Werkzeug der Nationalsozialisten betrachtet. Dabei ist der Justizmord durch die nachträgliche Umwandlung der Todesstrafe in eine achtjährige Freiheitsstrafe längst anerkannt worden. Kempners andauernde Bemühungen – sie halten bis zum heutigen Tage an –, und nicht nur die seinen, sind Beispiele für mangelnde Rationalität im Umgang mit der deutschen Vergangenheit.

Zwei Generationen danach

Nach 1945 war es herrschende Auffassung, daß die Inbrandsetzung des Reichstagsgebäudes auf die Nationalsozialisten zurückging, bis der „Amateurhistoriker" Fritz Tobias in einer „Spiegel"-Serie im Jahre 1959/60 und 1962 in einem dickleibigen Buch den Nachweis dafür antrat, daß van der Lubbe allein – ohne Mittäter, ohne Auftraggeber, ohne Mitwisser – diese spektakuläre Aktion unternommen hatte. Weder die Kommunisten noch die Nationalsozialisten waren an dem Brand des Reichstagsgebäudes direkt oder indirekt beteiligt.

Doch setzte sich diese gut fundierte und schlüssig abgesicherte These keineswegs durch. Die historische Zunft war überwiegend skeptisch. Im Jahre 1968 wurde sogar in Luxemburg ein mit hochrangigen Personen besetztes internationales Komitee gegründet, das unter Ägide des Schweizer Geschichtsprofessors Walther Hofer den Gegenbeweis für die Täterschaft der Nationalsozialisten antreten wollte. Vier Jahre später erschien ein erster Band, der den sogenannten „Negativbeweis" für die Alleintäterschaft zu liefern glaubte; weitere sechs Jahre vergingen, ehe der „positive Beweis" für die immer wieder hinausposaunte Täterschaft der Nationalsozialisten angetreten werden sollte. Freilich handelte es sich bei den publizierten Dokumenten um – horrible dictu – Fälschungen.

Dazu bediente man sich folgenden simplen Tricks: In den angeblich erst vor kurzem aufgefundenen, unterschiedlichen Personen zugeschriebenen „Dokumenten" tauchen teils historische Sachverhalte auf, die sich tatsächlich so abgespielt haben, teils Mystifikationen, welche die Urheberschaft der Nationalsozialisten beweisen sollen. Es wiederholen sich, was den Brand und die Nationalsozialisten angeht, viele Einzelheiten. Laut Walther Hofer ist diese Form der „Vernetzung" ein Beweis für die Echtheit der angeblich neu entdeckten Materialien. Wie zahlreiche Ungereimtheiten belegen, sind jedoch die Dokumente, deren Verfasser – z. B. Paul Löbe, der Präsident des Reichstages – wundersamerweise alle nicht mehr leben, einzig zu dem Zweck fabriziert worden, die nationalsozialistische Täterschaft an der Brandstiftung geltend zu machen. Es handelt sich um handfeste Quellenfälschung.

Erst vor einiger Zeit wurde das ganze Ausmaß der Fälschungen systematisch nachgewiesen (Backes u. a., 1987; Backes 1990; Henke). Der dritte Band, der u. a. eine „psychiatrische und sozio-psychologische Analyse des Verhaltens von van der Lubbe vor dem Prozeß, während des Prozesses, nach der Urteilsverkündung bis zur Hinrichtung" enthalten und 1978 „zur Drucklegung fertiggestellt" (Calic, S. 441) gewesen sein soll, ist bis auf den heutigen Tag ausgeblieben – aus gutem Grund.

Noch immer hat sich die Wahrheit nicht überall durchgesetzt. Wie kürzlich aus einer Meinungsumfrage hervorging, glauben 60 Prozent der Bundesbürger an die Brandlegung durch die Nationalsozialisten, zehn Prozent sehen in den Kommunisten die Urheber, sechs Prozent konnten keine Antwort geben, und nur 21 Prozent entschieden sich für den anarchistischen Einzelgänger van der Lubbe (Hitler und kein Ende, in: Der Wiener, Heft 4/1989, S. 42). In der Sowjetunion hält man bis auf den heutigen Tag aus politischen Gründen unbeirrt an der Täterschaft der Nationalsozialisten fest. Einerseits ist man stolz auf das als heldenhaft angesehene Verhalten Dimitroffs im Prozeß, andererseits gilt der Reichstagsbrand immer wieder als Paradefall für die ungerechtfertigte Beschuldigung der kommunistischen Weltbewegung. Insofern hat der Prozeß für den Marxismus-Leninismus eine herausragende propagandistische Bedeutung. Es ist paradox, daß ausgerechnet die Nationalsozialisten mit dem Verlauf des Prozesses den Kommunisten in die Hände spielten.

Zwei Generationen nach dem mythenumwobenen Brand, der einer totalitären Macht den Weg ebnete, beschäftigt der Reichstagsbrand (und damit indirekt auch der Reichstagsbrandprozeß) die Gemüter nach wie vor. Längst nicht alle sind bereit, die Wahrheit zu akzeptieren. Nun ließe sich zu Recht sagen, die – unstrittigen – Folgen des Brandes seien weit wichtiger als die – strittigen – Ursachen. Aber erstens ist auch die Frage nach der Täterschaft für den Historiker von einer gewissen Relevanz; zweitens überschätzen gerade die Anhänger der These von der nationalsozialistischen Täterschaft die Bedeutung des Brandes; drittens geht es darum, ob man vor Fälschungen die Augen schließen soll.

Zu viele, teilweise delikate Aspekte spielen in diesen Fall hinein, der mehr als ein Kriminalfall (gewesen) ist – Fragen der Volkspädagogik, Fragen wissenschaftlicher Seilschaften, Fragen der Einordnung des nationalsozialistischen Systems. Das mag ein Indiz dafür sein, daß die vielberufene „Historisierung" des Nationalsozialismus noch weiter fortschreiten muß. Dies gilt jedenfalls so lange, wie die Verfechter der Alleintäterschaftsthese als Repräsentanten einer „Gestapo"-Position diffamiert werden.

Die Geschichte des Reichstagsbrandes wie des Reichstagsbrandprozesses einschließlich der wissenschaftlichen Durchdringung ist ein Lehrstück insofern, als gelegentlich Massenpsychosen der historischen Wahrheit im Wege stehen. Nationalsozialisten und Kommunisten war die Tat gleicherweise zuzutrauen, und sie hätten auch Motive haben können, doch eine gründliche und nüchterne Analyse des historischen Hergangs – wie sie damals ausblieb – führt zu einem ganz anderen Ergebnis. Wäre sie seinerseits bereits erfolgt, hätte sich schnell die Alleintäterschaft van der Lubbes erwiesen.

Aus der leidvollen Vergangenheit und der leidigen Kontroverse hat ein Teil der Forschung bis jetzt leider keine Lehren gezogen. Auch heute noch sträuben sich manche, von liebgewordenen Vorstellungen Abschied zu nehmen und unbestreitbare Fakten zum Reichstagsbrand unbefangen zur Kenntnis zu nehmen. Uneingeweihte und des Streits überdrüssig Gewordene haben zuweilen den irrigen Eindruck, es handle sich bei der Auseinandersetzung um einen „Glaubenskrieg". Wer Mythen zu verfestigen sucht und sich massiver Fälschungen bedient, verstößt gegen die hehren Prinzipien der Wissenschaft. Das ist ein anderes Thema – wenngleich kein leuchtendes Kapitel der deutschen Wissenschaftsgeschichte.

Klaus Meyer

Die große Säuberung.
Stalins Schauprozesse 1936–1938

„Am Anfang starb Genosse Kirow" – unter diesem etwas reißerischen Titel erschien vor einigen Jahren die deutsche Übersetzung eines Buches des englischen Sowjetologen Robert Conquest. Der Titel der englischen Originalausgabe ist seriöser: „The Great Terror". Dem Autor geht es in seinem Buch um einen größeren historischen Zusammenhang, der von der Ermordung Kirows im Dezember 1934 über die drei großen Schauprozesse der Jahre 1936, 1937 und 1938 bis an die Schwelle des Zweiten Weltkrieges reicht. Ein Nachspiel erfolgte 1949; damit erstreckte sich dieser Zusammenhang auch über die Zeit des Weltkrieges hinaus. Für dieses komplexe Phänomen wurde seit langer Zeit der russische Begriff „Säuberung" (čistka) verwendet; in den letzten Jahren spricht man – auch in der Anlehnung an das Buch von Conquest – vom Terror Stalins, und das neuerdings gleichermaßen in West und in Ost.

Im folgenden geht es darum, diesen Zusammenhang näher zu erläutern und – soweit sie greifbar sind – mit Fakten zu füllen. Es ergibt sich bei diesem Versuch, daß der Ausgangspunkt zweifellos in Leningrad zu suchen ist: die Ermordung Kirows. Darüber wäre also als erstes zu berichten. In einem zweiten Schritt werden dann die drei eigentlichen Schauprozesse in Moskau behandelt. Daran anschließend soll versucht werden, für diese Prozesse ein Erklärungsmodell zu finden, jedenfalls, soweit die Vorgänge die Kommunistische Partei der Sowjetunion betreffen. Dem folgt dann eine ergänzende Erörterung über die Säuberung in der Roten Armee, deren Aufklärung bis heute nicht möglich ist. Gleichsam als Epilog muß dann die „Leningrader Affäre" von 1949/50 behandelt werden. Sie beschließt den Zusammenhang, der hier entwickelt werden soll; und sie macht zugleich eine regionale Konfiguration sichtbar, die in Leningrad ihren Ausgang nahm, dann in Moskau zu den Höhepunkten führte und schließlich – nach dem Zweiten Weltkrieg – wieder an ihren Ausgangspunkt in Leningrad zurückkehrte.

Der Mord an Kirow

Der Ausgangspunkt: „Am Anfang starb Genosse Kirow". Wer war Kirow? Kirow wurde als Sergej Mironowitsch Kostrikow 1886 in Südrußland geboren. Bereits 1904, also noch vor der Revolution von 1905, trat er der Kommunistischen Partei Rußlands bei, die damals allerdings noch Sozialdemokratische Arbeiterpartei Rußlands hieß. In der Partei absolvierte Kirow eine wahre Bilderbuchkarriere. Während des Bürgerkriegs, nach der Oktoberrevolution von 1917, hatte er im Kaukasus für „Ordnung" gesorgt; in Baku steht noch heute sein Denkmal. Der Durchbruch kam 1926, als Kirow zum Parteisekretär von Leningrad ernannt wurde, übrigens als Nachfolger von Grigorij Sinowjew, über den noch zu berichten sein wird. Kirow bekleidete damit eine der wichtigsten Positionen der Kommunistischen Partei der Sowjetunion überhaupt; nach der politischen Führung, die in Moskau saß, bildete Leningrad die wichtigste Parteiorganisation im Lande. Als deren Erster Sekretär war Kirow ein natürlicher Rivale Stalins. Es kam hinzu, daß er redegewandt war und sich einer großen Popularität bei den Massen erfreute. Noch viele Jahre nach seiner Ermordung und vor allem während der Blockade Leningrads im Zweiten Weltkrieg wurde seine legendäre Gestalt immer wieder beschworen; bis heute hat er nichts an Popularität eingebüßt.

Kirows Ermordung am 1. Dezember 1934 gab schon den Zeitgenossen viele Rätsel auf. Zwar wurde der Attentäter, Leonid Nikolajew, noch vor dem Dienstzimmer Kirows im Smolnyj gefaßt, doch gab es eine ganze Reihe merkwürdiger Umstände, die niemals geklärt werden konnten. So war gerade zur Zeit des Mordes Kirows Leibwächter nicht zur Stelle; er wurde überdies bald darauf in einen Verkehrsunfall verwickelt, den er nicht überlebte. Andere Unstimmigkeiten, die auch die Person Nikolajews betrafen, traten hinzu. Stalin, der noch am gleichen Abend des 1. Dezember nach Leningrad geeilt war, setzte sofort eine Untersuchungskommission ein, die von seinem Vertrauten Andrej Shdanow geleitet wurde. Zugleich wurde Shdanow der Nachfolger Kirows auf dem Posten des Ersten Parteisekretärs von Leningrad. Der Mord an Kirow wurde in nichtöffentlicher Sitzung verhandelt, Nikolajew zum Tode verurteilt. Die Anklage warf Nikolajew vor, er habe im Auftrag einer im Ausland bestehenden Gruppe, dem „Vereinigten Zentrum", gehandelt. In diesem Zusammenhang fiel auch der Name Trotzkij. Ein weiterer Kreis von Verschwörern oder Mittätern im Sinne der Anklage wurde in die Verhandlung einbezogen, so erhielten die beiden Altbolschewiki Sinowjew und Lew Kamenew – beide bereits entmachtet – Gefängnisstrafen. Über diese Verhandlung hinaus nahm der neue Leningrader Parteisekretär Shdanow den Kirow-Mord zum Anlaß, in der Stadt eine blutige „Säuberung" durchzuführen, die sich bis in das Jahr 1935 erstreckte. Es war das Vorspiel zu der „Großen Säuberung", die bald das ganze Land erfassen sollte.

Auch das Gerichtsverfahren gegen Nikolajew und andere war ein Prolog für die späteren Schauprozesse. Mitwisserschaft oder gar Beteiligung an der Ermordung Kirows war dann ein genauso schwerer Vorwurf wie die Zugehörigkeit zu einem „Zentrum", welches die Anklage konstruiert hatte. Die Verbindung zum Ausland, die damit in Zusammenhang stand, gab der Anklage schon 1934 die Möglichkeit, die Angeklagten wegen Vaterlandsverrat oder Spionage zu verdächtigen. Auf beide Tatbestände stand die Todesstrafe.

In der Geschichtsschreibung über die Stalinzeit steht heute fest, daß der Mord an Kirow mindestens mit Billigung, wenn nicht gar auf Befehl Stalins erfolgte. Auch in dieser Hinsicht wurde eine Art Muster für die späteren Schauprozesse vorgezeichnet: Die Beseitigung eines möglichen oder wirklichen Rivalen Stalins. Das erste Opfer war Kirow.

Die drei Schauprozesse

Stalin scheint mehr als ein Jahr gebraucht zu haben, bis es so weit war, daß die Schauprozesse öffentlich in Szene gesetzt werden konnten. Es fanden drei Prozesse statt, in denen sich insgesamt 54 Personen zu verantworten hatten. Im einzelnen handelt es sich um den „Prozeß über die Strafsache des trotzkistisch-sino-wjewistischen terroristischen Zentrums", der von dem 19. bis zum 24. August 1936 stattfand. Insgesamt 16 Personen wurden angeklagt, daher spricht man vereinfacht auch von dem „Prozeß der 16". Zu den prominentesten Angeklagten gehörten Sino-wjew und Kamenew. Knapp fünf Monate später, vom 23. bis zum 30. Januar 1937, kam es zu dem „Prozeß der 17". Verhandelt wurde über die „Strafsache des sowjetfeindlichen trotzkistischen Zentrums". Prominentester Angeklagter war Karl Radek, der unter Lenin eine glänzende Karriere gemacht und vor allem in der Internationalen gewirkt hatte. Mehr als ein Jahr verging, bevor vom 2. bis zum 13. März 1938 der dritte und letzte Schauprozeß ablaufen konnte, der „Prozeß der 21". Gegenstand war die „Strafsache des antisowjetischen ‚Blocks der Rechten und Trotzkisten'", wie es amtlich hieß. Zu den bekanntesten Angeklagten gehörten Nikolaj Bucharin, als glänzender Theoretiker schon früher ein Gegenspieler Stalins, und Genrich Jagoda, der von 1934 bis 1936 Volkskommissar des NKWD gewesen war und nun selbst auf der Anklagebank saß.

Alle drei Prozesse liefen nach dem gleichen Schema ab. Sie fanden statt in Moskau im Haus der Gewerkschaften, das vor 1917 Treffpunkt des Moskauer Adels gewesen war. Für die Prozeßführung hatte man nicht den großen Säulensaal gewählt, in dem 1924 Lenins Leichnam aufgebahrt worden war, sondern einen kleineren Raum, der fast intim wirkte. Er bot einer ausgewählten Öffentlichkeit Platz, die aus Diplomaten und Journalisten auch aus dem Ausland bestand.

Unmittelbar nach jedem der drei Prozesse erschienen in Moskau die vollständigen stenographischen Berichte der Verhandlungen in mehreren Sprachen, darunter auch in deutsch, in Buchform. Die Lektüre dieser Prozeßberichte gestattet es, das einheitliche Verfahren verhältnismäßig gut zu rekonstruieren. Das betrifft freilich ausschließlich die öffentliche Verhandlung. Über die Voruntersuchungen, die relativ umfangreich und sicher auch langwierig gewesen sein mögen, ist ebensowenig in die Öffentlichkeit gedrungen wie über das, was sich zwischen den einzelnen Sitzungen „hinter den Kulissen" abspielte. Für einen umfassenden Interpretationsversuch muß daher diese eingeschränkte Quellenlage berücksichtigt werden.

Von nicht geringer Bedeutung war, daß die Durchführung der Prozesse der Zivilgerichtsbarkeit entzogen und dem Militärkollegium des Obersten Gerichtshofes der UdSSR übertragen worden war. Als Vorsitzender des Kollegiums und zugleich als Vorsitzender des Gerichts fungierte W. W. Ulrich, in der deutschen Fassung der Prozeßberichte als „Armee-Militärjurist" bezeichnet. In viel stärkerem Maße profilierte sich in den Prozessen der Generalstaatsanwalt der UdSSR, in den Protokollen „Staatlicher Ankläger" genannt, Andrej Januarjewitsch Wyschinskij. Der gelernte Jurist war gleichzeitig Rektor der Staatsuniversität Moskau; seine spätere Karriere führt über die Leitung des sowjetischen Außenministeriums (1949–1953) bis in die UNO, wo er in seinem letzten Lebensjahr als Vertreter der UdSSR im Weltsicherheitsrat wirkte.

Aber auch unter der Federführung des Militärkollegiums liefen die Prozesse nach einer formal gesicherten Struktur ab, deren Wirkung zumal auf die ausländischen Beobachter ganz beträchtlich war. Für das Schema des Prozeßverlaufs soll im folgenden der mittlere „Prozeß der 17" aus dem Jahre 1937 als Beispiel dienen.

Als Eröffnung werden vom Vorsitzenden die Anklagepunkte verlesen. Sie lauten in diesem Falle auf Vaterlandsverrat, Spionage, Diversionsakte und Vorbereitung von Terrorakten gegen Regierungsmitglieder von einem „Zentrum" aus. Die Angeklagten bestätigen, daß ihnen die Anklageschrift ausgehändigt wurde, und werden sodann von dem Vorsitzenden einzeln befragt, ob ein Verteidiger gewünscht wird. Im Prozeß von 1937 antworten alle Angeklagten mit „Nein" – Ausnahmen gab es in den anderen Prozessen.

Es folgt die formale Rechtsmittelbelehrung über die Rechte der Angeklagten (z. B. das Recht, Fragen zu stellen). Dann wird die Anklageschrift durch den Gerichtssekretär verlesen. Darin wird ausdrücklich Bezug genommen auf den Schauprozeß vom August 1936, der sich gegen das „vereinigte trotzkistisch-sinowjewistische terroristische Zentrum" gerichtet hatte, und den Angeklagten wird vorgeworfen, ein „trotzkistisches Parallelzentrum" gebildet zu haben mit dem Ziel, die Sowjetregierung gewaltsam zu stürzen. Die Verbindung zu Trotzkij, der im fernen Mexiko einen unaufhörlichen publizistischen Kampf gegen Stalin führte, wird dabei ebenso hergestellt wie der behauptete Zusammenhang mit dem Mord an Kirow.

Anschließend wird jeder Angeklagte befragt, ob er sich schuldig fühle. Alle Angeklagten bekennen ihre Schuld. Mit dieser Geständnisfreudigkeit entsteht ein Phänomen, das nicht nur den zeitgenössischen Beobachtern Rätsel über Rätsel aufgab.

Die Einzelverhöre, die jetzt folgten und den größten Teil der Zeit in Anspruch nahmen, verliefen im wesentlichen als Dialog zwischen dem Generalstaatsanwalt Wyschinskij und dem einzelnen Angeklagten. Gelegentlich giff der Vorsitzende ein. Die rigorose Verhörtechnik Wyschinskijs stellte außerordentlich schwere psychische Anforderungen an die Angeklagten. Als Beispiel dafür wird ein Auszug des Verhörs von Karl Radek vom 24. Januar 1937 gewählt.

Wyschinskij: Ich bitte Sie, die Frage zu beantworten, wie Ihre und Trotzkijs Stellungnahme zu einer Niederlage der UdSSR war?

Radek: Wenn Sie mich über die Stellungnahme Trotzkijs fragen, so habe ich darauf bereits geantwortet. Wenn Sie mich über mich befragen, Bürger Staatsanwalt, so muß ich sagen, daß ich, insofern es sich um die Feststellung juridischer Tatsachen handelt, Antwort geben muß. Insofern es sich um meine Gefühle und meine Ethik handelt, die auf meine Handlungen keinen Einfluß hatten...

Wyschinskij: Nicht Gefühle interessieren mich, sondern Tatsachen.

Radek: Die Tatsache, daß ich das Mandat Trotzkijs gegengezeichnet habe...

Wyschinskij: Es handelt sich nicht darum, daß Sie Trotzkijs Mandat gegenzeichneten, ich befasse mich mit der Tatsache. Der Brief, den Sie im April 1934 von Trotzkij erhalten haben, – in diesem Briefe war vom Krieg die Rede, davon, daß dieser Krieg unausbleiblich ist, daß die UdSSR in diesem Kriege – der Meinung Trotzkijs nach – eine Niederlage erleiden wird, daß im Ergebnis dieses Krieges und der Niederlage der Block an die Macht gelangen wird. Also frage ich jetzt: Waren Sie unter diesen Umständen für die Niederlage der UdSSR oder für den Sieg der UdSSR?

Radek: Damals hielt ich die Niederlage für unausbleiblich und meinte, daß im Falle einer Niederlage wir an die Macht gelangen würden. Wenn Sie mich über meine Wünsche fragen...

Wyschinskij: Waren Sie aber für eine Niederlage oder für den Sieg der UdSSR?

Radek: Alle meine Handlungen in diesen Jahren beweisen, daß ich die Niederlage gefördert habe.

Wyschinskij: Diese Ihre Handlungen waren bewußt?

Radek: Ich habe in meinem ganzen Leben – außer im Traum – nie unbewußte Handlungen begangen.

Wyschinskij: Und das war leider kein Traum?

Radek: Das war leider kein Traum.

Wyschinskij: Das war Wirklichkeit?

Radek: Das war traurige Wirklichkeit.

Wyschinskij: Ja, für Sie eine traurige Wirklichkeit. Haben Sie mit den Mitgliedern des Zentrums über Defaitismus gesprochen? Folglich können wir es so formulieren, daß die Frage der Niederlage für Sie eine aktuelle Frage war.

Radek: Die Frage der Niederlage war damals für uns eine aktuelle Frage.

Wyschinskij: Das war im April 1934?

Radek: Ja.

Wyschinskij: Und darüber haben Sie mit anderen Mitgliedern des Zentrums gesprochen?

Radek: Wenn Sie fragen, ob wir von der Stellungnahme zur

Niederlage gesprochen haben, so muß ich zur Definierung der Situation sagen: mit Sokolnikow hatten wir in diesem Aspekt überhaupt keinen Meinungsaustausch. Ich teilte ihm die Direktive mit und fragte ihn nach der konkreten Tatsache über...

Vorsitzender: Angeklagter Radek, Sie provozieren uns?

Radek: Ich provoziere Sie nicht, und so etwas wird nicht mehr vorkommen.

Wyschinskij: Ein derartiges Benehmen des Angeklagten versetzt mich im Verlaufe des Verhörs in eine sehr schwierige Lage...

Vorsitzender: Ganz richtig.

Wyschinskij: ...Ich befürchte, daß Radek auch weiterhin derartige Ausfälle wiederholt und daß ich somit der Möglichkeit beraubt werde, über dieses Thema Fragen zu stellen. Sie sind in der Politik ein genügend gewandter Mensch, um zu verstehen, daß, wenn das Gericht über gewisse Dinge zu sprechen untersagt, so muß das als Forderung des Gesetzes akzeptiert werden.

Radek: Ich bitte vielmals um Entschuldigung, es wird nicht mehr vorkommen.

Vorsitzender: Ich bin der Ansicht, daß, wenn Radek etwas ähnliches wiederholt, diese Frage bis zur geschlossenen Sitzung aufgeschoben werden muß.

Radek: Ich wiederhole, es wird nicht mehr vorkommen.

Wyschinskij: Ich ersuche Sie, sich an die Tatsachen zu halten, dann wird es Ihnen leichter fallen das durchzuführen.

Es braucht nicht betont zu werden, daß das Verhalten der Angeklagten sehr unterschiedlich war; es hing von ihrer physischen Konstitution und vom Widerstandsvermögen ab. Im Prozeßverlauf schloß sich an die – oft langwierigen – Verhöre die Schlußrede des Generalstaatsanwalts an. Mit seinem Schlußplädoyer fiel Wyschinskij jedesmal aus der Rolle des kühlen Anklägers. So forderte er z. B. im ersten Schauprozeß, „daß diese tollgewordenen Hunde allesamt erschossen werden!". Darauf erhielt jeder einzelne Angeklagte die Gelegenheit zu einem

Schlußwort, das in vielen Fällen aus selbstkritischen Schilderungen bestand. Viele Schlußworte erinnerten an die Geständnisfreudigkeit der Angeklagten schon während der Verhöre. Andere, so wie etwa Bucharins ausführliches Schlußwort im Prozeß von 1938, setzten sich theoretisch mit ihrer Position der KPdSU gegenüber auseinander, die sie als letztlich übergeordnete Instanz anerkannten. Das könnte zugleich eine Selbstbezichtigung in sich schließen.

Nach den Schlußworten der Angeklagten verlas der Vorsitzende die Urteile. Sie deckten sich, so im Prozeß von 1937, im wesentlichen mit zu Beginn des Prozesses erhobenen Anschuldigungen, die von der Anklage sorgfältig zusammengetragen worden waren: Bildung oder Duldung sowjetfeindlicher Zentren; Landesverrat; Spionage; Diversionstätigkeit; aktive Vorbereitung oder passive Kenntnis geplanter terroristischer Anschläge gegen die Sowjetregierung oder gegen einzelne Sowjetführer. Das Strafmaß ließ sich demnach gleichsam beliebig festsetzen, wurde jedoch aus formalen Gründen bei einigen Angeklagten variiert.

Im ersten Schauprozeß wurden alle 16 Angeklagten, darunter Sinowjew und Kamenew, zum Tode durch Erschießen verurteilt. 1937 wurde von 17 Angeklagten für 13 auf die Todesstrafe erkannt; drei Angeklagte, darunter Karl Radek, wurden zu je zehn Jahren Gefängnis und einer schließlich zu acht Jahren Gefängnis verurteilt. Der dritte Schauprozeß endete für 18 Angeklagte, darunter auch Bucharin und Jagoda, mit dem Todesurteil, für die übrigen drei Angeklagten mit Gefängnisstrafen von 25, 20 und 15 Jahren. Niemand verließ als Unschuldiger den Gerichtssaal.

Auch diese differenzierten Urteile verfehlten, wie die gesamte Prozeßführung, ihren Eindruck auf die ausländischen Beobachter nicht. Dennoch mußte jedem klar sein, daß die hohen Gefängnisstrafen unter den Bedingungen der dreißiger Jahre einem Todesurteil gleichkamen; Radek gilt z. B. seit der Urteilsverkündung als verschollen.

Es sind oft darüber Vermutungen angestellt worden, ob der NKWD, dem die Geheimpolizei unterstand, auch die physische

Folter angewendet hat, um die Angeklagten schon während der Prozeßvorbereitungen zur Geständnisfreudigkeit zu bringen. Exakte Beweise fehlen; doch muß bedacht werden, daß der NKWD schon seit langem Verhörmethoden entwickelt hatte, die einer physischen Folter gleichkamen, von den psychischen Belastungen ganz zu schweigen. Es scheint auch die Sippenhaft angedroht worden zu sein. Viele dieser Einzelheiten entziehen sich bis heute der allgemeinen Kenntnis und harren noch der Aufklärung, wenn diese überhaupt noch möglich ist. Auch innerhalb der Sowjetunion ist die Aufarbeitung der Schauprozesse noch längst nicht abgeschlossen. Als ein wichtiger Schritt kann die Tatsache gelten, daß im Februar 1988 die Urteile aus dem dritten Schauprozeß von 1938 durch den Obersten Gerichtshof der UdSSR offiziell annulliert worden sind.

Zieht man eine Zwischenbilanz, so gilt die Feststellung, daß sich Stalin durch diese drei Schauprozesse aller möglichen oder wirklichen Rivalen in der Partei entledigt hat. Dazu gehörten in erster Linie die Altbolschewiki Sinowjew und Kamenew, die allerdings 1936 schon praktisch entmachtet waren, genauso wie Radek oder schließlich auch Bucharin, den Lenin als „Liebling der Partei" bezeichnet hatte. In diesem Zusammenhang ist zu bedenken, daß die 54 angeklagten und verurteilten Parteimitglieder nur die Spitze eines Eisbergs darstellten. Es waren prominente und bekannte Mitglieder der Partei, die allerdings mit Stalins politischem Kurs nicht immer einverstanden waren. Andere, die sich vielleicht besser anpassen konnten, blieben verschont, wie etwa Molotow.

Unter der Oberfläche dieser drei öffentlich geführten Schauprozesse wütete gleichzeitig ein Massenterror, der sich gegen Tausende und Abertausende von Parteigenossen richtete und schließlich millionenfache Opfer forderte. Hier wurde auf die Öffentlichkeit verzichtet, ja nicht einmal zum Schein auf Rechtsfiguren eingegangen. Die Errichtung von riesigen Arbeitslagern, die im Hohen Norden und im Fernen Osten der Sowjetunion entstanden, gehören in diesen Zusammenhang. Jagoda hatte als NKWD-Chef wesentlich zur Errichtung dieser Massenlager beigetragen, deren Konzentration zum Bau des

Weißmeerkanals – den mehrere hunderttausend Strafgefangene ausführten – nur ein besonders bekanntes Beispiel ist. Sein Nachfolger Jeshow stand ihm an Brutalität in nichts nach; nach seinem Schreckensregiment spricht man für die Zeit der Säuberungen von der „Jeshowschtschina". Jagoda, zunächst Organisator des Terrors, wurde 1938 dessen Opfer.

Es kann also festgehalten werden, daß sich Säuberung und Terror zunächst gegen die Mitglieder der Partei richteten. Das betraf nicht nur die höchste Ebene, sondern auch die mittleren Parteikader und die einfachen Mitglieder an der Basis. Die Opfer lassen sich allerdings für die Parteispitze genauer belegen. So waren von 140 ZK-Mitgliedern, die auf dem XVII. Kongreß der KPdSU im Februar 1934 vertreten waren, drei Jahre später nur ein Zehntel, nämlich 15, noch auf freiem Fuße.

Einen Hinweis verdient schließlich noch der außenpolitische Aspekt der Säuberungen. Seit den zwanziger Jahren war die Sowjetunion bestrebt, in den Kreis der europäischen Staaten zurückzukehren. Die Sowjetunion war seit 1934 immerhin Mitglied des Völkerbundes. Der Prozeß von 1938 fiel zeitlich mit der europäischen Tschechenkrise zusammen. Vielleicht waren auch diese Ereignisse Anlaß, die Schauprozesse öffentlich zu machen und äußerlich einwandfrei zu führen.

Bleibt noch nachzutragen, daß der vorläufig letzte Akt dieser Tragödie nicht in der UdSSR oder in Europa, sondern in Mexiko gespielt wurde. Im Sommer 1940 erreichte Stalins langer Arm den Erzrivalen Trotzkij endgültig. Die Hauptphase der Säuberung war abgeschlossen.

Stalins Machtanspruch

Es hat seit den dreißiger Jahren bis heute nicht an Deutungsversuchen von Schauprozessen und Terror gefehlt; ganz zu befriedigen vermögen sie alle nicht. Häufig wurde auf die Persönlichkeitsstruktur Stalins aufmerksam gemacht. Ihm wurden krankhafter Verfolgungswahn, auch paranoische Züge zugeschrieben. Aber ob dieses Erklärungsmodell befriedigen kann?

Der Schlüssel liegt vielleicht anderswo. Eine andere Interpretation, die hier versucht wird, geht zunächst davon aus, daß Säuberung und Partei sehr eng zusammenhingen. Stalin hatte schon früh – und gegen Trotzkij – sein Programm vom „Aufbau des Sozialismus in einem Lande" entwickelt. Dafür benötigte er als Organisationsinstrument einen bestimmten Typus von Partei, der nun allerdings von dem realen Erscheinungsbild der KPdSU Anfang der dreißiger Jahre erheblich abwich. Immer noch herrschten hier theoretische Diskussionen von prominenten Mitgliedern vor, die für die Durchsetzung einer konsequenten Politik nicht hilfreich sein konnten. Eine erneuerte oder gar neue Partei mußte einem anderen Profil entsprechen. Sie sollte sich zusammensetzen aus möglichst jungen, Stalin und dem Sowjetstaat bedingungslos ergebenen Mitgliedern, die ungefragt und unter hohen Entbehrungen jede auch noch so schwierige Aufgabe, die ihnen die Partei stellte, übernahmen. Die Masse der Arbeiter in den Städten, die an solchen Großprojekten wie an dem Bau der Untergrundbahn in Moskau arbeiteten, bildeten das eine Reservoir für diese neue Generation. Dazu kamen aber auch junge Leute aus den Dörfern, die nicht selten wegen der Kollektivierung in die Stadt gekommen waren, übrigens in einer großen Erwartungshaltung. Politisches Wohlverhalten vorausgesetzt, konnte die Partei dieser großen Gruppe nicht nur Aufgaben stellen, sondern auch Karrieremöglichkeiten erschließen, die sozialen Aufstieg, politischen Einfluß und schließlich nicht unbeträchtliche Privilegien verhießen. Die Ideologie mag in diesem Zusammenhang nur eine untergeordnete Rolle gespielt haben; nach Demokratie wurde schon gar nicht gefragt. Eine neue Identifikationsmöglichkeit war schließlich auch durch den wiedererweckten Sowjetpatriotismus gegeben, der eine hohe emotionale Qualität bewies. Kann es nicht sein, daß Stalin diese neue Partei aufbauen wollte, um seine Ziele zu erreichen, und auch darum seine Widersacher, wenn auch mit brutalen Mitteln, verstieß?

Eine weitere Überlegung mag angestellt werden. Diese „neue" Partei Stalins war zugleich die Kommunistische Partei, die dem Überfall der Deutschen Wehrmacht gegen die Sowjetunion erbitterten Widerstand leistete, sei es durch die Einrichtung der Politischen Kommissare bei der Truppe, sei es durch die Organisation von Partisanenverbänden oder durch die Mobilisierung des Hinterlandes. Wenn es auch einzelne Einbrüche gab – so z. B. im November 1941, als die Truppen der Deutschen Wehrmacht unmittelbar vor Moskau standen und unter der Bevölkerung eine Panik ausbrach, die selbst die Partei nicht mehr steuern konnte –, konnte sich Stalin doch während des Krieges im großen und ganzen auf seine neugeschaffene Partei stützen, die aus den Säuberungen hervorgegangen war.

Die Säuberung der Armee

Ein solcher Deutungsversuch wird allerdings stark eingeschränkt, wenn man berücksichtigt, daß sich die Säuberung keinesfalls nur auf die Partei erstreckte. Auch andere Bevölkerungsgruppen waren betroffen: die Intelligenz, Künstler und Wissenschaftler. Doch ein weiterer Schritt schien die letzte Konsequenz des Terrors anzuzeigen: Im Jahre 1937 griff die Säuberung auf die Rote Armee über. Um das Ergebnis vorwegzunehmen: Am Ende der dreißiger Jahre war das militärische Potential der Sowjetunion derart geschwächt, daß es dem Angriff der Deutschen Wehrmacht im Juni 1941 nicht widerstehen konnte. Stalins Säuberungen hatten die Rote Armee regelrecht dezimiert; eine wirksame Verteidigung des Landes erschien nicht mehr gegeben.

Die Schlüsselfigur für die Säuberung der Roten Armee war zweifellos Marschall Tuchatschewskij. Wer war Tuchatschewskij? Michail Nikolajewitsch Tuchatschewskij, geboren 1893, hatte in der Armee eine ähnliche Bilderbuchkarriere durchlaufen wie Kirow in der Partei. Im Ersten Weltkrieg hatte er als Fähnrich in der kaiserlichen Armee gedient, war von 1915 bis 1917 in deutscher Kriegsgefangenschaft und trat nach der Oktoberrevolution im Jahre 1918 in die neugebildete Rote Armee ein. Bereits im Bürgerkrieg nahm er wichtige militärische Führungsposten ein, unter anderem bei der Niederschlagung des Kronstädter Aufstandes von 1921. In den zwanziger Jahren ging sein unaufhaltbarer Aufstieg weiter. 1928 bis 1931 war er Befehlshaber des wichtigen Leningrader Militärbezirks; in der gleichen Zeit, da Kirow die entsprechende Parteiorganisation in Leningrad leitete. 1934, im Jahre des Mordes an Kirow, wird Tuchatscheskij die Stellung eines Stellvertretenden Volkskommissars für Verteidigung übertragen; als Marschall befiehlt er zugleich die Moskauer Garnison. Tuchatschewskij war damals einer von fünf Marschällen der Sowjetunion; er hatte also auch den höchsten militärischen Rang erreicht. Er war in der Bevölkerung bekannt und beliebt; er genoß eine ähnliche Popularität wie Kirow.

Wichtiger noch war Tuchatschewskijs Leistung auf militärtechnischem Gebiet. Durch eine Militärreform modernisierte er die Rote Armee. Im Gegensatz zu den alten Kavalleriehelden des Bürgerkriegs, wie etwa Budjonnyj, baute er auf modernes Gerät. Er führte die Luftwaffe, Fallschirmspringer und vor allem die Panzerwaffe in die Armee ein. Mit dieser Entwicklung hing auch zusammen, daß Tuchatschewskij über viele Auslandskontakte verfügte, die ihm allerdings später zum Verhängnis werden sollten. Die Zusammenarbeit zwischen der deutschen Reichswehr und der Roten Armee muß hier erwähnt werden; zu Manövern hielt sich Tuchatschewskij auch in Deutschland auf.

Im zweiten Schauprozeß von 1937 fiel Tuchatschewskijs Name bei dem Verhör von Radek. Das konnte als Signal aufgefaßt werden. Es dauerte jedoch noch bis zum 11. Juni, bis Tuchatschewskij, gemeinsam mit sieben hohen Militärs, verhaftet wurde. Es erfolgte eine nichtöffentliche Verhandlung vor einem militärischen Sondertribunal des Obersten Gerichtshofes der UdSSR. Den Vorsitz führte der Volkskommissar für Verteidigung, der Marschall Kliment Woroschilow, der Stalin bedingungslos ergeben war. Auch Budjonnyj, ebenfalls Marschall der Sowjetunion, stellte sich dem Gericht zur Verfügung. Beide, Woroschilow und Budjonnyj, haben von insgesamt fünf Marschällen der Sowjetunion die Säuberungen überlebt.

Als Vorsitzender des Militärtribunals machte Woroschilow kurzen Prozeß. Die Anklage lautete auf Unterhalt staatsfeindlicher Beziehungen zu führenden militärischen Kreisen einer ausländischen Macht, deren Politik sich gegen die UdSSR richtete; Arbeit für den Geheimdienst dieser Macht; Sabotage gegen die Kampfkraft der Roten Armee durch Lieferung von Geheiminformationen an die erwähnte ausländische Macht.

Der Prozeßverlauf blieb geheim. Bereits einen Tag später, am 12. Juni 1937, wurden Tuchatschewskij und mit ihm die sieben angeklagten Generale hingerichtet.

Der „Fall Tuchatschewskij" hat bis zum gegenwärtigen Tag zahlreiche Historiker beschäftigt, die um die Aufklärung der Hintergründe bemüht gewesen sind. Zwei Komplexe werden dabei unterschieden: die Beziehungen Tuchatschewskijs zum Ausland und die Möglichkeit, daß er und seine militärische Umgebung einen Staatsstreich gegen Stalin hätten durchführen können.

In der historischen Forschung führt die Spur des ersten Komplexes nach Berlin und Prag. Nicht widerlegt, aber auch nicht erwiesen ist die Version, daß die deutsche Gestapo unter Heydrich in Berlin belastende Papiere bereitgestellt hatte. Diese Materialien sollen dann über Prag dem sowjetischen NKWD zugespielt worden sein. Immer wieder wird angeführt, daß auch der tschechoslowakische Staatspräsident Benesch an dieser Affäre beteiligt war. Im Zuge der Perestrojka ist auch in der Sowjetunion diese Auseinandersetzung neu belebt worden, ohne daß sich bisher überzeugende Ergebnisse gezeigt hätten.

Der zweite Komplex: Ebenso wichtig wie der Verdacht auf verräterische Beziehungen zu sowjetfeindlichen Staaten war die Tatsache, daß Marschall Tuchatschewskij als Befehlshaber der Moskauer Garnison die militärische Macht in der sowjetischen Hauptstadt besaß. War es möglich, daß Tuchatschewskij mit ihm treu ergebenen Generalen in diesem Stadium der Entwicklung einen Militärputsch gegen Stalin plante? Neuere sowjetische Forschungen weisen darauf hin. Sicherlich kann man nicht ausschließen, daß von Tuchatschewskij in seinen Kreisen über einen Aufstand zumindest diskutiert worden ist. Aber solche Überlegungen, selbst wenn sie nur theoretisch angestellt worden sind, mußten im Jahre 1937 buchstäblich tödliche Konsequenzen haben.

Eine weitere Parallele zu den Säuberungen in der Partei läßt sich auch für die Rote Armee ziehen. Erstreckten sich dort die Prozesse nur auf einige prominente Parteimitglieder, so bildete hier der Geheimprozeß gegen Tuchatschewskij und die sieben Generale wiederum nur die Spitze eines Eisbergs. Denn nach der Hinrichtung dieser militärischen Spitzengruppe ergoß sich eine Terrorwelle über die Rote Armee, die den Säuberungsmaßnahmen in der Partei um nichts nachstand. Die Opfer lassen sich am besten innerhalb des Offizierkorps belegen. So starben von den fünf Marschällen drei (außer Tuchatschewskij noch Jegorow und Blücher); 13 von 15 Armeegeneralen; 62 von 85 Korpskommandeuren und 110 von 195 Divisionskommandeuren.

Diese Zahlen erschweren die Annahme, daß es sich um einen Putsch der Roten Armee gegen Stalin gehandelt haben könnte. Sollte die überwiegende Mehrheit des gesamten Offizierskorps in diese Pläne verwickelt worden sein? Die umfangreichen Säuberungen in der Roten Armee mußten einen anderen, tieferen Grund haben. Aber an ihrem Ende stand nicht, wie bei den Säuberungen in der Partei, eine „neue", Stalin ergebene Armee, sondern eine desolate militärische Organisation, die von der Deutschen Wehrmacht überrannt wurde. Im Sommer 1941 mußte Stalin die bitteren Lehren seines Handelns ziehen. – Ein Deutungsversuch, wie er hier im Hinblick auf die Partei versucht wurde, macht in bezug auf die Rote Armee keinen Sinn mehr. Jede Interpretation stößt in diesem Fall auf ihre Grenzen.

Leningrad 1949

Es bleibt noch, gleichsam als Epilog, die „Leningrader Affäre" kurz zu beschreiben. Es war der letzte Akt der Säuberungen. Hatten diese mit der Ermordung Kirows 1934 in Leningrad ihren Ausgangspunkt genommen, so kehrten sie nun, nach den Höhepunkten in Moskau, anderthalb Jahrzehnte später wieder in die Stadt an der Newa zurück.

Es ging um den alten Gegensatz zwischen der Zentrale Moskau und Leningrad, das als St. Petersburg zwei Jahrhunderte lang Hauptstadt des russischen Reiches gewesen war. Jetzt hatte sich die Stadt dadurch eine Sonderstellung erworben, daß sie im Zweiten Weltkrieg 900 Tage lang der Blockade durch die Deutsche Wehrmacht getrotzt hatte. Konnte die Erinnerung daran die Zentralmacht in Moskau gefährden? Jedenfalls erfolgte, von Moskau aus gesteuert, im Jahre 1949 ein Strafgericht, das nicht nur die Erinnerung auslöschen sollte, sondern auch alle führenden Männer aus der Blockadezeit betraf. Es sind über hundert Personen gewesen, die – ohne Gerichtsverfahren und ganz geheim – einfach verschwanden, darunter der Parteisekretär Kusnezow, der Bürgermeister Popkow und der Rektor der Leningrader Staatsuniversität, A. A. Wosnesenskij. Der Organisator der Verteidigung Leningrads im Kriege, der damalige Parteisekretär Shdanow, war, jetzt in Moskau, bereits 1948 verstorben. Seine Leningrader Mitarbeiter aus der Kriegszeit wurden ebenfalls Opfer der Leningrader Affäre.

Es war einer der letzten Schläge Stalins; die Säuberungen hatten ihren grausigen Abschluß gefunden. Im Gegensatz zu den großen Schauprozessen der dreißiger Jahre liegen die Einzelheiten der Leningrader Affäre noch tiefer im dunklen. Chruschtschow ist im Zuge seiner Entstalinisierung kurz darauf eingegangen, und Gorbatschow hat sie ebenfalls erwähnt, ohne jedoch nähere Einzelheiten mitzuteilen. Aber bestimmt wird auch die Wahrheit dieser Säuberungsaktion eines Tages ans Licht kommen.

Alfred-Maurice de Zayas

Der Nürnberger Prozeß vor dem internationalen Militär-Tribunal (1945–1946)

Am 18. Oktober 1945 um 10.30 Uhr wurde in Berlin, im großen Sitzungssaal des Gebäudes des alliierten Kontrollrats an der Potsdamerstraße, die Eröffnungssitzung des Internationalen Militärgerichtshofs abgehalten. Beinahe wäre Berlin Tagungsort des Tribunals gewesen, dem Wunsch des sowjetischen Richters entsprechend. Jedoch begann einen Monat später – am Dienstag den 20. November 1945 um 10.00 Uhr – nicht in Berlin, sondern in Nürnberg der bekannteste Strafprozeß der Geschichte: Die Vereinigten Staaten von Amerika, die Französische Republik, das Vereinigte Königreich von Großbritannien und Nordirland und die Union der Sozialistischen Sowjet-Republiken gegen Hermann Wilhelm Göring und 21 andere Größen des besiegten Deutschland. Noch umfangreicher und länger als der Nürnberger Prozeß war der Prozeß von Tokio vor dem International Military Tribunal for the Far East. Auf ihn wird später kurz eingegangen.

Am 1. Oktober 1946, nach mehr als zehnmonatigen Verhandlungen, erging das Urteil im Nürnberger Prozeß. In den frühen Morgenstunden des 16. Oktober 1946 wurden zehn der Todesurteile vollstreckt. Göring entzog sich der Strafe durch Selbstmord in der Nacht vor der geplanten Hinrichtung. Martin Bormann, Leiter der Parteikanzlei und „Sekretär des Führers", konnte nur *in absentia* zum Tode verurteilt werden, denn er war und blieb unauffindbar. Wahrscheinlich ist er bereits am 1. oder 2. Mai 1945 beim Versuch, das eingekesselte Berlin zu verlassen, umgekommen. Robert Ley, der Führer der Deutschen Arbeitsfront, wäre vermutlich auch zum Tode verurteilt worden. Jedoch verübte er am 25. Oktober 1945, noch vor Prozeßbeginn, Selbstmord in seiner Nürnberger Zelle.

Die Siegermächte hatten im Laufe des Krieges die Absicht geäußert, Hitler, Mussolini, Himmler, Goebbels u. a. vor Gericht zu stellen. Diese lebten jedoch im Sommer 1945 nicht mehr. Wer sollte also angeklagt werden? Neben den bereits genannten Göring, Bormann und Ley, wurden angeklagt: Karl Dönitz (Oberbefehlshaber der Kriegsmarine und Nachfolger Hitlers im Amt des Staatsoberhaupts), Hans Frank (Generalgouverneur von Polen), Wilhelm Frick (Reichsinnenminister), Hans Fritzsche (Chefkommentator des Rundfunks), Walther Funk (Reichswirtschaftsminister und Reichsbankpräsident), Rudolf Hess (bis zu seinem England-Flug im Mai 1941 Stellvertreter Hitlers als Parteivorsitzender), Alfred Jodl (Chef des Wehrmacht-Führungsstabes), Ernst Kaltenbrunner (Chef des Reichssicherheitshauptamtes seit dem Tod Reinhard Heydrichs 1942), Wilhelm Keitel (Chef des Oberkommandos der Wehrmacht), Konstantin von Neurath (Reichsaußenminister bis 1938, später Reichsprotektor von Böhmen und Mähren), Franz von Papen (Vizekanzler bis 1934), Erich Raeder (Oberbefehlshaber der Kriegsmarine bis 1943), Joachim von Ribbentrop (Reichsaußenminister 1938–1945), Alfred Rosenberg (Parteiideologe, Reichsminister für die besetzten Ostgebiete), Fritz Sauckel (Generalbevollmächtigter für den Arbeitseinsatz), Hjalmar Schacht (Reichswirtschaftsminister bis 1937, Reichsbankpräsident bis 1939), Baldur von Schirach (Reichsjugendführer und Gauleiter von Wien), Arthur Seyss-Inquart (Reichskommissar der Niederlande), Albert Speer (Rüstungsminister) und Julius Streicher (Gauleiter von Franken und Herausgeber des Hetzblattes »Der Stürmer«). Ursprünglich mitangeklagt war auch Gustav Krupp von Bohlen und Halbach, der 75jährige ehemalige Chef des Krupp-Konzerns. Er wurde jedoch im Hinblick auf eine Lähmung infolge eines 1942 erlittenen Schlaganfalles für vernehmungs- und verhandlungsunfähig befunden.

Die Todesurteile wurden an Frank, Frick, Jodl, Kaltenbrunner, Keitel, Ribbentrop, Rosenberg, Sauckel, Seyss-Inquart und Streicher vollstreckt. Zu lebenslänglicher Freiheitsstrafe wurden Hess, Funk und Raeder verurteilt; Raeder durfte 1955 und -

Funk 1957 aus gesundheitlichen Gründen das Spandauer Gefängnis verlassen. Zu 20 Jahren Gefängnis wurden Schirach und Speer verurteilt, zu 15 Jahren v. Neurath, zu 10 Jahren Dönitz. Freigesprochen wurden Fritzsche, von Papen und Schacht. Gegen die Freisprüche verfaßte das sowjetische Mitglied des Gerichtshofes ein abweichendes Votum, in welchem er sich für einen Schuldspruch aussprach.

Nicht nur Einzelpersonen, sondern auch Gruppen und Organisationen wurden angeklagt: die Reichsregierung, d. h. das Reichskabinett, das Korps der politischen Leiter der Nationalsozialistischen Deutschen Arbeiterpartei (NSDAP), die Schutzstaffel (SS) der NSDAP, einschließlich des Sicherheitsdienstes (SD), die Geheime Staatspolizei (Gestapo), die Sturmabteilungen (SA) der NSDAP sowie der Generalstab und das Oberkommando der Deutschen Wehrmacht (OKW). Nach dem Urteilsspruch wurden die SS, SD, die Gestapo und das Korps der politischen Leiter der NSDAP zu verbrecherischen Organiationen erklärt, nicht aber das Reichskabinett, die SA oder der Generalstab und das OKW. Im Falle der SS und Gestapo hätte eine andere Entscheidung merkwürdig angemutet – hatten doch die Alliierten diese in den Erklärungen von Moskau und Jalta bereits als verbrecherisch bezeichnet.

Vorgeschichte

Die Vorgeschichte der Nürnberger Prozesse beginnt bereits nach dem Ersten Weltkrieg, als die Entente-Mächte die Auslieferung von rund 900 Persönlichkeiten zur Aburteilung wegen Kriegsverbrechen verlangten. An der Spitze der Listen standen Kaiser Wilhelm II., Reichskanzler v. Bethmann Hollweg, Großadmiral v. Tirpitz, Admiral Scheer, Feldmarschall v. Hindenburg und General Ludendorff. Diese sollten sich in einem internationalen Strafprozeß verantworten. Der durch die Weimarer Regierung am 28. Juni 1919 unterzeichnete Versailler Vertrag legte diese Forderung in den Artikeln 227–230 fest. Nur durch energische Proteste gelang es der deutschen Regierung, die Auslieferung zunächst zu verzögern und schließlich die Kriegsverbrecherliste auf 45 Namen zu verringern. Zudem lehnten die Niederlande die Auslieferung des Kaisers ab, und die Alliierten erklärten sich später damit einverstanden, die Prozesse vor dem Reichsgericht in Leipzig durchführen zu lassen. Die Leipziger Prozesse begannen am 23. Mai 1921 und wurden am 16. Juli 1921 abgeschlossen. Einige U-Boot-Offiziere wurden wegen der Versenkung der britischen Lazarettschiffe »Llandovery Castle« und »Dover Castle« und wegen der Beschießung von Schiffbrüchigen verurteilt; wegen Mißhandlung alliierter Kriegsgefangener wurden ebenfalls Haftstrafen ausgesprochen. Zwar beschwerten sich die Siegermächte darüber, daß keine Todesurteile verhängt und einige der Angeklagten freigesprochen worden waren; dennoch schufen die Leipziger Prozesse einen wichtigen Präzedenzfall, wonach Soldaten, die während eines Krieges Verbrechen begehen, nach seiner Beendigung für ihre Taten zur Rechenschaft gezogen werden können. Eine Generalamnestie so wie nach dem Dreißigjährigen Krieg im Frieden von Münster und Osnabrück war keine Selbstverständlichkeit mehr. Auch der Artikel 3 der Vierten Haager Konvention von 1907, wonach nur Staaten für Kriegsrechtsverletzungen ihrer Soldaten hafteten, war überholt. Damit schien das zuvor umstrittene Prinzip der persönlichen Haftung etabliert.

Zwanzig Jahre später, als der Zweite Weltkrieg Europa verwüstete, wurde die Frage der Rechenschaft von Kriegsverbrechern wieder aktuell. Bereits in der Erklärung von St. James vom 13. Januar 1942 bezeichneten die Alliierten »als eines ihrer wichtigsten Kriegsziele die Bestrafung der für die Verbrechen Verantwortlichen, und zwar auf dem Wege der Rechtsprechung, gleichgültig, ob die Betreffenden alleinschuldig oder mitverantwortlich für diese Verbrechen waren, ob sie auf Befehl oder eigenverantwortlich gehandelt haben oder ob sie nur daran beteiligt waren.« Im Oktober 1943 bildeten 17 gegen Deutschland kriegführende Länder die United Nations War Crimes Commission.

Es folgte die Moskauer Erklärung vom 30. Oktober 1943

„betreffend die Verantwortlichkeit der Hitleranhänger für begangene Greueltaten", in welcher die Großmächte keinen Zweifel ließen, daß Strafprozesse stattfinden würden. Allerdings deckten sich die sowjetischen und angelsächsischen Rechtsvorstellungen nicht ganz: Während der Konferenz von Teheran (28. November bis 1. Dezember 1943) verlangte Stalin die summarische Erschießung von 50000 deutschen Offizieren, Politikern und Mitläufern; diese Idee wurde von Churchill energisch abgewiesen (Churchill, The Second World War, Bd. V, Closing the Ring, S. 374). Gegenüber der Forderung, man solle „alle Schuldigen erschießen", war für die Westalliierten jedes gerichtliche Verfahren eine Verbesserung.

Wenige Wochen später eröffnete die Sowjetunion, ohne Mitwirkung der anderen Alliierten, den sogenannten Charkow-Prozeß, den ersten öffentlichen Kriegsverbrecherprozeß gegen Deutsche. Angeklagt wurden drei deutsche Soldaten, die in Stalingrad gefangengenommen worden waren, und die beschuldigt wurden, Morde an der russischen Bevölkerung durch den Einsatz von Vergasungsfahrzeugen begangen zu haben. Der Prozeß begann am 16. Dezember 1943 und endete am 18. Dezember mit Todesurteilen, die am 19. Dezember auf einem öffentlichen Platz in Charkow durch Erhängen vollstreckt wurden. Laut Radio Moskau wohnten 40000 Personen der Hinrichtung bei.

Die Vereinigten Staaten ergriffen demgegenüber die Initiative zur Errichtung eines gemeinsamen Gerichts der Siegermächte. Am 2. Mai 1945 ernannte der neue Präsident der Vereinigten Staaten, Harry Truman, den Richter am Obersten Bundesgericht Robert Jackson zum Bevollmächtigten für die Verhandlungen mit den anderen Großmächten und zum Chef des amerikanischen Anklagestabes. In seinem Bericht an den Präsidenten vom 6. Juni 1945 legte Jackson den Plan für den Nürnberger Hauptprozeß dar und entwickelte bereits im wesentlichen die Anklagepunkte und grundlegenden Rechtsprobleme. Im Punkt VII des Potsdamer Protokolls bekräftigten die Siegermächte ihre Absicht, die deutschen Verbrechen „einer schnellen und sicheren Gerichtsbarkeit zuzuführen. Sie hoffen, daß die Verhandlungen in London zu einer schnellen Vereinbarung führen, die diesem Zwecke dient, und sie betrachten es als eine Angelegenheit von größter Wichtigkeit, daß der Prozeß gegen diese Hauptverbrecher zum frühestmöglichen Zeitpunkt beginnt". Kurz darauf ermöglichte Jackson den Abschluß des Londoner Abkommens vom 8. August 1945, erwählte Nürnberg als Verhandlungsort für den ersten Prozeß, und traf als Chef der Internationalen Anklagebehörde die technischen Vorbereitungen. Dem Londoner Abkommen traten 19 Regierungen bei. Nur zwei Staaten unter den Kriegsgegnern Deutschlands fehlten: Kanada und Südafrika.

Der Prozeß sollte symbolhaft am Ort der prunkvollsten nationalsozialistischen Selbstdarstellung – der Nürnberger Parteitage – stattfinden. In der schwer zerstörten Stadt mit dem vormals schönsten mittelalterlichen Gepräge in ganz Deutschland war ausgerechnet der Justizpalast unversehrt geblieben.

Inhalt und Anwendung des Statuts

Dem Londoner Abkommen war ein Statut für den Gerichtshof mit den wichtigsten Rechtsnormen beigefügt. Es begründete und definierte nicht nur die Kompetenzen des Tribunals, sondern auch das Gesetz, nach welchem über die Verbrechen zu richten war. Auf diese Art und Weise sollte vermieden werden, daß sich die Angeklagten auf das Völkerrecht beriefen und die Anklage dadurch in eine zeitraubende Debatte über die Auslegung des Völkerstrafrechts verwickelten.

Nach Artikel 2 des Statuts bestand der Gerichtshof aus vier Richtern, die von den vier Großmächten ernannt wurden. Drei von ihnen waren Zivilisten. Nur das sowjetische Mitglied gehörte dem Militär an. Zum Vorsitzenden wurde das britische Mitglied Lord Justice Geoffrey Lawrence gewählt. Die übrigen Mitglieder waren Justizminister Francis Biddle für die Vereinigten Staaten, der Professor des Strafrechts an der Universität Paris, H. Donnedieu de Vabres, für Frankreich und Generalmajor I. T. Nikitchenko für die Sowjetunion. Obwohl der Gerichtshof sich selbst als ein völkerrechtliches Gericht verstand, war er in Wirklichkeit ein interalliiertes Besatzungsgericht, da Deutschland der Errichtung eines überstaatlichen Organs nicht zugestimmt hatte. Somit war das Gericht eine Einrichtung *sui generis* auf der Basis eines Abkommens zu Lasten Dritter. Seine Zuständigkeit wurde mit der bedingungslosen Kapitulation der Wehrmacht des Dritten Reiches begründet, bzw. mit der Übernahme der obersten Regierungsgewalt in Deutschland durch die Alliierten gemäß der Berliner Erklärung vom 5. Juni 1945.

Die Hauptankläger waren: Robert Jackson für die Vereinigten Staaten, Sir Hartley Shawcross für Großbritannien, François de Menthon für Frankreich und – wieder ein Militär – General Roman Rudenko für die Sowjetunion, der bereits durch seine Tätigkeit als Staatsanwalt anläßlich der Stalinschen Säuberungsprozesse der 30er Jahre bekannt geworden war.

Nach Artikel 4, Absatz 4 des Statuts traf der Gerichtshof seine Entscheidungen mit Stimmenmehrheit. Artikel 6 definierte die Verbrechen, für deren Aburteilung der Gerichtshof zuständig war:

Erstens: Verbrechen gegen den Frieden. Insbesondere: Planung, Vorbereitung, Einleitung oder Durchführung eines Angriffskrieges oder eines Krieges unter Verletzung internationaler Verträge, Abkommen oder Zusicherungen oder Beteiligung an einem gemeinsamen Plan oder an einer Verschwörung zur Ausführung einer der vorgenannten Handlungen.

Zweitens: Kriegsverbrechen. Insbesondere: Verletzungen von Kriegsgesetzen oder -gebräuchen. Solche Verletzungen umfassen u. a. Mord, Mißhandlungen oder Deportation von Angehörigen der Zivilbevölkerung von oder in besetzten Gebieten zur Sklavenarbeit oder zu anderen Zwecken, Ermordung oder Mißhandlung von Kriegsgefangenen oder Personen auf hoher See, Tötung von Geiseln, Plünderung öffentlichen oder privaten Eigentums, die mutwillige Zerstörung von Städten, Märkten oder Dörfern oder jede durch militärische Notwendigkeit nicht gerechtfertigte Verwüstung.

Drittens: Verbrechen gegen die Menschlichkeit. Insbesondere: Mord, Ausrottung, Versklavung, Deportation oder andere unmenschliche Handlungen, begangen an irgendeiner Zivilbevölkerung vor oder während des Krieges, Verfolgung aus politischen, rassischen oder religiösen Gründen, begangen in Ausführung eines Verbrechens oder in Verbindung mit einem Verbrechen, für das der Gerichtshof zuständig ist.

Am Rande sei bemerkt, daß dieser Begriff des Verbrechens gegen die Menschlichkeit keine alliierte Erfindung des Londoner Statuts war. Die deutschen Richter der Wehrmacht-Untersuchungsstelle der Rechtsabteilung des Oberkommandos der Wehrmacht haben den Begriff öfters verwendet, u. a. auch im Weißbuch über die »Bolschewistischen Greuel im Zweiten Weltkrieg« (de Zayas, Die Wehrmacht-Untersuchungsstelle, S. 31, 303).

Interessanterweise ergaben sich aus diesen drei Verbrechensgruppen vier Anklagepunkte, denn die Anglo-Amerikaner setzten es durch, daß neben den Verbrechen gegen den Frieden, Kriegsverbrechen und Verbrechen gegen die Menschlichkeit noch das Verbrechen der »Verschwörung«, d. h. eines gemeinsamen Planes zum Verbrechen, aufgenommen wurde. Man legte besonderen Wert darauf, die Strafbarkeit der »conspiracy« festzustellen. Das Urteil hat diesem Anklagepunkt jedoch nur geringe Bedeutung beigemessen.

Verbrechen gegen den Frieden

Zu den entscheidenden Rechtsfragen der Nürnberger Prozesse gehört vor allem die Strafbarkeit des »Angriffskrieges«. In dem Haupturteil ist von zwölf Angriffskriegen des Deutschen Reiches die Rede, nämlich gegen Polen, Frankreich, Großbritannien, Dänemark, Norwegen, Belgien, die Niederlande, Luxemburg, Jugoslawien, Griechenland, die Sowjetunion und die Vereinigten Staaten. Damals gab es noch keine Definition des Angriffskrieges; eine solche wurde erst am 14. Dezember 1974 von der Generalversammlung der Vereinten Nationen (Resolution 3314/XXIX) nach jahrelanger intensiver Diskussion in der

UNO-Völkerrechtskommission verabschiedet. Aber auch ohne eine Definition des Angriffskrieges muß man zugeben, daß es sich in fast sämtlichen obengenannten Fällen um Angriffskriege gehandelt hat. Zweifel hierüber bestehen lediglich in zwei Fällen: zum einen im Falle Norwegens, weil der deutsche Zugriff einer kriegerischen Besetzung des Landes durch Großbritannien lediglich um Stunden zuvorgekommen ist. Auch hinsichtlich des Krieges gegen die Vereinigten Staaten entstehen Zweifel, weil diese schon vor der deutschen Kriegserklärung militärisch zugunsten Großbritanniens eingegriffen und somit gegen die Pflichten der erklärten Neutralität gehandelt hatten.

Wichtig war weiterhin vor allem die Frage, ob der von der Verteidigung vorgebrachte Einwand einer freiheitlichen Verfassungsgrundsätzen widersprechenden *ex post facto* Gesetzgebung zutraf. Ohne Erfolg beriefen sich die deutschen Verteidiger auf den Grundsatz *nullum crimen sine lege, nulla poena sine lege.* So erklärte die Verteidigung: „Soweit es sich um Verbrechen gegen den Frieden handelt, hat daher der gegenwärtige Prozeß keine gesetzliche Grundlage im internationalen Recht, sondern ist ein Verfahren, das auf einem neuen Strafrecht basiert, einem Strafrecht, das erst nach der Tat geschaffen wurde« (New York Times, 22. November 1945, S. 3, Sp. 1). Der Vorsitzende des Gerichts, Lord Richter Geoffrey Lawrence, lehnte diesen Antrag lapidarisch ab: „Insofern als er eine Einrede gegen die Zuständigkeit des Gerichtshofs darstellt, steht er im Widerspruch zu Artikel 3 des Statuts, und es kann auf ihn nicht eingegangen werden" (IMT Bd. II, S. 111).

Viele bedeutende Völkerrechtler und Richter haben sich zu dieser Frage geäußert. So der amerikanische Bundesrichter William O. Douglas:

„Nach unserer Rechtsvorstellung darf niemand wegen Verletzung eines *ex post facto*-Gesetzes verurteilt werden... Ich meine, daß die Nürnberger Prozesse diese Art von Gesetz gegen die Angeklagten angewandt haben. Hitler und seine Leute waren des mehrfachen Mordes schuldig und verdienten nach herkömmlichen Gesetzen die Todesstrafe. Dennoch wurden sie nicht nach dem geltenden nationalen Recht wegen Mordes angeklagt. Das Verbrechen, deretwegen die Nazis verurteilt wurden, wurde niemals vor den Nürnberger Prozessen als ‚Verbrechen' im Sinne eines Tatbestandes nach den Anforderungen unserer Strafgesetze bezeichnet, und auch nicht mit der Todesstrafe durch die Völkergemeinschaft bedroht." (Douglas, An Almanac of Liberty, S. 96, übersetzt vom Verfasser.)

Was das Verbrechen gegen den Frieden betrifft, so muß man Bundesrichter Douglas darin recht geben, daß bei Beginn des Zweiten Weltkrieges kein derartiges völkerrechtliches Verbrechen durch eine verbindliche Rechtsnorm festgelegt worden war, auch nicht im Kellogg-Briand-Pakt von 1928. Die Mitglieder der United Nations War Crimes Commission konnten bei ihrer Zusammenkunft 1944 ebenfalls keine Einigung darüber erzielen, den Angriffskrieg als internationales Verbrechen zu bezeichnen. Somit stellte Art. 6 Absatz (a) des Statuts zweifelsohne ein *ex post facto*-Gesetz dar. Dies wäre vielleicht weniger kritikwürdig, wenn nicht eine doppelte Moral angewandt worden wäre. So hatte der amerikanische Hauptankläger Jackson argumentiert: „Lassen Sie es mich deutlich aussprechen: Dieses Gesetz hier wird zwar zunächst auf deutsche Angreifer angewandt. Es schließt aber ein und muß, wenn es von Nutzen sein soll, den Angriff jeder anderen Nation verdammen, nicht ausgenommen die, die hier zu Gericht sitzen." Dem kann man nur zustimmen und wird mithin insbesondere folgende Fragen stellen müssen: Galt dieser Grundsatz ebenfalls für die Aggression der Sowjetunion gegen Polen in Anwendung des Molotov-Ribbentrop-Paktes bzw. des Geheimprotokolls? Galt er für die sowjetische Aggression gegen Finnland, wofür die Sowjetunion im Dezember 1939 aus dem Völkerbund ausgeschlossen wurde? Galt er für die sowjetischen Aggressionen im Jahre 1940 gegen Estland, Lettland und Litauen?

Eine andere umstrittene Rechtsfrage betraf die Grundlagen und den Umfang der Einzelverantwortlichkeit für die Führung eines Angriffskrieges. Im Hauptprozeß wurde Großadmiral

Dönitz in diesem Punkt unerwartet verurteilt, obwohl er erst im Januar 1943 zum Oberbefehlshaber der Kriegsmarine ernannt worden war. Der Gerichtshof stützte sein Urteil darauf, daß Hitler ihn „fast ständig zu Rate gezogen hat" (IMT, Bd. I, S. 351).

Abschließend ist festzustellen, daß es nach dem Zweiten Weltkrieg zahlreiche Angriffskriege gegeben hat. Der Präzedenzfall Nürnberg hat offensichtlich viele Politiker nicht daran gehindert, sich gegen den Frieden zu verschwören oder Angriffskriege zu führen. Als Abschreckung gegen Angriffskriege hat Nürnberg rundum versagt.

Kriegsverbrechen

Im Mittelpunkt der Anklage über Kriegsverbrechen stand das Prinzip der individuellen strafrechtlichen Verantwortlichkeit. Das Urteil hat es als den „Wesenskern des Statuts" bezeichnet, „daß Einzelpersonen internationale Pflichten haben"; somit trat die Bestrafung von Einzelpersonen als neue Sanktion neben das klassische Sanktionsmittel der kollektiven Verantwortlichkeit der Staaten wegen völkerrechtlicher Delikte. Die Theorie der Immunität von Hoheits- oder Regierungsakten wurde in Art. 7 des Statuts ausdrücklich verworfen: „Die amtliche Stellung eines Angeklagten, sei es als Oberhaupt eines Staates oder als verantwortlicher Beamter in einer Regierungsabteilung, soll weder als Strafausschließungsgrund noch als Strafmilderungsgrund gelten." Das Urteil fügte den Satz hinzu, daß niemand Straffreiheit deswegen erlangen könne, „weil er auf Grund der Staatshoheit handelte, wenn der Staat Handlungen gutheißt, die sich außerhalb der Schranken des Völkerrechts bewegen". Das Prinzip der persönlichen Haftung für Kriegsverbrechen wurde allerdings gelegentlich vor dem Zweiten Weltkrieg erörtert, und zwar im Artikel 59 der „Instructions" der Armee der Nordstaaten im US-Bürgerkrieg (im sog. Lieber Code von 1863) sowie im britischen Manual of Military Law. Sogar deutsche Gerichte haben einige hundert Nicht-Deutsche wegen Kriegsverbrechen während des Zweiten Weltkrieges verurteilt. Dabei handelte es sich um Zivilisten, die sich als Freischärler (Heckenschütze, *franc tireur*) betätigt hatten (z. B. in Frankreich, Kreta, Sowjetunion), und vor allem um polnische, französische, jugoslawische und sowjetische Kriegsgefangene, die nachweislich Kriegsrechtsverletzungen begangen hatten. Interessant ist zu bemerken, daß die deutschen Militärgerichte die Angeklagten nicht automatisch verurteilt hatten. Etwa ein Drittel der Verfahren wurde eingestellt, und ein weiteres Drittel der Angeklagten war freigesprochen worden. Die Akten der Wehrmacht-Rechtsabteilung enthalten Hunderte von Beispielen, sowie die Texte vieler Feldurteile, die z. T. mit Freisprüchen endeten. (de Zayas, Die Wehrmacht-Untersuchungsstelle, Kapitel 11; Bestand RW 2 im Bundesarchiv-Militärarchiv in Freiburg im Breisgau)

Ein besonders umstrittener Problemkreis im Nürnberger Prozeß war das Handeln auf Befehl. Artikel 8 des Statuts bestimmte: „Die Tatsache, daß ein Angeklagter auf Befehl seiner Regierung oder eines Vorgesetzten gehandelt hat, gilt nicht als Strafausschließungsgrund, kann aber als Strafmilderungsgrund berücksichtigt werden, wenn dies nach Ansicht des Gerichtshofs gerechtfertigt erscheint."

Die Angeklagten Dönitz, Jodl, Keitel und Raeder konnten also nicht mit dem Hinweis auf „Führerbefehle" die Verantwortung abwälzen. Dies widersprach allerdings den zu Anfang des Zweiten Weltkrieges geltenden Militärstrafgesetzbüchern. So hieß es z. B. im Artikel 47 des deutschen Militärstrafgesetzbuches:

„Wird durch die Ausführung eines Befehls in Dienstsachen ein Strafgesetz verletzt, so ist dafür der befehlende Vorgesetzte allein verantwortlich. Es trifft jedoch den gehorchenden Untergebenen die Strafe des Teilnehmers:

1. wenn er den ihm erteilten Befehl überschritten hat, oder
2. wenn ihm bekannt gewesen ist, daß der Befehl des Vorgesetzten eine Handlung betraf, welche ein bürgerliches oder militärisches Verbrechen oder Vergehen bezweckte."

Dieses Prinzip war nicht nur in deutschen, sondern auch in englischen und amerikanischen Militärhandbüchern anerkannt und sogar in noch ausgeprägterer Weise formuliert. Artikel 443 des ‚British Manual of Military Law' lautete: „Mitglieder der Streitkräfte, die solche Verletzungen der anerkannten Regeln der Kriegführung begehen, die von ihren Befehlshabern befohlen worden sind, sind keine Kriegsverbrecher und können daher vom Feind nicht bestraft werden."

Die amerikanischen Rules of Land Warfare im Artikel 347 bestimmen: „Angehörige der Streitkräfte werden nicht bestraft für diese Vergehen, falls sie auf Befehl oder mit Sanktion ihrer Regierung oder Befehlshaber begangen worden sind."

Diese Norm entsprach auch grundsätzlich dem zuvor geltenden Völkerrecht. Kurz nach der Moskauer Deklaration vom 30. Oktober 1943 wurde den Alliierten jedoch klar, daß der Grundsatz der Nichtverantwortlichkeit sich als sehr „störend" *(troublesome)* erweisen könnte, da sie die Aburteilung von möglichst vielen Kriegsverbrechern der „Achsenmächte" planten (Glueck, War Crimes and Their Punishment, S. 157). Die amerikanischen und britischen Militärstrafgesetzbücher mußten folglich im Jahre 1944 entsprechend geändert werden, um den Schutz der auf Befehl Handelnden abzuschaffen. Diese Zweckjurisprudenz ging weit über das rechtlich Vertretbare hinaus. Allerdings hätte man die Deutschen in vielen Fällen nach Artikel 47 des deutschen Militärstrafgesetzbuches verurteilen können, denn es mußte ihnen z. B. im Falle des „Kommissarbefehls" klar sein, daß dieser Verbrechen anordnete.

Ein weiteres rechtliches Problem war der sogenannte *tu quoque*-(du auch)-Grundsatz, wonach gleiche Handlungen rechtlich mit gleichem Maß zu messen sind. Mehrfach versuchte die Verteidigung diesen Grundsatz in Nürnberg anzuwenden. Beinahe ausnahmslos antwortete das Gericht mit dem Satz, die Ausführungen der Verteidigung seien „unerheblich". Dem Statut gemäß beschränkte sich die Zuständigkeit des Gerichts darauf, über deutsche Kriegsverbrechen zu urteilen, nicht aber über völkerrechtswidrige Handlungen der Siegermächte. Nur in einem einzigen Fall, die Seekriegsführung betreffend, gelang es der Verteidigung, den *tu quoque*-Grundsatz zugunsten zweier Angeklagten, der Großadmiräle Raeder und Dönitz, anzuwenden. So heißt es im Urteil gegen Dönitz:

„In Anbetracht dieser Beweise und insbesondere eines Befehls der britischen Admiralität vom 8. Mai 1940 des Inhalts, daß alle Schiffe im Skagerrak bei Sicht versenkt werden sollten, und in Anbetracht der Beantwortung des Fragebogens durch Admiral Nimitz, daß im Pazifischen Ozean von den Vereinigten Staaten vom ersten Tage des Eintritts dieser Nation in den Krieg der uneingeschränkte U-Boot-Krieg durchgeführt worden ist, ist die Dönitz zuteil werdende Strafe nicht auf seine Verstöße gegen die internationalen Bestimmungen für den U-Boot-Krieg gestützt" (IMT, Bd. XXII, S. 636f.).

Der amerikanische Richter Francis Biddle äußerte sich sogar wie folgt: „Die Deutschen haben zur See viel sauberer Krieg geführt als wir" (Bradley Smith, Reaching Judgment at Nuremberg, S. 261).

In diesem Fall wirkte der *tu quoque*-Grundsatz strafausschließend. In einem anderen Fall wurde er indirekt anerkannt, und zwar in bezug auf den anglo-amerikanischen Plan betreffs der Flächenbombardierung deutscher Städte, unabhängig von deren militärischer Bedeutung (Lord Cherwell's Kabinettpapier vom März 1942, siehe Lord Snow, Science and Government, S. 47–53) und im Hinblick auch auf die deutschen Zivilverluste von ca. 600000 Menschen, vor allem in Hamburg und Dresden, wurden in die Nürnberger Anklageschrift weder die deutschen V1- und V2-Angriffe noch die Bombardierung von Rotterdam, von Conventry oder von London durch die Luftwaffe aufgenommen.

Ungeschickterweise warf man den Deutschen die Ermordung von polnischen Kriegsgefangenen in Katyn vor, und zwar im Anklagepunkt 3, Absatz C: „Im September 1941 wurden 11000 kriegsgefangene polnische Offiziere in Katyn-Walde in der Nähe von Smolensk getötet" (IMT, Bd. I, S. 58). Im Laufe des Prozesses erwies sich dieser Vorwurf als unhaltbar, und das Urteil schwieg ganz über Katyn. Einen ausdrücklichen Freispruch der Deutschen in diesem Punkt hätte freilich der sowjetische Richter Nikitchenko niemals zugelassen. Inzwischen steht es außer Frage, daß die Sowjetunion für die Katyn-Morde verantwortlich war (de Zayas, Die Wehrmacht-Untersuchungsstelle, Kapitel 23; Erklärung von Präsident Gorbatschow vom 12. April 1990).

Verbrechen gegen die Menschlichkeit

Der Begriff „Verbrechen gegen die Menschlichkeit", wie im Art. 6 (c) des Statuts definiert, hat viele Streitfragen aufgeworfen. Wichtig vor allem sind die Sätze: „begangen an irgendeiner Zivilbevölkerung" (also auch Verbrechen gegen die deutsche Zivilbevölkerung) „vor oder während des Krieges" (also auch in den Jahren 1933 bis 1939). Der Sinn dieser Strafbestimmung war es, Judenverfolgungen – z. B. die Ereignisse um die Pogrome im November 1938 („Reichskristallnacht") – oder den Mord an der Bevölkerung verbündeter Länder (beispielsweise an den ungarischen Juden) als völkerrechtliches Verbrechen zu erfassen. Das *ex post facto*-Problem – die rückwirkende Anwendung der Strafbestimmung – konnte hier, anders als beim Verbrechen gegen den Frieden, höchstens formaler Art sein, da die Verbrechen, die man ahnden wollte, zu allen Zeiten und bei allen Völkern strafbar gewesen waren. Massenmord, so wie von den Nazis an Juden, Zigeunern und anderen Minderheiten begangen, konnten mithin ohne jeden Zweifel geahndet werden, und die Verantwortlichen für derartige Taten mußten mit der Todesstrafe rechnen. Somit waren die Urteile in diesem Zusammenhang völlig gerechtfertigt.

Auf einem anderen Gebiet dagegen manifestierte sich eine doppelte Moral bei der Beurteilung ähnlicher Vorgänge. So wurden z. B. Massendeportationen, die von den Nationalsozialisten durchgeführt worden waren, in der Anklage und im Urteil als Verbrechen gegen die Menschlichkeit erklärt. Ausführlich wurde über die Vertreibung von etwa einer Million Polen aus dem sog. Warthegau in das Generalgouvernement Polen und von etwa 100 000 Elsässern nach Vichy-Frankreich verhandelt. Am 17. Januar 1946 warf François de Menthon, Hauptankläger für Frankreich, den Angeklagten vor: „Innerhalb einiger Stunden wurden Elsässer mit nur sehr spärlichem Gepäck aus ihren Heimen verjagt und ihres Besitzes beraubt." Er fuhr fort: „Dieser unmenschliche Abtransport ganzer Bevölkerungen wird einer der Schrecken unseres Jahrhunderts bleiben" (IMT, Bd. V, S. 461 f.). Im Hinblick auf die Vertreibungen in Polen bemerkte der sowjetische Hilfsankläger L. N. Smirnow am 26. Februar 1946: „Eine Ortschaft nach der anderen, Dorf um Dorf, Städtchen und Städte in den annektierten Gebieten wurden von den polnischen Bewohnern geräumt. Dies begann im Oktober 1939, als die Ortschaft Orlowo von allen Polen, die dort lebten und arbeiteten, gesäubert wurde. Dann kam der polnische Hafen Gdingen an die Reihe. Im Februar 1940 wurden ungefähr 40000 Menschen aus der Stadt Posen vertrieben. An ihre Stelle kamen 36000 Baltendeutsche..." (IMT, Bd. VIII, S. 286).

Zweifelsohne stellten diese Handlungen Kriegsverbrechen und Verbrechen gegen die Menschlichkeit dar. Aber zur gleichen Zeit, als der Nürnberger Prozeß lief, wurden Millionen Deutsche aus ihrer 700jährigen Heimat in Ostpreußen, Pommern, Schlesien, dem Sudetenland usw. unter schlimmsten Bedingungen vertrieben. Dies geschah mitunter in völlig chaotischer Weise, später weniger willkürlich, gestützt auf einen alliierten Beschluß (Artikel XIII des Potsdamer Protokolls vom 2. August 1945). Mehr als 14 Millionen Menschen wurden vertrieben; über zwei Millionen überlebten diese euphemistisch als „Bevölkerungstransfer" bezeichnete Maßnahme nicht. Über diese Ereignisse ist niemals Gericht gehalten worden. Es muß deshalb die Frage erlaubt sein, ob die Vertreibungen der Deutschen – gemessen an der Nürnberger Rechtsprechung – nicht ebenfalls Kriegsverbrechen und Verbrechen gegen die Menschlichkeit darstellten (de Zayas, Anmerkungen zur Vertreibung, S. 212).

Im übrigen hat der Begriff des Verbrechens gegen die Menschlichkeit bei dem Prozeß gegen Klaus Barbie in Frankreich kürzlich wieder eine große Rolle gespielt. Die französische Cour de Cassation hat sich auf das Londoner Abkommen vom 8. August 1945 berufen und das Verbrechen gegen die Menschlichkeit für unverjährt erklärt – und zwar trotz des *ex post facto*-Charakters der Konvention gegen die Unverjährbarkeit von Kriegsverbrechen und Verbrechen gegen die Menschlichkeit.

Am Rande sei noch als Ironie der Geschichte erwähnt, daß am 6. August 1945, zwei Tage vor der Unterzeichnung des Londoner Abkommens, in welchem das Verbrechen gegen die Menschlichkeit definiert wurde, die Stadt Hiroshima mit dem Abwurf der ersten Atombombe dem Erdboden gleichgemacht wurde. Am 9. August 1945 fiel die zweite Atombombe auf Nagasaki. Etwa 120000 japanische Zivilisten verloren dabei ihr Leben.

Waffengleichheit

Um ein gerechtes Verfahren zu gewährleisten, muß das Prinzip *audiatur et altera pars* wirksam eingehalten werden. Dies bedeutet nicht nur, daß auch die andere Seite gehört werden muß, sondern darüber hinaus, daß sie ihren Standpunkt mit den gleichen Möglichkeiten vertreten kann. Die Angeklagten und ihre deutschen Verteidiger waren jedoch durch die faktische Überlegenheit der Anklagebehörde benachteiligt, der die Archive fast der ganzen Welt mit dem gesamten erbeuteten Dokumentenmaterial sowie alle behördlichen Machtmittel für die Herbeischaffung von Zeugen zur Verfügung standen. Ferner konnte die Anklage auch mit erheblichem Zeitvorsprung arbeiten.

Man mag erwägen, wie manche Anklagepunkte abgehandelt worden wären, wenn z. B. bei der Verteidigung des Oberkommandos der Wehrmacht die deutschen Verteidiger Gelegenheit bekommen hätten, die erbeuteten Akten der Wehrmacht-Untersuchungsstelle für Verletzungen des Völkerrechts zu studieren und daraus relevantes Entlastungsmaterial zu verwenden. Diese Akten waren aber „classified" bzw. gesperrt und sind erst in den siebziger Jahren freigegeben worden. Mehrfach verlangten die deutschen Verteidiger bestimmte Dokumente oder Bücher, die der Anklagebehörde zur Verfügung standen, ihnen aber nicht ohne weiteres zugänglich gemacht wurden.

In diesem Sinne äußerte sich Dr. Otto Kranzbühler, der als Verteidiger von Dönitz und Friedrich Flick (Fall V) agiert hatte, in einem 1949 gehaltenen Vortrag an der Universität Göttingen:

„Als die deutschen Verteidiger im September 1945 in Nürnberg eintrafen, da hatten sie tatsächlich nichts. Die Anklage dagegen hatte bereits damals sämtliche Archive und Dokumente, die irgendwie bekanntgeworden waren, beschlagnahmt und mit einem Riesenheer von Prüfungsbeamten auf Belastungsmaterial durchsiebt. Den Verteidigern wurde nur dieses Belastungsmaterial zugänglich gemacht, dagegen trotz wiederholter Anträge keine Möglichkeit gegeben, in die Archive selbst hineinzusteigen, um das Entlastungsmaterial herauszusuchen. Sie können sich vorstellen, daß damit der Dokumentenbeweis, der z. B. im Fall Ribbentrop die deutsche Außenpolitik betraf und im Fall Keitel die Maßnahmen des OKW, ein völlig einseitiges und damit historisch unwahres Gesicht erhielt. Dazu kam als zweiter grundsätzlicher Mangel die Beschränkung auf deutsches Material. Die ausländischen Archive blieben fest verschlossen." (Kranzbühler, Rückblick auf Nürnberg, S. 6f.).

Nachteilig wirkte sich ferner der dem anglo-amerikanischen Prozeßrecht eigentümliche Grundsatz aus, daß die Anklagebehörde sich als Prozeßpartei fühlt und demgemäß nur den Anklagestandpunkt vertritt, nicht aber auch Fakten zugunsten der Angeklagten zu berücksichtigen hat. Auch die Vernehmung der Zeugen im Kreuzverhör und die Aussage der Angeklagten im Zeugenstand waren der deutschen Verteidigung fremd. Das Verfahren wurde aber nicht rein nach anglo-amerikanischen Prozeßgrundsätzen durchgeführt, sondern war mit kontinental-europäischen Rechtsgrundsätzen vermischt. Insbesondere galt der Grundsatz der Zulässigkeit aller Beweismittel, die Beweiswert haben, und das Prinzip der freien Beweiswürdigung.

Mit der Hervorhebung dieser prozessualen Mängel soll keineswegs die Schuld der Verurteilten in Frage gestellt, sondern lediglich darauf hingewiesen werden, daß die Verfahren nicht immer ausgewogen waren – ja, daß manche Urteile, z. B. gegen Jodl, vielleicht weniger schwer ausgefallen wären, wenn dem Gerichtshof sämtliche relevanten Dokumente vorgelegen hätten.

Organisationsverbrechen

Einen problematischen Präzedenzfall schuf das Nürnberger Urteil dadurch, daß es Organisationen für verbrecherisch erklärte. Dabei handelte es sich nicht um eine Bestrafung der Organisationen selbst; diese waren bereits aufgelöst worden. Zweck war vielmehr, eine Grundlage für die Bestrafung möglichst vieler Einzelpersonen zu schaffen. Diese sollten allein aufgrund ihrer Mitgliedschaft in den für verbrecherisch erklärten Organisationen mittelbar als an Kriegsverbrechen und Verbrechen gegen die Menschlichkeit mitschuldig dargestellt werden. Zu Massenverurteilungen mit schweren Strafen kam es jedoch nicht. Das Organisationsverbrechen wurde vielmehr im Rahmen der Entnazifizierungsgesetzgebung mit politischen Sanktionen geahndet. Juristisch gesehen wurde jedoch ein gefährliches Prinzip eingeführt, nämlich das der kollektiven Haftung. Dies stand im Gegensatz zur sonst in Strafprozessen üblichen persönlichen Verantwortlichkeit.

Weitere Prozesse

In den Jahren 1946 bis 1949 führten die Vereinigten Staaten in Nürnberg in eigener Zuständigkeit und gemäß Kontrollratsgesetz No. 10 vom 20. Dezember 1945 zwölf weitere Verfahren gegen 199 Angeklagte durch. Es gab 36 Todesurteile, 23 lebenslängliche, 102 befristete Freiheitsstrafen und 38 Freisprüche. Diese waren: der Ärzte-Prozeß gegen Karl Brandt und 22 andere; der Milch-Prozeß gegen Generalfeldmarschall Erhard Milch; der Juristen-Prozeß gegen Josef Alstötter und 13 andere; der „Wirtschafts- und Verwaltungshauptamt der SS"-Prozeß gegen Oswald Pohl und 17 andere; der Flick-Prozeß gegen

Friedrich Flick und 5 andere; der IG-Farben-Prozeß gegen Carl Krauch und 22 andere; der Südost-Generäle-Prozeß gegen Lothar Rendulic und 9 andere; der „Rasse- und Siedlungsamt der SS"-Prozeß gegen Ulrich Griefelt und 13 andere; der Einsatzgruppen-Prozeß gegen Otto Ohlendorf und 21 andere; der Krupp-Prozeß gegen Alfried Krupp von Bohlen und Halbach und 11 andere; der Wilhelmstraßen-Prozeß gegen Ernst von Weizsäcker und 20 andere; der OKW-Prozeß gegen Walter Warlimont und 12 andere.

Ferner wird geschätzt, daß Großbritannien 541 Prozesse durchführte, Australien 275, Frankreich 271, die Niederlande 35, Polen 25, Norwegen 11, Kanada 5, China 2 und Griechenland einen.

Der Prozeß des International Military Tribunal for the Far East in Tokio begann am 3. Mai 1946 und endete am 12. November 1948. Die Verhandlungsprotokolle umfassen 49858 Seiten. Elf Richter aus 11 Ländern saßen zu Gericht. Angeklagt wurden 28 japanische Generäle, Admiräle, Minister und Diplomaten. Sieben wurden zum Tode verurteilt. Keiner wurde freigesprochen.

Wie für den Nürnberger Prozeß im Londoner Abkommen geschehen, gab sich auch das Tribunal von Tokio sein eigenes Statut und definierte ebenfalls die Verbrechen, die es zu verurteilen galt, nämlich Verbrechen gegen den Frieden, Kriegsverbrechen und Verbrechen gegen die Menschlichkeit. Viele Unterschiede zu Nürnberg sind indes bemerkenswert – nicht nur im Verfahren, sondern auch im Urteil, vor allem in den abweichenden Meinungen des indischen Richters Pal und des holländischen Richters Röling.

Interessant ist auch die Entwicklung nach dem Urteil. Mamoru Shigemitzu, der als ehemaliger Botschafter und Außenminister zu 7jähriger Haft verurteilt worden war, wurde bereits 1950 entlassen, und vier Jahre später war er wieder japanischer Außenminister. Am 7. April 1958 wurden die letzten 10 Gefangenen freigelassen, während in Spandau Baldur von Schirach und Albert Speer bis September 1966 festgehalten wurden, und Rudolf Hess bis zu seinem Tode im Jahre 1987.

Indessen werden seit 1978 die 7 Verurteilten, die gehenkt worden waren, als Märtyrer im Yasukum Tempel geehrt. Heute werden die Verurteilten in Japan nicht mehr als Verbrecher angesehen. Ein entscheidender Unterschied liegt allerdings in dem Fehlen einer rassistisch motivierten und systematisch durchgeführten Ausrottungspolitik im Japanischen Besatzungsbereich.

Die Nürnberger Prozeßakten: eine Quelle für weitere Forschungen

Für den Historiker stellt der Hauptprozeß gegen Hermann Göring und andere eine bedeutende Dokumentationsquelle über viele Aspekte des Dritten Reiches und des Zweiten Weltkrieges dar. In 403 Gerichtssitzungen wurden 5330 Aktenstücke vorgelegt. Das Register zur 42bändigen offiziellen Veröffentlichung der Verhandlungsprotokolle und Dokumente ist von größtem Nutzen. Die Nachfolgeprozesse lieferten weitere Aktenberge, die jedem Forscher zugänglich sind. Dafür wurden ebenfalls ausführliche Register erstellt. Zwei Beispiele zeigen, wie die Nürnberger Dokumente noch heute Themen für weitere Forschungsprojekte liefern:

Dr. Hans Laternser, der Verteidiger des Generalstabes und des Oberkommandos der Wehrmacht, hat 3186 eidesstattliche Erklärungen von Feldmarschällen, Generälen und vielen wichtigen Zeugen dem Gericht vorgelegt. Diese Erklärungen u. a. von Generaloberst v. Blaskowitz, Generalfeldmarschall v. Kuechler, Gfm. v. Kleist, General Warlimont enthalten Informationen über Tatbestände und Zusammenhänge, die anderswo kaum zu finden sind. Keine einzige dieser 3186 Erklärungen ist je in den IMT-Dokumentarbänden veröffentlicht worden. Man muß die Originale im Friedenspalast in Den Haag einsehen oder Mikrofilme in der Bayerischen Staatsbibliothek beziehungsweise im Institut für Zeitgeschichte in München zu Rate ziehen. Eine kommentierte Edition dieser Affidavits wäre m. E. von großem Wert für die Wissenschaft.

Ein zweites Gebiet, in dem weitere Forschung sinnvoll wäre, betrifft die Frage, wieviel die Generäle und Admiräle, wieviel die Minister und Ministerialbeamte, wieviel die deutsche Bevölkerung über die „Endlösung der Judenfrage" wußten. Die Nürnberger Sitzungsprotokolle liefern viele einschlägige Erklärungen und Hinweise, die verglichen werden müßten, und denen nachgegangen werden sollte: z. B. die Aussagen des Angeklagten Hans Fritzsche am 26.–28. Juni 1946 über seine eigenen Versuche, die Wahrheit aufzudecken:

„Ich bin als ein Journalist, der in jener Zeit gearbeitet hat, der festen Überzeugung, das deutsche Volk kannte den Massenmord an den Juden nicht; was auch immer an Behauptungen aufgestellt wurde, das waren Gerüchte, und was an Nachrichten in das deutsche Volk hineindrang von außen, das wurde amtlich immer und immer wieder dementiert. Ich kann, weil mir gerade diese Unterlagen fehlen, aus dem Gedächtnis nicht mehr einzelne Dementis zitieren, aber an einen Fall erinnere ich mich mit besonderer Deutlichkeit. Es war der Augenblick, als von russischer Seite nach der Wiedereroberung von Charkow dort ein Prozeß veranstaltet wurde, in dem zum erstenmal von Tötung mit Gas gesprochen wurde. Ich lief mit diesen Berichten zu Dr. Goebbels und fragte ihn, wie es damit stünde. Er erklärte, er wolle die Sache untersuchen, er wolle sie mit Himmler besprechen und mit Hitler. Am nächsten Tage kündigte er mir ein Dementi an. Dieses Dementi wurde dann nicht öffentlich ausgegeben, und zwar mit der Begründung: Man wünsche in einem deutschen Prozeß die Dinge, die da klargestellt werden müßten, noch deutlicher zu machen. Ganz ausdrücklich aber ist mir von Dr. Goebbels erklärt worden: Die Gaswagen, die in dem russischen Prozeß erwähnt worden waren, wären ein reines Produkt der Phantasie; es gäbe keine tatsächliche Unterlage dafür. Nicht umsonst wurden die an der Durchführung des Mordes Beteiligten unter den Befehl des strengsten Stillschweigens gestellt. Hätte das deutsche Volk von dem Massenmord erfahren, es hätte Hitler sicher die Gefolgschaft versagt." (IMT, Bd. XVII, S. 200 f.)

Noch erstaunlicher sind die Aussagen vom SS-Richter Georg Morgen am 7.–8. August 1946, der über den Mord von Juden bereits 1944 ermittelte (IMT, Bd. XX, S. 531–563). Er beschrieb u. a., wie die Sicherheitspolizei in Lublin Anzeige wegen Tötungen an Juden dem Reichskriminalpolizeiamt erstattete, um Anklage gegen SS-Angehörige zu erheben, offensichtlich ohne zu wissen, daß die Befehle von oben kamen. So z. B. wollte er einen Haftbefehl des SS-Gerichts gegen Eichmann vollstrecken:

„Ich habe das SS-Gericht Berlin ersucht, die Untersuchungen gegen Eichmann auf Grund meiner Hinweise durchzuführen. Das SS-Gericht Berlin hat daraufhin dem Chef des RSHA, SS-Obergruppenführer Kaltenbrunner – in seiner Eigenschaft als Gerichtsherr – einen Haftbefehl gegen Eichmann vorgelegt. Dr. Bachmann berichtete mir, daß es bei dieser Vorlage zu dramatischen Auftritten gekommen ist. Kaltenbrunner hat Müller sofort zugezogen, und nun wurde dem Richter erklärt, eine Verhaftung käme unter gar keinen Umständen in Frage, denn Eichmann führe einen geheimen Sonderauftrag des Führers von höchster Wichtigkeit aus." (IMT Bd. XX, S. 562)

Von Bedeutung sind auch die Enthüllungen über die „Aktion Reinhardt":

„Vor dem Beginn der Aktion hat Himmler die Angehörigen persönlich vereidigt und ausdrücklich erklärt, daß jeder, der etwas aussage, des Todes sei ... Dieses Kommando begann seine Tätigkeit mit der Judenvernichtung in Polen und dehnte sein satanisches Werk über die weiteren Ostgebiete aus, indem es an unauffälligen Stellen besondere Vernichtungslager errichtete und diese in Anwendung eines wohl noch nie dagewesenen Täuschungssystems durch Juden selbst betreiben ließ. Dabei muß betont werden, daß es die Sipo Lublin war, die dem Reichskriminalpolizeiamt Anzeige gegen Wirths (Chef der „Aktion Reinhardt") Verhalten erstattete und dadurch die Aufdeckung der entsetzlichen Verbrechen ermöglichte." (IMT, Bd. XXI, S. 588).

Die Implikationen solcher Aussagen und Dokumente sind bis heute nicht voll erschlossen worden.

Über die Bedeutung des Nürnberger Hauptprozesses äußerte sich Albert Speer in einem Interview mit dem Verfasser am 4. November 1980 wie folgt: „Der Prozeß war aus mehreren Gründen notwendig, nicht zuletzt weil er das deutsche Volk gewissermaßen entlastete. Verantwortlich waren wir, die Hauptkriegsverbrecher. Die Kollektivschuldthese des Morgenthauplanes war nach den Prozessen nicht mehr zu rechtfertigen, und die Alliierten konnten, nachdem sie uns wegen Verbrechen gegen die Menschlichkeit verurteilt hatten, diesen Morgenthauplan nicht mehr in die Tat umsetzen. Nach dem Nürnberger Prozeß trat eine Milderung der alliierten Haltung dem deutschen Volk gegenüber ein."

Bedeutung des Nürnberger Hauptprozesses heute

Einige mögen heute den Mammutprozeß von Nürnberg einfach als Siegerjustiz ansehen, als Rache mit dem Mittel der Justiz. Er war aber mehr als ein Ausdruck von *vae victis*. Niemand wird bestreiten, daß die nationalsozialistische Regierung gegen die Bestimmungen der Haager und Genfer Konventionen verstoßen hat. Im Hinblick auf die ungeheuerlichen Untaten, insbesondere auf den Holocaust, hätte niemand zu einem *tout pardonner* gelangen können. Und immerhin beweisen drei Freisprüche, daß der Prozeß keineswegs eine bloße Abrechnung war. Glaubwürdiger wäre er jedoch gewesen, wenn das Gericht anders besetzt gewesen wäre – z.B. mit neutralen Richtern, etwa aus der Schweiz oder aus Schweden, oder mit einem Richter-Kollegium aus alliierten, neutralen und deutschen Richtern. Dies war sogar erwogen, jedoch rasch fallengelassen worden.

Im September 1945, noch vor Beginn des Nürnberger Prozesses, wurde der ehemalige deutsche Kanzler Heinrich Brüning, damals Professor an der Harvard Universität, durch zwei Offiziere des U.S. Judge Advocate General's Office (Rechtsabteilung der US-Streitkräfte) befragt. Sollten Kriegsverbrecher und Leute wie Julius Streicher unbehelligt davonkommen? Dazu sagte Brüning: „Ich hielte es für richtiger, wenn Streicher von einem deutschen Gerichtshof abgeurteilt würde ... Robert Ley würde von einem deutschen Gericht sicher zum Tode verurteilt, Ribbentrop sehr wahrscheinlich." Nicht überzeugt, fragten die Vernehmer weiter, ob ein deutsches Gericht Streicher tatsächlich für schuldig erklären würde. Dazu Brüning: „Wissen Sie, er wurde schon achtmal verurteilt, ehe die Nazis an die Macht kamen." (Brüning, Briefe und Gespräche 1934–1945, S. 542–43).

Jedoch ließ die Stimmung im Jahre 1945 keinen Platz übrig für Vertrauen in das „andere Deutschland". Am 15. Mai 1945, eine Woche nach der deutschen Kapitulation, hatte Großadmiral Dönitz in seiner Eigenschaft als Staatsoberhaupt und auf Vorschlag seines Außenministers Graf Schwerin v. Krosigk, eine Anordnung erlassen, in der das Reichsgericht als zuständige Rechtsinstanz mit der Untersuchung und Aburteilung aller Mißstände in den Konzentrationslagern beauftragt wurde. Diese Verordnung wurde dann an Eisenhower weitergeleitet mit der Bitte, den deutschen Instanzen die Ausübung dieser Tätigkeit zu ermöglichen. Im Brief von Dönitz an Eisenhower findet sich folgender Passus: „Das Deutsche Volk lehnt Mißhandlungen und Greueltaten, wie sie in den alliierten Meldungen dargestellt werden, einmütig mit Entrüstung ab, da sie mit den Grundsätzen seiner Wesensart und seinem Moralgefühl schlechthin unvereinbar sind. Es entspricht dem wirklichen und unverfälschten Rechtsempfinden des Deutschen Volkes, daß die begangenen Verbrechen sofort mit aller Schärfe geahndet werden." (Bundesarchiv-Koblenz, R 62/11a; fol. 89; siehe auch M. Steinert, Die 23 Tage der Regierung Dönitz, S. 289) Eine Antwort Eisenhowers blieb jedoch aus. Statt dessen wurden Dönitz und Schwerin von Krosigk selber als Kriegsverbrecher verhaftet. Die Anglo-Amerikaner hatten die Deutschen moralisch abqualifiziert und wollten ganz offensichtlich keine Wiederholung der Leipziger Prozesse.

Die Generalversammlung der Vereinten Nationen hat am 11. Dezember 1946 in ihrer Resolution 95 (I) das Nürnberger Urteil als geltendes Völkerrecht anerkannt. Sie beauftragte die UNO-Völkerrechtskommission, einige Grundsätze aus dem Urteil zu entwickeln und sie für künftige allgemeine Anwendung zu formulieren. Die Kommission hat im Juli 1950 die 7 sogenannten „Nürnberger Prinzipien" verabschiedet und den Text den Mitgliedstaaten der Vereinten Nationen zugänglich gemacht. Diese waren:

1. Das Prinzip der persönlichen Haftung.
2. Der Vorrang des Völkerrechts gegenüber dem nationalen Recht.
3. Keine Immunität auf Grund der Theorie der Hoheitsakte.
4. Keine Immunität auf Grund höheren Befehls.
5. Das Recht auf ein gerechtes Verfahren.
6. Definition des Verbrechens gegen den Frieden, des Kriegsverbrechens und des Verbrechens gegen die Menschlichkeit.
7. Auch Beihilfe ist ein völkerrechtliches Verbrechen.

Leider sind die Nürnberger Prinzipien in der Staatenpraxis kaum in die Tat umgesetzt worden. Im Gegenteil – eine Tendenz zurück zu Amnestiegesetzen zum Zwecke der Pazifizierung und des Neuanfangs scheint sich durchzusetzen. So wurden Amnestiegesetze z. B. in Algerien, Argentinien und Uruguay erlassen. Das Amnestiegesetz Uruguays wurde am 16. April 1989 durch Referendum bestätigt. Und in Argentinien, wo eine Reihe von Prozessen gegen führende Militärs durchgeführt worden waren, erließ das Parlament das Befehlsnotstandsgesetz („Ley de Obediencia Debida" vom 8. Juni 1987), welches entgegen dem Grundsatz Nr. 4 der Nürnberger Prinzipien die Immunität auf Grund höheren Befehls festlegt. Verurteilt wurden allerdings fünf höhere Offiziere zu Freiheitsstrafen.

Ohne die Niederlage im Falklandkrieg hätte man diese Militärs wahrscheinlich nicht zur Verantwortung gezogen. Diese Prozesse erfolgten auch nicht wegen Verbrechen im Falklandkrieg, sondern wegen der Untaten der argentinischen Militärs und Polizei an der argentinischen Zivilbevölkerung während des sogenannten schmutzigen Krieges *(guerra sucia)*.

Grundsatz Nr. 4 der Nürnberger Prinzipien wurde bei den Genfer Konferenzen 1974–1977 beraten. Ein diesbezüglicher Artikel wurde vorgeschlagen (Art. 77), aber im Protokoll I zu den Genfer Konventionen von 1949 nicht aufgenommen, weil viele Staaten nach wie vor meinen, daß militärische Befehle nicht in Frage gestellt werden sollen, da die Disziplin sonst gefährdet wäre. Somit ist es klar, daß dieses Prinzip keinem internationalen Consensus entspricht und auch nicht zum Gewohnheitsrecht gehört. (Vgl. Howard S. Levie, Protection of War Victims: Protocol 1 to the 1949 Geneva Conventions, Supplement 1985).

Nürnberg und Vietnam

Als Amerikaner darf ich es nicht versäumen, ein Wort über Vietnam zu sagen, denn, was die Bestrafung von Kriegsverbrechen betrifft, sollte jede kriegführende Nation die Handlungen seiner Armeen nach den gleichen Regeln und mit der gleichen Schärfe überprüfen wie in Nürnberg bei der Bestrafung der Deutschen.

Professor Telford Taylor, Hauptankläger bei den amerikanischen Nachfolgeprozessen, schrieb bereits im Jahre 1949: „Allmählich wächst die jetzt noch schwache Erkenntnis, daß wir uns selbst durch das Richten und Bestrafen von Menschen nach den Nürnberger Grundsätzen eine große Verpflichtung auferlegt haben" (Taylor, Die Nürnberger Prozesse, S. 137). Dies ist wahr, und in seinem 1970 erschienenen Buch „Nürnberg und Vietnam: eine Amerikanische Tragödie" befaßt sich Taylor, heute emeritierter Professor des Völkerrechts an der Columbia University in New York, mit amerikanischen Kriegsverbrechen in Vietnam. Über My Lai und andere amerikanische Prozesse ist bereits viel veröffentlicht worden. Auffallend ist nämlich, daß die Strafen verhältnismäßig mild waren, so wie die Strafen

nach den Leipziger Prozessen. Lt. Calley und die anderen Verurteilten sind auch bald darauf wieder freigelassen worden.

Die Jugoslawien- und Ruanda-Tribunale

Vier Jahrzehnte lang blieben die Nürnberger Prinzipien ohne
weitere Folgen. Mangels Staatenpraxis entwickelten sie sich
auch nicht zum *jus cogens*. Mehrfach wurden Forderungen nach
Einsetzung von Kriegsverbrechertribunalen laut – etwa im Zusammenhang mit den Greueltaten im Indien-Pakistan-Konflikt
(1971–1973), aus welchem der Staat Bangladesch entstand; so
auch in der Zeit der Massenmorde Pol Pots und der vietnamesi-
schen Besatzungspolitik in Kambodscha, während der sowjetischen Militäraktionen in Afghanistan, dem Iran-Irak-Krieg in
den 80er Jahren, nach der Invasion Kuweits durch Irak und
dem Golfkrieg von 1991. Trotzdem fehlte der internationale
Konsensus für die Errichtung eines Tribunals im Stile Nürn-
bergs.

Erst nach Beendigung des Kalten Krieges und im Hinblick
auf die brutalen „ethnischen Säuberungen" mitten in Europa –
im ehemaligen Jugoslawien – wurde ein *ad hoc*-Kriegsverbre-
chertribunal 1993 ins Leben gerufen. Anklage wurde gegen
serbische, kroatische und bosnisch-muslimische Personen erhoben. (A. de Zayas, „The Right to One's Homeland, Ethnic
Cleaning and the International Criminal Tribunal for the For-
mer Yugoslavia" in: Criminal Law Forum, Bd. 6, No. 2 (1995),
S. 257–314.)

Im Gegensatz zu dem Internationalen Militärtribunal in
Nürnberg, das durch einen Vertrag eingesetzt wurde, wurde das
Internationale Kriegsverbrechertribunal für das ehemalige Jugoslawien durch einen Beschluß des Sicherheitsrats (S. C. Res.
827) auf Empfehlung des Generalsekretärs der Vereinten Nationen (Report of the Secretary General pursuant to Paragraph 2
of Security Council Resolution 808 (22. Februar 1993), U.N.
Doc. S/25704 errichtet. Das Tribunal besteht aus elf Richtern
(G. A. Dec. 47/328). Durch die Resolution 936 vom 8. Juli 1994
ernannte der Sicherheitsrat Richter Richard J. Goldstone von

der Berufungsabteilung des Obersten Gerichtshofs Südafrikas zum Chefankläger.

Unter dem Blickwinkel des Völkerrechts war der augenfälligste und innovativste Aspekt des Berichts des Generalsekretärs über die Einsetzung des Tribunals seine Errichtung auf der Grundlage von Kapitel VII der UN-Charta, das dem Sicherheitsrat weitgehende Zuständigkeiten für die Wahrung und Wiederherstellung des Weltfriedens und der internationalen Sicherheit gibt. Der Charkter des Tribunals als Durchsetzungsmaßnahme im Sinne von Kapitel VII, nachdem der Sicherheitsrat festgestellt hatte, daß der bewaffnete Konflikt auf dem Gebiet des ehemaligen Jugoslawiens eine Bedrohung des Friedens darstellte, beschränkt allerdings seine territoriale Zuständigkeit auf die Grenzen der ehemaligen Sozialistischen Föderativen Republik Jugoslawien. Die zeitliche Zuständigkeit beginnt am 1. Januar 1991, einem mit keinem bestimmten Ereignis verknüpften neutralen Datum, das jedoch den Beginn des Jahres bezeichnet, in dem der bewaffnete Konflikt in der Region ausbrach, als sich eine Republik nach der anderen für unabhängig erklärte. Die zeitliche Zuständigkeit soll im Hinblick auf unter die Zuständigkeit des Tribunals fallende Verbrechen nach einem Zeitpunkt enden, der im Anschluß an die Wiederherstellung des Friedens vom Sicherheitsrat festzulegen ist.

Auf ähnliche Weise wurde 1994 vom Sicherheitsrat ein *ad hoc*-Kriegsverbrechertribunal für Ruanda ins Leben gerufen. Dies folgte der Untersuchung von einer UN-Sonderkommission zur Aufklärung der Morde an etwa 500 000 Bürgern Ruandas im Bürgerkrieg zwischen den ethnischen Gruppen der Tutsi und Hutu (S. C. Res. 935/1994 vom 1. Juli 1994)

Es bleibt abzuwarten, wie die Prozesse geführt werden, und ob die wirklich Schuldigen und nicht nur die kleineren Verbrecher verurteilt werden. Jedenfalls dürften diese beiden *ad hoc*-Tribunale die Entwicklung zur Schaffung eines Ständigen Kriegsverbrechertribunals beschleunigen.

Schlußbemerkungen

Zusammenfassend darf festgestellt werden, daß die Nürnberger Prozesse einen überaus bedeutenden Präzedenzfall darstellen und außerdem entscheidend zur Kodifizierung des Völkerrechts beitrugen. So wurde die Konvention gegen den Völkermord 1948 von der UNO-Generalversammlung verabschiedet. 1949 folgten die 4. Genfer Rotkreuz-Konventionen, im Jahre 1974 die Definition des Angriffkrieges, im Jahre 1977 die Protokolle I und II zu den Genfer Rotkreuz-Konventionen. Freilich können die Normen allein nicht viel bewirken. Man muß die Normen lehren, und dann auch die Mechanismen entwickeln, damit Verstöße wirkungsvoll bestraft werden können.

Die Hoffnungen, die man mit den Nürnberger Prozessen verknüpfte – nämlich Ächtung von Angriffskriegen und Abschreckung durch die Gewißheit von harten Strafen sind zwar nicht verwirklicht worden. Dies ist aber kein Grund zu Pessimismus, sondern eine Herausforderung an uns alle. Es bleibt nun die Aufgabe der Vereinten Nationen, Präventivstrategien zu entwickeln, damit es nicht zu kriegerischen Auseinandersetzungen kommt, und wenn einmal die Waffen sprechen, muß die UNO konsequent für die friedliche Lösung von Konflikten arbeiten. Vor allem muß die Staatengemeinschaft solidarisch dahinstreben, drei wichtige Bedingungen für den dauerhaften Frieden zu erfüllen: Demokratie, Entwicklung und Menschenrechte.

Alexander Demandt

Macht und Recht als historisches Problem

Im 16. Jahre des Peloponnesischen Krieges erschien Alkibiades (Plutarch 16) mit der großen Flotte der Athener vor der kleinen Insel Melos. Melos war eine Tochterstadt Spartas, hatte aber strikte Neutralität bewahrt. Die Athener forderten die Melier auf, an ihrer Seite in den Kampf gegen Sparta einzutreten. Die Melier lehnten das ab.

Die anschließende Auseinandersetzung hat Thukydides (V 84 ff.) in seinem Melier-Dialog durchgestaltet. Es ist die erste Grundsatzdiskussion in der europäischen Literatur über das Verhältnis von Macht und Recht. Die Athener vertraten den Standpunkt der Macht mit Argumenten der Staatsräson. Es wäre vorteilhaft für sie selbst, die Melier zu Bundesgenossen zu haben, und vorteilhaft für die Melier, sich zu beugen, andernfalls würden sie vernichtet. Die Melier dagegen warfen den Athenern vor, den Streit als Richter in eigener Sache zu führen. Es wäre unwürdig für die Athener, eine schwache, friedliche Stadt zu zerstören, und unwürdig für die Melier, ihre Selbstbestimmung zu opfern. Sie vertrauten auf die Götter, die das Recht schützten. Die Athener jedoch meinten, Recht gelte nur unter Gleichen, unter Ungleichen dagegen herrsche das Recht des Stärkeren. Sie beriefen sich auf die Natur und behaupteten: wären die Melier in ihrer Lage, handelten sie ebenso. Es kam zum Kampf. Die Melier unterlagen und wurden vernichtet.

Thukydides stellt hier gegen das traditionelle, religiös geprägte Denken die neue Ethik der Sophistik. Für sie war Gerechtigkeit bloß schöner Schein, bloß die Schminke auf der Fratze der Gewalt. Gewiß war das nicht die Ansicht des Thukydides. Offen haben sich Platon und Aristoteles dagegen gewandt, sie sahen in der Gerechtigkeit nicht eine Beschönigung, sondern die Überwindung der Selbstsucht. Die Grundpositionen sind damit gesetzt. Seitdem ist die Diskussion über das, was das Recht vermöge, und über das, was die Macht dürfe, nicht zur Ruhe gekommen. Um das Verhältnis zwischen Macht und Recht zu verstehen, betrachte ich zunächst die Begriffe und frage: Was ist Macht?

Was ist Macht?

Der Begriff Macht wird in verschiedenem Sinne gebraucht. Wir sprechen von der Macht des Schicksals, von der Macht der Liebe, von der Macht des Geldes. Dies alles sind übertragene, metaphorische Wendungen. Im ursprünglichen Sinne bezeichnet Macht ein Verhältnis zwischen Menschen. Macht bedeutet die Fähigkeit, andere nach unserem Willen handeln zu lassen. Macht ist die Kunst des Befehlens. Wer sie versteht, kann mit seiner eigenen Zunge die Hände, die Füße, die Köpfe anderer Menschen in Bewegung setzen. Macht ist latente Gewalt. Manifeste Gewalt, sagte Mao Tse-tung, geht von Gewehrläufen aus. Der Schießbefehl aber wird mit der Zunge erteilt.

Das Phänomen Macht beruht auf zwei anthropologischen Voraussetzungen. Es ist zum ersten die Tatsache, daß die Menschen in Gruppen leben, und zweitens die Tatsache, daß sie mit Körperkraft und Geistesgaben verschieden ausgestattet sind. Lebten die Menschen als Einsiedler, erübrigte sich der Begriff. Für einen Robinson Crusoe ist „Macht" gegenstandslos. Ebenso verhielte es sich, wenn die Menschen alle gleich wären wie die Heringe und die Sprotten. Dann genügte ein Masseninstinkt, um bei bestimmten Gegebenheiten in einer bestimmten Weise gemeinsam zu handeln.

Macht gab es schon vor der Erfindung des Schießpulvers. Das elementare Machtmittel ist die körperliche Überlegenheit des Befehlenden, antizipiert durch die Angst der Gehorchenden vor Strafe, ihre Hoffnung auf Lohn. Dieses physische Verhältnis bringt jedoch noch keine bedeutende Macht zustande. Auch ein

Herkules kann mit Zuckerbrot und Peitsche allein nur eine kleine Zahl bedrücken oder beglücken. Beherrscht er eine große Gruppe, so müssen wir nach psychischen Zusatzmotiven suchen. Sie liegen teils in der irrationalen, teils in der rationalen Sphäre.

Zu den irrationalen Machtphänomenen gehört es, daß es noch nach zweihundert Jahren Aufklärung Männer gegeben hat, die einzig und allein mit ihrer Zunge Millionen von Menschen in den Abgrund stürzen konnten. Wie ist das möglich? Daß Macht etwas Mysteriöses haben kann, bestätigen die einschlägigen Fachausdrücke, die großenteils aus der religiösen Welt stammen. Goethe sprach von „dämonischen" Menschen, Max Weber von „charismatischer" Herrschaft. *Daimon* ist der die Schicksalslose „austeilende" Gott, *Charisma* bedeutet „Heil". Wir reden von „Faszination", lateinisch *fascinum* heißt Verhexung durch den „bösen Blick", der Impotenz bewirkt, also selbst eine magische Potenz darstellt. Die Schwierigkeit einer Objektivierung dieses Phänomens liegt in seinem Vermögen, das Subjekt zu verändern. Der Historiker redet sich damit heraus, daß er der Faszination nicht verfallen sei, sondern sie bloß untersuche. Nicht er wäre ihr Opfer, sondern sie wäre sein Gegenstand. Tatsächlich wird auch er magisch angezogen oder abgestoßen, jedenfalls aus der Ruhe gebracht, die er zur Beobachtung benötigt.

Rational hingegen ist die zweite Wurzel der Macht: das Wechselverhältnis von Gehorsam und Schutz. Man folgt einem Führer von erprobten Fähigkeiten, unter dessen Leitung es sich besser lebt als abgesondert. Die wichtigste Führungsqualität ist möglicherweise die Willensstärke. Willensschwäche ist die einzige Schwäche, für die es keinen Ausgleich gibt. Zu viele sind bereit, sich sagen zu lassen, was sie wollen sollen. Zu wenige sind fähig, zu erkennen, was sie wirklich wollen. Aber es gibt immer genug Menschen, die gerne andere nach ihrer Pfeife tanzen lassen, immer genug, die gerne nach der Pfeife anderer Menschen tanzen und gut tanzen, wenn gut gepfiffen wird.

Die Kunst des Befehlens ist seltener als der Hang zum Gehorsam. Das liegt schon in der Gruppenstruktur. Anpassung ist beiderseits erforderlich: die Befehlsempfänger opfern mehr oder weniger von dem, was sie selber wollen könnten, dem Befehlshaber, und dieser will mehr oder weniger das, was jene tatsächlich ebenfalls wollen. Politiker lavieren zwischen Fanatismus und Opportunismus; sie können nicht nur nach vorne, sie müssen auch nach hinten blicken. Dadurch verlagert sich die Macht von der Angst auf die Zustimmung. Beide stehen im umgekehrten Verhältnis zueinander: Je größer die Zustimmung, desto weniger Angst ist vonnöten und *vice versa*.

Zuckerbrot und Peitsche werden so verbunden, daß der Machthaber seine Büttel durch Wohltaten an sich bindet, im weiteren Umfeld aber durch seine Schergen regiert. Macht verändert ihren Charakter in konzentrischen Kreisen, sie wird innen mehr durch Lohn, außen mehr durch Strafe gesichert. Die Macht der Herrschenden hängt nicht davon ab, was den Beherrschten gefällt oder nicht gefällt, sondern davon, was diese sich gefallen lassen.

Indem der Machthaber für bestimmte Dienste bestimmte Gaben in Aussicht stellt, gewisse Vergehen mit gewissen Strafen ahndet, muß er sich an Regeln halten, sonst riskiert er den Zorn seiner Garde. Leistung und Lohn müssen so abgewogen sein, wie es der Gruppe annehmbar erscheint, und damit liegt eine elementare Form des Rechts vor. Selbst eine Räuberbande hat sich im inneren Verkehr festen Gepflogenheiten zu unterwerfen, wenn sie zu gemeinsamem Handeln in der Lage sein soll. Die Flibustiere der Karibik des 17. Jahrhunderts übten „Recht und Gericht", vor allem beim Verteilen der Beute und bei der Kompensation für Blessuren (Exquemelin 69f.). Ihre Devise: Geteiltes Unrecht ist halbes Recht. Der Räuberhauptmann war verantwortlich für das *bonum commune* der Bande, sonst drohte ihm der Sturz durch den Nebenbuhler.

Die Geselligkeit ist es also, die Macht ermöglicht und Recht erzwingt. Macht ist älter als Recht, aber ohne dieses nicht von Bestand. Damit kommen wir zu unserem zweiten Begriff und fragen: was ist Recht?

Was ist Recht?

Der Begriff Recht gehört nicht, wie der Begriff der Macht, in die Sphäre des Könnens, sondern in die Sphäre des Sollens. Recht ist das, was ich darf. Tribonianus (Inst. I 1,1) definiert die *iuris praecepta* dreifach: anständig leben *(honeste vivere)*, niemandem schaden *(alterum non laedere)*, jedem das Seine geben *(suum cuique tribuere)*. Das Recht reguliert das zwischenmenschliche Handeln und damit sowohl die Macht des Einzelnen als auch die der Gemeinschaft, und zwar in der doppelten Absicht, dem Einzelnen das Leben erträglich zu machen und die Gemeinschaft zu erhalten.

Das Recht setzt der Willkür Schranken, es hat ursprünglich Verbotscharakter. „Du sollst nicht morden, sollst nicht stehlen, sollst nicht ehebrechen", sagen die Zehn Gebote, die eigentlich die „Zehn Verbote" heißen sollten. Demgemäß beginnt die Erziehung der Kinder mit dem Spruch „Das tut man nicht." Gezügelt werden muß der Zugriff auf das Eigentum der anderen, das eben dadurch konstituiert wird. Die Rechtsordnung schützt den Schwachen vor dem Starken. Darum gilt seit Gorgias († 376) das Recht als Erfindung der Schwachen (Plato 484). Die schwachen Melier waren am Recht mehr interessiert als die starken Athener.

Um das Recht durchzusetzen, müssen die Schwachen sich zusammentun und eine Kontrolle einrichten. Sobald eine größere Gruppe von Menschen auf einem bestimmten Territorium sich eine Rechtsordnung gibt und ein Gericht einsetzt, sprechen wir von einem Staat. Die institutionalisierte und regulierte Staatsgewalt nennen wir Herrschaft. Sie beansprucht nicht die alleinige, wohl aber die höchste Gewalt innerhalb der Gemeinschaft. Indem sie den Frieden innen gegen Räuber und außen gegen Feinde sichert, ist die Staatsgewalt ursprünglich Gegengewalt.

Ob die Herrschaft von einem Einzelnen, einer Gruppe oder der Gesamtheit ausgeübt wird, ob sie bei einer einzigen Instanz liegt oder auf mehrere verteilt ist, ob sie durch unvordenkliche Überlieferung, durch den Willen der „Götter" oder durch Entscheidung des „Volkes" legitimiert ist, bleibt für den Rechts-Charakter des Staates zweitrangig, jedenfalls solange Gerechtigkeit geübt wird. Justitia hält in der einen Hand die Waage, um das Recht zu finden, in der anderen das Schwert, um das Recht durchzusetzen und zu schützen. *Arma et iura* tragen den Staat, wie Justinian betont (CIC. II S. 2).

Das Recht beruht auf der *bona fides*, diese auf dem *consensus*, dem nichts krasser entgegensteht als Gewalt und Furcht *(vis atque metus)*, wie Ulpian ausführt (Dig. L 17, 116). Der Rechts-Charakter des Staates ist also gebunden an die Zustimmung seiner Bürger. Die Zustimmung ist erkennbar, wenn die Zugehörigkeit nicht erzwungen, sondern freiwillig ist. Die von Sokrates (Plat. Krit. 51 Dff.) aufgebrachte, in der Aufklärung erneuerte Idee vom Staatsvertrag ist als historisches Faktum selten belegbar (so bei Staatsgründungen), als normative Fiktion aber immer vorauszusetzen, wenn wir gegen die Macht des Staates ein Recht des Einzelnen behaupten wollen. Die Staatsangehörigkeit hat Rechts-Charakter, wo Bürger und Staat sich gegenseitig das Recht zugestehen, die Mitgliedschaft zu kündigen. Der Staat und sein Bürger sind grundsätzlich quitt.

Das Recht will und kann die Macht einschränken, nicht aber aufheben. Es will und kann deren Beliebigkeit vermindern, deren Berechenbarkeit erhöhen. Die Macht wird im Staat schrittweise aus dem privaten Bereich in den öffentlichen überführt, gleichsam kanalisiert. Was der einzelne verliert, gewinnt das Ganze.

Ein staatliches Gewaltmonopol hat es bisher freilich ebensowenig gegeben wie eine gewaltfreie Gesellschaft. Die private Gewalt besaß immer einen legalen Spielraum; in Zeiten zivilisatorischer Integration schmolz er zusammen, in Zeiten sozialer Desintegration weitete er sich aus. Thukydides (I 6) wußte noch, daß die Griechen in früheren Zeiten bewaffnet gegangen waren. Dies sei erst bei den Athenern, dann bei den Spartanern außer Übung gekommen und finde sich zu seiner Zeit nur noch bei halbzivilisierten Bergvölkern. Faustrecht und Fehde erlebten eine zweite Blüte im Mittelalter. Erst der Absolutismus ist den Raubrittern und der Privatjustiz entgegengetreten. Das Duell hat er nicht beseitigen können. Heute beschränkt sich die zulässige Privatgewalt auf die Notwehr, das Hausrecht und die Kinderzucht seitens der Eltern. Alles in allem sind Gewalt und Macht durch Staat und Recht gebannt, doch bleibt eine Spannung bestehen.

Formen des Konflikts um Macht und Recht

Macht und Recht sind, wie wir sahen, regulative Prinzipien sozialen Handelns, Prinzipien, die aufeinander angewiesen sind. Macht ohne Recht wäre ephemär, Recht ohne Macht wäre illusionär. Daraus ergibt sich, daß Konflikte zwischen reiner Macht und reinem Recht kaum vorkommen. Es handelt sich nicht um Konflikte „zwischen" Macht und Recht, sondern um Konflikte „um" Macht und Recht. Meist finden sich beide Prinzipien auf beiden Seiten, wenn auch unterschiedlich dosiert. Macht und Recht sind quantifizierbare Größen, wobei freilich die stärkere Macht leichter zu erkennen ist als das höhere Recht.

Die Kunst, Macht und Recht angemessen zu verteilen, nennen wir Politik. Der griechische Terminus *politiké techné* bezeichnet das Vermögen, eine Polis so zu verwalten, daß die Bürger derselben Stadt und die Städte untereinander in gedeihlicher Weise zusammenleben. Insofern ist die politische Geschichte nichts anderes als der Ausgleich zwischen Mächten und Rechten. Ihr Gleichgewicht muß aber zunächst einmal ermittelt sein, es wird immer wieder gestört und muß immer wieder erneuert werden.

Ermittelt werden muß das Gleichgewicht deswegen, weil der Begriff der Gerechtigkeit inhaltlich unbestimmt ist. „Gerechtigkeit ist das unablässige Bestreben, jedem sein Recht zuzuteilen", lautet der erste Satz im Corpus Iuris Civilis. *Justitia est constans et perpetua voluntas, ius suum cuique tribuendi.* „Jedem das Seine!", darüber ist man sich immer einig, aber „Wem wieviel?", das ist die Frage. Was dem Einzelnen zusteht, wieviel er von seiner Freiheit an den Staat abtreten muß, welchen Lohn er für seine Arbeit erhält, welche Rechte und Pflichten an welche Voraussetzungen gekoppelt sind – das muß erst einmal festgestellt sein. Selten gelingt das auf Dauer. Denn meistens finden sich Bürger, die mit der bestehenden Verteilung unzufrieden sind und für eine Änderung streiten.

Der Streit vollzieht sich in unterschiedlichsten Formen. Sie reichen vom rationalen Gespräch, über die Demonstration, den zivilen Ungehorsam und die Sezession bis zum Kampf, zuerst mit Knüppeln, zuletzt mit Atomraketen. Das Wort und die Waffe bezeichnen die Endpunkte auf einer gleitenden Skala von Mitteln der Auseinandersetzung. Der Moralphilosoph, der anstelle dieses Kontinuums eine Zweiteilung in legitime verbale und illegitime brachiale Mittel vornimmt (Spaemann 61), beschreibt die ethische, nicht die politische Sicht. Für sie sind Zunge und Faust gleicherweise Instrumente, mit denen wir dem anderen die Stärke unseres Willens klarmachen.

Findet der Streit mit Worten statt, so wiegen die Argumente ebenso schwer, wie sie glaubhafte Drohungen enthalten. Die Athener haben die Argumente der Melier in den Wind geschlagen, weil sie die Vergeltung der Götter nicht fürchteten, während umgekehrt die Melier die Waffendrohung der Athener ertrugen in der Hoffnung auf Hilfe. Die Überzeugungskraft politischer Appelle basiert auf der Solidarität, die sie mobilisieren. Der Politiker fragt nicht: „Stimmt die Behauptung?", sondern: „Wer steht hinter ihr?" Für Optimisten spiegelt die Zahl der Zustimmenden die Billigkeit eines Arguments.

Der Vorzug der verbalen Auseinandersetzung liegt darin, daß sie im Verfahren keine Verluste fordert. Darum wollte Alkibiades die Unterwerfung der Melier auf friedlichem Wege, ohne den Umweg des Kampfes erreichen. Nachteil der bloßen Diskussion ist, daß sie die wirklichen Kräfteverhältnisse nicht aufdeckt. Eine Aussage läßt nicht einmal durch Lautstärke erkennen, wie ernst sie gemeint ist. Bleibt dies offen, wird die Entscheidung unter Umständen bloß vertagt.

Kommt es zum Streit mit Waffen, so wird klar, was hinter den Worten steht. Man lernt einander kennen. Wer nicht hören will, muß fühlen, sagt der Deutsche; *pathémata – mathémata,* sagt der Grieche. Vom Leiden zum Lernen – die Wunde wird zum dritten Ohr. Der Krieg ist, wie Clausewitz (1832/1937, 580ff.) sah, ein „Halbding, ein Widerspruch in sich", sofern er nicht ein Instrument der Politik ist, die ihrerseits die „Interessen der ganzen Gesellschaft" repräsentiert. Der Kampf ist die *ultima ratio* – aber eben auch eine *ratio,* wenn die Gegner wirklich wissen wollen, was sie einander zumuten können. Wüßten sie das im voraus, würden sie vernünftigerweise auf kostspielige Kriege verzichten und den Streit gemäß ihrer Stärke im voraus begleichen. Je genauer sich die Kontrahenten kennen, desto eher wird eine gewaltsame Auseinandersetzung entbehrlich. Jeder Krieg beginnt mit einer Nachrichtensperre, Spionage ist Krieg im Frieden.

Zwischen Gespräch und Gewalt in der Mitte steht eine dritte, beides verbindende Weise, strittige Ansprüche zu regeln: der politische Prozeß. Politischen Charakter hat ein Prozeß dann, wenn es um Grundsatzfragen der Lebensordnung geht, wenn der Staat sich verteidigen muß oder sich stärken will, wenn Machtfragen mit Rechtsmitteln geklärt werden sollen. In der Regel haben beide Seiten ein gutes Gewissen, beide rechtfertigen sich mit „allgemeingültigen" Maximen und erheben die Kontroverse so auf eine prinzipielle Ebene.

Strenggenommen enthält der Begriff des politischen Prozesses einen Widerspruch. Er verstößt gegen die Maxime *nemo iudex in sua causa* (Cod. Iust. III 5). Es fehlt, wie schon im Melierdialog, der unparteiische Richter, er ist mit dem Ankläger mehr oder weniger identisch. Daher steht der Ausgang des Verfahrens in der Regel von vornherein fest. Der Angeklagte besitzt nur eine geringe Chance des Freispruchs. Die Kräfteverhältnisse sind ungleich, und dennoch haben immer wieder einzelne titanische Charaktere in subjektivem Rechtsbewußtsein der objektiven Macht die Stirn geboten. Somit kann man von einem echten Rechtshandel zwischen Staat und Bürger zumeist nicht sprechen. Nur einem einzigen preußischen König durfte man mit dem Berliner Kammergericht drohen.

Thomas Hobbes (De cive 7,14) hat einen Rechtsstreit zwischen Staat und Bürger für unmöglich erklärt, weil auf der allein justiziablen Ebene der Gesetze der Staat *eo ipso* Recht habe. Nichtsdestotrotz gibt es den politischen Prozeß, und er verkörpert eine gewisse Rechtskultur, in der die Staatsmacht ihre Interessen nicht auf dem kurzen Wege der Exekutive und der Exekution, nicht durch Proskriptionen oder Nacht- und Nebelaktionen vollstreckt, sondern den verlängerten Weg der Judikative vor dem Forum der Öffentlichkeit wählt. Wo der Staat einem Gegner Gehör gewährt, anstatt ein Verdener Blutbad (782) oder eine Pariser Bartholomäusnacht (1572) zu inszenieren, da spüren wir einen Hauch von Humanität. Zwar beabsichtigt der Staat zumeist, durch den Propaganda-Effekt des Schauprozesses die Sympathisanten des Friedensstörers einzuschüchtern und das eigene System zu stabilisieren. Er verleiht aber durch die Tribunalisierung den bekämpften Prinzipien Publizität und verhilft ihnen dadurch bisweilen unfreiwillig zum späteren Erfolg.

Der Staat hat das Recht, einen politischen Prozeß nach Belieben zu eröffnen; nicht aber die Macht, ihn nach Belieben zu beenden. Denn die Nachwelt wird zum vergrößerten Forum und kann mit ihrem weiteren Horizont die Plausibilität der Positionen prüfen. Das begründet die Möglichkeit der Revision, die Chance der Rehabilitation. Sie kam für Sokrates und Jeanne d'Arc, Hus und Galilei zu spät, bezeichnet aber den Sieg in der Sache. Das Opfer war nicht umsonst.

Für den Historiker sind die großen politischen Prozesse aus drei Gründen ergiebig. Zum ersten werden hier im Zusammenstoß gegenläufige Kräfte einer Zeit erkennbar, die sonst im verborgenen miteinander ringen. Im Geschehen von Tagen und Stunden verdichtet sich hier ein ganzes Zeitalter. Zum anderen kommen Gründe, Absichten und Vorwände der Handelnden zur Sprache; und zum dritten knüpfen sich daran Folgen, die den wahren Charakter des jeweiligen Ereignisses nachträglich bloßlegen (so beim Galilei-Prozeß), ihn verändern (so beim Jeanne d'Arc-Prozeß) oder verfälschen (so beim Reichstagsbrand).

Die Spannung zwischen Recht und Macht erscheint in jeweils anderem Licht, ob wir die Sicht der Zeitgenossen oder der

Nachwelt wählen, ob wir aus der Perspektive des Staates oder vom Standpunkt des Bürgers aus urteilen. Versuchen wir dies!

Gründe aus der Perspektive des Staates

Der Staat sieht den Frieden bedroht durch Widersetzlichkeit *(contumacia)*, die unterschiedlich motiviert sein kann: erstens durch den kriminellen Egoismus Einzelner, die sich Vorteile auf Kosten anderer erschleichen oder ertrotzen, zweitens durch den sozialen Egoismus bestimmter Gruppen, die mit ihrem Los nicht zufrieden sind und darüber zum innenpolitischen oder weltanschaulichen Gegner werden können, und drittens durch den nationalen Egoismus benachbarter Staaten, die aus ihrer militärischen Überlegenheit Gewinn schlagen wollen und so zum außenpolitischen Feind werden.

Diese Herausforderungen stellen die Vertreter der Staatsordnung jedesmal neu vor eine Alternative. Entweder sie behaupten das bestehende Recht und bringen den Friedensstörer zur Raison; oder sie geben nach, bisweilen in der Hoffnung, der Störenfried werde von selber zur Ruhe kommen. Der Staat muß Krallen zeigen oder Federn lassen. Die harte Haltung kostet Energie, die weiche Haltung schmälert die Substanz. Der Kampf ums Recht, den Rudolf von Ihering 1872 treffend beschrieben hat, ist grundsätzlich unvermeidbar, wenn das Recht nicht aufgegeben werden soll. Falls der Staat die Gewalt des privaten Egoismus nicht zügelt, verliert er sein Daseinsrecht. Denn eben dazu führt er das Schwert. Die Sorge, Märtyrer zu machen, ist allermeist unbegründet. Den Märtyrer macht nicht der Richter, den Märtyrer machen die Sympathisanten. Der Friedensstörer wird erst dann zum Märtyrer, zählt erst dann zur Avantgarde, wenn das Gros d'Armee gefolgt ist. Das aber kann man vorher nie wissen. Der Frieden, den der Staat schützt, ist ein solch hohes Gut, daß zu seiner Erhaltung auch der eine oder andere Fehlgriff hingenommen wird. Hobbes (S. 72) und Montesquieu (Radbruch 180f.) empfahlen, Mängel im System zu ertragen und nicht durch eilfertiges Korrigieren den Bürgerkrieg heraufzubeschwören und das Ganze in Gefahr zu bringen. Goethe schloß sich dem an: „Es ist besser, es geschehe dir Unrecht als die Welt sei ohne Gesetz. Darum füge sich jeder dem Gesetze" (M+R 832).

Nun zu den Gründen der Friedensstörung! Vergleichsweise uninteressant ist der erste Fall, der kriminelle Egoismus, wo die Macht des privaten Unrechts gegen die Macht des staatlichen Rechtes steht. Wenn der überführte Verbrecher in ordnungsgemäßem Verfahren die vorgesehene Strafe erleidet, haben wir einen Routinefall der Justiz vor uns.

Historisch relevant werden Friedensstörungen dann, wenn sie aus dem privaten Parkett auf die politische Bühne steigen, wo nicht mehr Nutzen und Nachteil Einzelner, sondern Macht und Recht überhaupt auf dem Spiel stehen. In diesem Falle beanspruchen beide Seiten, im Sinne des Ganzen zu handeln. Der Übergang aus der privaten in die öffentliche, aus der juristischen in die politische Sphäre vollzieht sich auf der sozialen Skala. Hier hängt es von der Sensibilität des Historikers ab, ob er einen Fall noch der einen oder schon der anderen Rubrik zuweist. Wenn Mommsen die „Bubenstücke" eines Catilina aus der Geschichtsschreibung in die „Kriminalakten" verbannen wollte (RG. III 175), so hatte er insofern recht, als es nicht die Aufgabe des Historikers ist, gewöhnliche Verbrechen zu berichten. Ob ein solches allerdings vorlag, darüber war Sallust anderer Ansicht. Er sah in Catilina ein Symptom für den Sittenverfall der Nobilität, damit ein soziales und zugleich ein innenpolitisches Schlüsselphänomen. Mommsen hat mit derselben Entschiedenheit, mit der er den erfolglosen Catilina verdammte, den erfolgreichen Caesar verteidigt. Der Jurist Mommsen urteilte mit den Augen des Weltenrichters, ähnlich wie Hegel (1831/1961, 43) erklärt hatte, daß ein Mann wie Caesar „die höhere Berechtigung des Weltgeistes für sich" habe.

Der innenpolitische Zusammenstoß zwischen dem Staat und dem wirklichen oder vermeintlichen Systemgegner ist zu allen Zeiten der europäischen Geschichte die geläufigste Konstellation im politischen Prozeß. Das antike Sparta hat mehrere seiner Könige abgeurteilt, weil sie gegen die Verfassung verstoßen und neue, staatsgefährdende Ideen eingeschleppt hätten. Im klassischen Athen finden wir das Scherbengericht, mit dem ursprünglich Tyrannen-Anwärter getroffen werden sollten, und den Asebie-Prozeß gegen „gottlose" Freigeister, die ebenfalls als Feinde der Demokratie galten. Der Prozeß gegen Sokrates ist der bekannteste Fall. Das Athener Volksgericht befürchtete, der populäre Skeptiker unterminiere die freiheitlich-demokratische Grundordnung. Insofern waren die Motive der Richter, vielleicht sogar der Ankläger ehrenwert. Das Verfahren verlief korrekt. Unzulänglich war die Beweisaufnahme.

Innenpolitisch motivierte Prozese hat das republikanische Rom gegen unbotmäßige Imperatoren und gegen übermächtige Senatoren geführt, während Catilina dann seinerseits die bestehende Ordnung hat stürzen wollen. Catilina betrachtete den Senat als korrupt, sah die *mores maiorum* verraten und wollte die Staatsspitze mit Gewalt beseitigen. Dies wurde zum Paradigma für den Staatsnotstand, wenn Cato und Caesar darüber stritten, ob man zur Erhaltung des Staates die Gesetze übergehen dürfe. Eine temperamentvolle Ansicht äußerte hierzu der 14jährige Max Weber (1936, 13), der am 9. September 1878 schrieb, Cicero hätte Catilina, solange der noch in Rom war, einfach abmurksen sollen. Wieviel Blut wäre Rom erspart worden! Fraglos hätte eine solche Präventivmaßnahme Widerstand im Senat gefunden. Besaß doch der Senat, als er schließlich den Ausnahmezustand erklärte, nicht mehr die unbestrittene *suprema potestas,* von der das römische Recht sagt: *potestas suprema se ipsam dissolvere potest, ligare non potest* (Liebs 159). Offen ist die Frage, ob der Senat, als er sich um seiner Macht willen vom Rechte löste, zu seiner Selbsterhaltung oder zu seiner Selbstauflösung beigetragen hat, da Catilinas größerer Nachfolger Caesar bereits auf seine Stunde wartete. Auch Caesar hat seine persönliche *dignitas* der *auctoritas* des Senats entgegengesetzt, aber hinter Caesar stand das Heer und die Jugend Italiens, und darauf hat er, anders als Catilina, ein neues System begründet.

Aus der Kaiserzeit kennen wir Fälle von erwiesenem Hochverrat, doch wurden die Verdächtigen meist ohne Verfahren beseitigt. So Seneca, Petron und Lucan durch Nero. Der Prozeß gegen Jesus beruhte indessen auf einem Mißverständnis. Indem Pontius Pilatus ihn als *Rex Iudaeorum* verurteilte, stempelte er ihn zum Empörer wider den Kaiser, der Jesus gewiß nicht sein wollte, was immer einige Zeloten in ihm sahen. Ob der Statthalter Rücksicht auf die Hohen Priester nahm und Angst um seine Position hatte, wie die Bibel meint, oder ob er Jesus tatsächlich für gefährlich hielt, ändert nichts am politischen Charakter des Prozesses.

Gerichtsverfahren gegen den innenpolitischen Gegner kannte auch das Mittelalter. Auf rein säkularer Ebene spielte sich der Prozeß ab, in dem Theoderich 524 den Philosophen Boethius hinrichten ließ, um die byzanzfreundlichen Senatoren abzuschrecken; ebenso der Gerichtstag von Cannstatt 746, auf dem Karl Martell die alemannische Adelsopposition niederwarf. In der Zwischenzone von Theologie und Politik sind der Sturz von Thomas Beckett 1170 durch Heinrich II. von England und der von Thomas Morus 1535 durch Heinrich VIII. anzusiedeln. Beide Male ging es um die Behauptung der königlichen Suprematie gegenüber dem römischen Klerus in England. Konfessionelle und dynastische Gegensätze führten 1587 zum Prozeß gegen Maria Stuart. Auch hier mischen sich die Motive.

Die Behauptung der Reichsgewalt gegen die Fürstenmacht führte 1180 zum Sturze Heinrichs des Löwen. Heinrich hat Ziele angestrebt und Methoden angewandt, die mit der überkommenen Reichsordnung nicht vereinbar waren. Der Gegensatz seiner Ostkolonisation zur kaiserlichen Italienpolitik fiel weniger ins Gewicht als Heinrichs Expansionsdrang. Er bildete innerhalb des Imperiums eine Macht, die den Rechten der übrigen Fürsten entgegenstand und sogar die Souveränität des Kaisers als des obersten Kriegsherrn in Frage stellte. Barbarossa konnte die übergroße Macht seines Lehnsmannes auf dem Wege des Rechts brechen, ähnlich wie Rudolf von Habsburg 1278 die Macht des eisernen Königs Ottokar von Böhmen. Beide Male kündigt sich die Emanzipation der Landesherren von der Reichsgewalt an; hier wie dort triumphierte der König noch einmal über den unbotmäßigen Lehnsmann, die alte Zentralmacht über die neue Partikularmacht, die Gewalt von oben über die Gewalt von unten.

Das Verhältnis kehrte sich um in dem Scheinprozeß, den Karl von Anjou 1268 in Neapel gegen den gefangenen Konradin führte. Das dynastische Territorialprinzip triumphierte über die Reichsidee. Ähnliches vollzog sich in den Prozessen, die einem Karl I. von England und einem Ludwig XVI. von Frankreich das Leben kosteten. Hier stand die neue Macht der städtischen Gewerbetreibenden gegen das alte Recht einer ländlich geprägten Feudalgesellschaft, das erneuerte Prinzip der Volkssouveränität gegen das alte Gottesgnadentum. Im Prozeß gegen den Kaiser Maximilian von Mexiko 1867 berief sich Präsident Benito Juarez auf das nationale Selbstbestimmungsrecht und behandelte den Habsburger als Landesfeind.

Die politischen Prozesse der jüngeren Neuzeit galten bisweilen Anhängern totalitärer Ideologien in bürgerlichen Staaten, so Bebel und Liebknecht beim Leipziger Hochverratsprozeß 1872/84, öfters Vertretern demokratischer Ideale in totalitären Systemen. Jeder Staat bestraft solche Vergehen am härtesten, die sich gegen seine Grundprinzipien richten. Amnestien nehmen gewöhnlich politische Delikte aus – so deklariert und degradiert man das Recht zum Machtinstrument. Sowohl Hitler als auch Stalin haben die Justiz benutzt, um mit ihren Gegnern abzurechnen. Göring verzichtete darauf, den Brandstifter des Reichstages *in flagranti* aufzuhängen, denn er hoffte, über ein Verhör einer kommunistischen Verschwörung auf die Spur zu kommen und diese in einem Schauprozeß abzuurteilen. Dies mißlang, doch erfuhr die gegenteilige Behauptung der Kommunisten, der Brand sei heimlich von den Nationalsozialisten gelegt worden, eine nur scheinbare Bestätigung durch die späteren Untaten des Regimes, vor allem gegenüber den Juden. Für die Beseitigung Röhms hat Hitler das Risiko eines Prozesses dann jedenfalls vermieden. Carl Schmitt (1940, 199 ff.) lieferte das juristische Placet unmittelbar und unaufgefordert nach, indem er im Geiste von Hobbes verkündete: Der Führer schützt das Recht. Gegen die Verschwörer des 20. Juli 1944 konnte man öffentlich auftreten, hier gab es besseres Material als beim

Reichstagsbrand. Die angeklagten Offiziere wurden nicht vom zuständigen Militärgericht, sondern – nach Ausstoßung aus der Armee – vom politisch gefügigen „Volksgerichtshof" abgeurteilt. Die Durchführung entsprach dem, was von dem System zu erwarten war.

Vorbeugenden Charakter hatten die Maßnahmen Stalins zur Sicherung seiner Macht. In seiner „Großen Säuberung" 1936 bis 1938 hat er das sogenannte „trotzkistische Zentrum" zerschlagen und Tausende seiner eigenen Offiziere beseitigt. Den prominentesten gewährte er jedoch Schauprozesse, die wegen der Geständnisfreudigkeit der Angeklagten formell korrekt durchgeführt werden konnten. Wenn Männer wie Bucharin und Tuchatschewski ihre „objektive" Schuld bekannten, so setzt dies den Verzicht auf persönliches Gewissen, ein *sacrificium intellectus* voraus, wie es die Partei („die Partei, die Partei, die hat immer Recht", ein FDJ-Lied) in der Nachfolge der Kirche forderte. Die *reservatio mentalis* dürfen wir hier wie bei der Selbstbezichtigung Galileis hinzudenken. Bei dem Massenmord von 4143 polnischen Offizieren 1940 in Katyn und bei der „kleinen" Säuberung der Leningrader Partei 1949 ist Stalin zum Schnellverfahren zurückgekehrt. Die jüngst in China abgelaufenen Studentenprozesse zeigen, daß diese Form der Abrechnung nach wie vor im Schwange ist. In der Regel geht es darum, die Staatsmacht durch ein Exempel zu stärken.

Wie der Übergang vom privaten zum innenpolitischen Friedensstörer, so ist auch der vom innenpolitischen zum weltanschaulichen Widersacher fließend. Von einem weltanschaulichen Konflikt können wir dann sprechen, wenn Rechte übergeordneten Ranges oder gar göttlichen Ursprungs in Anspruch genommen werden, so daß nicht nur die Verfassung, sondern darüber hinaus die Letztinstanzlichkeit des Staates überhaupt zur Diskussion steht. Häufig wurde dabei eine unpolitische Haltung politisiert und kriminalisiert, weil die Staatsordnung zu engmaschig war für die Denkweite der Angeklagten. Eine solcherart schiefe Frontstellung lag den Prozessen gegen Sokrates und Jesus zugrunde. Sokrates hielt an dem Gebot Apollons fest, seine Mitbürger zu prüfen, und achtete die Stimme seines

Daimonions höher als die Meinung des attischen Volksgerichts. Hätte Sokrates seiner Lebensweise abgeschworen, wäre er davongekommen. Jesus folgte dem Gebot, man solle Gott mehr gehorchen als den Menschen, und bekannte sich zu seiner Sendung. Hätte er auf die Frage des Pilatus: „Bist du der König der Juden?" mit einem klaren „Nein" geantwortet und versprochen, auf die Predigt zu verzichten, wäre ihm das Kreuz erspart geblieben. Sokrates und Jesus haben ihr Urteil provoziert und ihren Richtern damit ein gutes Gewissen vermittelt. Wo beide Seiten auf ihre Weise recht haben, ist der Zusammenstoß tragisch, zumal dann, wenn das Opfer den Erfolg der besseren Sache bewirkt. Wir dürfen zweifeln, ob wir im Falle eines Freispruches heute noch etwas von Sokrates oder Jesus wüßten. Den Traum der Frau des Pilatus, er möge Jesus schonen, hatte ihr nach der äthiopischen Legende der Teufel geschickt.

Die christliche Lehre, daß der Mensch Bürger zweier Welten sei, hat die römische Rechtsprechung fortan verunsichert. Man verstand das Wort nicht: „Gebt dem Kaiser, was des Kaisers ist; gebt Gott, was Gottes ist." Wohl aber verstand man das Wort: „Niemand kann zwei Herren dienen." Folglich erschienen die Christen als Gegner Roms, als Gegner der Menschheit. Tacitus (ann. XV 44) sprach vom *odium generis humani,* vom Haß der Christen auf die Menschen.

Als dann seit Constantin die Staatsgewalt selbst christlich wurde, berief sie sich auf den Allmächtigen. Das schloß nun die Durchsetzung des katholischen, d. h. allgemeinverbindlichen Glaubens ein. 1231 schrieb Kaiser Friedrich II. in seiner Vorrede zum sizilischen Gesetzbuch, Gott habe den Königen den Schutz des Glaubens – er steht voran –, die Wahrung des Friedens und die Pflege der Gerechtigkeit aufgetragen (v. d. Steinen 35).

Wohin dies führen konnte, lehrt der Inquisitionsprozeß gegen die Templer von 1307. Der Templerorden verkörperte durch seine staatenübergreifenden Beziehungen und seinen enormen Besitz eine Macht, die sich schlecht in das Gefüge der werdenden Nationalstaaten fügte. Er stammte noch aus einer Zeit, wo der gemeinsame Glaube zum Kampf gegen den gemeinsamen Feind verpflichtete, in der Kaiser und Papst als anerkannte Autoritäten über den christlichen Völkern standen. In der Auseinandersetzung zwischen diesen beiden höchsten Mächten während des 13. Jhs. hatte der Kaiser seine politische, der Papst seine moralische Überlegenheit eingebüßt, so daß die Templer keine Schutzmacht mehr besaßen. Dies hat Philipp der Schöne genutzt. Das grauenhafte Mißverhältnis zwischen den möglicherweise begangenen Sünden und den wirklich verhängten Strafen erklärt sich zum einen aus der unerschütterten politischen Legitimität der Obrigkeiten, und zum anderen aus dem durchaus erschütterten Vertrauen auf die Überwindbarkeit der Irrlehren. Überzeugt vom Recht der Mächtigen hat man nach dem Recht der Ohnmächtigen nicht gefragt. Wäre der Zweifel an der Autorität der religiös und traditionell sanktionierten Obrigkeit schon weiterentwickelt gewesen, so hätte ein solcher Amtsmißbrauch zum Sturze der weltlichen und geistlichen Gewalt führen müssen. Es ist kein Wunder, daß die späteren Verteidiger von Thron und Altar die Augen vor dem an den Templern begangenen Unrecht verschlossen, ja verschließen mußten, wenn sie an ihrer Grundüberzeugung nicht irre werden wollten. Die schlimmsten Übel werden in bester Absicht begangen – freilich mit verbundenen Augen.

Den Mißbrauch der Inquisition zu politischen Zwecken hat 1431 ebenfalls Jeanne d'Arc erfahren. Zwar boten ihre Visionen dem geistlichen Gericht einen Anhalt, aber gefährlich war sie durch den Widerhall auf ihre Parole „Frankreich den Franzosen". Die Prozesse von Kirche und Staat gegen Johann Hus (1415) und Martin Luther (1521), gegen Giordano Bruno (1600) und Galileo Galilei (1633) suchten den wachsenden Anspruch auf Geistesfreiheit zu brechen. Die Standhaftigkeit eines Hus hat der Entstehung der religiösen Bekenntnisfreiheit genützt, der Widerruf eines Galilei konnte der Entwicklung der wissenschaftlichen Denkfreiheit nicht schaden, denn die Überzeugungskraft einer Theorie beruht auf der Evidenz der Argumente, nicht auf dem Bekennermut ihres Vertreters. Ein Martyrium für die Wissenschaft ist sinnlos.

Verfahren gegen weltanschauliche Systemfeinde waren in der

christlichen Tradition häufig. Der Staat meinte, das Handeln sei nur zu kontrollieren, wenn auch das Denken überwacht werde. Er fürchtete, Denk- und Redefreiheit untergrüben die Ordnung, und mußte dies fürchten, solange er mit dem berechtigten Anspruch auf die höchste Gewalt den unberechtigten Anspruch auf das richtige Wissen verband. Dies ist die Lebenslüge klerikaler und totalitärer Machtsysteme.

Der Staat fühlt sich als Wahrer des Rechts nicht nur gegen innere, sondern ebenso gegen äußere Gewalt. Rechtsmittel stehen ihm zu Gebote, wenn er eigene Bürger als Sympathisanten des Feindes für Landesverrat bestraft. Häufig kaschiert dieser Vorwurf jedoch nur das Vorgehen gegen Angehörige unliebsamer Gruppen. So wurde der jüdische Offizier Alfred Dreyfus 1894 von der Dritten Republik wegen angeblicher Beziehungen zu Deutschland nach Cayenne deportiert; in den Dissidentenprozessen des Ostblocks gehörten die „illegalen Westkontakte" zum Standardvorwurf.

Auch der Krieg selbst stand gewöhnlich unter einer Rechtsidee. Sehen wir ab von der subjektiven Motivation der Kriegführenden, die immer selbstgerecht gewesen sein mag; sehen wir ebenfalls ab von der objektiven Praxis, die allermeist schonungslos verlief, so zeigt sich doch in der Programmatik ein Wandel. Nachdem die orientalischen Völker unter Einschluß der Juden ihre Nachbarn im Namen ihres jeweiligen Gottes unterjocht, verschleppt oder ausgerottet hatten, die Griechen den Krieg sodann als Sport, aus agonalem Ehrgeiz unter der Ägide des Kriegsgottes Ares geführt hatten, finden wir zuerst bei Alexander d. Gr. die Idee, die vielen kleinen Kriege durch einen großen Krieg zu beenden und der Menschheit den Frieden zu bringen (Plinius NH. 35, 93 f.). Der Seeräuber, der behauptet, das auf dem Wasser zu betreiben, was Alexander auf dem Lande tue (Cicero rep. III 24), bestreitet die Wirksamkeit der Friedensidee, kann aber deren Gehalt nicht schmälern. Der Unterschied in den Zielen wird durch die Gleichartigkeit des Vorgehens nicht aufgehoben.

Die Römer haben zur Idee die Theorie geliefert. Sie besagt, daß auch Machtkonflikte zwischen Staaten, zwischen Völkern nach Rechtsgrundsätzen geregelt werden sollten. Die römische Lehre vom *bellum iustum* begrenzte das Recht zum Kriegführen auf den Verteidigungsfall und band ihn an eine Kriegserklärung in der Form eines Ultimatums, das dem Gegner die Möglichkeit bot, durch Wiedergutmachung des von ihm begangenen Übergriffs den Rachekrieg zu vermeiden. Der Einwand gegen die Lehre vom gerechten Kriege ist derselbe wie der gegen den politischen Prozeß: Niemand sei Richter in eigener Sache! Dennoch bedeutet der gerechte Krieg einen Fortschritt gegenüber dem heiligen Krieg der Orientalen, der im „Auftrag" von Melech, Kamos oder Zebaoth geführt wird, dem agonalen Krieg der Griechen oder dem Beutekrieg der Germanen, der keiner Begründung bedarf.

Das Mittelalter hat mit dem Gedanken des Imperium Romanum Christianum zunächst auch das Prinzip des *bellum iustum* übernommen, doch setzte sich mit der Verselbständigung der Nationen wieder das agonale Denken des beiderseits gerechten Krieges durch, wenn es um Landbesitz, zumal später in den Kolonien ging. Dennoch hat sich die Idee gehalten, daß der nationale Egoismus nicht die höchste außenpolitische Maxime sein sollte. Die Koalitionen gegen Ludwig XIV. und Friedrich d. Gr. waren nicht erfolgreich. Napoleon ist einer solchen Einkreisung indes erlegen.

In unserem Jahrhundert erschien Deutschland als der Friedensstörer. Sowohl der Kriegsschuldparagraph von Versailles als auch die Nürnberger Prozesse setzen die römische Theorie vom gerechten Kriege voraus, 1914 gegen Wilhelm II., 1939 gegen Hitler. Beide Male ging man – wenn auch nachträglich – davon aus, daß ein Staat nicht das Recht habe, von seiner Macht nach Belieben Gebrauch zu machen. Dieser Gedanke fand Aufnahme in der Satzung der Vereinten Nationen (§ 2,4), mit ihm wurde die gerichtliche Aburteilung des besiegten Angreifers durch die Sieger begründet. Freilich trugen die Nürnberger Kriegsverbrecher-Prozesse von 1945/1946 insofern politischen Charakter, als Richter und Ankläger aus den Reihen der Sieger stammten, als nur die Taten der Besiegten abgeurteilt wurden und dies nach Prinzipien, die lediglich eine naturrechtliche

Basis hatten. Immerhin zeigte sich in der Öffentlichkeit des Verfahrens eine Bereitschaft der Westmächte zur Verantwortung und eine Rechtskultur, die sich vorteilhaft abhebt von dem Gegenvorschlag Stalins von 1943, einfach 50000 Deutsche zu erschießen. Wie die jüngst entdeckten Massengräber der Sonderlager auf dem Gebiet der DDR lehren, hat er derartiges gleichwohl getan.

Falls sich die Auffassung vom Rechts-Charakter auch der außenpolitischen Beziehungen durchsetzt – und darauf deutet manches hin – führt die Entwicklung heraus aus dem „skandalösen Naturzustand zwischen den Staaten" (Habermas 1984, 26), hin zum Weltstaat, in dem die Handlungsfreiheit der Einzelstaaten eingeschränkt wird zugunsten der Lebensrechte der Menschheit. Voraussetzung wäre ein internationaler Strafgerichtshof.

Gründe aus der Perspektive des Bürgers

So gewiß der Staat immer das Recht hat, den Friedensstörer zu strafen, so gewiß hat der Bürger zuzeiten Grund, den Frieden zu stören. Die Devise *Pax optima rerum* überzeugt nach der Maßgabe der Nutznießung. Wer immer friedfertig sein wollte, müßte sich alles gefallen lassen, jede Ungerechtigkeit seitens des Staates hinnehmen. Justitia wird aber nicht nur mit Waage und Schwert, sondern auch mit verbundenen Augen abgebildet. Das könnte man zynisch interpretieren.

Wie ein roter Faden zieht sich durch die Weltliteratur die Klage über den Mißbrauch der Macht durch die Hüter des Rechts. Der Rechtszustand wird als verkappter Naturzustand entlarvt. Hesiod (Werke und Tage 202 ff.) verglich den Richter mit dem Habicht, der die schuldlose Nachtigall frißt. Aesop schrieb die Fabel von Wolf und Lamm am Bach (Babrios 89), zu der Martin Luther bemerkte: „Der Welt Lauf ist: Wer fromm sein will, muß leiden ... denn Gewalt geht vor Recht." Damit zitierte er den Propheten Habakuk (1,3). Anacharsis (Plutarch, Solon 5) verglich die Gesetze mit Spinnweben: Fliegen bleiben darin hängen, Wespen zerreißen sie. Polybios (XV 20,3) bemerkte: „Die großen Fische fressen die kleinen", und das war auch die Philosophie des Alkibiades gegenüber den Meliern.

Die christliche Lehre von der Erbsünde reservierte die Gerechtigkeit Gott und dem Jüngsten Gericht. Die Obrigkeit wurde keinesfalls generell gerechtfertigt. So schrieb Gregorius Magnus in seiner Auslegung des Buches Hiob: „Weltliche Macht, auch wenn sie gut ist, bleibt der Versuchung der Selbstüberschätzung ausgesetzt. Wer sieht, daß er mehr kann als andere, meint leicht, daß er deswegen auch mehr wüßte. Und diese Überheblichkeit ist teuflisch" – *Potentia temporalis, etsi bona, elationis tentationi est obnoxia. Qui se videt plus ceteris posse, plus sapere facile credit. Hic Satanae similis* (PL. 76, 374). Diese Auffassung hat sich auch in säkularem Kontext gehalten. Jacob Burckhardt (1868/1935, 36) schrieb, Macht sei an sich böse; und Lord Acton führte aus, Macht korrumpiere und absolute Macht korrumpiere absolut.

Haben wir den kriminellen Egoismus der Privatleute für gewöhnlich und als historisch uninteressant erklärt, so ist der Egoismus der Hoheitsträger zwar ebenso gewöhnlich, aber weniger uninteressant, denn seine Entfaltungsmöglichkeit besagt etwas über ein System und eine Zeit, über Stabilität und Krise.

Die Moralität der Regierenden ist folgenreicher und darum wichtiger als die Moralität der Regierten. Trotzdem wären Konflikte um Macht und Recht selbst dann zu erwarten, wenn ein Staat ausnahmslos aus Biedermännern bestünde. Dies beruht darauf, daß die Rechtsvorstellungen von Interessen abhängen. Auch reinsten Gewissens kann man sehr unterschiedliche Staats- und Gesellschaftsordnungen gutheißen und mit dem Prinzip *suum cuique* begründen. Wo das Recht nicht allein Mittel der Schlichtung, sondern Gegenstand des Streites ist, darf der Staat sich auf das Gesetz, nicht aber auf die Gerechtigkeit berufen. Der politische Gegner hat Anspruch auf moralischen Respekt; ihn „bessern" oder „resozialisieren" zu wollen, heißt, ihn entmündigen. Die Devise des Staates, „Gemeinnutz geht vor Eigennutz" vertuscht die Tatsache, daß der Einzelne schwächer ist als der Staat, der nämlich bestimmt, was „Gemeinnutz" sei. In der Politik aber steht Gruppe gegen Gruppe, Prinzip gegen Prinzip. Das Motiv der Politik ist nicht der Egoismus, nicht der Altruismus, sondern der Nostrismus.

Das Prinzip „Jedem das Seine" funktioniert, solange das subjektive Rechtsbewußtsein einheitlich ist und mit der objektiven Rechtsordnung übereinstimmt, wie immer diese aussieht. Ein Staat, der Folter und Sklaverei, der Kindesaussetzung und Witwenverbrennung vorsieht, kann bei entsprechender Gesinnung den inneren Frieden besser sichern als eine noch so liberale, noch so humanitäre Rechtsordnung, in der sich Gangster, Terroristen und andere Vertreter einer aggressiven Autonomie nur deshalb etablieren, weil deren Beseitigung als illiberal und inhuman empfunden wird. Die Bürger müssen sich zu den Opfern ihrer Rechtsordnung bekennen oder diese ihrem Rechtsbewußtsein anpassen.

Woher kommt das Rechtsbewußtsein? Vom Rechte, das mit uns geboren, von dem ist leider nie die Frage, vielleicht deswegen, weil das schwer zu erkennen ist. Erkennbar sind zwei Quellen. Die erste Quelle ist die Gewohnheit. Georg Jellineks (1913/22, 337 ff.) berühmte Formel von der „normativen Kraft des Faktischen" kennzeichnet das Rechtsbewußtsein der Zufriedenen. Die zweite Quelle ist die innere Stimme. Denn die Unzufriedenen kontern: denn alles, was besteht, ist wert, daß es zugrunde geht. Sie stellen einen dynamischen, unter Umständen progressiven Faktor dar.

Wandlungen im Rechtsempfinden können ausgelöst werden durch religiöse Strömungen. Wann, wo und wie so etwas auftritt, entzieht sich jeder Berechnung. Bedingt vorhersehbar sind aber die Folgen von Notzeit und Wohlstand. In Zeiten allgemeiner Bedrängnis, zumal im Kriege, empfindet man es als gerechtfertigt, daß der Einzelne auf Rechte verzichte, um die Gemeinschaft zu sichern: Dann nimmt man Sondersteuern, Ausgangssperren und Lebensmittelkarten in Kauf. In Jahren des friedlichen Wohlstands hingegen scheint es billig, daß der Staat den Wehrdienst verkürze, die Grenzen öffne, Kontrollen abbaue und auf Hoheitsrechte verzichte zugunsten individueller Freiheiten.

Noch gewisser sind Änderungen im Rechtsdenken, die aus

langfristigen Entwicklungen erwachsen. Dabei waren die Opfer der großen Prozesse immer wieder die Vorreiter. Sokrates hat den Vorrang des Gewissens vor dem Gesetz vertreten, Johann Hus die Eigenverantwortung des Glaubens, Jeanne d'Arc die Selbstbestimmung der Völker, Galilei die Autonomie der Wissenschaften, lange bevor dies dem allgemeinen Rechtsbewußtsein entsprach.

Politische Folgen erwachsen aus ökonomischen Entwicklungen. Mit der Ausbreitung der Geldwirtschaft verlieren Gottesgnadentum, Erbadel und Nomenklatura an Glaubwürdigkeit. Das Geld verdrängt alle konkurrierenden Distinktionen und wirkt inofern selektiv egalisierend. Neue Kräfte sprengen alte Formen, wie Karl Marx (MEW 13,8f.) 1859 gezeigt hat. Dann kommt es zum Eklat zwischen dem Recht der Ordnung und der Macht der Entwicklung. Gibt es eine Revolution, so folgt die Abrechnung. Karl I. und Ludwig XVI. erhielten einen Prozeß, Nikolaus II. wurde einfach erschossen. Jede Revolution ist allerdings nur so weit erfolgreich, als sie Evolution enthält, und insofern wäre sie vermeidbar. Unvermeidbar aber ist wohl der Zug zur Egalität, zur Demokratie. Auch sie kann den Kampf ums Recht nicht aufheben, auch sie muß mit Ruhestörern aller *couleur* fertig werden. Als institutionalisierte Reform aber mildert sie die Auseinandersetzung, so daß gegensätzliche Rechtsauffassungen sich einpendeln können, ohne das Gefüge zu zertrümmern. Man muß keine Revolution inszenieren, um Änderungen durchzusetzen; man kann solche propagieren und die Wahl abwarten. Darin liegt die Überlegenheit der Demokratie. Freie Worte bedrohen auch unfreie Systeme.

Die Entwicklung im Rechtsbewußtsein bietet – wenn auch schüchterne – Anzeichen für eine allmähliche Demokratisierung, für eine Liberalisierung, für eine Humanisierung wenigstens im Bewußtsein, wie Menschen miteinander umgehen sollten, wie das Verhältnis zwischen Bürger und Staat, wie die Beziehungen zwischen den Staaten eigentlich auszusehen hätten. Darauf deutet die Wirkungsgeschichte der großen Prozesse, die unverminderte Anteilnahme, die ihre Opfer erfahren. Sie haben sich gegen das bestehende Recht auf höhere Werte berufen.

Gibt es ein „höheres" Recht?

Wenn der Bürger nach dem Recht seiner Richter, nach dem Sinn seines Staates fragt, verwendet er ein doppeltes Normensystem. Die Normen der gültigen Rechtsordnung werden an allgemeineren Werten gemessen. Läßt sich der Staat auf diese Diskussionen ein, dann muß er seine Gesetze seinerseits an höheren Prinzipien rechtfertigen. Die Staatsräson reicht dann nicht aus.

Die jeweils zitierte letzte Norm kann für beide Kontrahenten dieselbe sein und dennoch gegensätzlich interpretiert werden. Sokrates glaubte, ebenso wie seine Ankläger, auf dem Boden der Demokratie zu stehen. Catilina und Cicero waren beide der Ansicht, im Einklang mit dem *mos maiorum* zu handeln. Für Jesus wie für Pilatus war der Kaiser die von Gott bestellte Obrigkeit. Johann Hus und die Konstanzer Konzilsväter waren übereinstimmend der Ansicht, den christlichen Glauben zu verwirklichen. Karl I. und Oliver Cromwell behaupteten unisono, den Willen des Volkes zu repräsentieren. Stalin und seine Schauprozeß-Opfer waren gleichermaßen vom Marxismus-Leninismus durchdrungen.

Das Dilemma dieser Übernormen liegt darin, daß sie nirgendwo ablesbar zur Verfügung stehen und dennoch unentbehrlich sind, wenn die Unzufriedenheit mit der bestehenden Verteilung von Macht und Recht nicht bloß sagt „Allein, ich will!", sondern nach Gründen sucht. Und dies geschieht.

Man geht mit gutem Gewissen ins Gefecht, wenn man sich im Einklang mit einer höheren Ordnung weiß. Die nackte Gewalt scheut den Spiegel, sie bedeckt sich mit der Heuchelei und huldigt damit in der Theorie jenen höheren Werten, die sie in der Praxis verletzt. Einen solchen Widerspruch aufrechtzuerhalten, kostet Kraft. Je falscher die Propaganda, desto mehr Geld verschlingt sie. Die verlogene Ideologie ist ein Leck im Staatsschiff, man kommt nicht voran, weil man pumpen muß.

Das Bedürfnis, die eigenen Interessen zu rationalisieren, bleibt dort kosmetischer Natur, wo es bloß der Selbstbestätigung dient. Ehrlich aber ist es da, wo es selbstkritisch zu Verzichten bereit ist. Dann bezeugt es den Glauben an die Vermeidbarkeit des Krieges, ohne eine Bereitschaft zur Unterwerfung einzuschließen. Und dieser Glaube ist nicht schon deswegen unsinnig, weil er nicht von allen geteilt wird. Er berücksichtigt die Kosten des Verfahrens.

Der Glaube an übergesetzliche Normen hat eine ehrwürdige Geschichte. Er erscheint in der griechisch-römischen Antike ursprünglich als religiöse Tradition. Sophokles brachte sie in seiner Tragödie ‚Antigone‘ (441 v. Chr.) auf die Bühne. Kreon, der König von Theben, hat über den als Landesverräter gefallenen Bruder der Antigone strafweise verfügt, daß sein Leichnam unbeerdigt bleiben solle. Antigone beruft sich auf das göttliche Gebot ihrer Schwesternpflicht, bestattet den Bruder und wird von Kreon hingerichtet. Darauf nimmt sich erst dessen Sohn, der mit Antigone verlobt war, das Leben, dann auch Kreons Frau. Sophokles vertritt die Auffassung, daß es über dem staatlichen ein göttliches Recht gebe, das der Staat nicht ungestraft mißachte. Das meinten dann auch die Melier.

Die spätere Antike forschte nach dem höheren Recht durch philosophische Reflexion. Man glaubte durch Rückgriff auf die Vernunft, durch Vergleich der Verfassungen und durch Beobachtung der Natur einen allen Menschen einsehbaren Schatz an allen Menschen zustehenden Grundrechten ermitteln zu können. Gewiß gab es dabei Differenzen, doch sind sie auflösbar. Wenn die Sophisten (Plato Gorg. 484 B) aus der Natur das Recht des Stärkeren, die Schwächeren zu unterjochen, abgeleitet haben, die Stoiker hingegen aus ebenderselben Natur die Pflicht des Stärkeren, die Schwächeren zu schützen, so ist hier nicht das Nebeneinander, sondern das Nacheinander zu betonen. Durchgesetzt hat sich auf der Ebene der römischen Reichsideologie nicht das sophistische Prinzip des universalen Egoismus, sondern die humanere Norm der stoischen Philanthropie. Auf der Ebene der Politik wäre es nicht dasselbe, ob ein Alkibiades oder ein Augustus die Welt regiert. Cicero (leg. I 42) erklärt es für den Gipfel der Torheit, ein Gesetz schon deswegen für gut zu befinden, bloß weil es gelte, und erinnerte an die Schandgesetze der Tyrannen.

In der jüdisch-christlichen Tradition erschien dann das in der Bibel greifbare göttliche Recht als Maß für menschliches Recht.

Auch hier gab es Widersprüche. Die Offenbarung legitimierte zuerst Absolutismus und Ständegesellschaft, Missionskrieg und Sklaverei, danach haben die Anhänger demokratischer Ideale sich auf dieselben heiligen Texte berufen. Ob mit besserem Grund, bleibt unerheblich angesichts der wiederum fortschreitenden Humanisierung in der Interpretationsgeschichte des Naturrechts.

Die frühe Neuzeit hat seit Hugo Grotius das stoische Naturrecht und die christliche Nächstenliebe zu verbinden gesucht. Naturbetrachtung und Bibelexegese fungierten als Katalysatoren der Humanität. Kant (I 163) verglich 1784 die weltlichen und geistlichen Autoritäten mit dem Gängelwagen, in dem die Kinder laufen lernen. Wer laufen lernt, muß Stürze überstehen. Die 1789 formulierten Menschenrechte erlebten einen tiefen Sturz, sie wurden durch Robespierre und Napoleon diskreditiert. Die Historische Rechtsschule der deutschen Romantik fand darum im positiven Recht den Ausdruck des Volksgeistes, sie verknüpfte die Aufklärung mit der Guillotine und erklärte das Vernunftrecht zur Propagandalüge des Imperialismus. Das war noch die Position von Carl Schmitt, jedenfalls bis 1945. Was Cicero einst aus den Erfahrungen mit den sizilischen Tyrannen gelernt hatte, das entnahm Gustav Radbruch wieder den Erfahrungen mit Hitler.

Die Einwände der Reinen Rechtslehre Kelsens gegen das Vernunftrecht sind gewichtig, aber nicht durchschlagend. Die historischen Meinungsverschiedenheiten darüber, welche Umgangsnormen die Umgangsformen bestimmen sollten, fordern auf zur Geduld, nicht zur Verzweiflung. Vernunft braucht Zeit. Rückschläge wird niemand bestreiten. Wir haben erlebt, daß die sophistische Naturlehre vom unvermeidlichen Kampf aller gegen alle die Welt noch einmal erschüttert hat; wir erleben es noch immer, daß der chiliastische Glaube an die Weltrevolution ein *sacrificium intellectus* der Bürger und das Blut des angeblichen Klassenfeindes fordert. Dennoch steht der Macht wohl die Gesetzgebung zur Disposition, nicht aber das Rechtsbewußtsein. Die platonische Idee des unverfügbar Guten schwebt über der Konzeption der Menschenrechte, die da behauptet, es gebe zumutbare Formen, wie Menschen mit Menschen umgehen sollten. Die Humanisierbarkeit des Menschen bleibt als theoretisches Axiom ungewiß, erhebt sich als praktische Forderung aber um so dringlicher, je öfter gegen sie verstoßen wird. Die Humanität ist jene Übernorm, die Rechtsordnungen und Rechtsbegriffe zu beurteilen und zu verbessern gestattet. Ob wir diese Humanität aus der Geschichte, aus der Bibel, aus der Natur des Menschen herleiten, bleibt unerheblich. Summa summarum: Die Natur gibt keinem ein Recht, aber allen Menschen die Fähigkeit einzusehen, daß einem jeden sein Recht zusteht.

Auf der Nil-Insel Elephantine in Oberägypten gab es im 5. Jh. v. Chr. eine samaritanische Söldnergemeinde. Von ihr kommt ein Papyrus-Text mit einer apokryphen Variante zur Genesis. Wer Ohren hat, zu hören, der höre!

Als am Abend des fünften Schöpfungstages die Welt fertig war und Gott daran dachte, nach seinem Bilde noch den Menschen zu schaffen, berief er die Engel zum Kronrat. Sie umstanden seinen Thron, und der Engel der Liebe sprach als erster: „Herr tu's nicht! Der Mensch wird nur sich selber lieben, deine Liebe kann er nimmermehr erreichen." Danach erhob der Engel der Wahrheit seine Stimme. „Herr tu's nicht! Der Mensch wird der Lüge folgen; nur das, was ihm nützt, wird er erkennen wollen." Als dritter warnte der Engel der Gerechtigkeit: „Herr tu's nicht! Der Mensch wird Macht vor Recht gehen lassen, deine Gerechtigkeit wird er verachten." Nun aber kam der Teufel. Der war listig und wußte, daß der Mensch eher ihm als Gott gleichen würde. Er redete und sprach: „Herr, du mußt den Menschen schaffen, denn sonst fehlt deiner Schöpfung die Krone." Da bedachte sich Gott und beschloß: „Gut, ich werde ihn schaffen. Aber als einziges aller Wesen soll er ewig unfertig bleiben. Immer soll er Liebe, Wahrheit und Gerechtigkeit als Bild von mir in sich tragen, nie wird er es verwirklichen." Da ward aus Abend und Morgen der sechste Tag.

Literaturverzeichnis

Alexander Demandt
Sokrates vor dem Volksgericht von Athen

Aischines des Sokratikers Gespräche, übers. v. K. Pfaff, 1827

(Aristoteles, Athenaion Politeia) Aristotle, The Athenaion Constitution, transl. by P. J. Rhodes, 1984

A. Baumstark, Geschichte der griechischen Literatur, 1922

M. Bieber, The Sculpture of the Hellenistic Age, 1955

B. Brecht, Kalendergeschichten, 1948

Th. Brickhouse/N. D. Smith, Socrates on Trial, 1989

J. Burckhardt, Griechische Kulturgeschichte, Bde. I–IV, 1898 (= GK)

J. Burnet, Plato's Euthyphro, Apology of Socrates and Crito (mit Komm.), 1924

Cicero, Tusculan Disputations, lat. und engl. von J. E. King, 1960

Dion Chrysostomos, Sämtliche Reden, deutsch v. W. Elliger, 1967

Diogenes Laertius, Lives of Eminent Philosophers (griech. u. engl.), R. D. Hicks, Bde. I, II, 1925

(Erasmus) Opera omnia Desiderii Erasmi Roterodami, Bd. I 3, 1972

J. Geffcken, Sokrates und das alte Christentum, 1908

O. Gigon, Sokrates. Sein Bild in Dichtung und Geschichte, 1947

W. K. C. Guthrie, Socrates, 1971

M. Hansen, The Trial of Socrates – from the Athenian Point of View, Historiskfilosofiske Meddelser 71, Det Kongelige Danske Videnskabernes Selskab, 1995

A. Harnack, Sokrates und die alte Kirche (Rektoratsrede), 1900

G. W. F. Hegel, Vorlesungen über die Geschichte der Philosophie, Bd. II (1825), ²1941

H. Hommel, Heliaia, 1927

H. Kessler (Hg.), Sokrates. Geschichte, Legende, Spiegelungen, 1995

Ders., Sokrates – Gestalt und Idee, 1993

R. Kraut, Socrates and the State, 1987

M. Lang, Socrates in the Agora, 1978

L. Lewin, Die Gifte in der Weltgeschichte, 1920

J. H. Lipsius, Das attische Recht und Rechtsverfahren, 1905 ff.

Chr. Meier, Ein Anschlag der Demokratie auf die Philosophie? In: Uwe Schultz (Hg.), Große Prozesse. Recht und Gerechtigkeit in der Geschichte, 1996, S. 21 ff

Ed. Meyer, Geschichte des Altertums V, [4]1958

W. Nestle, Asebieprozesse, Reallexikon für Antike und Christentum, Bd. I, 1950, S. 735 ff.

F. Nietzsche, Werke in drei Bänden, hrsg. v. K. Schlechta, 1960

A. Patzer, Bibliographica Socratica. Die wissenschaftliche Literatur über Sokrates von den Anfängen bis auf die neueste Zeit in systematisch-chronologischer Anordnung, 1985, 366 S.

Ders., Der historische Sokrates, 1987

Plutarch, Große Griechen und Römer, deutsch v. K. Ziegler, Bde. I–VI, 1954/65

H. Ritter/M. Pleßner, Picatrix. Das Ziel des Weisen von Pseudo-Magriti, 1962

P. J. Rhodes, A Commentary on the Aristotelian Athenaion Politeia, 1981

A. Salmon, Le Socrate de David et le Phédon de Platon, in: Revue Belge de philologie et histoire, 40 (1962), S. 90 ff.

I. Scheibler, Sokrates. Ausstellungskatalog, 1989

Dies., Sokrates in der griechischen Bildniskunst (Sonderausstellung der Glyptothek München, 12. 7.–24. 9. 1989)

E. Spranger, Hegel über Sokrates. Sitzungsberichte der Akademie der Wissenschaften Berlin, 1938

I. F. Stone, The Trial of Socrates, 1988

J. L. Talmon, The History of Totalitarian Democracy, Bde. I, II, 1952

D. B. Thompson, The House of Simon the Shoemaker, in: Archaeology 13 (1960), S. 234 ff.

H. A. Thompson/R. E. Wycherley, The Athenian Agora, Bd. XIV, 1972

Thukydides, Geschichte des Peloponnesischen Krieges, übersetzt von G. P. Landmann, [2]1976

P. Treves, Polykrates (Rhetor), in: Pauly-Wissowa, Realencyclopädie der klassischen Altertumswissenschaft, Bd. XXI 2 (1952), S. 1736 ff.

U. v. Wilamowitz-Moellendorff, Platon, [5]1959

R. E. Wycherley, The Athenian Agora, Bd. III, 1957

Ders., The Stones of Athens, 1978

Xenophon, Die Sokratischen Schriften, übertr. und hrsg. v. E. Bux, 1956

Ders., Erinnerungen an Sokrates (griech. u. deutsch), P. Jaerisch 1962

Ders., Hellenika, griech. und deutsch v. G. Strasburger, 1970

E. Zeller, Die Philosophie der Griechen in ihrer geschichtlichen Entwicklung, Bd. II 1, [4]1889

Werner Dahlheim

Die Not des Staates und das Recht des Bürgers:
Die Verschwörung des Catilina

K. Bringmann, Sallusts Umgang mit der historischen Wahrheit, in: Philologus 116 (1972), S. 98–113

H. Drexler, Die Catilinarische Verschwörung. Ein Quellenheft, Darmstadt 1976 (ND 1989)

M. Gelzer, Cicero, ein biographischer Versuch, 1969

E. S. Gruen, The Last Generation of the Roman Republic, London 1974, S. 416 ff.

W. Hoffmann, Catilina und die römische Revolution, in: Gymnasium 66 (1959), S. 459–77

C. John, Die Entstehungsgeschichte der Catilinarischen Verschwörung, ein Beitrag zur Kritik des Sallustius, in: Fleckeisens Jbb., Suppl. VIII, 1876, S. 703–819 (grundlegend)

Chr. Meier, Pompeius' Rückkehr aus dem Mithridatischen Kriege und die Catilinarische Verschwörung, in: Athenaeum 40 (1962), S. 103–125

W. Nippel, Aufruhr und „Polizei" in der römischen Republik, Stuttgart 1988, S. 94 ff.

A. La Penna, Sallustio e la rivoluzione romana, Milano 1968

V. Pöschl, Die Reden Caesars und Catos in Sallusts Catilina, in: Wege der Forschung 94 (1970), S. 378–397

H. Strasburger, Caesars Eintritt in die Geschichte, München 1938

R. Syme, Sallust, Darmstadt 1975, S. 58–133

J. Vogt, Cicero und Sallust über die Catilinarische Verschwörung, 1938

J. Ungern-Sternberg von Pürkel, Untersuchungen zum spätrepublikanischen Notstandsrecht, München 1970 (Vestigia 11), S. 86 ff.

Klaus Rosen

Rom und die Juden im Prozeß Jesu

S. Applebaum, Judaea as a Roman Province; the Countryside as a Political and Economic Factor, in: H. Temporini/W. Haase (Hrsg.), Aufstieg und Niedergang der Römischen Welt, Bd. II 8, Berlin/New York 1977, S. 355–396

E. Bammel, Die Blutgerichtsbarkeit in der römischen Provinz Judäa vor dem ersten jüdischen Aufstand, in: Journal of Jewish Studies, Special Issue 1974, S. 35–49

O. Betz, Probleme des Prozesses Jesu, in: H. Temporini/W. Haase (Hrsg.), Aufstieg und Niedergang der Römischen Welt, Bd. II 25.1, Berlin/New York 1982, S. 565–647

J. Blinzler, Der Prozeß Jesu, Regensburg [4]1964

M. Hengel, Zeloten und Sikarier. Zur Frage nach der Einheit und Vielfalt der jüdischen Befreiungsbewegung 6–74 nach Christus, in: O. Betz u. a. (Hrsg.), Josephus-Studien. Untersuchungen zu Josephus, dem antiken Judentum und dem Neuen Testament. Festschrift O. Michel, Göttingen 1974, S. 175–196

D. Hennig, Die ‚judenfeindliche' Politik Sejans, in: id. L. Aelius Seianus. Untersuchungen zur Regierung des Tiberius, Vestigia 21 (1975), S. 160–179

K. Kertelge (Hrsg.), Der Prozeß gegen Jesus. Historische Rückfrage und theologische Deutung, Freiburg/Basel/Wien 1988

W. G. Kümmel, Jesusforschung seit 1965: VI. Der Prozeß und der Kreuzestod Jesu, in: Theologische Rundschau N. F. 45 (1980), S. 293–383; 47 (1982), S. 378–383

G. Lohfink, Der letzte Tag Jesu. Die Ereignisse der Passion, Freiburg/Basel/Wien 1981

R. Pesch, Das Markusevangelium. Zweiter Teil. Herders theologischer Kommentar zum Neuen Testament, Bd. II 2, Freiburg/Basel/Wien [3]1984

K. Rosen, Der Prozeß Jesu und die römische Provinzialverwaltung. Zur historischen Methode und Glaubwürdigkeit der Evangelien, in: Festgabe Heinz Hürten zum 60. Geburtstag, hrsg. von H. Dickerhof, Frankfurt am Main/Bern/New York/Paris 1988, S. 121–143

E. Schürer, The History of the Jewish People in the Age of Jesus Christ (175 B.C.-A.D. 135), Bde. I–III, Edinburgh 1973–1987 (völlig neu bearbeitete englische Ausgabe eines alten deutschen Standardwerkes)

A. N. Sherwin-White, Roman Society and Roman Law in the New Testament, Oxford 1963; Nachdruck 1981

E. M. Smallwood, The Jews under Roman Rule. From Pompey to Diocletian, Leiden 1976

M. Stern, The Province of Judaea, in: S. Safrai/M. Stern, The Jewish People in the First Century. Historical Geography, Political History, Social, Cultural and Religious Life and Institutions, Assen 1974, S. 308–376

A. Strobel, Die Stunde der Wahrheit. Untersuchungen zum Strafverfahren gegen Jesus, Tübingen 1980

H. Volkmann, Die Pilatusinschrift von Caesarea Maritima, in: Gymnasium 75 (1968), S. 124–135 = id. Endoxos Duleia. Kleine Schriften zur Alten Geschichte, Berlin/New York 1975, S. 203–215

Karl Heinemeyer

Kaiser und Reichsfürst. Die Absetzung Heinrichs des Löwen durch Friedrich Barbarossa

H. Angermeier, König und Staat im deutschen Mittelalter, in: Der Reichstag von Gelnhausen (s. u.), S. 167–182

O. Engels, Stauferstudien. Beiträge zur Geschichte der Staufer im 12. Jahrhundert. Festgabe zu seinem sechzigsten Geburtstag, hrsg. von E. Meuthen u. St. Weinfurter, 1988

Ders., Die Staufer, [3]1984

J. Fried, Königsgedanken Heinrichs des Löwen, in: Archiv für Kulturgeschichte 55 (1973), S. 312–351

F. A. Güterbock, Die Gelnhäuser Urkunde und der Prozeß Heinrichs des Löwen (Quellen u. Darstellungen zur Geschichte Niedersachsens 32), 1920

K. Heinemeyer, Der Prozeß Heinrichs des Löwen, in: Der Reichstag von Gelnhausen (s. u.), S. 1–60

Ders., König und Reichsfürsten in der späten Salier- und frühen Stauferzeit, in: Blätter für deutsche Landesgeschichte 122 (1986), S. 1–39 und in: Vom Reichsfürstenstande, hrsg. v. W. Heinemeyer, 1987, S. 1–39

Heinrich der Löwe, hrsg. von W.-D. Mohrmann (Veröff. der Niedersächs. Archivverwaltung 39) 1980; darin bes. die Beiträge von K. Jordan, A. Kraus, W.-D. Mohrmann, I.-M. Peters, B. Schwineköper, G. Theuerkauf (s. u.)

K. Jordan, Heinrich der Löwe. Eine Biographie, 1979

Ders., Friedrich Barbarossa und Heinrich der Löwe, in: Der Reichstag von Gelnhausen (s. u.), S. 61–71

Th. Mayer/K. Heilig/C. Erdmann, Kaisertum und Herzogsgewalt im Zeitalter Friedrichs I. (Schriften des Reichsinstituts für ältere deutsche Geschichtskunde 9) 1944

Th. Mayer, Fürsten und Staat, 1950

H. Mitteis, Politische Prozesse des früheren Mittelalters in Deutschland und Frankreich, in: Sitzungsberichte der Heidelberger Akademie der Wiss., Phil.-hist. Kl., Jg. 1926/27 Abh. 3; separat: 1974

Ders., Der Staat des hohen Mittelalters, [9]1974

H. Patze, Die Welfen in der mittelalterlichen Geschichte Europas, in: Der Reichstag von Gelnhausen (s. u.), S. 139–166

Der Reichstag von Gelnhausen. Ein Markstein in der deutschen Geschichte. 1180–1980, hrsg. v. H. Patze, 1981; die Beiträge auch in: Blätter für deutsche Landesgeschichte 117 (1981)

E. E. Stengel, Abhandlungen und Untersuchungen zur mittelalterlichen Geschichte, 1960

G. Theuerkauf, Der Prozeß gegen Heinrich den Löwen, in: Heinrich der Löwe (s. o.), S. 217–248

Kaspar Elm

Der Templerprozeß

Bibliographien:

L. Dailliez, Bibliographie du Temple, Paris 1972

M. Dessubré, Bibliographie de l'Ordre des Templiers, Paris 1928

H. Neu, Bibliographie des Templer-Ordens 1927–1965, Bonn 1965

Geschichte des Ordens:

M. L. Bulst-Thiele, Sacrae Domus Militiae Templi Hierosolymitani Magistri. Untersuchungen zur Geschichte des Templerordens 1118/19–1314 (Abh. der Akad. d. Wiss. in Göttingen. Phil.-hist. Kl. 3. Folge 86), Göttingen 1974

A. Demurger, Vie et mort de l'Ordre du Temple 1118–1314, Paris 1985

Quellen und Quellensammlungen:

E. Baluze, Vitae paparum Avenionensium, hrsg. v. G. Mollat, Bde. I–IV, Paris 1914–27. Besonders: Bde. I und III.

C. R. Cheney, The Downfall of the Templars and a Letter in their Defence, in: Ders., Medieval Texts und Studies, Oxford 1973, S. 314–327

Clementis Papae V regestum … nunc primum editum cura et studio monachorum Ordinis S. Benedicti, 9 vols., Rom 1885–92

P. Dupuy, Traité concernant l'histoire de France: sçavoir la condamnation des Templiers avec quelques actes, Paris 1654

Ders., Histoire de la condamnation des Templiers, celle du schisme des papes tenans le siège en Avignon et quelques procès criminels, Paris 1654

H. Finke, Papsttum und Untergang des Templerordens, 2 Bde. (Vorreformationsgeschichtliche Forschungen IV), Münster 1907 (Bd. 2: Quellen)

R. Finzi, I Templari a Reggio Emilia ed il processo a Fra Nicolao, in: Atti e Memorie Dep. di Storia Patria per le Antiche Province Modenesi XI, 1 (1978/79), S. 25–47

A. Gilmour-Bryson, The Trial of the Templars in the Papal State and the Abruzzi (Studi e testi 303), Città del Vaticano 1982

A. Iliéva, The Suppression of the Templars in Cyprus According to the Chronicle of Leontios Makhairas, in: M. Barber (Hrsg.), The Military Orders. Fighting for the Faith and Caring for the Sick, Aldershot 1994, S. 212–219

A. Javierre Mur, Aportación al estudio del proceso contra el Temple en Castilla, in: Rivista de Archivos, Bibliotecas y Museos 69 (1961), S. 47–100

G. Lizerand, Le dossier de l'Affaire des Templiers (Les classiques de l'histoire de France au Moyen Age 2), Paris ²1964 (ND Paris 1987)

A. Mercati, Interrogatorio di Templari a Barcellona (1311), in: Ders., Saggi di storia e letteratura (Storia e letteratura. Raccolta di studi e testi 157), Bd. II, Rom 1982

J. Michelet, Le Procès des Templiers, Bde. I–II (Collection des documents inédits sur l'histoire de France), Paris 1841–51

K. Schottmüller, Der Untergang des Templerordens, 2 Bde., Berlin 1887 (Bd. 2: Quellen)

R. Sève/A. M. Chagny-Sève, Le procès des Templiers d'Auvergne 1309–1311. Edition de l'interrogatoire de juin 1309 (Mémoires et documents d'histoire médiévale et de philologie 1), Paris 1986

Der Prozeß und die daran Beteiligten:

M. Barber, James of Molay. The last Grand Master of the Order of the Temple, in: Studia Monastica 14 (1972), S. 91–124

Ders., Propaganda in the Middle Ages: the Charges against the Templars, in: Nottingham Medieval Studies 17 (1973), S. 42–57

Ders., The Trial of the Templars, Cambridge 1978

Ders., The world picture of Philip the Fair, in: Journal of Medieval History 8 (1982), S. 13–27

R.-H. Bautier, Diplomatique et histoire politique: ce que la critique diplomatique nous apprend sur la personnalité de Philippe le Bel, in: Revue historique 259 (1978), S. 3–27

A. Beck, Der Untergang der Templer. Größter Justizmord des Mittelalters?, Freiburg/Basel ²1992

J. Bernard, Le népotisme de Clément V et ses complaisances pour la Gascogne, in: Annales du Midi 61 (1948–49), S. 369–411

G. Brugnoli, I Templari in Dante e nell' Antico Commento alla Commedia, in: Tommasi, Acri 1291 (s. u.)

M. L. Bulst-Thiele, Der Prozeß gegen den Templerorden, in: J. Fleckenstein/M. Hellmann (Hrsg.), Die geistlichen Ritterorden Europas (Vorträge und Forschungen XXVI), Sigmaringen 1980, S. 375–402

Ders., Warum wollte Philipp IV. den Templerorden vernichten? Ein neuer Aspekt, in: Minnucci/Sardi, I Templari (s. u.), S. 29–40

E. A. R. Brown, The Prince is Father of the King: the Character and Childhood of Philipp the Fair of France, in: Medieval Studies 49 (1987), S. 282–334

T. Burrows, The Templars' Case for their Defence in 1310, in: The Journal of Religious History 13 (1984/85), S. 248–258.

E. Coli, Perdita della Terrasanta e abolizione dell' ordine templare nella Cronaca di fra Elemosina OFM (1335–1336), in: Tommasi, Acri 1291 (s. u.)

A. Demurger, Les Templiers, Matthieu Paris et les sept péchés capitaux, in: Minnucci/Sardi, I Templari (s. u.), S. 153–169

Ders., Dal Tempio all' Ospedale: il destino delle commende templari nella contea di Auxerre (sec. XIV), in: Tommasi, Acri 1291 (s. u.)

J. H. Denton, Pope Clement V's Early Career as a Royal Clerk, in: The English Historical Review 83 (1968), S. 303–314

G. Digard, Philippe le Bel et le Saint-Siège de 1285 à 1304, 2 Bde., Paris 1936

J. Favier, Un conseiller de Philippe le Bel: Enguerran de Marigny, Paris 1963

Ders., Les légistes et le gouvernement de Philippe le Bel, in: Journal des Savants 1969, S. 92–108

Ders., Philippe le Bel, Paris 1978

L. di Fazio, Lombardi e templari nella realtà socio-economica durante il regno di Filippo il Bello (1285–1314), Mailand 1986

H. Finke, Zur Charakteristik Philipps des Schönen, in: Mitteilungen des Instituts für österreichische Geschichtsforschung 26 (1904), S. 201–224

A. J. Forey, A 13th Century Dispute between Templars and Hospitallers in Aragon, in: The Durham University Journal NS 49 (1988), S. 181–192

Ders., The Beginnings of the Proceedings against Aragonese Templars, in: D. W. Lomax/D. Mackenzie (Hrsg.), God and Man in Medieval Spain, Warminster 1989, S. 81–96

J. Fried, Wille, Freiwilligkeit und Geständnis um 1300. Zur Beurteilung des letzten Templergroßmeisters Jacques de Molay, in: Historisches Jahrbuch 105 (1985), S. 388–425

A. Gilmour-Bryson, L'eresia e i Templari: „Oportet et haereses esse", in: Ricerche di storia e religiosa 12 (1983), S. 101–114

R. Hill, Fourpenny Retirement: The Yorkshire Templars in the Fourteenth Century, in: W. J. Sheils/D. Wood (Hrsg.), The Church and Wealth (Studies in Church History 24), Oxford/New York 1987, S. 123–128

R. Holtzmann, Wilhelm von Nogaret. Rat und Großsiegelbewahrer Philipps des Schönen von Frankreich, Freiburg i. Br. 1898

N. Housley, Pope Clement V and the Crusades of 1309–10, in: Journal of Medieval History 8 (1982), S. 29–43

K. Klunker, Die Templer: Geschichte und Geheimnis, in: Zeitschrift für Religions- und Geistesgeschichte 41 (1989), S. 215–242

G. Lizerand, Clément V et Philippe le Bel, Paris 1910

A. Luttrell, Gli Ospitalieri e l'eredità dei Templari, in: Minnucci/Sardi, I Templari (s. U.), S. 67–86

J. A. McNamara, Gilles Aycelin. The Servant of Two Masters, Syracuse 1973

S. Menache, Contemporary Attitudes concerning the Templars' Affair: Propaganda's Fiasco, in: Journal of Medieval History 8 (1982), S. 135–147

Ders., Clément V et le Royaume de France. Un nouveau regard, in: Revue d'histoire de l'église de France 74 (1988), S. 23–38

G. Minnuci/Fr. Sardi (Hrsg.), I Templari: Mito e Storia, Siena 1989

R. Oursel, Le procès des Templiers, Paris 1959

M. D. Papi, E come idolo „una testa d'uomo dagli occhi di carbonchio": l'Ordine del Tempio tra realtà e leggenda, in: Minnucci/Sardi, I Templari (s. o.), S. 171–189

P. Partner, The Murdered Magicians. The Templars and their Myth, Oxford/New York 1982

J.-L. Perret, Philippe et le Temple. L'Ordre et le désordre, in: Itinéraires 234 (1979), S. 63–94

G. Roman, Le procès des Templiers. Essai de critique Juridique, Montpellier 1943

J. M. Sans i Travè, El procés dels Templers catalans. Entre el turment i la
glòria, Llcida 1990

Ders., L'inedito processo dei Templari in Castiglia (Medina del Campo, 27
aprile 1310), in: Tommasi, Acri 1291 (s. u.)

S. Schein, Fideles Crucis. The Papacy, the West and the Recovery of the
Holy Land 1274–1314, Oxford 1991, S. 239–257

W. Schwarz, Die Schuld des Jakob von Molay, des letzten Großmeisters der
Templer, in: Die Welt als Geschichte 17 (1957), S. 259–279

J. R. Strayer, The Reign of Philip the Fair, Princeton (N.J.) 1980

F. Tommasi, I Templari e il culto delle reliquie, in: Minnucci/Sardi, I Templari (s. o.), S. 191–210

Ders. (Hrsg.), Acri 1291. La fine della presenza degli ordini militari in Terra
Santa e i nuovi orientamenti nel XIV secolo (Biblioteca di Militia Sacra 1),
Perugia 1996

Ders., Interrogatorio di Templari a Cesena (1310), in: Tommasi, Acri 1291

J. Ward, The Fall of the Templars, in: The Journal of Religious History 13
(1984/85), S. 92–113

K. Wenck, Philipp der Schöne von Frankreich, seine Persönlichkeit und das
Urteil der Zeitgenossen, Marburg 1905

A. K. Wildermann, Die Beurteilung des Templerprozesses bis zum 17. Jahrhundert (Scrinium Friburgense 3), Freiburg (Schweiz) 1971

František Graus

Der Ketzerprozeß gegen Magister Johannes Hus

Quellen- und Literaturhinweise in kleiner Auswahl:

Bibliographisches:

K. Zeman, The Hussite Movement and the Reformation in Bohemia Mora-
via and Slovakia (1350–1650). A Bibliographical Study Guide, Ann Ar-
bor 1977

F. Machilek, Hus/Hussiten, in: Theol. Realenzyklopädie 4, 1986,
S. 710–735, bes. S. 730–735

Quellen:

Mag. Jo. Hus opera omnia, Prag 1959 ff. (auf mehr als 20 Bände angelegte,
aber erst teilw. erschienene Gesamtedition)

R. Kalivoda/A. Kolesnyk (Hgg.), Das hussitische Denken im Lichte seiner Quellen (Beiträge z. Gesch. d. relig. u. wiss. Denkens 8), Berlin
1969

Hus in Konstanz. Der Bericht des Peter von Mladoniowitz. Übers., eingeleitet u. erkl. von J. Bujnoch (Slavische Gesch.schr. 3), Graz u. a.
1963

Darstellungen:

F. M. Bartoš, Čechy v době Husově, in: České dějiny, Bd. II–VI, Prag 1947

F. Graus, Lebendige Vergangenheit. Überlieferung im Mittelalter und in den Vorstellungen vom Mittelalter, Köln–Wien 1975, pp. 307–338.

R. Hoke, Der Prozeß des Jan Hus und das Geleit Königs Sigmund, AHC 15 (1983), pp. 172–193

A. Kraus, Husitstvi v literature zejména německé 1–3, in: Rozpravy České akademie věd a uměni III, 45, 49, 58, Prag 1917–1924

V. Kybal, M. Jan Hus. Život a učeni, II. Učeni, 3 Bde., Prag 1923–1931

J. Loserth, Jan Hus und Wiclif, München/Berlin ²1925

J. Macek, Jean Hus et les traditions hussites XV.–XIX. siècles, in: Civilisations et mentalités, s. n., Paris 1973.

A. Molnár, Jean Hus, témoin de la vérité, Paris 1978

V. Novotný, M. Jan Hus-Život a učeni I. Život a dílo, 2 Bde., Prag 1919/21

F. Palacký, Geschichte von Böhmen, Bde. III/1–V/2, Prag 1845–1867, ND Osnabrück 1968

A. Patschovsky, Ekklesiologie bei Johannes Hus, in: Lebenslehren und Weltentwürfe im Übergang vom Mittelalter zur Neuzeit, Göttingen 1989, S. 370–399

F. Seibt, Jan Hus. Das Konstanzer Gericht im Urteil der Geschichte, München 1972

Ders., Hus in Konstanz, AHC 15 (1983), pp. 159–171

Ders., Hussitenstudien, München 1987

M. Spinka, John Hus. A Biography, Princeton 1968

Gerd Krumeich

Verdammung und Rehabilitierung von Jeanne d'Arc

P. Doncœur, La Minute française des interrogatoires de Jeanne la Pucelle, Melun 1952

ders./Y. Lanhers (Hrsg.), Procès de condamnation et de réhabilitation de Jeanne d'Arc, Bde. I–III, Paris 1959 ff.

G. Duby,/A. Duby, Die Prozesse der Jeanne d'Arc, Berlin 1985

U. Fischer, Der Fortschritt im Jeanne d'Arc-Drama des 20. Jahrhunderts, Bern/Frankfurt 1982

R. Hanhard, Das Bild der Jeanne d'Arc in der französischen Historiographie vom Spätmittelalter bis zur Aufklärung, Basel/Stuttgart 1955

G. Huppert, The Idee of Perfect History. Historical Erudition and Historical Philosophy in Renaissance France, Chicago 1970

E. von Jan, Das literarische Bild der Jeanne d'Arc, Halle 1928

G. Krumeich, Jeanne d'Arc in der Geschichte: Historiographie – Politik – Kultur, Sigmaringen 1989

Ch. W. Lightbody, The Judgements of Joan. Joan of Arc: A Study in Cultural History, Cambridge 1961

E. Lucie-Smith, Johanna von Orleans. Eine Biographie, Düsseldorf 1977

H. Mayer, Skandal der Jeanne d'Arc, in: ders., Außenseiter, Frankfurt 1975, S. 42–67

R. Pernoud, Jeanne d'Arc, Paris 1981 („Que sais-je?" Nr. 211)

dies., Jeanne d'Arc par elle-même et par ses témoins, Paris 1962

dies./M.-V. Clin, Jeanne d'Arc, Paris 1986

J. Quicherat (Hrsg.), Procès de condamnation et de réhabilitation de Jeanne d'Arc, dite La Pucelle, Bde. I–V, Paris 1841 ff. (Ndr. New York/London 1965)

I. Raknem, Joan of Arc in History, Legend and Literature, Oslo 1971

D. Rieger, Jeanne d'Arc und der Patriotismus, in: Romanistisches Jahrbuch 36 (1985), S. 122–139

R. Schirmer-Imhoff, Der Prozeß Jeanne d'Arc, München 1963

W. Searl, The Saint and the Skeptics. Joan of Arc in the Work of Mark Twain, Anatole France and Bernard Shaw, Detroit 1976

H. Steinbach, Jeanne d'Arc. Wirklichkeit und Legende, Göttingen 1973

M. Warner, Joan of Arc. The Image of Female heroism, London 1984

Sven Ekdahl

Das Stockholmer Blutbad

G. Carlsson, Stockholms blodbad. Några synpunkter och reflexioner, in: [Svensk] Historisk tidskrift 40 (1920), S. 123–144

E. Hildebrand, Dokumenten till Stockholms blodbads förhistoria, in: ebd. 38 (1918), S. 116–128

O. Kolsrud, Blodbadet i Stockholm aar 1520, in: Kyrkohistorisk årsskrift 40 (1940) (= Skrifter utgivna av Kyrkohistoriska föreningen I:40), S. 175–215

K. Pirinen, Källorna till Stockholms blodbad i kanonistisk belysning, in: [Svensk] Historisk tidskrift 2.F., 18 (1955), S. 241–263

N. Skyum-Nielsen, Blodbadet i Stockholm og dets juridiske maskering, København 1964

Ders., Blodbadet. Proces og kilder, in: Scandia 35 (1969), S. 284–352

S. Svensson, Stockholms blodbad i ekonomisk och handelspolitisk belysning, Lund 1964 (= Lunds universitets årsskrift, N.F. Avd. 1, Bd. 56, Nr. 2)

C. Weibull, Gustaf Trolle, Christian II och Stockholms blodbad, in: Scandia 31 (1965), S. 1–54

L. Weibull, Stockholms blodbad, in: ebd. 1 (1928), S. 1–83

Hans-Werner Schütt

Der Prozeß gegen Galilei

Primärliteratur:
Galileo Galilei, Dialogo spora il due massimi sistemi del mondo, Tolemaico e Copernicano, in: A. Favaro (Hrsg.) Le Opere di Galileo Galilei (Edizione Nazionale), 20 Bde., Nachdruck Florenz 1964 (hier: Edizione Nazionale, Bd. 7, S. 21–520)

Die klassische deutsche Übersetzung des Dialogo stammt von
E. Strauss, Dialog über die beiden hauptsächlichsten Weltsysteme, das ptolemäische und das kopernikanische, von Galileo Galilei, Leipzig 1891 (Nachdruck, hrsg. von R. Sexl und K. von Meyenn, Stuttgart 1982)

Sekundärliteratur:
W. Brandmüller, Galilei und die Kirche oder das Recht auf Irrtum, Regensburg 1982
E. Brüche (Hrsg.), Sonne steh still. 400 Jahre Galileo Galilei, Moosbach 1964
S. Delorme (Hrsg.), Galilée. Aspects de sa vie et de son ouvre, Paris 1968
E. J. Dijksterhuis, Die Mechanisierung des Weltbildes, Berlin/Göttingen/Heidelberg 1956
St. Drake, Galileo at Work, his Scientific Biography, Chicago/London 1978
K. Fischer, Galileo Galilei, München 1983
A. Fölsing, Galileo Galilei – Prozeß ohne Ende, München/Zürich 1983
C. L. Golino (Hrsg.), Galilei Reappraised, Berkeley/Los Angeles 1966
E. Mc Mullin (Hrsg.), Galileo, Man of Science, New York/London 1967
L. Olschki, Galilei und seine Zeit, in: Geschichte der neusprachlichen wissenschaftlichen Literatur. Bd. 3, Halle 1927
P. Paschini, Vita e opere di Galileo Galilei, Rom [23] 1965
P. Redoni, Galileo Eretico, Turin 1983 (Deutsche Übersetzung, München 1989; interessante, aber angreifbare Monographie. Der Autor stellt die Materietheorie Galileis in den Mittelpunkt der Auseinandersetzung Kirche gegen Galilei)
G. di Santillana, The Crime of Galileo Galilei. Chicago 1955
U. Schultz (Hrsg.), Große Prozesse. Recht und Gerechtigkeit in der Geschichte, München 1996
Shea, William R.: Galileo's Intellectual Revolution. New York [2] 1977
W. A. Wallace, Galileo and his Sources, Princeton 1984
Eine erschöpfende Darstellung der Konsequenzen, die Galileis Physik nach sich gezogen hat, existiert nicht. Hilfreich dennoch:
R. Hooykaas, Religion and the Rise of Modern Science, Edinburgh/London 1972
R. Kosselek (Hrsg.), Studien zum Beginn der modernen Welt, Stuttgart 1977

Peter Wende

Der Prozeß gegen Karl I.

W. Cobbett, Complete Collection of State Trials, Bd. IV, London 1809, S. 990–1154 (= St. T.)

H.-Chr. Schröder, Die Revolution Englands im 17. Jahrhundert, Frankfurt 1986

D. Underdown, Pride's Purge. Politics in the Puritan Revolution, London 1971

C. V. Wedgewood, The Trial of Charles I. Dt. Übers.: Tod dem König, München 1968

P. Wende, Probleme der Englischen Revolution, Darmstadt 1980

Ilja Mieck

Der Prozeß gegen Ludwig XVI.

Quellen:

Archives Parlementaires de 1787 à 1860. Recueil complet des débats législatifs et politiques etc., Bde. 52–59, Paris 1898/1901

J.-P. Dormois (Hrsg.), Lettres de Louis XVI et de Marie Antoinette 1789–1793, Paris 1988

W. Grab (Hrsg.), Die Französische Revolution. Eine Dokumentation (= Nymphenburger Texte zur Wissenschaft, Bd. 14), München 1973

A. Soboul (Hrsg.), Le procès de Louis XVI (= Coll. Archives, Bd. 19), Paris 1966

M. Walzer, Regicide and Revolution. Speeches at the Trial of Louis XVI, Cambridge 1974

Literatur:

M. Bouloiseau, La République jacobine. 10 août 1792–9 thermidor an II (= Nouvelle histoire de la France contemporaine, Bd. 2), Paris 1972

J.-F. Chiappe, Louis XVI, 3 Bde., Paris 1987/89

P. et P. Girault de Coursac, Enquête sur le procès du roi Louis XVI, Paris 1982

J.-P. Gilboury, Dictionnaire des régicides 1793, Paris 1989

M. Göhring, Geschichte der Großen Revolution, 2 Bde., Tübingen 1950

D. P. Jordan, The King's Trial, Berkeley 1979

E. Lever, Louis XVI, Paris 1985 (deutsch Stuttgart 1988)

E. Schulin, Die Französische Revolution, München 1988

A. Soboul, La première république (1792–1804), Paris 1968

J. Tulard/J.-F. Fayard/A. Fierro, Histoire et dictionnaire de la Révolution française 1789–1799, Paris 1988

Eckhard Jesse

Der Prozeß nach dem Brand des Reichstags

U. Backes, Objektivitätsstreben und Volkspädagogik in der NS-Forschung. Das Beispiel der Reichstagsbrandkontroverse, in: U. Backes/E. Jesse/R. Zitelmann (Hrsg.), Die Schatten der Vergangenheit. Impulse zur Historisierung des Nationalsozialismus, Berlin ²1990, S. 614–635

U. Backes/K.-H. Janßen/E. Jesse/H. Köhler/H. Mommsen/F. Tobias, Reichstagsbrand. Aufklärung einer historischen Legende (1986), München ²1987

Braunbuch über Reichstagsbrand und Hitlerterror (1933), Frankfurt/M. 1933

Braunbuch II. Dimitroff contra Göring. Enthüllungen über die wahren Brandstifter (1934), Köln 1981

E. Calic, Der Reichstagsbrand. Die Provokation des 20. Jahrhunderts, Luxemburg 1978

J. Henke, Archivfachliche Bemerkungen zur Kontroverse um den Reichstagsbrand, in: Geschichte und Gesellschaft 16 (1990), S. 212–232

W. Hofer/E. Calic/K. Stephan/F. Zipfel (Hrsg.), Der Reichstagsbrand. Eine wissenschaftliche Dokumentation, Bd. I, Berlin 1972

W. Hofer/E. Calic/C. Graf/F. Zipfel (Hrsg.), Der Reichstagsbrand. Eine wissenschaftliche Dokumentation, Bd. II, München u. a. 1978

E. Jesse, Reichstagsbrand – 55 Jahre danach, in: Geschichte in Wissenschaft und Unterricht 39 (1988), S. 195–219

Ders., Die Kontroverse zum Reichstagsbrand – ein nicht endender Wissenschaftsskandal, in: Geschichte und Gesellschaft 14 (1988), S. 513–533

Ders., Der Reichstagsbrand und seine „Aufklärer". Ein Fälschungsskandal geht zu Ende, in: K. Corino (Hrsg.), Gefälscht! Betrug in Politik, Literatur, Wissenschaft, Kunst und Musik, Nördlingen 1988, S. 106–127

R. M. W. Kempner, Der Prozeß um den Reichstagsbrand, in: Recht und Politik 19 (1983), S. 13–16

A. Koestler, Als Zeuge der Zeit. Das Abenteuer meines Lebens. Bern/München 1983

F. Kugler, Das Geheimnis des Reichstagsbrandes, Amsterdam/Leipzig 1934

H. Mommsen, Der Reichstagsbrand und seine politischen Folgen, in: Vierteljahrshefte für Zeitgeschichte 12 (1964), S. 351–413

D. Reed, The Burning of the Reichstag, London 1934

Der Reichstagsbrandprozeß und Georgi Dimitroff. Dokumente – 27. Februar bis 20. September 1933, Bd. 1, Berlin (Ost) 1982

Der Reichstagsbrandprozeß und Georgi Dimitroff. Dokumente – 21. September bis 23. Dezember 1933, Bd. 2, Berlin (Ost) 1989

A. Sack, Der Reichstagsbrand-Prozeß, Berlin 1934

A. Stein, Gift, Feuer, Mord! Augenblicksbilder aus dem Reichstagsbrandprozeß, Berlin 1934

Stenographische Berichte über die Verhandlungen gegen die Reichstagsbrandstifter van der Lubbe und Genossen vor dem Reichsgericht in Leipzig: 1. Verhandlungstag v. 21. September 1933 bis zum 57. Verhandlungstag v. 23. Dezember 1933

P. Stojanoff, Reichstagsbrand. Die Prozesse in London und Leipzig, Wien u. a. 1966

F. Tobias, Der Reichstagsbrand. Legende und Wirklichkeit, Rastatt 1962

Klaus Meyer

Stalins Schauprozesse

J. Carmichael, Säuberung. Die Konsolidierung des Sowjetregimes unter Stalin 1934–1938, Frankfurt/Berlin/Wien 1972

R. Conquest, The Great Terror. Stalin's Purge in the Thirties, London/New York ³1973

Ders., Am Anfang starb Genosse Kirow. Säuberungen unter Stalin, Düsseldorf 1970

R. A. Medwedew, Die Wahrheit ist unsere Stärke. Geschichte und Folgen des Stalinismus, hrsg. v. D. Jorawsky u. G. Haupt, Frankfurt/Main 1973

A. Nekritsch/P. Grigorenko, Genickschuß. Die Rote Armee am 22. Juni 1941, hrsg. v. G. Haupt, Wien/Frankfurt/Zürich 1969

L. Nikulin, Die Affäre Tuchatschewskij; A. Gorbatow, Verlorene Jahre, hrsg. v. W. Bronska-Pampuch, Berlin 1965 (Haupttitel: Geköpfte Armee)

Th. Pirker (Hrsg.), Die Moskauer Schauprozesse 1936–1938, München 1963

G. v. Rauch, Geschichte der Sowjetunion, Stuttgart ⁷1987

G. Schramm, Industrialisierung im Eiltempo und kollektivierte Landwirtschaft unter Stalin, 1928/29–1941, in: Handbuch der Geschichte Rußlands, hrsg. v. G. Schramm, Bd. III, Stuttgart 1983, S. 782–908

A. Ulam, Stalin. Koloß der Macht, Esslingen 1977

Volkskommissariat für Justizwesen der UdSSR, Prozeßbericht über die Strafsache des trotzkistisch-sinowjewistischen terroristischen Zentrums, verhandelt ... vom 19.–24. August 1936 gegen G. J. Sinowjew, L. B. Kamenew ... Vollständiger stenographischer Bericht, Moskau 1936

Dass., Prozeßbericht über die Strafsache des sowjetfeindlichen trotzkistischen Zentrums, verhandelt ... vom 23.–30. Januar 1937 gegen J. L. Pjatakow, K. B. Radek ... Vollständiger stenographischer Bericht, Moskau 1937

Dass., Prozeßbericht über die Strafsache des antisowjetischen „Blocks der Rechten und Trotzkisten", verhandelt ... vom 2.–13. März 1938 gegen N. I. Bucharin, A. I. Rykow, G. G. Jagoda ... Vollständiger stenographischer Bericht, Moskau 1938

A. Weissberg-Cybulski, Hexensabbat. Rußland im Schmelztiegel der Säuberungen, Frankfurt/Main 1951

Alfred-Maurice de Zayas

Der Nürnberger Kriegsverbrecherprozeß

Der Prozeß gegen die Hauptkriegsverbrecher vor dem Internationalen Militärgerichtshof. 42 Bde., 1947–1949 (= IMT, International Military Tribunal)

Trials of War Criminals before the Nuremberg Military Tribunals under Control Council Law No. 10, 15 Bde., 1946–1951

United Nations War Crimes Commission, Law Reports of Trials of War Criminals, 15 Bde., 1947–1949

History of the United Nations War Crimes Commission (1948). The Charter and Judgment of the Nuremberg Tribunal, History and Analyses, Memorandum by the Secretary-General to the United Nations General Assembly, UN Doc. A/CN. 4/5, 1949

„Forty Years After the Nuremberg and Tokyo Tribunals: The Impact of the War Crimes Trials on International and National Law", in: American Society of International Law, Proceedings of the 80th Annual Meeting, 1986, S. 56–73

M. C. Bassiouni, A Draft International Criminal Code and Draft Statute for an International Criminal Tribunal, 1987

F. Biddle, „The Nuremberg Trial", in Virginia Law Review, Bd. 3, 1947, S. 679–696

W. Bosch, Judgment on Nuremberg, 1970

H. Brüning, Briefe und Gespräche 1934–1945, 1974

R. Clark, The Fire this Time, United States War Crimes in the Gulf, New York, 1992

G. Desous, „Réflexions sur le régime juridique des crimes contre l'humanité (A propos des arrêts Barbie)", in: Science Criminelle et Droit Pénal Comparé, 1986, S. 657–684

Y. Dinstein, The Defence of Obedience to Superior Orders in International Law, 1965

K. Dönitz, 10 Jahre und 20 Tage, 1967

H. Donnedieu de Vabres, „Le procès de Nuremberg devant les principes modernes du droit pénal international", Recueil de Cours, Bd. 70, 1947 I, S. 477–582

W. O. Douglas, An Almanac of Liberty, 1954

R. Falk, Crimes of War, 1971

B. Ferencz, „Nürnberg Trial Procedure and the Rights of the Accused", in: The Journal of Criminal Law and Criminology, 1948

Ders., An International Criminal Court, Bd. 1–2, 1980

G. M. Gilbert, Nürnberger Tagebuch, 1962

Ders., Gespräche der Angeklagten mit dem Gerichtspsychologen, Frankfurt am Main, 1993

S. Glueck, War Criminals, their Prosecution and Punishment, 1944

Ders., The Nuremberg Trial and Aggressive War, 1946

W. Grewe/O. Küster, Nürnberg als Rechtsfrage, 1947

Ders., „Rückblick auf Nürnberg", in: Staat und Völkerrechtsordnung. Festschrift für Karl Doehring, hrsg. von K. Hailbronner, 1989, S. 229–249

L. Gross, „The Punishment of War Criminals: The Nuremberg Trial", in: L. Gross (Hrsg.), Essays on International Law and Organization, Bd. 1, 1984

Lord Hankey, Politics, Trials and Errors, 1950

K. Heinze/K. Schilling, Die Rechtsprechung der Nürnberger Militärtribunale, 1952

J. Hoffmann, Stalins Vernichtungskrieg, München 1995

R. Jackson, Grundlegende Rede, vorgetragen beim IMT zu Nürnberg, 1946

Ders., The Nürnberg Case, 1947

Ders., Report to the International Conference on Military Trials, 1949

H. H. Jeschek, Die Verantwortlichkeit der Staatsorgane nach Völkerstrafrecht, eine Studie zu den Nürnberger Prozessen, 1952

Ders., „Nuremberg Trials", in: R. Bernhardt, Encyclopedia of Public International Law, Bd. 4, 1982, S. 50–57

R. Kempner, „The Nuremberg Trials as Sources of Recent German Political and Historical Material", in: The American Political Science Review, 1950

Ders., Das Dritte Reich im Kreuzverhör, 1969

A. von Knieriem, Nürnberg. Rechtliche und menschliche Probleme, 1953

O. Kranzbühler, Rückblick auf Nürnberg, 1949

H. Lauterpacht, „The Law of Nations and Punishment of War Crimes", in: British Yearbook of International Law, Bd. 21, 1944, S. 58–96

W. Maser, Nürnberg: Tribunal der Sieger, 1977

J. McMillan, Five Men at Nuremberg, 1985

R. Minear, Victor's Justice. The Tokyo War Crimes Trial, 1971

H. Morgenthau, Germany is our Problem, 1945

Lord Oaksey (früher Lord Justice Lawrence), The Nuremberg Trials and the Progress of International Law, 1947

B. V. A. Röling/C. F. Rüter, The Tokyo Judgment, 3 Bde., 1977–1981

D. Schilder/J. Toman, The Laws of Armed Conflicts, 1973

B. Smith, Reaching Judgment at Nuremberg, 1977

C. P. Snow, Science and Government, 1961

A. Speer, Erinnerungen, 1969

T. Taylor, Die Nürnberger Prozesse. Kriegsverbrechen und Völkerrecht, 1951

Ders., Nuremberg and Vietnam, An American Tragedy, 1970

Ders., Anatomy of the Nuremberg Trails, New York, 1993

Ders., Die Anglo-Amerikaner und die Vertreibung der Deutschen, 8. erw. Auflage, Berlin 1996
A. and J. Tusa, The Nuremberg Trial, 1986
A. de Zayas, Die Wehrmacht-Untersuchungsstelle, 1980
Ders., Anmerkungen zur Vertreibung, 1986

Alexander Demandt

Macht und Recht als historisches Problem

Babrius und Phaedrus, mit englischer Übersetzung von B. E. Perry, 1965
J. Burckhardt, Weltgeschichtliche Betrachtungen, 1868/1935
Cicero, De re publica. De legibus, lat. und engl. von C. W. Keyes, 1928
C. v. Clausewitz, Vom Kriege, 1832/1937
G. Dickler, Dreizehn Prozesse, die Geschichte machten, 1964
A. O. Exquemelin, Die amerikanischen Seeräuber, 1678/1926
H. Grotius, De iure belli ac pacis, verdeutscht von W. Schätzel, 1625/1950
J. Habermas, Recht und Gewalt – ein deutsches Trauma, in: Merkur 38, 1984, S. 15 ff.
G. W. F. Hegel, Vorlesungen über die Philosophie der Geschichte, 1831/1961
Hesiod, Sämtliche Werke, deutsch von Th. v. Scheffer, 1965
Th. Hobbes, De Cive (1642), in: ders., Vom Menschen, Vom Bürger, 1967
(Iustinianus Imperator), Corpus Iuris Civilis I–III, hrsg. von G. Kroll, P. Krueger und Th. Mommsen, 1892 ff.
R. v. Ihering, Der Kampf ums Recht, 1872/1903
G. Jellinek, Allgemeine Staatslehre, 1913/1922
D. Liebs, Lateinische Rechtsregeln und Rechtssprichwörter, 1982
Th. Mommsen, Römische Geschichte III, 1856/1909
G. F. Nicolai, Die Biologie des Krieges, Bd. I, II, 1919
Plutarch, Große Griechen und Römer, deutsch v. K. Ziegler, 1954 ff.
Polybius, griech. und engl. von W. R. Paton, 1954
G. Radbruch, Rechtsphilosophie, 1950/63
C. Schmitt, Positionen und Begriffe, 1940
L. Schwerin von Krosigk, Die großen Schauprozesse. Politische Justiz, 1981
W. Skaupy, Angeklagt. Große Prozesse der Weltgeschichte, 1976
R. Spaemann, Philosophische Essays, 1983
W. von den Steinen (Hrsg.), Staatsbriefe Kaiser Friedrichs des Zweiten, 1923
Thukydides, Geschichte des Peloponnesischen Krieges, deutsch von G. P. Landmann, 1976
Tribonianus s. Iustinianus
Ulpian s. Iustinianus
M. Weber, Jugendbriefe, 1936

Register

Alexander Demandt bei C. H. Beck

Das Privatleben der römischen Kaiser

1996. 287 Seiten mit 28 Abbildungen. Broschiert
Beck's Archäologische Bibliothek

Dieser Band ist auch als Leinenausgabe erhältlich

Der Fall Roms

Die Auflösung des römischen Reiches im Urteil
der Nachwelt 1984. 694 Seiten. Leinen

Die Spätantike

Römische Geschichte von Diocletian bis Justinian 284–565 n. Chr.
1989. XVIII, 612 Seiten mit 3 farbigen Karten. Leinen
Handbuch der Altertumswissenschaft

Theodor Mommsen
Römische Kaisergeschichte

Nach den Vorlesungsmitschriften von Sebastian und
Paul Hensel 1882/86.
Herausgegeben von Barbara und Alexander Demandt
1992. 634 Seiten mit 16, zum Teil mehrfarbigen Tafeln. Leinen

Mit Fremden leben

Herausgegeben von Alexander Demandt
Eine Kulturgeschichte von der Antike bis zur Gegenwart
1995. 313 Seiten. Leinen

Deutschlands Grenzen in der Geschichte

Herausgegeben von Alexander Demandt
3., durchgesehehene Auflage. 1993. 304 Seiten mit 41 Karten. Leinen

Verlag C. H. Beck München

Beck's Historische Bibliothek

Hartmut Boockmann
Der Deutsche Orden
Zwölf Kapitel aus seiner Geschichte
4., durchgesehene Auflage. 1994. 319 Seiten mit 41 Abbildungen
auf Tafeln und 2 Karten. Leinen

Karl Christ
Geschichte der römischen Kaiserzeit
Von Augustus bis Konstantin
3., durchgesehene und erweiterterte Auflage. 1995.
IX, 875 Seiten mit 61 Abbildungen. Leinen

Alain Demurger
Die Templer
Aufstieg und Untergang 1120–1314
5., überarbeitete und aktualisierte Auflage. 1995. 345 Seiten
mit 9 Abbildungen und 5 Karten. Leinen

Ulrich Haarmann (Hrsg.)
Geschichte der arabischen Welt
3., erweiterte Auflage. 1994. 756 Seiten. Leinen

Werner Huß
Die Karthager
2., überarbeitete Auflage. 1994. XII, 442 Seiten. Leinen

Frank Kolb
Rom
Die Geschichte der Stadt in der Antike
1995. 783 Seiten mit 101 Abbildungen. Leinen

Villy Sørensen
Seneca
Ein Humanist an Neros Hof
3. Auflage 1995. 315 Seiten. Leinen

Verlag C.H.Beck München